Dietz
Taschen
buch 13

Raymonda Tawil
Mein Gefängnis hat viele Mauern
Eine Palästinenserin berichtet

Übersetzt
aus dem englischen Manuskript
von Barbara Bortfeldt

Verlag J.H.W. Dietz Nachf.

ISBN 3-8012-3013-9

2., unveränderter Nachdruck der 1985 erschienenen Auflage (32. bis 37. Tausend)
Originaltitel des englischen Manuskripts: „My Home, My Prison".
© by Adam Publishers, Raymonda Tawil and Peretz Kidron.
Copyright © 1989 by Verlag J. H. W. Dietz Nachf. GmbH
Bonn
In der Raste 2, D-5300 Bonn 1
Umschlag: Karl Debus, Bonn
Herstellung: Ebner Ulm
Alle Rechte vorbehalten
Printed in Germany 1989

Dieses Buch ist der jungen Generation des palästinensischen und des israelischen Volkes gewidmet – in der inbrünstigen Hoffnung, daß sie Seite an Seite leben werden, in Würde und in Frieden

Vorwort

Ich möchte all denen meinen Dank aussprechen, die sich in der Zeit meines Hausarrestes um mich geschart haben und die mir mit ihren Besuchen und ihren Briefen, mit ihren öffentlichen Protesten und ihren Veröffentlichungen die Zuversicht gaben, daß ich meinen Kampf nicht allein führen mußte.

Ganz besonderen Dank sage ich den vielen Israelis — zum größten Teil Linken —, die mir in der Zeit meiner Abgeschnittenheit Mut zusprechen kamen. Viele von ihnen sind in diesem Buche genannt; die anderen sind zu zahlreich, um sie alle nennen zu können. Mit ihrer aktiven Unterstützung und Sympathie für mich haben sie überzeugend bewiesen, daß sie die Unterdrückungspolitik ihrer Regierung gegenüber dem palästinensischen Volke nicht billigen.

Naomi Gal hat das Manuskript gelesen und redigiert und mit ihren feministischen Erkenntnissen sehr bereichert; sie ließ mir zu jeder Zeit herzliche und beständige Ermutigung zuteil werden.

Einen Namen jedoch möchte ich vor allen anderen besonders erwähnen: Peretz Kidron. Er war während der ganzen Zeit meines Arrestes häufig und regelmäßig bei mir und schenkte mir uneingeschränkt seine Zeit, seine Kraft und seine Fähigkeiten, um mir bei der Abfassung dieses Berichtes zu helfen. Er ist ein Israeli; und aus diesem Grunde war ich sehr heftigem Druck von seiten meiner Mit-Palästinenser ausgesetzt. Ein paar Freunde und politische Verbündete taten, was sie konnten, um mich von der Zusammenarbeit mit einem Bürger eben jenes Staates abzubringen, dessen Armee mein Volk unterdrückt. Man warnte mich, wenn ich das Vorhaben in Verbindung mit Peretz Kidron weiterverfolgte, würde ich mich selbst unmöglich machen — gesellschaftlich und politisch. Prominente gemäßigte Palästinenser — so die PLO-Führer Said Hamami und Iz-al-Din Kallek — wurden ermordet, weil sie ähnliche Ansichten wie ich vertraten; angesichts ihrer Schicksale durfte ich solche Warnungen nicht auf die leichte Schulter nehmen. Ebensowenig konnte ich die Proteste meiner eigenen Familie überhören, die befürchtete, man werde auch sie in meine „Schande" einbeziehen. Es waren gewaltige Bedrängnisse; nur wer die konformistischen Normen der arabischen Gesellschaft kennt, kann ermessen, welchem Druck ich standzuhalten hatte. Es hat Augenblicke gegeben, in denen ich an der Grenze zur Hysterie beinahe aufgegeben hätte.

Dennoch — meine Überzeugung zwang mich weiterzumachen, im Namen der palästinensischen Sache und meiner eigenen Emanzipation als Frau. Und so wurde dieser Bericht schließlich doch vollendet. Der Leser mag beurteilen, ob er den Erwartungen gerecht wird.

Raymonda Hawa Tawil

Inhalt

1. In Gewahrsam

12. August 1976. Frühmorgens schrillt mein Telefon. Am anderen Ende eine verschlafene Stimme – Oberst Duddy vom Büro der Militärregierung. Er teilt mir mit, daß ich mich beim Militärgouverneur von Ramallah zu melden habe.

Ich schaue auf den Wecker: Sechs Uhr. Das bedeutet nichts Gutes. Was sie wohl von mir wollen? Ich denke nach, besorgt und voller Unbehagen. Die israelischen Militärbehörden sind allmächtig; und sie sind rasch bei der Hand, diese Macht jeden spüren zu lassen, der sie ärgert. Was habe ich getan?

Meine Gedanken schweifen zurück zu der Unterredung mit dem Schin-Beth-(Geheimdienst-)Offizier vor zwei Wochen: einem hochgewachsenen, mächtigen Manne, der fließend Arabisch sprach. Er begrüßte mich durchaus höflich, aber sein Ton wurde merklich barscher, als er einige meiner Presseberichte tadelte: „Ihre Artikel", sagte er streng, „sind unwahr und beeinträchtigen die Sicherheit des Staates Israel."

„Unwahr?" sagte ich. „Was war denn unwahr an dem, was ich geschrieben habe?"

Er wischte die Frage weg. „Dies ist eine Warnung, Raymonda. Seien Sie lieber vorsichtig!"

Ob diese Vorladung heute morgen etwas mit jener „Warnung" zu tun hat?

Für acht Uhr bin ich bestellt. Aber die Minuten ticken dahin, ich muß warten: der Militärgouverneur ist noch nicht da. Während die Zeit vergeht, wachsen Ungewißheit und Angst in mir. Meine persönlichen Sorgen mischen sich mit dem schwarzen Schatten, der über uns allen hängt: Tel el Za'ater. Das palästinensische Flüchtlingslager am Rande Beiruts wird nun schon wochenlang von den Falangisten belagert. Tausende sitzen dort in der Falle; Hunderte – Männer, Frauen, Kinder – sind schon im pausenlosen Feuer der falangistischen Artillerie getötet oder verwundet worden; die Überlebenden sind eingeschlossen in einem verzweifelten Kampf, die Munition geht zur Neige, und die nichtkämpfenden Zivilisten leiden Hunger und Durst. Es sieht so aus, als könnte das Lager nicht mehr sehr lange durchhalten. Zweifache Angst durchströmt mich: Was wird aus den Menschen von Tel el Za'ater? Was wird aus mir? Die Zeit vergeht so langsam: nach neun, und noch immer kein Zeichen vom Militärgouverneur.

Eine israelische Soldatin kommt herein. Ohne mich auch nur eines Blickes zu würdigen, holt sie einen Besen heraus und beginnt zu fegen.

Für einen Augenblick reiße ich mich von meinen eigenen Sorgen los und betrachte sie aufmerksam. Sie ist jung – fast noch ein Kind. Aber sie repräsentiert in ihrer Khaki-Uniform alle Frauen Israels: stolz, emanzipiert, frei. Arabische Männer schenken Frauen wenig Beachtung, aber selbst sie respektieren die israelische Soldatin, das Symbol der siegesbewußten Kraft Israels. Warum also – so frage ich mich – macht dieses Mädchen traditionelle Hausfrauenarbeit, warum fegt es?

Ich spreche die Soldatin an: „Warum fegen *Sie* das Büro? Gibt es in der Armee Israels denn keine Gleichberechtigung für die Frauen?"

Sie sieht erschrocken aus – wohl ebensosehr durch die Frage selbst wie durch mein fließendes Hebräisch. Sie wirft mir einen überraschten Blick zu und antwortet ohne Zögern: „Das ist meine Aufgabe. Ich fege das Büro, bediene das Telefon, koche Kaffee für die Offiziere . . ."

„Wieso machen *Sie* ihnen den Kaffee?" beharre ich. „Warum kochen sie sich den nicht selber?"

Sie zuckt die Achseln. „Sie haben *ihre* Arbeit und ich *meine*."

Damit stellt sie ihre Fegerei ein und trägt ein Tablett voller Kaffeetassen hinaus in die Büros.

Ich kehre, allein geblieben, zu den eigenen Sorgen zurück. Warum lassen sie mich hier so lange warten? Ich schaue auf meine Uhr: Zehn. Wie lange werden sie mich noch dabehalten? Was wollen sie mit mir machen? Wollen sie mich verhören? Oder mich verhaften? Was haben sie denn gegen mich? Es ist so schwer, immer zu wissen, worüber sie sich ärgern, und noch schwerer läßt sich erraten, wie sie reagieren werden. Sie können manchmal recht rücksichtslos und willkürlich handeln. Vielleicht beabsichtigen sie, mich ins Gefängnis zu stecken? Oder noch Schlimmeres – mich zu deportieren?

Ein paar Minuten später kommt die Soldatin zurück. Sie ist in den Büroräumen gewesen – vielleicht weiß sie, was man mit mir plant? Ich starre sie an, versuche in ihren Augen zu lesen, zu erraten, was in ihrem Kopfe vorgeht. Aber ich kann nichts entdecken, nicht die geringste Andeutung liegt in ihrem klaren, offenen Gesicht.

Ich merke, daß sie mein Starren erwidert. Natürlich, unser Wortwechsel vorhin hat ihre Neugier erregt. Sie nähert sich mir und betrachtet interessiert das Abzeichen an meinem Mantelaufschlag: Selbstbestimmung für Palästina. (Ich habe es für mein Gespräch mit dem Gouverneur extra angesteckt. Ein Symbol des Trotzes.)

Sie schaut sich das Abzeichen einen Augenblick an und schüttelt dann verachtungsvoll den Kopf: „Ihr Palästinenser! Ihr solltet aufgeben. Findet euch mit der Lage ab. Ihr seid erledigt . . ."

Erledigt? Was meint sie damit? Ich kann hören, daß irgendwo in einem der Büros ein Radio läuft. Hat sie Nachrichten gehört? Tel el Za'ater?

„Was heißt das – erledigt?" Mein Ton ist scharf, all meine Angst und Unsicherheit liegen darin.

„ Alle hassen euch. Die ganze Welt ist gegen euch!" Ihre Stimme klingt triumphierend, rachsüchtig. „Sogar eure arabischen Brüder. Keiner ist auf eurer Seite. Ihr seid erledigt."

Ihre Feindseligkeit ist schmerzlich für mich. Gespannt und bedrückt, wie ich mich im Augenblick fühle, bin ich in Versuchung, ihr mit gleicher Münze zurückzugeben. Aber ich schaue sie noch einmal an; sie erinnert mich an meine eigene Tochter Dianna, sie ist ungefähr im gleichen Alter, hat denselben offenen Blick. Ich bemühe mich mit aller Kraft um Geduld.

„Sie sagen, wir sollten aufgeben? Uns mit der Lage abfinden?" Ich lächele traurig. „Als die Juden in Ghettos lebten – haben sie aufgegeben? Haben sie sich ‚abgefunden'? Nein, das haben sie nicht. Sehen Sie – auch wir werden das nicht tun. Sie sagen, daß niemand uns mag, keiner auf unserer Seite ist. Wer mochte denn *Ihr* Volk? Wer war auf der Seite der Juden? Keiner. Aber die Juden haben gekämpft. Auch dann, als alle ringsherum versuchten, euch auszulöschen!"

Ihr Gesicht hat seinen rachsüchtigen Ausdruck eingebüßt; sie starrt mich voller Verblüffung an.

„Nun", füge ich hinzu, „wir Palästinenser sind genau wie Ihr Juden!" Sie staunt. „Wie können Sie so reden? *Sie?* Sie sind doch eine Terroristin! Ich weiß es. Ich weiß, daß Sie die PLO-Terroristen unterstützen!"

Sie *hatte* also etwas gehört! Einer der Offiziere muß in ihrem Beisein von mir gesprochen haben. „Unterstützung der PLO". Das kann bei den Israelis eine schwerwiegende Beschuldigung sein. Leute, die der Unterstützung der PLO angeklagt werden, finden sich häufig im Morgengrauen auf dem Transport zu den Jordanbrücken wieder. Deportation! Können sie mir das antun? Aber was wird mit meinen Kindern . . .?

Ich ringe die in mir aufsteigende Panik nieder und versuche, mich auf die Unterhaltung mit dieser engelgesichtigen Vertreterin der israelischen Macht zu konzentrieren. Ich erwidere, den sanften Ton bewahrend, ihren Überraschungsangriff. „Was die PLO macht, ist kein Terrorismus. Es ist Selbstverteidigung! Als sich die ganze Welt gegen uns wandte – haben wir das Gewehr genommen!" Zweifelnd starrt sie mich an. Ich spüre ein plötzliches wildes Verlangen, dieses Mädchen zu überzeugen, ihr alles zu erklären, die feindselige Abwehr in ihren Augen zu überwinden. Ich erzähle ihr von einem Interview, das Golda Meir

13

gegeben hat und in dem sie ein Pogrom schilderte, das sie als Kind in Kiew miterlebt hatte: wie ihr Vater den Eingang mit Möbeln verbarrikadierte und die Tür vernagelte, um seine Familie vor den Kosaken zu schützen. Golda schloß ihre Erzählung mit den Worten: „Gott sei Dank, jetzt haben wir eine Armee, die uns schützt. Wir sind keine hilflosen Opfer mehr."

Ich schaue die Soldatin an und füge hinzu: „Wir Palästinenser sind genauso. Wir wollen nicht die Opfer sein. Wir wollen uns selbst wehren können. Die ganze Welt leugnete die Existenz des jüdischen Volkes – aber es *existiert!* Ich achte *euren* Kampf ums Überleben und um eure Würde – ihr solltet den *unseren* respektieren!"

Ein Offizier betritt den Raum. Als er uns zwei erblickt, ins Gespräch vertieft, grinst er die Soldatin an. „Vorsicht!" sagt er, halb neckend, halb ernsthaft. Mit einer Kopfbewegung zu mir hin sagt er zu dem Mädchen: „Paß auf – sie macht eine Gehirnwäsche bei dir!" Immer noch vor sich hin grinsend verläßt er das Zimmer.

Verdrossen blicke ich ihm nach. Er hat leicht Witze machen. Wie aber würde er sich wohl fühlen, wenn er in meiner Lage wäre?

Ich wende den Kopf und begegne den Augen der Soldatin, die mich beobachtet. Ihr Blick ist respektvoll, verwirrt; zweifellos, ich habe ihr einiges zu denken gegeben.

Sie verläßt mich, um wieder an ihre Arbeit zu gehen. Aufs neue bleibe ich allein, eine Beute meiner Ängste.

Die Minuten rinnen langsam dahin.

Was wird geschehen?

Es ist elf durch. Jetzt warte ich schon drei Stunden. Diese Leute sind wohl verrückt! Ich bin durstig und müde. Ist diese Warterei ein Vorspiel zum Verhör? Wenn ich doch bloß irgendwo ein Radio finden könnte, um die Nachrichten zu hören . . . Und was ist zu Hause los? Bestimmt machen sie sich schreckliche Sorgen.

Ein Offizier tritt ein. „Der Militärgouverneur ist jetzt da."

Endlich. Was immer mir auch bevorstehen mag – ich brauche wenigstens nicht länger zu warten, um es zu erfahren.

Ich folge ihm ins Chefzimmer. Der Militärgouverneur sitzt an seinem Schreibtisch, aber er ist nicht allein. Es sind noch mehr Offiziere im Raum. Armee, Polizei. Die verschiedensten Orden und Ehrenzeichen. Uniformen in allerlei Schattierungen von khaki bis blau. Sie alle sitzen um den Schreibtisch des Militärgouverneurs herum. Sie unterhalten sich, als ich hereinkomme; als mich dann aber der Militärgouverneur mit einer Handbewegung zu einem freien Stuhl winkt, verstummen sie. Aller Augen sind auf mich gerichtet. Ich blicke um mich, versuche, in ihren Mienen zu lesen; einige Gesichter sind ausdruckslos, andere blicken feindselig. Alle sehen sehr streng und sehr formell aus.

Als ich sie da so sehe, steigt plötzlich Wut in mir auf. Diese Männer – was haben sie hier in Ramallah zu suchen? Fremde, Außenstehende, Vertreter einer gegnerischen Armee – und doch haben sie die Macht, mich hierher zu zitieren, mir Befehle zu erteilen, mich zu rügen, mir Leiden aufzuerlegen. Unerträglich! Demütigend! Wie hilflos bin ich doch im Angesicht der Macht, die sie repräsentieren!

Aber: eben weil sie so stark sind, darf ich keine Schwäche zeigen. Ich erwidere ihre fixierenden Blicke, unerschrocken, trotzig. Was auch geschehen mag – *die* Befriedigung werden sie nicht haben, daß ich meinen Kopf beuge!

Der Militärgouverneur wendet sich an mich, seine Stimme klingt hart und unpersönlich. „Wir kennen uns ja schon", erinnert er mich und meint damit unsere erste Begegnung vor ein paar Wochen; als er seinen Posten hier übernahm, hatte er mich zusammen mit anderen Bürgern von Ramallah, deren Bekanntschaft er zu machen wünschte, zu einem Empfang in sein Büro geladen. „Damals war es eine informelle Begegnung", sagte er, „die heutige aber ist sehr dienstlich." Sein Ton wird amtlicher, nachdrücklicher. „Ich bedaure sehr. Sie waren gewarnt, aber Sie haben es vorgezogen, die Warnung zu mißachten. Uns bleibt keine Wahl. Wir müssen nun unseren Anweisungen folgen."

Er gibt dem Polizeioffizier neben sich einen Wink. Der Mann räuspert sich und greift nach einem Stück Papier. Wie gebannt sehe ich ihm zu. Das alles kommt mir ganz unwirklich vor, so als träumte ich.

Der Polizeioffizier beginnt, von dem Blatt abzulesen. Es ist ein arabischer Text. Er liest ihn mit rauher, tonloser Stimme vor.

„Gemäß Paragraph 86 der Sicherheitsbestimmungen ordne ich kraft meines Amtes hiermit an, daß Frau Raymonda Habib Jerais Tawil, Personalausweis Nummer 9977052 aus Ramallah, wohnhaft Mario-Hanna-Straße 26, mit Wirkung vom 12. August 1976, zehn Uhr, der Sonderüberwachung unterliegt, bis andere Anweisung gegeben wird. Solange sie der Sonderüberwachung unterliegt, hat sich die oben genannte Raymonda Habib Jerais Tawil innerhalb des Hauses in Ramallah aufzuhalten, in welchem sie wohnt, und zwar zu jeder Tages- und Nachtzeit.

Gezeichnet: Oberst Ya'akov Katz, Militärgouverneur, Bezirk Ramallah. Datiert vom 17. des Aw-Ab 5736 / 12. August 1976."

Heute.

Jetzt.

Von eben diesem Augenblick an stehe ich unter Hausarrest.

Tief in mir schreit eine Stimme: „Mit welchem Recht?"

Wie können sie mir das antun – mein Haus zum Gefängnis machen? Wie können sie es wagen, mir zu sagen, was ich zu tun und was ich zu lassen habe? Wer sind sie, daß sie mich unter „Sonderüberwachung" stellen? Warum? Weil sie Gewehre haben und ich waffenlos bin? Weil sie Israelis sind und ich eine Palästinenserin? Weil sie Männer sind und ich nur eine Frau?

Der Polizeioffizier läßt das Blatt Papier sinken. Sie alle schauen mich an, neugierig, wie ich es wohl aufnehmen werde. Ich balle die Fäuste, um meine Wut zu zügeln. Einen Augenblick Stille.

Schließlich sage ich, und ich tue mein Möglichstes, um meine Stimme in der Gewalt zu behalten: „Darf ich eine Frage stellen?"

„Gewiß", sagt der Militärgouverneur gelassen, „aber beantworten kann ich sie nicht." Und hilfsbereit fügt er hinzu: „Nehmen Sie sich einen Anwalt, wenn Sie wollen."

„Das ist nicht demokratisch!" protestiere ich. „Ich habe das Recht zu erfahren, was für strafbare Handlungen ich begangen habe!"

„Ich habe für Sie keine Antwort", murmelt er, ohne mich anzusehen. Seine Augen sind von einem kräftigen Grün, stelle ich fest . . .

Ich sehe mich im Zimmer um, studiere den Gesichtsausdruck der Offiziere. Sie sitzen erwartungsvoll da, gespannt, wie ich reagiere.

Zu meiner eigenen Überraschung bin ich jetzt sehr ruhig. Ich versuche, die Bedeutung dieser Maßregelung zu begreifen. Ganz klar, meine Tätigkeit hat die Besatzungsbehörden gestört. Trotz der miserablen Lage, in der ich mich befinde, empfinde ich ein absurdes Vergnügen bei dem Gedanken, daß ich sie geärgert habe.

Der Militärgouverneur wendet sich mir zu. Er ist höflich, aber bestimmt.

„Sind Sie mit Ihrem Wagen da?"

„Nein. Ich werde mir ein Taxi rufen."

„Wir bringen Sie hin", sagt einer der Offiziere. (Wie galant, denke ich . . .)

„Um sicherzustellen, daß Sie nicht flüchten", fügt er hinzu.

„Ich fliehe nicht vor meiner Verantwortung", erwidere ich in dem Bemühen, meinen Stolz zu bewahren.

Schweigend gehe ich hinaus auf den Hof. Sie führen mich zu einem wartenden Auto. Der Fahrer ist Araber. Als ich einsteige, dreht er sich um und mustert mich mit düsteren Blicken.

„Tel el Za'ater ist gefallen", murmelt er.

Ein stechender Schmerz durchzieht mich. Welche Schreckensnachricht!

„Gott ist groß", flüstere ich.

Er nickt. „Ein schwarzer Tag", sagt er.

Zwei Polizisten steigen zu mir in den Wagen. Wir setzen uns in Bewegung, vorweg ein Militärjeep, ein weiteres Militärfahrzeug folgt uns. Eine aufwendige Eskorte für mich, denke ich grimmig.

Die Fahrt verläuft in Schweigen. Der Wagen hält vor meinem Haus. Am Tor stehen die Kinder mit schreckgeweiteten Augen.

Wortlos steige ich aus.

„Mama – was ist passiert?" „Was wollen sie von dir?" „Mama, was hast du denn getan?"

Mit knappen Worten unterrichte ich sie von dem Arrestbefehl. Sie sind wie vom Donner gerührt. „Aber warum denn?"

Was soll ich darauf antworten?

Mehrere Offiziere geleiten mich zu meiner Haustür. Oberst Duddy kommt mit mir ins Haus, geht zum Telefon hinüber und nimmt den Hörer ab.

„Was machen Sie da?" frage ich.

„Ich vergewissere mich nur, daß Ihre Telefonleitung gesperrt ist", sagt er gelassen. Schlagartig begreife ich, was er da gesagt hat. Nicht nur, daß ich unter Hausarrest stehe – sie tun alles, um mich völlig von der Welt abzuschneiden. An mein eigenes Haus gefesselt soll ich obendrein auch noch geknebelt werden!

Wie betäubt sehen die Kinder zu, was da vor sich geht. Sie klammern sich an mich, verlangen eine Erklärung, ein tröstendes Wort. Plötzlich wendet sich Oberst Duddy an sie. „Nur keine Angst, Kinder", sagt er in einem Ton, der wahrscheinlich beruhigend klingen soll. „Keine Angst – eure Mutter wird zu Hause bei euch bleiben."

Die Kinder verstummen für einen Moment. Sie starren ihn an, eine Mischung aus Verwirrung und Haß spricht aus ihren Gesichtern.

Während all dies geschieht, hat mein Mann Da'ud noch kaum ein Wort gesprochen. Jetzt schaut er mich vorwurfsvoll an. „So etwas habe ich ja immer schon kommen sehen", murmelt er traurig. „So revanchieren sich, die Israelis. Du hast sie in dein Haus eingeladen – und so lohnen sie es dir." Er ist bedrückt und traurig. „Aber trotz allem – du hast ja noch Glück. Du bist zu Hause, niemand tut dir etwas. In Tel el Za'ater gibt es Hunderte von Toten."

Im Libanon – in Tel el Za'ater und anderswo – werden Palästinenser hingemetzelt. Hier, in den besetzten Gebieten, werden jugendliche Demonstranten erschlagen oder erschossen.

Und hier bin nun ich – eingeschlossen, gefesselt und geknebelt.

Ein Polizist ist vor meinem Hause postiert, Tag und Nacht. Er hat eine zweifache Aufgabe: er sorgt für die „Sonderüberwachung", indem er sicherstellt, daß ich das Haus nicht verlasse, und indem er bei jedem, der mich besucht, die Ausweispapiere kontrolliert und die Personalien notiert. Es gibt Leute, die mich nicht mehr besuchen mögen, weil sie Angst haben, daß sie dann auf der „Unerwünschten"-Liste der Militärbehörden stehen. Jene mutigeren Seelen, die dennoch kommen, erzählen mir, was die israelischen Offiziere über mich sagen: „Wir werden sie isolieren. Sie wird ihre Strafe bekommen. Wir kriegen sie klein!"

Tag für Tag muß ich mit diesem schrecklichen Gefühl des Eingesperrt-seins fertig werden, mit dem Bewußtsein, in der Falle zu sitzen, im Käfig. Keine Besuche bei Freunden, nie einkaufen gehen! Nicht mehr über den Markt schlendern, nicht mehr in der Schule meiner Kinder nach dem Rechten sehen. Nur noch dieses Haus, diese vier Wände, diese Tür mit dem Polizisten davor . . .

Um die Wahrheit zu sagen – mein Los ist durchaus nicht unerträglich. Ich sitze nicht im Gefängnis. Im Unterschied zu Tausenden palästinen-sischer Patrioten, die jahrelang in den Gefängnissen Israels, Jordaniens und anderer Länder des Nahen Ostens schmachten, bin ich nicht in eine enge Zelle gesperrt. Ich genieße die Bequemlichkeit meines gemütli-chen, geräumigen Heims mit seiner wundervollen Aussicht hier auf die Berge, dort auf die flache Küstenlandschaft; hin und wieder erhasche ich sogar einen Schimmer von Tel-Aviv. Ich habe meine Familie um mich; daß der Strom der Gäste nicht abreißt, beweist mir: bei meinen Freunden bin ich nicht vergessen. Ich bin im Luxus gefangen. Im goldenen Käfig.

Immerhin – gefangen bin ich.

Schlimmer noch – mein Gefängnis hat viele Mauern: Kaum habe ich die eine überwunden, stehe ich vor einer anderen. Der Polizist vor meiner Tür ist nur einer von meinen zahllosen Bewachern. Mir ist im Laufe meines Lebens auf mancherlei Weise die Freiheit verweigert worden:

als Palästinenserin, der Angehörigen eines Volkes, das seiner Rechte und seiner Würde beraubt wurde;

als Frau in einer semi-feudalen, patriarchalischen Gesellschaft;

als Bürgerin eines Gebietes unter fremder Militärherrschaft; und

als Individuum in einer traditionalistischen, tyrannischen Umgebung, die die Freiheit des Einzelnen beschneidet.

Selbst wenn sich die Behörden in der Lage sehen sollten, mich aus dem Hausarrest zu entlassen, wird meine wiedergewonnene „Freiheit" einen bitteren Beigeschmack haben. Ich werde, wie alle Palästinenser, mein Gefängnis in der eigenen Brust mit mir herumtragen, wo immer ich auch sein werde. Und als Frau werde ich zweifache Entfremdung leiden.

Jetzt aber, in meinem Hause, dessen Mauern mir zum Gefängnis wurden, will ich berichten: die Geschichte all meiner Gefängnisse, all meiner Mauern . . .

Das letztemal war ich verhaftet gewesen, als ich mit Terence Smith von der „New York Times" in Nablus war. PLO-Chef Yassir Arafat sollte vor der Versammlung der Vereinten Nationen sprechen. Nach Jahren der Ablehnung und der Gleichgültigkeit nahm die Welt die Existenz des palästinensischen Volkes zur Kenntnis und erkannte die PLO an. Eine Woge der Euphorie erhob sich auf der West Bank, auch in Nablus, jubelnde Demonstranten drängten sich in den Straßen. Alle Geschäftshäuser und Läden waren geschlossen, und israelische Truppen schwärmten aus, um die Ladeninhaber in ihren Häusern aufzuscheuchen; sie sollten ihre Läden öffnen – mancher wurde im Schlafanzug herbeigeschleppt! – und damit die „Lage normalisieren". Die „Normalisierung" hat bei den Besatzungsbehörden stets hohe Priorität . . .

Terence lief davon, um den Militärgouverneur zu interviewen, und ich stand, allein geblieben, mitten in der Stadt. Plötzlich kurvte ein israelisches Militärfahrzeug heran und die Soldaten befahlen mir barsch, einzusteigen. Sie ließen mir keine Zeit, Terence Bescheid zu geben, daß man mich festgenommen hatte.

Er erfuhr es trotzdem; einige der Demonstranten rannten ihm nach und schrien: „Sie nehmen das Mädchen mit!" („Das Mädchen" – welch ein Kompliment für eine Mutter von fünf Teenagern!). Terence kam gelaufen, gerade als der Militärwagen am Bordstein anfuhr.

„Was geht hier vor?" rief er mir zu.

„Terry, das ist Demokratie!" rief ich zurück und der Wagen brauste davon. (Terence intervenierte bei den Militärbehörden, was schließlich dazu beitrug, daß ich entlassen wurde, wenn mir auch ein israelischer Offizier sagte, er schere sich den Teufel um „Ihren amerikanischen Journalisten da").

Auch auf dem Polizeirevier hielt meine euphorische Stimmung an. Ich empfand gar keine Angst, als ich mich plötzlich in Haft befand. Entspannt und zuversichtlich schaute ich zu, wie sie die jugendlichen Demonstranten hereintrieben. Die meisten von ihnen kamen lachend, und wir machten das „V"-Zeichen zur Begrüßung. Hinter mir hörte ich einen Polizisten in wütendem Hebräisch murmeln: „Die sind glücklich, weil dieser Mörder vor die UNO darf." Sie betrachteten die Einladung an Arafat als persönlichen Affront.

Ich wurde dem Militärgouverneur vorgeführt. Er gab sich betont feindselig. Seine Fragen bezogen sich auf die Presseberichte, die ich verschickt hatte. „Sie haben Falschinformationen verbreitet!" sagte er anklagend. „Heute morgen haben Sie berichtet, in der Stadt werde gestreikt – noch bevor es überhaupt soweit war!" Er war wütend. „Ich war heute morgen in der Stadt, und da waren alle Geschäfte geöffnet!"

Ich schenkte ihm ein überlegenes Lächeln. „Jeder Journalist ist bestrebt, so aktuell wie möglich über Ereignisse zu berichten – vorher, wenn möglich!"

Der Gouverneur räsonnierte weiter über „eine Handvoll verantwortungsloser Halbstarker", die Geschäftsleute durch Einschüchterung zur Schließung ihrer Läden getrieben hätten. „Die Geschäftsleute wollen mit der PLO nichts zu tun haben", behauptete er kühn. „Ich weiß es. Sie wollen König Hussein, nicht Arafat."

Unbußfertig machte ich ihn darauf aufmerksam, daß er erst seit ein paar Monaten in der Stadt sei, während ich hier schon seit sechzehn Jahren lebte. „Auch ich kenne die Kaufleute – mein Mann ist schließlich Bankdirektor." Ich versuchte ihm zu erklären, wie die Leute hier über Jordanien dachten und über das jordanische Regime. „Wir sind Teil der arabischen Welt und wir haben enge Bindungen an Jordanien", sagte ich ihm, „es gibt wirtschaftliche Interessen und Familienbande. Aber das heißt nicht, daß wir bereit wären, unsere eigene Identität als Palästinenser aufzugeben. Wir wollen unsere Unabhängigkeit, unser Recht auf einen eigenen Staat."

„Unter diesem Terroristen?" fragte er in sarkastischem Ton in Anspielung auf Arafat.

Ich wollte mich nicht provozieren lassen. „Die Minister und die Mitglieder der Knesseth, die jetzt Israel regieren – Männer wie Begin oder Dayan oder Rabin – wie hat man sie eigentlich genannt, als Palästina noch unter britischer Herrschaft stand? Erinnern Sie sich noch? ‚Angehörige illegaler Kampfgruppen' . . . ‚Marodeure' . . . " ich lächelte und fügte sanft hinzu: „Terroristen . . ."

Ein andermal wurde ich festgenommen, als die Militärbehörden von Nablus im Begriff waren, ein paar Häuser zu zerstören. Immer, wenn die Israelis jemanden beschuldigten, zum Widerstand zu gehören, pflegten sie dessen Haus zu zerstören. Ganze Familien konnten so obdachlos gemacht werden, weil ein Mitglied dieser Familien illegaler Taten „schuldig" war. Auch diesmal drohte mehreren Familien die Gefahr, auf der Straße zu sitzen, wenn ihre Häuser gesprengt würden.

Wir in der Arabischen Frauenvereinigung waren in höchster Unruhe. Wir schickten ein Telegramm an den israelischen Verteidigungsminister Mosche Dayan mit der Forderung, er solle den Zerstörungen Einhalt gebieten. Eine Antwort blieb aus.

Der Termin, zu dem der Befehl ausgeführt werden sollte, rückte heran, und noch immer keine Antwort von Dayan. Die Spannung stieg, unsere Unruhe wuchs. Würden sie die Häuser sprengen, bevor wir irgendetwas dagegen tun konnten? Es mußte etwas geschehen! Zumindest wollten wir eine Antwort haben.

Gemeinsam mit den Eltern und den Familien der inhaftierten Fedajin (Widerstandskämpfer) marschierten wir, eine Gruppe der Arabischen Frauenvereinigung, zum Dienstsitz des Militärgouverneurs. Der Soldat am Tor wollte uns nicht passieren lassen. Ich bat ihn, beim Gouverneur anzurufen; er weigerte sich. „Es ist dringend!" beharrte ich, aber vergeblich.

„Also gut!" rief ich. „Dann machen wir eben ein Sit-in, hier vor dem Haupteingang!" Und prompt trafen wir alle Anstalten, unsere Drohung wahrzumachen.

Ein paar Offiziere kamen heraus, um nachzusehen, was da für ein Lärm sei. Als sie merkten, was wir vorhatten, fanden sich die Israelis plötzlich in einer recht verzwickten Lage. Zweifellos wäre es für den Gouverneur höchst peinlich gewesen, von einer Menschenmenge aus Greisen und kleinen Kindern belagert zu werden. So bequemten sich die israelischen Offiziere zu einer konzilianteren Haltung: Einer von ihnen, ein Oberst namens Amnon, erklärte sich bereit, uns in seinem Büro zu empfangen.

In der Hoffnung, jemanden gefunden zu haben, mit dem wir reden konnten, rückten wir ins Haus ein. Auf unser Verlangen hin rief Amnon den Militärgouverneur Segev an und fragte ihn, ob er uns empfangen wolle. Einen Augenblick lauschte Oberst Amnon, dann legte er den Hörer hin; Segev würde uns nicht empfangen, teilte er mir mit. „Er sagt, daß er schon wisse, was Dayan antworten würde", fügte Amnon hinzu.

Die Tatsache, daß Segev sich rundweg weigerte, mit uns zu sprechen, steigerte nur noch unsere Wut und unsere Enttäuschung. Wir fühlten uns ohnmächtig und gedemütigt.

Wir verließen das Gebäude der Militärregierung in wachsender Unruhe. Ich führte eine Gruppe von Frauen zu einem Gespräch mit dem Bürgermeister von Nablus, Haj Ma'azuz al-Masri. Die Situation sei ernst, teilten wir ihm mit. Es müsse etwas getan werden! Wir schlugen vor, neben den zur Zerstörung verurteilten Häusern Zelte aufzuschlagen, die den vertriebenen Familien Schutz böten, bis eine bessere Lösung gefunden werden könnte. Haj Ma'azuz war einverstanden und versprach, städtische Bedienstete mit Zelten zu schicken.

Als ich nach Hause kam, erwartete mich ein Journalist von der „Time" – Marmon –, der gekommen war, um zu erfahren, was da vor sich ging. Ich nahm ihn mit zu der Stelle, wo eines der Häuser gerade verbarrikadiert wurde (so wurde es unbewohnbar gemacht; dieses Verfahren wandte man immer dann an, wenn durch die Nähe anderer Häuser eine

Sprengung des „schuldigen" Gebäudes undurchführbar war). Die städtischen Arbeiter waren auch eben eingetroffen und schlugen das Zelt für die ihres Heims beraubte Familie auf. Sofort begann Marmon, die Szene zu fotografieren: das Haus mit dem verrammelten Eingang, draußen die Familie mit ihrer Habe, das Zelt ...

All das trug sich gegenüber dem Büro des Militärgouverneurs zu. Was wir taten, muß von dort aus deutlich zu sehen gewesen sein. In dem Moment, als Marmon seine Kamera einpackte und ging, stürmten Beamte der Militärregierung die Szene.

„Wer hat sich denn diesen Blödsinn ausgedacht?" schrien sie erbost. „Ihr reicht uns mit euren Zelten und euren Flüchtlingen! Brauchen wir denn noch mehr Zelte?" Sie befahlen den städtischen Arbeitern, das Zelt wegzuschaffen.

Am nächsten Morgen wurde ich festgenommen; man nahm mir die Fingerabdrücke ab. Ich war empört, daß man mich wie eine Kriminelle behandelte. Wie demütigend! Und wie gemein, daß man mich dafür bestrafte, daß ich mich um meine Mitmenschen gekümmert hatte! Tränen der Wut stiegen mir in die Augen. Offiziell wurde mir vorgeworfen, ich hätte den Wachsoldaten vor dem Dienstgebäude des Militärgouverneurs beleidigt. Ich hätte „Esel" zu ihm gesagt. Genau genommen stimmte das nicht. Zu dem Soldaten habe ich überhaupt nichts gesagt – zumindest nicht ihm ins Gesicht. Ich muß allerdings zugeben, daß ich einen der Offiziere, mit denen ich sprach, in großer Erregung gefragt habe: „Was für einen Esel haben Sie denn hier auf Wache stehen?" Beleidigende Worte, in der Tat!

Die Geschichte erreichte die Redaktion der progressiven israelischen Wochenzeitschrift „Ha'Olam Hazeh"; sie wurde ausführlich gedruckt und mit einigen sehr sarkastischen Anmerkungen über die Beamten der Militärregierung versehen. Daraufhin wurde das Verfahren gegen mich eingestellt.

Nicht nur die israelischen Behörden waren es, die mich hin und wieder in ihre Obhut nahmen. Mir als Palästinenserin kam auch das „Privileg" zu, die Aufmerksamkeit der jordanischen Sicherheitsdienste zu genießen. Einmal wollte ich mit meinem Mann Da'ud eine Auslandsreise unternehmen. Wir beschlossen, den Weg über Jordanien zu nehmen. Um aus dem israelisch besetzten Gebiet auszureisen, mußten wir eine der Brücken über den Jordan benutzen.

Die Überquerung des Jordan ist immer eine harte Prüfung, denn sowohl die Israelis als auch die Jordanier unterziehen die Reisenden strengsten Durchsuchungen und Überprüfungen, die eine Ewigkeit dauern. Hinzu kommt, daß im Jordantal völlig windlose, stickige Hitze herrscht, die das Warten an den schattenlosen Grenzübergängen zur Marter macht.

Und als wäre das noch nicht genug, machten die Jordanier diesmal alles noch viel schlimmer als gewöhnlich. Nach den Ereignissen des September 1970 – des berüchtigten „Schwarzen September", in dem Tausende von Fedajin wie auch unbewaffnete Palästinenser, zivile Flüchtlinge, umgebracht wurden – versuchten die Jordanier, stärkeren Einfluß in den israelisch besetzten Gebieten zu gewinnen. Die Folge war, daß Palästinenser, die über die Brücken gingen, überaus genau und scharf überprüft wurden, während jordanische Sicherheitsagenten Jagd auf „feindliche Elemente" machten. Während wir Stunde um Stunde warteten, hörten wir, wie Namen aufgerufen wurden, und sahen Palästinenser, die zur Befragung abgeführt wurden. Einige Leute wurden brutal verhört, weil sie Sympathie für die PLO bekundet oder Kritik am jordanischen Haschemitenregime geäußert hatten. Anderen wurden „Kontakte zum Feind" vorgeworfen – oftmals wegen harmlosester Dinge. Ich traf dort einen kleinen Händler aus Nablus, dem beim Verhör vorgeworfen wurde, daß er ... israelische Schokolade und Zigaretten verkaufe! Er zitterte vor Angst, daß die Jordanier ihn in eins ihrer entsetzlichen Gefängnisse werfen könnten.

Da standen wir, Da'ud und ich, mit den anderen in der Sonnenglut und defilierten langsam an den jordanischen Beamten vorbei, die uns ihrer gründlichen Musterung unterzogen. Es war ein nervenzermürbender Vorgang; ich hatte das Gefühl, daß es nie ein Ende nehmen würde.

Endlich kamen wir beim letzten der langen Kette von Beamten an. Aber genau in dem Moment, als wir einen Seufzer der Erleichterung ausstießen, weil wir es nun hinter uns hätten, wurden unsere Namen aufgerufen: Zum Verhör! Wir standen auf der Schwarzen Liste.

Es war ein harter Schlag. Da standen wir, kamen aus israelisch besetztem Gebiet, freuten uns darauf, unter Arabern zu sein, erwarteten Wärme und Sympathie – statt dessen trafen wir auf Feindseligkeit und Argwohn.

Die Sicherheitsleute nahmen uns in Gewahrsam, aber wir wurden nicht dort, an der Brücke, verhört. Sie brachten uns nach El Salt, einer verlassenen Stadt in den Bergen. Nach der Ankunft wies man uns in einer Kaserne ein Zimmerchen an – und dort ließ man uns allein. Lange saßen wir da und warteten – es geschah absolut nichts. Es nahm uns ganz schrecklich mit, obwohl wir – oder vielleicht gerade weil wir nicht verhört wurden. Statt dessen ließen unsere Bewacher uns reichlich Zeit, all unsere Ängste und Ahnungen phantasievoll auszumalen. Zu allem Überfluß – als wäre unsere Angst nicht Quälerei genug – wurde es in dem unbelüfteten Raum bald unerträglich heiß.

Die Wachen brachten uns Essen, aber wir rührten es nicht an. Wir verlangten zu wissen, was hier vorginge, warum man uns festhielte, was sie mit uns vorhätten. Aber keiner schien etwas über uns zu wissen. Die Jordanier zuckten nur die Achseln und nahmen unser Gepäck mit – vermutlich um unsere Habe zu durchsuchen.

Endlich – es war beinahe eine Erleichterung! – begann das Verhör. Wir saßen zwei Männern in Zivil gegenüber – die natürlich dennoch Armeeoffiziere waren. Einer von ihnen – offenbar der ranghöhere – saß etwas abseits, sagte kein Wort, hörte nur intensiv dem Gespräch zu. Die Befragung wurde von dem anderen Offizier geführt, einem hochnäsigen, arrogantem Herrn.

Es war ein Verhör von sonderbarer, entnervender Art. Es wurde fast keine einzige direkte Frage gestellt; stattdessen schoß der Offizier Sätze auf uns ab, Feststellungen, knappe Kommentare – die Herausforderung, uns gegen die darin verpackten Anschuldigungen zu verteidigen.

„Wir haben gehört, daß Sie israelische Offiziere bei sich zu Hause empfangen", schleuderte er mir wütend entgegen.

Ich bestritt diese „Beschuldigung" nicht. „Ja, zu Weihnachten. Der israelische Militärgouverneur stattete uns einen Höflichkeitsbesuch ab, obwohl wir ihn nicht eingeladen hatten." Ich erinnerte ihn daran, daß vor 1967, als Nablus unter jordanischer Herrschaft stand, genau dasselbe Sitte war: Alljährlich zu Weihnachten machte der jordanische Gouverneur seinen offiziellen Besuch bei den führenden christlichen Familien der Stadt. Die Israelis folgten lediglich dem jordanischen Beispiel.

Mein Vernehmungsoffizier blickte entrüstet; wahrscheinlich fand er es zutiefst empörend, daß ich den jordanischen Militärgouverneur mit dem israelischen auf eine Stufe stellte. Zu allem Überfluß setzte ich auch noch hinzu: „Zu mir kommen auch andere Israelis – nicht nur Offiziere." Meine aufsässige Haltung ärgerte den Befrager, und er suchte nach weiteren „Verbrechen", derer er mich bezichtigen konnte.

„Wir haben gehört, daß Sie an einem Empfang für israelische Offiziere teilgenommen haben!" rief er und starrte mich vorwurfsvoll an. Er erwähnte den Namen David Parhi, einen leitenden Beamten der israelischen Verwaltung. „Was hatten Sie da zu suchen?"

„Es war kein Empfang", beeilte ich mich richtigzustellen. „Der Bürgermeister von Nablus, Hamdi Kna'an, hatte ein paar Leute – Araber und Juden – in sein Büro eingeladen, um Hanoch zu verabschieden, einen israelischen Offizier, der den Flüchtlingen im Gebiet von Nablus sehr geholfen hatte."

Mein Befrager war sichtlich verblüfft und empört, daß ein arabischer Mensch irgend etwas Positives an einem israelischen Offizier entdecken konnte. Von patriotischen Arabern mußte man erwarten können, daß sie jeden Israeli als Ungeheuer betrachteten.

Unerbittlich fuhr er in seinem Vernehmungskonzept fort; jetzt war er bemüht, meine „landesverräterischen" Neigungen zu entlarven. Urplötzlich fragte er: „Besitzen Sie Ben Gurions Buch?"

Überrascht schoß ich zurück: „Ist es verboten, Ben Gurions Buch zu haben?"

„Beantworten Sie die Frage!" schrie er.

„Nein, ich denke gar nicht daran …"

Und so ging es weiter mit dieser stupiden, phantasielosen Vernehmung. Ich fühlte mich angewidert. Reichte es noch nicht, daß ich mich tagtäglich mit Israelis auseinanderzusetzen hatte? Was mußte ich denn noch tun, um diesen Menschen davon zu überzeugen, daß ich eine Patriotin war? Als ich da geduldig seine Angriffe und Unterstellungen parierte, hatte ich plötzlich ein Gefühl des *déjà vu*. Bestimmt hatte es das alles irgendwann, irgendwo schon einmal gegeben … natürlich! Während des Krieges von 1948 war meine Mutter durch ihr humanitäres Hilfswerk mit den israelischen Behörden in Kontakt gekommen; da sie sich der Aufgabe widmete, die Leiden unseres Volkes zu lindern, gingen Gerüchte um, sie sei eine „Kollaborateurin" der Israelis. Die Iraker klagten sie des „Verrates" an und verurteilten sie in Abwesenheit zum Tode. Und jetzt war es an *mir*, die Anklage der „Kollaboration mit dem israelischen Feinde" zu ertragen …

Am selben Abend noch wurden wir nach Amman gebracht.

Als wir eintrafen, hatte man einen neuen Schock für uns parat: Da'ud sollte freigelassen werden, für mich jedoch lag Order vor, daß ich in Haft bliebe. Diese Trennung war der letzte Tropfen. Bis dahin war es mir gelungen, ruhig zu bleiben, jetzt aber, nach einem vollen Tag in Haft ohne Essen und Trinken, verlor ich meine ganze Selbstbeherrschung. Während Da'ud vergeblich bemüht war, mich zu besänftigen, brach all meine Wut über die Sicherheitsoffiziere herein. „Was wollt ihr denn von uns? Die jordanische Armee hat kapituliert! König Hussein hat die West Bank an Israel ausgeliefert! *Jetzt hört mit diesem Blödsinn auf und laßt mich gehen!!"* Vollkommen außer mir beschimpfte ich sie alle: Da'ud, die Offiziere, das Regime, den König …

Mein Geschrei hallte im ganzen Gebäude wider. Die verschreckten Beduinen-Schildwachen starrten in sprachloser Verblüffung auf mich: In ihrem ganzen Leben hatten sie noch nie eine Frau gesehen, die sich so benahm.

Ihr Weibervolk war still, gehorsam, demütig …

Mein Ausbruch traf die Offiziere vollkommen unvorbereitet. Sie gingen, um ihren Vorgesetzten Meldung zu machen, und sie kamen mit unerwarteten Nachrichten zurück: Ich war der zivilen Sicherheitspolizei zu überstellen. Ich war nicht ganz sicher, welche Bedeutung das für mich hatte, aber es war auf jeden Fall ein erleichternder Gedanke, diesen militärischen Geheimdienstlern und ihrer Stupidität zu entkommen.

Von nun an wurde meine Vernehmung von Kilani, dem Leiter des zivilen Sicherheitsdienstes, persönlich geführt. Kilani war eine furchterregende Figur: einer der engsten Berater des Königs und ein Mann von großer persönlicher Macht. Ein Wort von ihm, und verdächtige Regimegegner wurden festgenommen, gefoltert, eingekerkert. Einige verbrachten Jahre in Lagern; andere tauchten nie wieder auf. Das wußte jeder Jordanier: Kilani war ein Mann, mit dem nicht zu spaßen war. Vielleicht hätte ich mich von ihm einschüchtern lassen sollen, aber ich war viel zu aufgeregt, um taktische Überlegungen anzustellen. Meine „Vernehmung" verwandelte sich in eine politische Auseinandersetzung, bei der ich seine Anschuldigungen damit beantwortete, daß ich ihm meine eigenen Anklagen gegen ihn und gegen das Regime, das er repräsentierte, entgegenschleuderte.

„Warum greifen Sie ständig Jordanien an?" fragte er mich in aggressivem Ton. „Wir lesen ja, was Sie schreiben. Sie sollten sich mit Ihrer Kritik auf Israel konzentrieren!" Er erging sich in einem langen Wortschwall zur Rechtfertigung der Aktionen der jordanischen Regierung im September 1970. „Wir mußten uns doch schützen", jammerte er.

„Schützen?" rief ich. „Indem Sie Tausende von Palästinaflüchtlingen in den Lagern umbrachten? Diese Morde sind ein schwarzer Fleck auf der Weste der jordanischen Regierung; sie haben in den Herzen der Palästinenser einen großen Haß auf die Jordanier hinterlassen!"

„Aber Sie sind doch Jordanierin", erinnerte er mich.

„Ich bin Palästinenserin", sagte ich hoheitsvoll.

„Sie haben einen jordanischen Paß . . ."

„Das ist mir egal!" gab ich böse zurück. „Ich habe ihn mir nicht ausgesucht."

„Wenn ich Ihnen den Paß nun wegnehme, was werden Sie dann tun?" fragte er, um mir eine Falle zu stellen.

„Dann werde ich einen israelischen Ausweis nehmen!" rief ich.

Kilani war sichtlich verblüfft, daß ich nicht ein jordanisches Papier für unendlich viel wünschenswerter hielt als ein israelisches. Ich sagte ihm warum, und beschwerte mich über die Art und Weise, wie die Jordanier uns von der West Bank behandelten. Ich sagte ihm, wie man uns auf der Brücke schikaniert und herumgestoßen habe; ich beklagte mich über die Verhöre, über das Verschwinden von Palästinensern, die von jordanischen Sicherheitsleuten in Gewahrsam genommen wurden.

Kilani hörte sich das alles an, dann lächelte er mir ermunternd zu. „Und warum glauben Sie dieser ganzen Propaganda?" fragte er. „Schließlich bin ich selbst ja auch ein Palästinenser!"

Tatsächlich, Kilani ist palästinensischer Abkunft – aber was soll das, er ist ja nicht der einzige Palästinenser, der dem jordanischen Regime dient. In meinen Augen personifizierte Kilani das Dilemma aller Palästinenser in jordanischen Diensten. Solche Leute befinden sich in einem ständigen Zwiespalt zwischen der Loyalität gegenüber den Haschemiten und der Sorge um unser Volk.

Dieser Konflikt trat bei meiner Vernehmung zutage. Nachdem er mich zu den verschiedensten Themen befragt hatte, kam Kilani plötzlich auf den wahren Grund für meine Festnahme zu sprechen. In aggressivem, feindseligem Ton fragte er: „Warum haben Sie die jordanische Regierung der Komplizenschaft bei der Ermordung von drei Palästinensern beschuldigt?" (Er bezog sich auf den israelischen Überfall in Beirut, bei dem drei PLO-Führer in ihren eigenen Wohnungen vor den Augen ihrer Frauen und Kinder erschossen worden waren.) Die Morde selbst waren zwar von israelischen Soldaten ausgeführt worden; aber ich war in der Lage, Kilani mit dem Beweismaterial zu konfrontieren, das wir in Händen hatten und das die jordanische Mitmischerei bei dem Überfall betraf. Die Vorwürfe, er persönlich sei darin verwickelt gewesen, brachten ihn sichtlich auf. „Diese drei Männer waren meine Freunde!" sagte er entrüstet.

Es ist nicht leicht für einen Palästinenser, den Haschemiten zu dienen . . .

Kilani wechselte das Thema, und jetzt nahmen seine Fragen eine politische Färbung an. „Warum wollen Sie einen eigenen Palästinenserstaat?" fragte er mich. „Ein Palästinenserstaat ist für Sie doch ganz nutzlos. Für Israel wird es ein Leichtes sein, euch zu schlucken. Der große Fisch frißt den kleinen . . . Die Palästinenser sind bei Jordanien viel besser aufgehoben!"

Ich wies seine Ansicht ziemlich leidenschaftlich von mir; ich erinnerte ihn daran, wie die jordanische Regierung mit den Palästinensern umsprang. Es war eine heftige Auseinandersetzung. Ohne rechten Respekt vor Kilanis hohem Rang stritt ich mit ihm über jeden einzelnen Punkt und widersprach ihm immer wieder. Wir wurden beide sehr laut, und der Lärm erregte beträchtliches Aufsehen. Irgendwann drängte sich plötzlich eine Gruppe jordanischer Offiziere ins Zimmer und bildete einen Kreis um mich. Sie waren gekommen, so ließen sie mich wissen, um einen Blick auf „al-jassissa al-hassna", die schöne Spionin, zu werfen. Die Bezeichnung mag einem Außenstehenden schmeichelhaft erscheinen, aber es schwang darin ein drohender Ton mit. Ihre abweisenden, verächtlichen Mienen zeigten ihre wahren Motive, mich zu besichtigen. Sie nahmen mir übel, daß ich in männliche Reservate „eindrang"; als Vergeltung wollten sie mich entmenschlichen, mich auf den Status einen Gegenstandes reduzieren . . .

Meine Auseinandersetzung mit Kilani war lang, umfassend und heftig. Es war sehr töricht und leichtsinnig von mir, ihn in dieser Form zu attackieren; führende jordanische Beamte sind es gewöhnt, daß man ihnen in Demut begegnet. Meine „Vermessenheit" hätte ohne weiteres einen langwährenden Aufenthalt im „Palast Muhammed Rassouls" zur Folge haben können – wie Kilanis berüchtigtes Gefängnis grimmig im Volksmund genannt wurde. Zu meinem Glück bin ich mit Mitgliedern der Familie Kilanis befreundet – er hätte mich sonst wohl sehr viel härter angefaßt. Vielleicht hat er mich aber auch einfach wegen meiner Offenheit respektiert.

Schließlich, als er meine Vernehmung abgeschlossen hatte, entschloß sich Kilani, mich zu entlassen. Als er mir meinen Paß aushändigte, schaute er mich mit einem seltsam grüblerischen Blick an. Dann sagte er nachdenklich: „Wenn die West Bank wieder an Jordanien fallen sollte, werden wir es sehr schwer haben mit euch Palästinensern . . ."

Ich bin durch polizeiliche Verhöre nicht so leicht zu beeindrucken – vielleicht deshalb, weil ich schon im frühen Kindesalter meine Bekanntschaft mit ihnen machte: 1948, nachdem die Israelis Akko erobert hatten. Eines Tages klopfte ein Polizist an unsere Tür und verlangte Mutter zu sprechen. Ich war damals noch ein kleines Mädchen, und ich erinnere mich, wie ich angstvoll auf dieses fremdartige Wesen in seiner unbekannten Uniform starrte. Blankes Entsetzen packte mich. Ich wußte nicht, was er von Mutter wollte, aber ich spürte, daß ihr irgendetwas drohte. Endlich sagte ich ihm, daß sie zur Arbeit sei, und er ging.

Am Abend, als Mutter heimkam, erzählte ich ihr von dem Besuch des Polizisten und daß er nach ihr gefragt hätte. Ihre Reaktion war mir vollkommen unbegreiflich: gleichgültig, ohne ein Zeichen von Angst oder Besorgnis, setzte sie sich einfach hin und zündete sich eine Zigarette an – ohne ein Wort. Daß sie so ruhig blieb, ließ mich zu dem Schluß kommen, daß so ein Polizeiverhör schließlich und endlich doch nicht das Ende der Welt bedeutete.

Bei anderen Anlässen trafen die Polizisten sie zu Hause an und verhörten sie in meiner Gegenwart. Aber wer es auch immer war, nach dem man sie fragte, unweigerlich bestritt sie, den Namen je gehört zu haben. Einmal wurde sie nach einem bestimmten Mann aus Akko gefragt. Wie gewöhnlich bestritt sie, etwas über ihn zu wissen, und die Polizisten konnten nicht umhin, ihre Aussage zu akzeptieren. Tatsache jedoch war, daß sie ihn sehr wohl kannte – sie kannte ihn ganz besonders gut. Sie war es nämlich gewesen, die diesen Mann in der Uniform eines Krankenpflegers aus dem Gefängnis von Akko herausgeschmuggelt hatte. Dann hatte sie ihn zu einem bestimmten Punkt an der libanesischen Grenze gefahren, und dort war er hinübergeschlüpft und in den Libanon entkommen. Die israelischen Behörden müssen wohl einen Verdacht gegen Mutter gehabt haben, aber sie konnten nie beweisen, daß sie dem Manne zur Flucht verholfen hatte.

Die Polizisten hatten gewöhnlich ihre liebe Not, um Mutter zur Beantwortung ihrer Fragen zu bringen. Mutter war eine starke Persönlichkeit, und es fiel ihnen schwer, sie festzunageln. Sie hatte ein wundervolles Geschick, ihre Befrager auf Nebenthemen abzulenken. Wenn ihr eine besonders unangenehme Frage gestellt wurde, pflegte sie zu „weiblichen Waffen" zu greifen: Sie entschuldigte sich und ging in die Küche, um Kaffee zu kochen ... Mutter muß auf einige dieser israelischen Beamten und Polizisten einen tiefen Eindruck gemacht haben. Sehr viel später, nach dem Krieg von 1967, traf ich einmal den Israeli, der nach 1948 der erste Militärgouverneur von Akko gewesen war. Er erinnerte sich gut an Mutter; ausführlich erzählte er mir von seinen zahlreichen Zusammenstößen und Auseinandersetzungen mit ihr, und er sprach von ihr mit großer Hochachtung.

„Wissen Sie", sagte er kopfschüttelnd, „viele Araber haben Ihre verstorbene Mutter beschuldigt, eine ‚Juden-Kollaborateurin' gewesen zu sein. Die Narren! Sie war eine großartige Frau und arabische Patriotin. Eine Frau wie sie gibt es kein zweites Mal!"

Diese aufrichtigen, von Herzen kommenden Lobesworte – und kamen sie auch von einem Gegner meines Volkes – bestärkten mich nur in meiner eigenen tiefen Bewunderung für sie. Mutter war in der Tat eine Frau von hohem Mut. Ich liebte sie innig, und ich weiß, daß sie auf mich einen starken Einfluß ausgeübt hat. Ich bin in weiten Teilen meines Denkens und Handelns in ihre Fußstapfen getreten und habe sie mir, bewußt oder unbewußt, zum Vorbild genommen.

Als Kind geriet ich immer in Panik, wenn Mutter einem Verhör unterzogen wurde. Ich war zwar noch sehr klein, aber ich war alt genug, um zu begreifen, daß diese Männer es in der Hand hatten, mir Mutter wegzunehmen – und wenn es auf der Welt etwas gab, was ich fürchtete, dann war es eine neuerliche Trennung von Mutter. Hatte ich sie nicht lange genug entbehrt, als Vater mich fortschickte auf die Klosterschule und mir erzählte, Mutter sei tot?

Seit ich wieder bei Mutter war, blieb mir die Angst, aufs Neue von ihr getrennt zu werden. Wenn Polizisten kamen, um sie zu vernehmen, spürte ich stets die schreckliche Gefahr: Sollte ich sie wieder verlieren?

Angstvoll und in Kummer wartete ich dann ungeduldig auf das Ende des Verhörs, damit ich zu ihr laufen und mich in die Geborgenheit ihrer Arme werfen konnte.

Als ich siebzehn war, wurden Mutter und ich tatsächlich wieder getrennt. Ich ging nach Jordanien, während sie in Israel zurückblieb. Die Grenze war geschlossen, und obwohl wir nur wenige Kilometer voneinander entfernt waren, hätten wir ebensogut auf verschiedenen Planeten leben können, so selten waren die Gelegenheiten, sich zu sehen. Mich machte diese Trennung traurig und bedrückt.

Rückschauend sehe ich mein Leben als eine lange Kette von Beschränkungen und Verboten, die meine Freiheit hemmten, mein elementares Menschenrecht, an den Orten, bei den Menschen zu sein, die ich liebte. Als ich im Kloster war, war ich meiner Mutter beraubt; als ich in Israel lebte, war ich von meinen Brüdern abgeschnitten; später, als ich nach Jordanien ging, war ich von meinen Eltern getrennt; und während all dieser Jahre, wo immer ich lebte, hat mich die arabische Gesellschaft mit ihren Konventionen der männlichen Herrschaft in das Gefängnis gesperrt, in welchem ihr Leben zuzubringen die Araberinnen verurteilt sind. Auf Schritt und Tritt bin ich an Hindernisse gestoßen: Strenge Gesetze oder überholte Traditionen, unerbittliche Polizisten oder Stacheldrahtzäune – diese und andere Fesseln haben mich beständig behindert, haben mich eingeschnürt und mir meine Rechte als Mensch genommen. Vielleicht ist das der Grund, warum ich meinen derzeitigen Hausarrest als halbwegs erträglich empfinde. Er ist schließlich nichts anderes als eine neue Variante des Freiheitsentzuges, der das beharrliche, bedrückende Leitthema meines Lebens war. Ich weiß nicht, wie es ist, in Harmonie zu leben, mit freiem Zugang zur ganzen Familie und ohne die Angst, daß irgendein drohender Krieg oder anderes Unheil uns wieder trennen würde. Jetzt, eingeschlossen in meinem Haus, weiß ich, daß ich genau wie Hunderte von Palästinensern vor mir jederzeit von den israelischen Besatzungsbehörden deportiert werden könnte; ein Federstrich, und man reißt mich von meiner Familie, von meinen Kindern . . .

In den fünfziger Jahren, als meine Familie auseinandergerissen war – meine Eltern in Israel, meine Brüder und ich in Jordanien –, war die einzige Gelegenheit, zusammenzukommen, das Weihnachtsfest, zu dem die Behörden beider Länder den israelischen Christen für einen Tag gestatteten, hinüberzugehen in den jordanischen Teil von Jerusalem. Grenzübergang war das Mandelbaumtor auf der Demarkationslinie. Für mich wie für viele andere Palästinenser wurde dieses „Tor" zum verhaßten Symbol der zweifachen Trennung: der Trennung von unseren Lieben und der Trennung von unserer geliebten Heimat. Ja, das war ein

Tor der Tränen: Tränen der Freude, wenn man sich wiedersah, Tränen des Kummers, wenn man sich wieder trennen mußte. Unzählige herzergreifende Szenen haben sich dort abgespielt; dieses Fleckchen Erde war Zeuge zahlloser Tragödien.

Einmal am Weihnachtstag, als ich zum Mandelbaumtor ging, um Mutter abzuholen, kam sie nicht zur verabredeten Zeit. In tiefer Enttäuschung fragte ich nach ihr, und man teilte mir mit, sie sei im Krankenhaus. Ich bat um die Genehmigung, hinüberzugehen und sie zu besuchen, aber all mein Bitten war vergeblich. Der diensthabende jordanische Offizier, Major Kaldi, war sehr nett zu mir; er behandelte mich wie seine Tochter und brachte mir Kaffee, um mich zu beruhigen. Ich merkte, daß er Tränen in den Augen hatte; ich verstand nicht, warum . . .

Da stand ich am Tor, und Melancholie überkam mich, als ich den Blick über den Stacheldrahtzaun schweifen ließ, der mich von Mutter trennte. Hoffnungslosigkeit packte mich; einen Augenblick lang spielte ich mit der irren Idee, einfach loszurennen – schließlich war das Tor doch nichts weiter als ein Schlagbaum mit ein paar Soldaten als Wachen. Vielleicht käme ich durch? Ich könnte an Mutters Krankenbett eilen, um mich in ihre Arme zu werfen und ihr zu erzählen, wie sehr ich es bereute, sie verlassen zu haben.

Rasch aber ließ ich den Gedanken fallen, an den Wachen vorbeizulaufen; eine solch törichte Handlung wäre dem Selbstmord gleichgekommen. Man hätte mich gnadenlos niedergeschossen.

Ich wußte zu dem Zeitpunkt nicht, daß Mutter schon tot war.

Major Kaldi wußte es. Später erst weihte er mich ein. Niemand habe es über sich gebracht, es mir zu sagen, meinte er. Und er sagte mir auch, wie sehr ihn die Tränen auf meinen Wangen und der herzbrechende Blick in meinen Augen gerührt hätten.

„Sie haben ausgesehen wie die Mater dolorosa", sagte er. „Die ganze Tragödie der Palästinenser drückte sich in Ihrem Gesicht aus . . ."

2. „Sagt eurer Mutter Adieu"

„Sagt eurer Mutter Adieu", sagte Vater.

Wir Kinder waren stumm, wir spürten, daß etwas Ungewöhnliches vor sich ging.

Mutter war still und verweint, Vater blickte düster, das Dienstmädchen hastete hin und her, mit mysteriösen Vorbereitungen beschäftigt. Es war irgendetwas los. Mit einem Gefühl tiefer Verängstigung stand ich da in dumpfer Erwartung. Fast unbewußt suchten meine Finger Mutters Gesicht. Ich schlang meine Ärmchen um ihren Hals und drückte sie zärtlich, während ich schluchzte: „Ich gehe nicht! Ich gehe nicht!"

Mutter legte ihre Arme in einer letzten starken, zärtlichen Umarmung um mich. Ich spürte ihre Sanftheit, atmete den vertrauten Duft ihres Parfüms ein und blickte in ihr schönes Gesicht.

Der Wagen fuhr vor. Mein Vater wandte sich an uns, seine Stimme klang freundlich aber bestimmt: „Sagt eurer Mutter Adieu!" wiederholte er fest. Ich konnte nicht mehr ruhig bleiben; ich warf mich auf den Boden, in bitterliche, wütende Tränen ausbrechend. Ich hockte auf dem Boden und weigerte mich, von der Stelle zu gehen. „Nein, nein! Ich will bei Mammi bleiben! Geht ihr alleine!" George wandte sein Gesicht ab, um seine Tränen zu verbergen; es war unmännlich, wenn ein Junge vor anderen weinte.

Schließlich hob mein Vater mich gewaltsam hoch und trug mich als schreiendes, um sich schlagendes Bündel hinaus. In meiner Verzweiflung schleuderte ich meine Lieblingspuppe zu Boden, und sie zersprang. Vater versuchte mich zu trösten, indem er mir versprach, mir eine neue Puppe zu kaufen. „Ich will keine Puppe!" schluchzte ich. „Dich will ich auch nicht! Ich will Mammi!"

Vater warf mich in den Wagen, und dann fuhr er mit uns nach Tiberias. Wir kamen dort zur Oma, Vaters Mutter; da sollten wir bis zum Ende der Schulferien bleiben. Es war fremd und einsam dort ohne Mutter.

Vater hockte mürrisch im Café von Abu Elias auf der Promenade von Tiberias. Abu Elias kannte Vaters Spezialwünsche; ohne auf eine Bestellung zu warten, brachte er ihm Arrak und Mazza.

Vater war schweigsam und in sich gekehrt; er trank viel. Freunde scharten sich um ihn; er war unter der palästinensischen Elite von Nazareth und Tiberias eine bekannte Gestalt, und alle seine Bekannten kamen, um ihm Gesellschaft zu leisten und ihn aufzuheitern.

Als das neue Schuljahr begann, wurden meine Brüder – der zwölfjährige George und Jussuf, der damals fünf war – in ein Internat in Jerusalem gebracht. Ich war sieben; mich schickte man in eine Klosterschule in Nazareth.

Die Mutter Oberin des Klosters empfing Vater und Oma. Sie führten das Gespräch auf Französisch. Vater ließ keinen Zweifel daran, daß es mir verboten war, meine Mutter zu sehen. Als ich ihn das Verbot verkünden hörte, überkam mich aufs neue das Gefühl, verstoßen und beraubt worden zu sein. In meinem Schmerz weinte ich bitterlich, voller Groll gegen Vater. Dann verabschiedeten sich Vater und Oma, und ich blieb zurück, verlassen und traurig.

Die Klosterschule eröffnete mir eine neue Welt. Ich war begierig, zu lernen, alles war für mich von Bedeutung, jedem Namen entsprang ein Gedanke. Insgeheim hielt ich mich an Mutters sanften Befehl: „Geh zur Schule und lerne, damit ich stolz auf dich bin." Ich lernte viele interessante Dinge, Dinge, die mir die Welt zum Leben erweckten. Das war bei Tage; nachts jedoch lag ich in meinem Bett und weinte still vor mich hin. Die englische Nonne, die über uns wachte, kam herein, hastig ihr Haar bedeckend, während sie an mein Bett eilte. „Mammi kommt dich am Sonntag besuchen", versicherte sie mir, bemüht, den Strom meiner Tränen zu stoppen. Aber ich klammerte mich an sie und weinte in meiner Pein: „Nein, nein! Mammi wird nicht kommen, nur Vater!" Ich sah die Tränen in ihren Augen: „Gott ist gnädig", seufzte sie. „Er wird dich nicht verlassen. Er wird dir deine Mammi bringen . . ." Sie war entsetzt; nur die Mutter Oberin wußte von Vaters Bann gegen Mutters Besuche.

Vater kam an Sonntagen. Ich freute mich über seine Besuche, aber niemals erwähnte ich vor ihm Mutter; irgendwie spürte ich, daß er nicht von ihr zu sprechen wünschte. Die Nonnen sagten mir, Mutter sei tot.

Mutter gehörte einer Palästinenserfamilie an, die aus Kfar Jassif stammte. Sie selbst war in Amerika geboren worden und hatte einige Kindheitsjahre dort verlebt. So hatte sie, in dieser verhältnismäßig emanzipierten Gesellschaft heranwachsend, Vorstellungen von persönlicher Freiheit in sich aufgenommen, die den arabischen Traditionen ganz fremd waren. Als kleines Mädchen nahm sie Ballettstunden; sie träumte davon, Medizin zu studieren, aber ihre Familie beschloß, nach Palästina zurückzukehren, und so konnte sie ihren Traum nicht verwirklichen. Heimgekehrt in das Dorf ihres Vaters benahm sie sich weiterhin so, wie sie es in Amerika gewohnt war; und ihr Verhalten erregte beträchtlichen Unmut bei den Dörflern – es war für ihren Geschmack viel zu emanzipiert.

Später, als sie Vater heiratete, vermochte sie sich nicht mit der passiven Rolle des gehorsamen Weibes abzufinden. Die Gesellschaft ließ ihr zur damaligen Zeit sehr wenige Möglichkeiten; es ging nicht anders, sie mußte sich lange unter Vaters Autorität beugen, aber sie tat es unwillig und mit tiefem Groll. Sie glaubte nicht, daß eine Frau blind ergeben sein müßte.

Aber Vater glaubte das. Er hielt sich genau an die arabischen Traditionen der männlichen Vorherrschaft. Er war immer höflich zu Mutter, aber er duldete nicht den geringsten Versuch, seine Autorität oder seine Privilegien in Frage zu stellen. Vater behandelte mich liebevoll, aber er machte mir unmißverständlich klar, daß ich als Mädchen die männliche Autorität zu akzeptieren hätte. Mutter war zärtlich mit uns allen dreien, ich aber als ihre einzige Tochter genoß ihre besondere Aufmerksamkeit. Sie erzählte mir Geschichten über große Frauengestalten wie Florence Nightingale, die ich mir zum Vorbild nehmen sollte und die mich lehren konnten, mich selbst als Frau zu respektieren. Dank Mutter bin ich nie soweit gebracht worden, mich als Frau minderwertig zu fühlen. Im Gegenteil – Mutter hätschelte mich und gab mir das Gefühl, etwas ganz Besonderes und Einmaliges zu sein.

Mutters treibende Kraft war ihr Freiheitsdrang. Sie träumte von einem Leben ohne Fesseln und Grenzen. Sie glaubte, daß sie eine besondere Aufgabe zu erfüllen hätte für ihr Volk. Das beständige, beschützte Leben in Vaters Burg in Montfort war für Mutters ambitiöse Natur höchst unbefriedigend; sie suchte den Zauber des Abenteuers, die Erregung, den Kampf.

Von dem Drang nach Selbstbestätigung getrieben, entschloß sich Mutter endlich zu dem mutigen Schritt, sich von Vater scheiden zu lassen. Noch heute ist etwas Derartiges für eine Frau höchst selten in der arabischen Gesellschaft; zur damaligen Zeit war es nachgerade unerhört, obwohl es vollkommen in Ordnung war, wenn ein Mann sich von seiner Frau scheiden ließ. Aber Mutter kümmerten die Meinung anderer oder die Moralkonventionen der arabischen Gesellschaft wenig. Sie wußte wohl, daß man sie als Geächtete behandeln würde, das aber konnte sie nicht beirren; sie ging ihren eigenen Weg.

Das Verlangen nach Freiheit führte Mutter auf einen Weg des Leidens. Ihr wurde der hohe Preis abverlangt, den die arabische Gesellschaft „rebellischen" Frauen auferlegt: Man nahm ihr ihre Kinder. Sie durfte uns nicht einmal sehen. Zu der Scheidung kam noch hinzu, daß der Krieg von 1948 und die Teilung Palästinas sie unwiderruflich von ihren Söhnen, meinen Brüdern, trennte. Abgesehen von ein paar kurzen und herzbrechenden Treffen hat Mutter sie Zeit ihres Lebens nicht wiedergesehen.

Ihre Tragödie war auch die unsere. In zartem Alter von ihr gerissen, wuchsen wir mutterlos auf. Es war ein frostiges, freudloses Dasein, und die Erinnerung an diesen Kummer wird mich mein Leben lang begleiten. Ja, eigentlich ist es viel mehr als nur eine Erinnerung: In der arabischen Gesellschaft haben die Kinder für die „Missetaten" ihrer Eltern geradezustehen. Mutters „skandalöses" Verhalten ist ein Makel für jedes einzelne Mitglied unserer Familie, und wir, ihre Kinder, werden verantwortlich gemacht; in bestimmten Kreisen schadet Mutters „Untat" unserem Ansehen bis auf den heutigen Tag.

Nie werde ich das trostlose Elend jener ersten Monate im Kloster vergessen: die qualvolle Sehnsucht nach Mutter; die Seelenpein, die ich litt, als die Nonnen mir sagten, Mutter sei tot.

Alleingeblieben in der Klosterschule fühlte ich mich verlassen und verstoßen. Ich war verschlossen und in mich gekehrt; niemand schenkte mir Liebe, und ich hielt meine Gefühle zurück. Ich, ein verstörtes kleines Mädchen, hegte mein einsames Elend.

Dann, eines Tages, steckte mir eine der Schwestern heimlich ein Foto von Mutter zu. „Deiner Mutter geht es gut, ich habe sie getroffen, sie schickt dir Küsse. Sie leidet schrecklich darunter, daß sie nicht kommen und dich besuchen darf. Sie möchte, daß du fleißig lernst; wenn du groß bist und tun kannst, was du willst, dann wirst du sie wiedersehen. . . "

Hingerissen starrte ich Mutters Bild an, das Zeichen ihrer Liebe für mich. Es war nicht viel, um sich daran festzuhalten, aber der Schnappschuß half mir aus meiner Depression. Bis dahin hatte ich mich geweigert, mit meinen Mitschülerinnen zu spielen; jetzt aber, da ich mich Mutters zärtlicher Liebe wieder versichert hatte, fühlte ich mich frei, um mich den anderen Mädchen zuzuwenden.

An diesem Weihnachten, Ende 1947, waren die Nonnen sehr aufgekratzt und fröhlich. Wir wohnten der Mitternachtsmesse bei, und dann zogen wir, Kerzen in den Händen, in einer langen Prozession durch das ganze Kloster und sangen Weihnachtslieder: „Mon bon Sapin", „Il est né le divin enfant" und „Stille Nacht". In der Kapelle spielte eine französische Nonne Renaissancemusik auf der Orgel. Nach der Zeremonie stürmten wir alle den Speisesaal, der herrlich geschmückt war, die Tische waren beladen mit Schokolade und Süßigkeiten. Nach Mitternacht traf das Terra-Sancta-Orchester ein, um für uns zu spielen, während draußen die Glocken von Nazareth läuteten und hoch in der Luft die Feuerwerkskörper zerplatzten.

Solange die Festlichkeiten dauerten, war ich froh und glücklich. Dann gingen wir zu Bett, um den Weihnachtsmann mit seinen Geschenken zu erwarten. Als ich dann aber im Dunkeln dalag, verspürte ich plötzliche Sehnsucht nach meinen Lieben. Wo war Mutter, wo waren meine

Brüder? Traurig-süße Erinnerungen gingen mir durch den Kopf, und ich heulte in mein Kissen. Ich dachte an Weihnachten zu Hause, mit Wein und Champagner und gefülltem Puter; ich dachte an meinen Vater, wie er Weihnachtsfabeln erzählte und kleine lustige Geschichten, während ich in Mutters Schoß lag und ihre warme, kosende Hand spürte, bis ich einschlief . . .

Nach den Weihnachtsferien, als die Mädchen alle zurückkamen, überquellend von den Schilderungen ihrer Weihnachtserlebnisse zu Hause, war ich voll Neid und Groll.

Die orthodoxe Weihnacht fällt auf den 7. Januar. In jenem Jahr kam Vater ins Kloster und holte mich ab zu meiner Tante in Haifa. Auch meine Brüder kamen aus dem Internat in Jerusalem. Bei diesem ersten Wiedersehen blieben wir Kinder ziemlich stumm. Dann, nach und nach, durchbrachen wir die Mauer des Schweigens und begannen zu reden, über Weihnachten früher, mit Mutter. Gemeinsam kramten wir halbvergessene Episoden hervor, unsere Dummheiten und Unarten und Streiche in jener schöneren Vergangenheit. Wir lachten, lachten, bis die Tränen flossen . . .

Aber in Vaters Gegenwart wagten wir es nie, Mutters Namen zu nennen; sie war lautlose Musik in unseren Herzen.

Weihnachten in Haifa machte genau so viel Spaß wie in Nazareth, aber die Atmosphäre war anders. Der Gottesdienst in der griechisch-orthodoxen Kirche wurde in griechischer und arabischer Sprache abgehalten. Die Souks, der Markt, waren geschlossen, da die Moslems mit uns feierten. Die griechisch-orthodoxen Pfadfinder machten, angeführt von ihrer Kapelle, einen Umzug.

Den Abend verbrachten wir im Haus meiner Tante. Sie spielte für uns auf dem Klavier klassische Musik, während Vater hoch aufgerichtet und stolz dasaß. Zu mir war er sehr zärtlich, er umarmte mich innig und lobte das Klavierspiel meiner Tante. Er wollte, daß ich ihrer konservativen Art und ihrer traditionsbewußten Gesinnung nacheiferte.

Vater sprach mit meiner Tante über seine finanziellen Schwierigkeiten. „Aber lieber würde ich sterben als mein Land an die Juden verkaufen", sagte er fest. „Das ist eine Sache des Prinzips." Er wies die Juden ab, die ihm einen hohen Preis boten, und verkaufte seine Ländereien rund um das Palais de Montfort an einen Araber. Das Palais – die Jeddin-Festung, von Kreuzfahrern erbaut – war seit langem im Besitz unserer Familie, die es dereinst von den Söhnen des Daher el Omer, eines Kriegerfürsten, der im 19. Jahrhundert die Gegend beherrschte, erworben hatte. Das Land wurde später weiterverkauft und schließlich von den Juden erworben, die aus der Festung ein Museum machten.

Vaters Schwierigkeiten entsprangen einem schweren geschäftlichen

Rückschlag, den er erlitten hatte. Er war Getreideagent der britischen Marine; in jenem Jahr wiesen die Briten ihn an, mit dem Transport noch zu warten; die Folge war, daß der Regen den Weizen verdarb. In der Hoffnung, seinen Verlust damit wettmachen zu können, befahl Vater dem Kapitän seines Schiffes, den Kahn zu versenken; die Versicherungssumme, so meinte Vater, könnte ihm wieder auf die Beine helfen. Aber die Rechnung ging nicht auf: Er hatte nicht daran gedacht, daß die Versicherungsgesellschaft erst dreizehn Monate später zu zahlen verpflichtet war.

Die Lage verschlechterte sich. Vater hatte bei der Barclays-Bank einen Kredit von hunderttausend Palästina-Pfund offenstehen. Da aber lief es schief. Vater wurde festgenommen und zusammen mit dem Bankdirektor vor Gericht gestellt. Vater hatte Jura studiert, es aber nie praktiziert. Nun beschloß er, obwohl sein Vater, mein Großvater, bereit war, ihm die besten Anwälte Palästinas zu stellen, sich selbst zu verteidigen. Vor Gericht gelang es Vater, den Bankdirektor zu retten, er selbst jedoch verlor mit Pauken und Trompeten. Großvater war gezwungen, große Ländereien zu verkaufen, um Vaters Abenteuerlust zu bezahlen. Jahre später zeigte Mutter mir im Stadtteil Hadar Hacarmel in Haifa die Straßen, die auf dem Boden gebaut worden waren, den Großvater zu sieben Palästina-Piaster pro Quadratmeter verkauft hatte, damit die Schulden bezahlt werden konnten. Vater aber hat trotz seiner Lage niemals Land an Juden verkauft; das war bei ihm eine Sache des Prinzips.

Ein Prinzip war es bei ihm auch, anderen zu helfen. Oft, wenn wir spazierengingen, traten Leute an ihn heran, die ihn um Hilfe bei ihren Schwierigkeiten baten. Ob es sich darum handelte, bei den britischen Behörden für irgendeinen Unglücklichen zu sprechen, oder darum, Gnade für verurteilte Häftlinge zu erwirken – wenn es einen Zwist gab und er wurde als Schiedsrichter oder Friedensstifter gebraucht, dann war er stets bereit, zu helfen. Er war großzügig und auch gütig, und ein Bettler konnte immer seiner Gabe sicher sein. Eines Tages fragte ich ihn einmal, warum er den Armen Geld gäbe. Seine Antwort werde ich nie vergessen: „Gib und Gott wird dir geben." Und er zitierte den Koran: „Du sollst nie eine Waise verachten und nie den Bettler schmähen oder abweisen." Er schaute mich sehr ernst an und fügte hinzu: „Eines Tages wird dein Vater sein Geld verlieren, und dann wird Gott die Engel schicken mit seinen Gaben . . . "

Jetzt war Vaters düstere Prophezeiung Wirklichkeit geworden: Er hatte den größten Teil seines früheren Wohlstandes eingebüßt. Dennoch, an diesem Weihnachtstag Anfang 1948 gab es Geschenke für alle, und die Atmosphäre im Hause meiner Tante in Haifa war festlich. Zugleich aber, erinnere ich mich, empfand ich ein tiefes Unbehagen. Es war noch nicht lange her, daß wir alle von Mutter getrennt worden waren; und nun gab es unter den Erwachsenen dieses sonderbare Gerede über jüdische Terrorakte und Vergeltungsschläge palästinensischer Gruppen. Alles war sehr unklar. Ich begriff wenig von dem, was geschah. Aber irgendwie spürte ich, daß all diese seltsamen Ereignisse, von denen sie sprachen, eine Art von persönlicher Bedrohung für mich und meine Brüder darstellten, für die Reste von Wärme und Zuneigung, die ich nach Mutters Verschwinden noch zu Hause fand. Böse Ahnungen beschlichen mich: Ob wir uns wohl zu Ostern wiedersehen würden? Aber ich wagte es nicht, meine Befürchtungen und Ängste auszusprechen.

Am Vorabend unserer Abreise spielte meine Tante für uns Klavier. Sie spielte: „Ce n'est qu'un au revoir", und wir alle sangen den Text mit ihr. Dann trennten wir uns – meine Brüder kehrten ins Internat nach Jerusalem zurück, ich fuhr wieder ins Kloster.

Sechs Jahre lang sah ich meine Brüder nicht wieder.

Ein paar Monate später, zu Ostern 1948, war ich wieder bei meiner Tante in der King-George-Straße in Haifa. Die Briten waren im Begriff, das Land zu verlassen. Inzwischen wütete überall der Krieg um Palästina. Haifa war Schauplatz heftiger Kämpfe. Palästinenser schossen von unserem Balkon hinunter auf die Stellungen der jüdischen Hagana auf der anderen Straßenseite. Nachts sahen wir die Soldaten – jüdische wie arabische –, die im flackernden Schein der Lagerfeuer deutlich erkennbar waren. Von allen Seiten drang der Lärm von Geschützfeuer, von Explosionen, von Feuersbrünsten zu uns; das Nachbarhaus wurde völlig zerstört. Meine Tante nahm ihre fünf Kinder und mich und zog in ein Haus in der deutschen Siedlung. Wir flohen in solcher Hast, daß sie keine Zeit hatte, auch nur einen Koffer zu packen.

Die Hagana gewann rasch die Oberhand in der Stadt, und die arabischen Einwohner flüchteten sich zu Tausenden zum Hafen, um ein Schiff zu erwischen, das sie in Sicherheit brachte. Immer wieder hört man fragen: Warum sind die Palästinenser geflohen? Meiner Meinung nach ist die Antwort sehr einfach: Der schlichte Überlebensdrang trieb sie. Im Angesicht der Gefahr des gewaltsamen Todes liefen die Leute einfach um ihr Leben.

In meinem achten Lebensjahr erlebte ich schreckliche Dinge: Männer mit Gewehren und Helmen – einer wurde direkt vor unserer Tür erschossen –, Häuser flogen in die Luft. Meine Tante war zu schwach, physisch und psychisch, mit dieser Situation fertig zu werden. Sie hatte für ihre fünf Jungen zu sorgen und dazu noch für mich, und sie sank hin

38

in lähmendem Entsetzen, unfähig, etwas zu tun außer dem lauten Gejammer: „Wer wird wohl die Toten begraben?" Das Verhalten meiner Tante war nur geeignet, das Entsetzen und die Verstörung bei mir noch zu vergrößern. Ich konnte nicht verstehen, was da geschah, und sie unternahm keinen Versuch, es uns zu erklären oder uns zu helfen, mit unserer Angst fertig zu werden. Apathisch redete sie davon, man müsse sich an unsere arabischen Freunde in der Nationalarmee oder auch an unsere jüdischen Freunde in der Hagana wenden, sie könnten unsere Sicherheit garantieren, dann kämen wir hier heraus. Aber der Gedanke, irgendwohin zu gehen, erregte neue Angst: „Und wenn wir unterwegs umkommen – wer wird uns begraben?"

Am Ende riß meine Tante sich wie durch ein Wunder doch zusammen und brachte ihre Familie in den Libanon. Auch Vater traf Vorbereitungen, um in den Libanon zu gehen, und er war um meine Sicherheit besorgt. Kurz bevor die Briten Palästina verließen, überredete er zwei befreundete britische Offiziere, mich nach Nazareth zu bringen. Nazareth war kein Kampfgebiet, und er war überzeugt davon, daß ich im Kloster sicher wäre. Das alles war nur für kurze Zeit geplant – meine Tante wollte lediglich für ein paar Tage oder Wochen in den Libanon gehen; wenn sich die Lage beruhigt hätte, so versprach sie, käme sie wieder.

Im Kloster war ich unruhig und verängstigt. Nach den Schrecken von Haifa waren die Ruhe und der Frieden von Nazareth ein willkommenes Geschenk, aber ich machte mir Sorgen um Vater. Mein jugendliches Gemüt wurde eine Beute der Ängste und Schreckensvisionen. Wenn Vater nun umkam? Was würde aus mir? Würde ich ganz allein bleiben? Wo war denn Mutter? Wie erging es meinen Brüdern in Jerusalem? Ich betete zu Gott, er möge meine Lieben beschützen.

Die Kämpfe zogen sich hin. Nazareth lag noch außerhalb des Kampfgebietes, aber wir hörten schreckliche Geschichten über Massen arabischer Flüchtlinge, die vor den Kämpfen um ihr Leben liefen. Tausende von Männern, Frauen und Kindern, ein paar Habseligkeiten auf dem Rücken, schleppten sich über die Berge von Galiläa, hin zur rettenden libanesischen Grenze. Ganz Palästina war ein Schlachtfeld: Brand, Tod und Zerstörung verschlangen das Land.

Die Wochen vergingen, und von Vater kam keine Nachricht. Zart deuteten die Nonnen an, daß er möglicherweise in den Kämpfen getötet worden sei. In verzweifelter Angst lauschte ich, wenn die Nonnen miteinander sprachen, versuchte zu verstehen, worüber sie redeten. Was sollte aus mir werden?

Der Krieg kam auch nach Nazareth. Er war kurz und dennoch furchtbar. Die israelischen Truppen näherten sich von Westen. Viele Stunden brachten wir im Schutzraum des Klosters zu, eng beieinander kauerten wir um die Nonnen herum auf der Suche nach Geborgenheit und Zuversicht. Viele Bürger von Nazareth suchten Zuflucht im Kloster, das mit den Flaggen Frankreichs und des Vatikans ein gewisses Maß an Sicherheit zu versprechen schien.

In Nazareth selbst wurde kaum gekämpft. Nach uns endlos vorkommenden Stunden der Angst hörten wir das Gebrüll eines Lautsprechers; die Stadt hatte kapituliert, der Bürgermeister bat die Bürger, weiße Fahnen zu hissen und sich ruhig zu verhalten, die israelischen Besatzungstruppen garantierten für die Sicherheit der Bevölkerung. Die Zivilbevölkerung wurde angewiesen, in den Häusern zu bleiben: Wer ins Freie ginge, täte dies auf eigenes Risiko.

Die Eroberung von Nazareth änderte wenig oder gar nichts an meinem Alltag im Kloster. Als die Kämpfe zu Ende waren und die Israelis die Stadt übernahmen, stellten die Nonnen schnell die Ordnung unseres normalen Tagesablaufs wieder her: Unterricht, Mahlzeiten, Gebet.

Noch immer gab es keine Nachricht von Vater, auch keine von den anderen Mitgliedern meiner Familie. Eines Tages teilte eine Nonne mir mit, daß es niemanden gäbe, der für mich bezahlte. „Wir müssen dich als Waise betrachten", sagte sie ohne Umschweife. Von ihrem Standpunkt aus war das eine ganz einfache Verwaltungsangelegenheit; wenn niemand für mich zahlte, hatte ich als Sozialfall zu gelten, und damit war ich in den Waisenhaustrakt zu verlegen.

Für mich war es ein entsetzlicher Schlag. Jetzt hatte ich alles verloren: Mutter, Vater, Brüder, Familie, Zuhause. Wie sollte es mit mir weitergehen? Vereinsamt und untröstlich weinte ich in meine Kissen. Nirgendwo gab es einen Hoffnungsschimmer, ein Licht am Horizont. Zu dieser Zeit hatte ich wiederholt einen nächtlichen Albtraum: Ich befand mich auf einem Schiff, das aufgegeben worden war. Alle anderen, die Mannschaft, die Passagiere, hatten das Rettungsboot bestiegen und Segel gesetzt und mich ganz allein zurückgelassen. In dieser fürchterlichen Einsamkeit hörte ich einen herzerweichenden Schrei – und dann wachte ich auf und sah das Mondlicht durch die Fenster scheinen auf mein tränennasses Gesicht.

Eines Tages, die Israelis waren schon eine zeitlang Herren von Nazareth, kam Mutter ins Kloster. Sie fuhr mit einem Krankenwagen vor; als freiwillige Krankenschwester hatte sie während der Kämpfe und danach beim Roten Kreuz in Akko gearbeitet, hatte unter Einsatz ihres Lebens Verwundete aus dem Feuer geholt. Jetzt hatte sie diesen Krankenwagen requiriert, um mich besuchen zu kommen.

Die Klosterfrauen, eingedenk der Befehle meines Vaters, weigerten sich, sie einzulassen. Es sei ihr verboten, mich zu sehen, erklärten sie entschieden. Aber Mutter war ebenso entschlossen und unnachgiebig. Die Schwester Oberin lenkte ein wenig ein und bot an, sie einzulassen, falls sie eine schriftliche Erlaubnis meines Vaters vorweisen könne. Aber Vater hatte damals nichts von sich hören lassen; er konnte im Libanon sein, er konnte tot sein. Wie also sollte sie seine schriftliche Erlaubnis bringen?

Der Streit ging hin und her. Schließlich verlor Mutter die Geduld. Wenn man ihr nicht unverzüglich gestatte, mich zu sehen, dann würde sie die israelische Polizei holen gehen und sich den Zutritt erzwingen!

Als die Nonnen merkten, daß sie ihre Drohung ernst meinte, gaben sie nach. Mutter durfte ins Haus.

Als ich sie erblickte, rannte ich auf sie zu und warf mich in ihre Arme, schluchzend vor Glück und Erleichterung.

Ich werde nie vergessen, was ich in diesem Augenblick fühlte: Ich war gerettet, dem Leben wiedergegeben! An den Hals meiner Mutter geklammert, wurde ich von einem reißenden Strom der Zärtlichkeit hinweggespült. Die Rotkreuzhelfer, die in Mutters Begleitung waren, wie auch die dabeistehenden Nonnen waren tief gerührt von der Freude und Leidenschaft unseres Wiedersehens. Endlich, als ich ganz begriffen hatte, daß es Mutter war, wirklich Mutter, schickte ich den Nonnen einen herausfordernden, triumphierenden Blick, als wollte ich sagen: Da seht ihr – ich bin *keine* Waise! Glückselig griff ich nach den Kleidern, die Mutter mir mitgebracht hatte; ihr größtes Geschenk aber war die Hoffnung, die sie in meinem jungen Herzen wieder aufgerichtet hatte.

Aufs neue wurde ich verlegt – vom Waisenhaustrakt zurück in die Abteilung, in der ich zuvor untergebracht gewesen war. So froh ich auch war, meinen alten Platz wiederzubekommen, so unangenehm war mir diese Unterscheidung zwischen den Waisen und solchen Mädchen, die zahlende Eltern hatten. Brauchten die Waisenmädchen denn nicht Wärme und Zuneigung – und nicht bloß Barmherzigkeit? Als ich selber im Stand einer „Waise" war, haßte ich die Nonnen, die mitfühlend für mich seufzten: Ich wollte ihr Mitleid nicht!

Nicht lange nach Mutters erstem Besuch tauchte auch Vater auf. Ich brach in Freudentränen aus, als ich ihn wiedersah nach all den Monaten der Ungewißheit, ob er lebte oder tot sei. Ich erzählte ihm von meiner Verlegung zu den Waisen; später, als er das Schulgeld für mich bezahlen ging, erkundigte er sich ziemlich spitz, wer denn die Nachricht von seinem Tode verbreitet habe. Die Nonnen waren zu bestürzt, um darauf zu antworten, aber später schalten sie mich, weil ich es ihm erzählt hatte!

Vater war ebenso unerwartet gekommen wie Mutter. Ich wußte ja, wenn er den Krieg überlebt hatte, mußte er im Libanon sein; ich wußte auch, daß jeder Kriegsflüchtling, der heimzukehren versuchte, von den Israelis als „Infiltrator" betrachtet wurde, und die Grenzwachen waren befugt, solche Leute zu erschießen. Flüchtlingen, denen es gelang, nach Israel durchzukommen, drohten Verhaftung und Deportation, wenn sie ohne die vorschriftsmäßigen Ausweispapiere aufgegriffen wurden. Wie also hatte er kommen können, fragte ich mich beunruhigt. War er ein „Infiltrator"? Ich hatte Visionen von Polizisten, die kamen und ihn mir wegnahmen . . .

Vater beeilte sich, mich zu beruhigen. Gewiß, er war illegal über die Grenze gekommen. Zu Fuß war er über die Berge gegangen, in Olivenhainen am Wegesrand hatte er sich verborgen. Dann aber war er von einer israelischen Patrouille entdeckt worden; die Soldaten hatten das Feuer auf ihn eröffnet. Vater war am Bein verwundet worden und in Gefangenschaft geraten. Die Soldaten hatten ihn zu ihrem Hauptquartier im nächsten Dorf gebracht; auf dem Wege dahin war ihm recht unbehaglich gewesen bei dem Gedanken, was ihm wohl bevorstünde. Als er jedoch zur Vernehmung vorgeführt wurde, erwartete ihn eine angenehme Überraschung: Der Offizier, der die Einheit befehligte, war sein alter Freund Bechor Schitrit! Die beiden fielen sich in die Arme und begrüßten sich herzlich – zur Verblüffung der Soldaten, die es ganz und gar nicht gewöhnt waren, daß ihr Offizier einem „Infiltrator" einen solchen Empfang bereitete. Schitrit veranlaßte, daß Vater ins italienische Hospital in Haifa gebracht wurde, wo sein Bein behandelt wurde; Schitrit versorgte ihn auch mit den notwendigen Papieren, damit er legal in Israel bleiben konnte.

Später nahm Vater mich mit zu Schitrit in Tel Aviv. Schitrit gehörte einer alten jüdischen Familie sephardischer Abstammung an, die lange Zeit hindurch enge Beziehungen zu ihren arabischen Nachbarn gepflegt und viele arabische Sitten und Traditionen übernommen hatte. Daran mag es gelegen haben, daß ich zwischen Schitrit und meinem Vater eine frappierende Ähnlichkeit entdeckte; die gleiche Klugheit, die gleiche Mentalität. Bis zum Jahre 1948 waren sie Gleichgestellte gewesen, jetzt aber bestand ein erheblicher Unterschied zwischen ihnen: Vater war Angehöriger einer ohnmächtigen Minderheit, während Schitrit zu den herrschenden Kreisen Israels zählte. (Er wurde später Polizeiminister im israelischen Kabinett.) Ich war tief beeindruckt von dieser seltsamen Beziehung zwischen zwei Männern, die gleichzeitig Freunde und Gegner waren. Es sollte nicht das letzte Mal in meinem Leben sein, daß ich auf einen solchen Zwiespalt traf . . .

Ich war wirklich heilfroh, Vater lebend und wohlbehalten wiederzuhaben. Aber meine Freude wurde überschattet von der Angst, er könnte erneut Mutters Besuche verbieten. Ich sagte ihm nichts davon, daß sie

mich besucht hatte, aber er fing von ihr zu sprechen an: „Deine Mutter
hat mich im Krankenhaus besucht", erzählte er mir. „Ich bin froh, daß
sie dich besucht hat – du mußt ja schrecklich allein gewesen sein . . ."
Ich mochte meinen Ohren nicht trauen: Vater wußte von Mutters
Besuchen und war überhaupt nicht böse!
Ich war ja noch ein Kind und verstand nichts von den Höhen und Tiefen
der Beziehung zwischen Vater und Mutter. Vaters Verhalten Mutter
gegenüber war diktiert von der Tradition, in welcher er großgeworden
war. Bis zu ihrer Scheidung war er die personifizierte Zärtlichkeit und
Rücksichtnahme gewesen. Als Mutter dann ausbrach in die Freiheit,
nahm Vater ihr die Kinder – denn das ist der Tribut, den die arabische
Gesellschaft einer unbotmäßigen Frau auferlegt. Jetzt aber, nach dem
Krieg, war alles anders. Vater war nicht mehr derselbe wie vor zwei oder
drei Jahren. Die Schicksalsschläge, die ihn vor dem Krieg ereilt hatten,
hatten ihn den größten Teil seines Reichtums gekostet; das wenige, was
ihm verblieben war, wurde in den Kämpfen vernichtet oder ging ihm
durch die Enteignungsmaßnahmen der israelischen Regierung nach
dem Krieg verloren. Ohne einen Pfennig stand er da. Plötzlich fand er
sich mit Mutter auf einer Stufe wieder; er konnte sie nicht länger
bevormunden.
Auch seine lange Abwesenheit muß wohl ihre Wirkung auf ihn gehabt
haben; ohne Zweifel hatte er während der langen Monate im Libanon
sehr großes Heimweh gehabt. Als er wiederkam, war unter den wenigen
Habseligkeiten, die er mitbrachte, auch ein Geschenk für Mutter: ein
wertvolles Feuerzeug. Mutter hielt sein Geschenk hoch in Ehren; sie
trug es immer bei sich, wohin sie auch ging, bis ans Ende ihrer Tage.
Während Vater in Haifa im Krankenhaus lag, saß Mutter an seinem
Bett, leistete ihm Gesellschaft und munterte ihn auf.
Die neuen Grenzen, die der Krieg geschaffen hatte, trennten meine
Eltern von George und Jussuf, die sich im Internat im jordanischen Teil
Jerusalems befanden; Vater und Mutter hatten nur mich. Von nun an
nahmen sie beide gleichmäßig Anteil an den Entscheidungen über
meine Zukunft, und jeder zeigte dabei Achtung und Toleranz für die
Meinung des anderen. Jetzt beschlossen sie, daß ich auf der Kloster-
schule bleiben sollte. Als sie sahen, daß ich beunruhigt war, beeilten sie
sich, mir zu versichern, daß es nie wieder eine Trennung geben würde.
Mutter könnte mich jederzeit im Kloster besuchen, und ich dürfte die
Ferien bei ihr verleben.
Vater und Mutter blieben in enger Verbindung und zeigten Zuneigung
und Sorge füreinander. Vater trank sehr viel in seinen letzten
Lebensjahren. Mit Mutters Gesundheit stand es nicht gut, und sie
fürchtete, daß, sollte sie vor ihm sterben, niemand mehr da sein würde,

der sich um ihn kümmerte. In Anwesenheit von zwei Zeugen vertraute sie dem Priester eine Geldsumme an, mit der die Grabstätte für Vater bezahlt werden sollte.

Mutter starb, wie sie es vorhergesehen hatte, als erste. Ihr Tod nahm Vater entsetzlich mit, er kam nie mehr darüber hinweg. Wenige Monate darauf entschlief auch er. Da sie geschieden waren, begrub man sie nicht nebeneinander. Mutter wurde in Kfar Jassif, der Heimat ihrer Familie, beigesetzt; Vater begrub man in Akko. Aber diese Trennung war ohne Bedeutung: In ihren letzten Lebensjahren waren Mutter und Vater durch Bande aneinander geknüpft, die weit stärker waren als die der Ehe.

3. Der Weg zum Mandelbaumtor

In den ersten Schulferien nach dem Kriege holte mich Mutter zu sich
nach Akko. Mein Wiedersehen mit Akko beschwor Tausende von
Erinnerungen an meine frühe Kindheit herauf: Als ich zu Haus war mit
Vater und Mutter . . . als ich das Meer beobachtete, dessen Wellen sich
an den Felsen unter meinem Fenster brachen . . . als ich mit meinen
Brüdern ans Ufer zum Angeln ging . . .
Das alles aber war dahin. Verzweifelt klammerte ich mich an Mutter und
weinte an ihrer Schulter, während ihre Hand sanft über mein Haar
strich. Auch in ihren Augen glitzerten Tränen – Tränen des Glücks, weil
sie mich wiederhatte, oder der Trauer über all das, was ihr verloren war?
Wer weiß . . . Leise sprach sie zu mir, ihre Stimme bebte und war doch
voller Zuversicht: „Ich werde dich nie verlassen . . . Niemand kann dich
mir wegnehmen . . ." Sie spürte meine Angst vor einer neuen
Trennung; aber gleichzeitig mit der Angst war da auch eine grimmige
Bereitschaft, gegen die ganze Welt zu kämpfen, um eine solche
Ungerechtigkeit zu verhindern.
Mutters Zuhause war ein bescheidenes Appartement, das einzige, was
Vater ihr bei der Scheidung an Besitz überlassen hatte. Sie hatte mit
großen Schwierigkeiten zu kämpfen. Nach Jahren der Bequemlichkeit
und des Luxus stand sie jetzt ohne den Ehemann, ohne das komfortable
Haus, ohne jeglichen Lebensunterhalt da. Sie aber mit ihrem charak-
teristischen Mut und ihrer Entschlossenheit ließ sich von diesen
materiellen Problemen nicht unterkriegen. Nach einer gewissen Zeit
fand sie eine Stellung als Sozialarbeiterin, und dort verdiente sie genug,
um selber leben zu können, für mich auch das Schulgeld zu bezahlen und
Kleidung zu kaufen, als Vaters finanzielle Klemme es ihm unmöglich
machte, für mich zu sorgen.
Die israelischen Behörden schickten Mutter zur Arbeit in die Dörfer
rund um Akko, wo sie mit ihrer Hilfsbereitschaft bald wohlbekannt war.
Wenn ich bei ihr war, pflegte sie mich auf ihre Runde mitzunehmen, und
ich hatte Gelegenheit zu sehen, wie sie sich ihre gesellschaftliche
Stellung wieder aufgebaut hatte. Das war durchaus keine Kleinigkeit:
Mit ihrer Scheidung von Vater hatte sie sich selbst aus der traditionalistischen, männlich dominierten arabischen Gesellschaft ausgeschlossen. Jetzt aber hatte sie aus eigener Kraft und durch ihr warmes Wesen
die Vorurteile, die gegen sie bestanden, weitgehend überwunden, sie
hatte sich Respekt und Ansehen verschafft. Wohin sie auch kam, die
Dorfbewohner hießen sie mit Liebe und Zuneigung willkommen,
während sie mich voller Stolz vorführte. Ich war so glücklich, daß ich

hätte davonfliegen können! Zugleich aber fühlte ich leises Bedauern über all die Jahre, in denen ich dieses Glück entbehren mußte.

Mutter hatte eine Menge zu tun. Die Not war riesengroß; die Dörfler hatten unter dem Krieg und den Unruhen, die ihm gefolgt waren, schlimm zu leiden gehabt – die Familien waren auseinandergerissen, mancher war jenseits der Grenze und konnte nicht heimkehren. Viele Familien befanden sich in verzweifelter Lage, weil der Ernährer im Kampf getötet oder zum Krüppel geschossen worden war oder weil er aus dem Lande fliehen mußte, seine Angehörigen mittellos zurücklassend. Und als wäre das noch nicht genug, gingen die israelischen Behörden daran, in großem Stil Land zu beschlagnahmen; sie nahmen den arabischen Dörfern Äcker weg und vergaben sie an neue jüdische Siedler. Die Dorfbewohner erhielten zwar eine Entschädigung, aber das war kein Ersatz für den verlorengegangenen Lebensunterhalt. Ich bewunderte den Geist dieser Bauern, die ihren Leiden und Prüfungen mit solch standhaftem Mut und unglaublicher Zähigkeit entgegentraten. Unter israelischem Regiment lebend, konfrontiert mit einer neuen und fremdartigen Kultur und mit einer unfreundlichen Regierung, mußten sie hart um ihr nacktes Dasein kämpfen und um das Recht, auf dem Acker ihrer Ahnen zu bleiben. Wenn ich sie ansah, mußte ich daran denken, was eine der Nonnen, Schwester Archangela, über Frankreich unter deutscher Besatzung erzählt hatte. Es waren viele traurige Erinnerungen – ihr Bruder war von den Deutschen umgebracht worden –, aber sie lehrte uns, daß wir nie einen Groll im Herzen hegen dürften, getreu der Mahnung Christi, daß wir unsere Feinde lieben sollen. Sie erzählte uns die Geschichte eines französischen Jungen, der im Kriege beide Eltern verloren und selber bleibende Schäden erlitten hatte. Das einzige, war er behalten hatte, waren seine schöne Stimme und seine Gitarre. So saß er am Straßenrand und sang die Geschichte seines Lebens: Mein Vater starb auf dem Schlachtfeld, meine Mutter starb in der Résistance – geh, Soldat, geh deinen Weg zu den Deutschen . . .

Ich schwamm in Seligkeit während dieser wundervollen Ferien bei Mutter. Es war eine Wonne, wieder ihre sanfte Wärme und Zärtlichkeit zu erfahren. Es war für uns beide das wiedergewonnene Paradies.

Aber die Ferien hatten ein Ende; traurig und nur zögernd kehrte ich ins Kloster zurück, wo ich ein weitaus härteres Dasein zu ertragen hatte. Die Nonnen waren sehr streng mit uns – mit dem vollen Einverständnis der meisten Eltern. Die Mädchen im Kloster kamen alle aus bürgerlich-konservativen Familien, die wollten, daß ihre Kinder die traditionelle Klostererziehung genössen: stark auf Disziplin und westliche Kultur abgestellt. Die Nonnen, alle europäischer Herkunft, brachten uns

Französisch und Englisch mit der richtigen Aussprache bei. Durch das eigene strenge Beispiel flößten sie uns ihre unerbittliche Logik und ihre starke Willenskraft ein. Vor allem lehrten sie uns, dem Leben mit einem tiefen Glauben an Gott entgegenzutreten, ehrlich und freudig, zuversichtlich, daß am Ende immer die Gerechtigkeit siegen wird.

Es war ein hartes Regiment, das die Nonnen führten. Jeden Morgen mußten wir um fünf Uhr aufstehen, um die Messe zu hören; jede Faser meines jungen Körpers war zum Zerreißen gespannt, wenn ich mich aus meinem warmen Bett hinausquälte in die kalte Morgenfrühe. Eine weitere, wenn auch ganz anders geartete Härte war die Beschränkung der Elternbesuche – mehr als einer im Monat war nicht gestattet. Aber die Nonnen lehrten uns, daß wir uns nie beklagen sollten, wie schwierig es auch immer sei . . . „Das Leben bettet dich nicht auf Rosen", erklärten sie. Sie wußten, wie wir an unseren Spielsachen und anderen Besitztümern hingen, dennoch belehrten sie uns, daß wir nicht protestieren dürften, wenn uns solche Dinge weggenommen würden. Und wenn ich ungerechterweise beschuldigt wurde, hatte ich auch die andere Wange hinzuhalten – „so hat Jesus gesagt . . ."

Sonntags machten die Nonnen mit uns lange Wanderungen, wir besuchten Kirchen und andere geheiligte Orte. Zu jener Zeit war die Verkündigungskirche in Nazareth ein bescheidenes Gebäude; wir pflegten dem Wege Christi hinauf zur heiligen Quelle zu folgen. Diesen Weg trotteten wir so oft entlang, daß er zu einem Teil von uns wurde.

Man lehrte uns, Palästina zu lieben, so wie Jesus es geliebt hatte. Unsere Lehrerinnen verehrten das Land mit einer spirituellen Hingabe, die der Bibel entsprang.

Die Nonnen wanderten mit uns über die sanft geschwungenen Hügel Galiläas, wo wir die herrlichen Ausblicke und die schönen Kirchen bewunderten. Sie wiesen uns auf die seltenen Blumen hin, die die Abhänge zierten; wir pflückten sie vorsichtig und nahmen sie mit ins Kloster, um sie in Büchern zu pressen. Wir lernten, wie die verschiedenen Arten hießen, von denen manche ausschließlich in Galiläa und im Carmelgebiet wuchsen.

Die Nonnen versuchten, uns das Meditieren beizubringen, das „Erlauschen der heiligen Stimmen". Ich war noch zu jung, um den Sinn des Meditierens zu begreifen; aber ich liebte es, die Laute des Windes und des Wassers zu hören; ich hatte eine besondere Vorliebe für den Wasserfall von Tabha.

Es war ein friedvolles Leben in jener Klosterschule in Nazareth, umgeben von grünen Feldern und aufsteigenden Weinbergen. In der Stadt selbst standen die Häuser jedes für sich; dazwischen wuchsen

Feigen- und Granatäpfelbäume und Dattelpalmen. Im Frühling waren die Berghänge mit einer reichen Fülle farbenfroher Wildblüten wie mit einem dicken Teppich bedeckt. Nirgendwo in der Welt gibt es irgendetwas, das den Farben und Düften des palästinensischen Frühlings gleichkommt . . . Von meinem Fenster im Kloster aus konnte ich weit hinaussehen in diese Landschaft, die seit biblischen Zeiten unverändert blieb: die Eichen, die blühenden Pflaumenbäume, mit steinernen Mäuerchen eingefriedet, die grasenden Schafe im weiten Grün, bewacht von einem Schafhirten, dessen Flöte langgezogene orientalische Melodien zu mir herüberschickte; der in Terrassen aufsteigende Berghang, von uralten Olivenbäumen bewachsen . . .

Unser Volk ist dem Olivenbaum tief verbunden; seine Früchte sind für das Leben und Überleben unserer Dörfer von entscheidender Bedeutung. Mit Brot und Olivenöl ist ein Haus stets sicher vor Hunger, Krieg und Katastrophen. In der arabischen Literatur erscheint der Olivenbaum als Mittel gegen jede Krankheit; im Koran mahnt uns Mohammed, der Prophet: „Sorgt für den heiligen Olivenbaum; von ihm kommt euch der Segen." Die Olivenbäume hatten für mich eine besondere Anziehungskraft durch das Geheimnis ihrer trotzigen Kraft, die den Stürmen der Zeit widersteht dank der langen, zähen Wurzeln, die der Baum tief in die Erde senkt. Wie die Gedanken und Erinnerungen, die tief in mir sind, tiefer als Worte reichen, hat der Olivenbaum seine Wurzeln in diesem Boden seit der Zeit meiner Ahnen, seit langer Zeit . . .

Die Klosterschwestern lehrten uns, das Beste aus diesem Leben zu machen, das Gottes kostbarstes Geschenk sei. Wir müßten Gutes tun, wofür wir im Himmel belohnt würden. Wir müßten lernen, zu leiden, sagten sie uns, weil wir durch Leiden zu uns selber fänden, unsere Moral und unseren Willen stärkten und Selbstgenügsamkeit erlangten. Es sei notwendig, daß wir Opfer brächten, damit wir unserer ersten Kommunion würdig würden.

Die erste Kommunion stellte mich vor ein besonderes Problem, denn sie erforderte, daß ich zum römischen Katholizismus konvertierte. Die Nonnen belehrten mich, daß der griechisch-orthodoxe Glaube meiner Familie dem Atheismus gleichkäme – ja, daß seine Verleugnung der päpstlichen Autorität eine Sünde sei, die viel schwerer wiege als Gottlosigkeit!

Ich lief immer vor den Katechismusstunden davon, weil ich die Lehren des Priesters, der sie gab, einfach nicht akzeptieren konnte. Er schalt mich unaufhörlich: Ich müsse den Nonnen gehorchen, sagte er, ich dürfe nicht so viel Schokolade essen, um meine Willenskraft zu schulen. Er warnte mich vor schlechten Gedanken, aber ich verstand nie, was er damit meinte. Ich war rebellisch und streitlustig. Mein Ungehorsam wurde bestraft, indem meine Erstkommunion mehrmals verschoben wurde, bis ich gehorsam und ihrer würdig sei. Wenn ich mich nach der Erstkommunion sehnte, so waren meine Motive durchaus nicht rein religiös. Ich empfand eine kokette Freude bei dem Gedanken, vor all den Leuten zu paradieren mit meinem langen Haar, meinem wunderschönen Kleid, die Blicke all der Leute auf mir zu spüren, wenn ich die Stufen zum Altar der Verkündigungskirche emporstiege. Spiegel waren uns verboten, um uns davon abzuhalten, unserem Äußeren allzu viel Aufmerksamkeit zu widmen; ich aber blickte auf meinen Widerschein in der Fensterscheibe und träumte, daß ich mich ganz in Weiß sähe, strahlend in der Freude meiner Erstkommunion.

In der Kapelle des Klosters fand sie dann statt. Die Kirche war festlich mit weißen Blüten geschmückt; die Mädchen standen aufgereiht zu beiden Seiten des Ganges; die Orgel spielte einen Choral, und der Chor fiel mit Hallelujah ein; und dann marschierten wir in Zweierreihen los, Jungen und Mädchen; die Mädchen in blendendem Weiß, die Jungen in ihren blauen Uniformanzügen mit Krawatte. Als wir gemessen zum Altar schritten, schwoll der Chorgesang an, lauter und lauter, die Stimmen strömten über uns hinweg durch die Kirche und kamen als Echo von den stillen Bergen drüben zurück . . .

Ein besonders lästiger Zug der Klostererziehung war das Verbot jeglicher Kontakte mit Jungen: Es war uns untersagt, mit ihnen zu sprechen, und wenn wir sonntags zur Messe gingen, paßten die Nonnen scharf auf, um sicherzugehen, daß wir nicht verstohlen einen unerlaubten Blick zu den Bänken der Jungen hinüberwarfen . . .

Ich harrte des leidenschaftlichen Blickes von einem jungen Mann, der mir Körper und Seele in einem erzittern ließe. Aber die Nonnen lehrten uns, die Sünde läge in den Gedanken, noch ehe irgendeine Tat begangen worden sei. Wenn der Priester mich fragte, ob ich „im Geiste Unzucht getrieben" hätte, verstand ich nie, was er damit meinte. Ich begriff bloß, daß da mit den Gefühlen und Empfindungen irgendetwas faul sein mußte.

Die Mädchen in der Klosterschule von Nazareth kamen alle aus arabischen Familien, christlichen wie islamischen. Als ich 1952 auf eine Klosterschule in Haifa überwechselte, fand ich mich urplötzlich in einem völlig anderen Milieu. Ich war dort die einzige Araberin; die anderen waren sämtlich Jüdinnen, die meisten kamen aus Europa, wo sie während des Weltkrieges getauft worden waren, um sie vor der Vernichtung durch die Nazis zu bewahren. Viele dieser Familien hielten am Christentum fest, auch als die unmittelbare Lebensgefahr vorüber war, und gaben ihre Töchter in die Klostererziehung. Die israelischen

Behörden sahen das nicht gern; sie wünschten, daß israelische Kinder in die staatlichen Schulen Israels gingen, wo ihnen eine „echt jüdische" Erziehung zuteil wurde. Mit der Zeit und unter dem ständigen Druck der Behörden nahm die Zahl der jüdischen Mädchen in solchen Klosterschulen stark ab; aber solange ich zur Schule ging, besuchten zahlreiche jüdische Mädchen Klosterschulen. Die meisten von ihnen waren Neuankömmlinge in Israel; in der europäischen Diaspora geboren, brachten sie viel vom Erbe der überlieferten jüdischen Kultur Europas mit. Sie waren hochbegabt, hatten große Talente für Musik und Kunst und andere schöpferische Ausdrucksformen. Zuerst fühlte ich mich ein bißchen an die Wand gedrückt; ich konnte es mit ihren Fähigkeiten nicht aufnehmen. Aber die Mädchen waren sehr nett zu mir, nie benahmen sie sich überheblich oder herablassend; bald entwickelten wir tiefe Sympathie, Zuneigung und Bewunderung füreinander. Gleichzeitig faszinierte mich diese kreative, intellektuelle Atmosphäre; ich bekam eine neue Freiheit zu kosten, und fühlte mich außerordentlich wohl dabei.

Das Verhalten der Nonnen war völlig anders als das, was ich vom Kloster in Nazareth her gewohnt war. Auch hier in Haifa waren sie streng mit uns, zugleich aber herrschte eine gewisse Aufgeschlossenheit und Toleranz für moderne Ansichten. Ich erfuhr, daß wir einmal wöchentlich mit einer Nonne an den Strand gehen konnten – wo wir Badeanzüge anziehen sollten! Ich war perplex. Als ich zum ersten Male mitging, war ich entsetzlich unsicher. Kaum bekam ich meinen Badeanzug an; in Nazareth hatte man uns beigebracht, daß es unmoralisch ist, den Körper zur Schau zu stellen, wie auch immer – schon kurzärmelige Kleider waren tabu. Wie konnte ich mich jetzt in einem Badeanzug öffentlich zeigen?

Ich war ganz durcheinander: Wie sollte ich die Lehren der französischen Nonnen von Nazareth mit den Lehren der französischen Nonnen in Haifa miteinander in Einklang bringen? Was war richtig, was war falsch? Wie sollte ich mich verhalten? Diese Verwirrung verstärkte nur meine natürliche Schüchternheit und Scheu.

Erlösung brachten mir die jüdischen Mädchen. In krassem Gegensatz zu meiner eigenen engelhaften Unschuld waren sie sehr frei, offenherzig und darüber hinaus aufgeklärt – und sie teilten mir sehr geduldig und offen ihr Wissen mit. Zuerst verstand ich kaum, was sie redeten. Wo war der Witz bei ihren Scherzen? Sie waren so alt wie ich, aber mir kamen sie so viel gebildeter und erfahrener vor. Die meisten von ihnen hatten einen Freund, mit dem sie ausgingen, wenn sie das Wochenende zu Hause verbrachten. Und wenn sie dann zurückkamen in die Schule, hatten sie immer viel zu erzählen, geheimnisvolle und wundersame

Geschichten von diesen Jungen und was sie so taten. Ich saß dann in der Ecke und hörte schweigend zu, schockiert und fasziniert, angewidert und aufgeregt.

Wenn ich zum Wochenende bei Mutter war, suchte ich Hilfe bei ihr, aber von ihr kam sehr wenig. Bei all ihrer Fortschrittlichkeit gab sie doch auf meine bohrenden Fragen ausweichende Antworten und beschränkte sich auf ein paar vage Bemerkungen über die schlechten Wohnverhältnisse der jüdischen Neuankömmlinge. Häufig müsse eine ganze Immigrantenfamilie in einem einzigen Raume schlafen, sagte sie, und so bekämen meine Mitschülerinnen oft die Intimitäten ihrer Eltern mit.

Was die Nonnen betraf, so stand ihre Einstellung zum Sex außer Frage: Sie bemühten sich, unsere Wünsche und Triebe zu unterdrücken, allerdings gelang ihnen das nie ganz. Wir waren gesunde junge Mädchen mit einer gesunden Neugier auf das Leben und vor allem auf den Sex. Wenn die Schwestern zum täglichen Gebet in ihre Kapelle gingen, blieben wir, von ihrer Wachsamkeit befreit, im Klassenzimmer allein. Es wurde von uns erwartet, daß wir unsere Aufgaben machten; hier und da jedoch hüpfte dann eins der Mädchen an die Tafel und hielt, während Hymnen und Gesänge aus der Kapelle zu uns hereindrangen, eine improvisierte Vorlesung ab über das, was Vater und Mutter im Bett zu tun pflegen. Untermalt wurde der Vortrag mit rohen, aber höchst ausdrucksvollen Skizzen zur Illustration der verschiedenen Stellungen beim Liebesakt. Zuerst verstand ich kaum, was das alles zu bedeuten hatte und warum die Mädchen so viel lachten. Als ich zu begreifen begann, fühlte ich mich verwirrt und bestürzt. Dann trat eine Nonne ein und wir dachten uns eilends eine unverfängliche Erklärung für das Gekichere aus.

Eines Tages ging eine Nonne mit uns am Strand spazieren. Mit Hilfe einer List entschlüpften wir ihr und liefen davon, um das Abenteuer zu suchen. Eins der Mädchen erspähte ein Liebespaar – und die anderen beschlossen, auf einen Baum zu klettern, um bessere Sicht zu haben. Wieder ergriff mich Verwirrung und Unsicherheit; ich fand es nicht richtig, Leute zu belauschen, aber ich mochte auch nichts sagen. Wir kletterten hinauf in die Äste und hielten den Atem an. Dort unten konnten wir das Pärchen sehen, das nicht ahnte, daß es beobachtet wurde. Eine Ewigkeit, so schien es mir, hockten wir da und wurden Zeugen des ganzen kunstvollen Rituals eines Liebesaktes.

Fasziniert starrte ich hinunter. Ein starkes, überwältigendes Gefühl durchströmte mich, eine Mischung aus Neugierde und Leidenschaft; ich werde diese Empfindung nie vergessen. Es war, als wenn sich alle meine Sinne weit öffneten; als wenn ich mit einem einzigen großen Satz aus der Kindheit ins Erwachsenenleben spränge.

Als das Pärchen fertig war, ließen wir unserer Fröhlichkeit freien Lauf; triumphierend sangen wir: „Ejse joffi!" (oh wie schön!). Das erschrokkene Paar unten nestelte sich hastig in seine Kleider. Urplötzlich schlug meine Stimmung wieder um: Ich verabscheute mich selber, weil ich geholfen hatte, die beiden zu demütigen. Was ich gesehen hatte, konnte ich jedoch nicht vergessen.

Mutter half mit bei einer Geldsammlung für einen Krankenwagen, den die Dörfer brauchten ... Als der Krankenwagen kam, wurde das Ereignis mit einem großen Fest in Akko gefeiert, an dem alle – Araber und Juden – teilnahmen, die an dem Projekt mitgearbeitet hatten.

Es war ein fröhliches und lärmendes Fest, ganz anders als die gemessenen, schicklichen Parties, die ich gewöhnt war. Ich, eine naive, schüchterne Vierzehnjährige, saß neben Mutter, bemüht, mich so unauffällig wie möglich zu machen, und ich sah mit staunenden Augen zu, wie Männer und Frauen sehr unzüchtig, wie ich fand, miteinander tanzten ... Aber es war ein farbenfrohes, erregendes Bild, und ich war hingerissen von der Musik und der fröhlichen, ungezwungenen Atmosphäre.

Plötzlich verkündete der Ansager, man werde jetzt einen Schönheitswettbewerb abhalten. Die Worte, die er sagte, verstand ich zwar; ich hatte aber nicht die leiseste Ahnung, wovon er eigentlich redete. Noch nie hatte ich von etwas Derartigem gehört. Aber Mutter beachtete meine Bestürzung gar nicht; sie packte mich bei der Hand und schleppte mich in die Damentoilette. Rasch fuhr sie mir mit dem Kamm durch die langen schwarzen Haare und trug mir – zum ersten Mal in meinem Leben – etwas Lippenstift auf. Ringsherum sah ich andere Frauen und Mädchen, die in gleicher Weise damit beschäftigt waren, sich schön zu machen; und ich verstand gar nichts. Was ging hier vor? Mutter instruierte mich hastig, was ich zu tun hätte. „Wenn du dran bist, gehst du nur quer über die Bühne und zeigst dich im Profil."

Der Wettbewerb begann. Plötzlich wurde meine Nummer aufgerufen. Mein Magen stülpte sich um, mir blieb die Luft weg; doch irgendwie brachte ich es fertig, mich aufrecht zu halten, und ich ging los, rot vor Verlegenheit und Schüchternheit. Während ich die Bühne überquerte, hörte ich aus dem Publikum begeistertes Klatschen und Pfeifen, aber ich dachte an Mutters Ratschlag und wandte nicht den Kopf ...

Der Wettbewerb hatte mehrere Runden. Eine nach der anderen schieden die Kandidatinnen aus. Schließlich fand ich mich mit nur einer einzigen Rivalin auf der Bühne allein: Eine von uns beiden sollte zur Schönheitskönigin gekürt werden! Ich war immer noch viel zu verlegen und verwirrt, um ganz zu erfassen, was geschah; aber ich fand, daß der

Applaus für mich ein bißchen stärker war als der für die andere. Vielleicht war ich auch ein wenig im Vorteil, weil die arabischen Dorfbewohner Mutter und mich kannten und mir deshalb ihre Unterstützung schenkten. Aber auch Juden klatschten für mich.

In diesem Moment merkten die Juroren plötzlich, daß ich Araberin war, das andere Mädchen aber eine Jüdin. Damit stand das Ergebnis sofort und unerschütterlich fest: Die andere erhielt den ersten Preis. Aber damit war die Sache nicht etwa ausgestanden. Als das Ergebnis verkündet wurde, brach die Hölle los. Die Araber und Juden, die am Tisch der Jury saßen, sprangen auf, sie schrien und kreischten aufeinander ein, Fäuste erhoben sich, jemand schwenkte einen Stuhl – es schien, als würde gleich ein Aufstand ausbrechen.

Auch im Publikum gab es lauten Protest gegen die Entscheidung, sie sei unfair, wurde geschrien. In der Jury stritten Araber gegen Juden; im Publikum jedoch, das zum größten Teil nicht wußte, daß ich Araberin war, favorisierten mich sowohl Juden wie Araber. Lange wütete es hin und her, man stritt voller Erbitterung. Schließlich wurde ein Kompromiß gefunden. Der Ansager trat ans Mikrophon und erklärte, es gäbe nun also zwei Schönheitsköniginnen: eine jüdische, eine arabische . . . Das Publikum nahm dieses Urteil mit großer Begeisterung auf, und man beglückwünschte die Friedensstifter zu ihrem politischen Scharfsinn . . .

Auf diese Weise fand ich mich – schüchtern, unwissend, naiv – ganz plötzlich und unvermittelt den starrenden Blicken Hunderter von fremden Männern und Frauen ausgesetzt und gleichzeitig in den Mittelpunkt eines Konflikts gerückt, der sich zu einer neuen Runde im arabisch-jüdischen Kampf zu entwickeln schien. Und als wäre das noch nicht genug, hatte die Episode auch noch ein familiäres Nachspiel. Mein Vater hatte von dem Fest und dem Schönheitswettbewerb zuvor nichts gewußt; als er davon erfuhr, erschien er bei Mutter, wütend und erregt, und machte ihr eine wilde Szene, weil sie mich dieser „schändlichen Schaustellung" ausgesetzt habe, die aller Tradition Hohn spräche und dem Ansehen der Familie schade. Die beiden stritten sich lange und heftig, am Ende aber konnte Mutter ihn beschwichtigen; als er sich beruhigt hatte, bot sie ihm den Kuchen und den Champagner an, den ich gewonnen hatte. Vater, milder gestimmt, sah die ganze Angelegenheit nun mit mehr Toleranz und sogar mit Humor an. Er erzählte, wie erstaunt er war, als er hörte, daß *seine* Tochter ausgerechnet einen Schönheitswettbewerb gewonnen hatte. Vater hielt sich selbst, vor allem im Vergleich zu der außerordentlichen Schönheit Mutters, für häßlich; immer wieder zitierte er den Kommentar seines Direktors am St. Joseph d'Antoine College im Libanon, der ihm dringend ans Herz gelegt hatte, sich nicht so viel Gedanken um seine äußere Erscheinung zu machen: „ Nicht die Kleidung macht den Mönch!"

Und als Zusammenfassung seiner Ansicht von der ganzen Geschichte erklärte Vater uns ziemlich feierlich: „Wahre Schönheit ist die Schönheit der Seele!" Obwohl er recht finster und mißbilligend tat, hatte ich das Gefühl, daß er insgeheim stolz war auf meinen Erfolg.

Ich wurde nun langsam erwachsen; trotz all der Beschränkungen, denen ich unterworfen war, entwickelte ich nach und nach ein Bewußtsein von mir selber, Vertrauen in die eigenen Fähigkeiten als Mensch und Selbstvertrauen als junge Frau.

Von einer Schule zur andern wechselnd, geriet ich unter viele unterschiedliche Einflüsse. Meine Muttersprache war Arabisch, und ich war weitgehend von meinem arabischen Erbe geprägt. Mein Elternhaus vermittelte mir aber auch eine tiefe Verbundenheit mit der Kultur des Westens, vor allem der französischen. Vater pflegte zu sagen, daß jeder Mensch zwei Heimatländer habe: das eigene und Frankreich. Französisch war meine zweite Sprache, worin mich die französischen Nonnen im Kloster noch bestärkten.

Bald entdeckte ich die Welt der Bücher. Meine romantische Seele fand hier ihr Spiegelbild: in den Werken von Victor Hugo, Dickens, den Bronte-Schwestern und Guy de Maupassant.

Nicht weniger lebhaft war mein Kontakt zu den jüdischen Mitschülerinnen. Ich lernte ihre Sprache und ihre Lieder. Ich übte israelische Volkstänze. Ich schloß mich ziemlich eng an die jüdischen Mädchen an. Ihre religiöse und nationale Erziehung hatte ihnen ein starkes Bewußtsein ihrer jüdischen Identität vermittelt, das durch ihre Leiden in Europa noch vertieft worden war. All das ließ den alten jüdischen Traum vom neugeschaffenen Land der Juden wieder aufleben, in welchem Zion das Volk der Juden nicht vergaß. Die jüdischen Mädchen erzählten mir, was sie und ihre Familien unter dem Nazi-Regime erlitten hatten; jede von ihnen war nur durch ein Wunder entkommen. Ich hörte Schilderungen entsetzlicher Erlebnisse, und ich weinte mit ihnen, wenn sie die tragischen Ereignisse wiedergaben. Diese unglaublichen Berichte voller Brutalität und Unmenschlichkeit hinterließen einen tiefen Eindruck in meinem jungen Herzen. Noch lebte ich in der Welt meiner Vorstellungen; ich konnte einfach nicht begreifen, wie Menschen so grausam sein konnten.

Ich las das Tagebuch der Anne Frank. Es berührte mich zutiefst. „Denn im tiefsten Innern ist die Jugend einsamer als das Alter." Anne Frank bestätigte die Richtigkeit dieses Satzes. „Stimmt es denn, daß Erwachsene es schwerer haben als wir? Nein, ich weiß, daß es nicht stimmt. Ältere Leute haben eine fertige Meinung zu allem und sind nicht unschlüssig, bevor sie etwas tun. Für uns Junge ist es doppelt so schwer, uns zu behaupten und unsere Meinung zu verteidigen, wenn alle Ideale zerschmettert und vernichtet werden, wenn die Menschen sich von ihrer schlimmsten Seite zeigen und wir nicht wissen, ob wir noch an die Wahrheit, an das Recht, an Gott glauben dürfen."

Diesen Passus zeigte ich einer Klosterschwester und fragte sie, was sie dazu sage. Sie hatte im Weltkrieg ihre Angehörigen verloren und war voller Bitterkeit gegen Hitler. Aber sie betonte, daß nur Gott das Recht habe, Leben zu nehmen. Wir dürften nicht hassen; wir müßten der Lehre Christi folgen und für die Seelen unserer Feinde beten. Am Kreuz habe Jesus gesagt: „Vergib ihnen, Vater, denn sie wissen nicht, was sie tun . . ."

„Du wirst in dieser Welt", so sagte sie, „böse Menschen wie Hitler treffen. All deine Träume, deine Ideale, deine schönsten Hoffnungen werden erschüttert, wenn du auf die schreckliche Wahrheit stößt. Sei wie Anne Frank – sie hat trotzdem daran geglaubt, daß die Menschen im Herzen wirklich gut sind. Sie konnte ihr Leben nicht auf Chaos, Not und Tod aufbauen."

Die Nonnen zeigten besonderes Mitgefühl und Sympathie für die jüdischen Mädchen. Im Gegensatz zu dem, was Christen früher immer erklärt hatten, betonten die Nonnen, auf den Juden laste nicht die Schuld am Tode des Gottessohnes vor zweitausend Jahren.

Auf diese Weise wurde ich in meinen natürlichen Sympathien für meine jüdischen Freundinnen von den Nonnen noch bestärkt. Allerdings – meine Gefühle für die Juden ließen mich nicht vergessen, was meinem eigenen Volke geschehen war, ja, meiner eigenen Familie. Meine Eltern hatten alles verloren, was sie besaßen. Das israelische Bodenrecht war sehr rigoros, und jeder war betroffen. Mutter zeigte mir ein paar Ländereien, die einstmals Vater gehört hatten; aber weil er zur Zeit des Krieges 1948 das Land verlassen hatte, erklärte man ihn als „verschollen", und der Staat übernahm seinen Besitz; als Vater wiederkam, lehnte man es ab, ihm sein Eigentum zurückzugeben. Anderen erging es sogar noch schlimmer; Flüchtlinge, die über die Grenze gegangen waren, erhielten nicht die Genehmigung zur Rückkehr, während ihre Häuser und ihre Habe von Juden aus der Diaspora übernommen wurden. Um diese Massenplünderung zu vertuschen, bezeichneten die israelischen Behörden sie als die „Übernahme von Arabern aufgegebener Güter".

Als ich in Haifa zur Schule ging, hätte ich sehr gern einmal meine Tante besucht. Aber sie war während der Kämpfe in den Libanon geflüchtet; damals meinte sie, es wäre nur für ein paar Wochen, aber als der Krieg aus war, durfte sie nicht zurück.

Eine meiner Schulfreundinnen war eine Jüdin namens Dvora; sie war ganz reizend, und ich liebte sie sehr. Eines Tages lud sie mich zu sich nach Hause ein, und ich ging mit. Als wir uns ihrem Hause näherten, merkte ich plötzlich, wohin sie mich brachte: Ihre Familie bewohnte jetzt das Haus meiner Tante! Meine Bestürzung verdoppelte sich, als ich eintrat und sah, daß an den Wänden noch die Bilder meiner Tante hingen; es war das Klavier meiner Tante, auf dem Dvora übte. Ich fand sogar noch eine Puppe, mit der ich immer gespielt hatte.

Es war erschütternd für mich, diesen Ort wiederzusehen, der mir so vertraut und zugleich so fremd war. Es war 1953, fünf Jahre nach dem Krieg, und ich war überglücklich, all diese vertrauten Gegenstände und Möbel zu sehen, alles war in Ordnung, genau so, wie ich sie beim letzten Mal gesehen hatte. Aber dann überkam mich großer Kummer, als ich merkte, daß das Haus mich nicht erkannte; fremde Leute hatten es übernommen – während meine Tante und meine Cousins weit weg waren, jenseits der libanesischen Grenze, und wohl nicht wiederkommen würden.

Als ich es Dvora sagte, war sie so schockiert wie ich. „Nimm dir deine Puppe!" rief sie. „Laß uns Freundinnen sein!" Sie erklärte mir, daß ihrer Familie bei der Ankunft in Israel dieses Haus vom Staat zugewiesen worden sei. „Wir sind aus Polen gekommen, wir waren auch Flüchtlinge. Wir haben alles verloren; alle unsere Verwandten sind in den Konzentrationslagern umgekommen . . ." Später zeigte sie mir die Auschwitzer Häftlingsnummer, die auf dem Arm ihrer Mutter eintätowiert war. „Es tut mir sehr leid, daß wir das Haus deiner Tante übernommen haben", sagte sie. „Aber versuche doch bitte zu verstehen – wenn wir nicht hergekommen wären, dann wären wir alle in der Gaskammer geendet . . . "

Ich hegte keinen Groll gegen Dvora oder ihre Eltern. Ich merkte wohl, daß auch sie es als Unrecht empfanden, einem anderen das Haus wegzunehmen. „Bald wird man den arabischen Flüchtlingen erlauben, in ihre Häuser zurückzukehren", versicherten sie mir, „und unsere Regierung wird für uns neue Häuser bauen lassen . . . Dann werden Juden und Araber in Frieden miteinander leben . . ." Sie waren genauso naiv wie ich; weder sie noch ich kannten die wahren Absichten ihrer Regierung. Meiner Tante wurde die Rückkehr niemals gestattet, und Dvoras Familie blieb fünfundzwanzig Jahre lang in diesem Haus.

1954 wechselte ich erneut die Schule; ich zog ins St. Joseph in Jerusalem um. Mutter besuchte mich dort oft und nahm mich mit zu Spaziergängen entlang der Demarkationslinie, die die Stadt teilte. Wir pflegten auf dem Dach von Notre-Dame zu stehen und über die Grenze hinweg hinüberzublicken, in den arabischen Teil der Stadt. Sie erzählte mir dann von den Hunderttausenden palästinensischen Flüchtlingen, die davon träumten, eines Tages heimzukehren. Sie erzählte mir von dem Exodus von 1948, als sich eine Flut von verängstigten, leidenden Palästinensern über die Berge Galiläas nach Norden zur libanesischen Grenze ergoß: hilflose, bärtige alte Männer, von Hunger, Durst und Verzweiflung gebeugt, kaum fähig weiterzugehen.

Unweigerlich richteten sich ihre Gedanken und auch meine auf ihre Söhne – meine Brüder –, die nur wenige hundert Meter von uns entfernt in ihrer Schule im arabischen Teil der Stadt waren – so nah und so unerreichbar. Trostsuchend schaute Mutter dann immer zärtlich auf mich, das einzige Kind, das ihr verblieben war – während meine Brüder wie Waisenkinder in Missionsschulen im jordanischen Sektor lebten. Sie waren allein, hatten niemanden, der sie tröstete; bestenfalls schmuggelte einmal eine Nonne oder ein Priester ein Briefchen oder ein Bild über die Grenze. Wir liefen durch die Straßen von Jerusalem, als stapften wir durch die Wüste, von einer Fata Morgana zur anderen; wohin wir auch gingen, unser Durst blieb.

Mutters Augen standen voller Tränen. Und ich – die Beine wurden mir schwer, und die Kehle war unerträglich trocken.

Ich wurde erwachsen, das Ende meiner Schulzeit rückte heran. Mehr und mehr beschäftigte ich mich in Gedanken mit der Zukunft. Was sollte ich tun? Sollte ich weiter studieren? Wohin sollte ich gehen? Hatte ich denn irgendeine Zukunft als Araberin im jüdisch beherrschten Staat Israel? Überall wurden wir Araber diskriminiert – in der Erziehung, auf den Universitäten, in der Arbeitswelt. Es war immer dieselbe Geschichte: „Aus Sicherheitsgründen".

Dann kündigten die Behörden Mutter ihre Stellung als Sozialarbeiterin. „Aus Sicherheitsgründen" natürlich. Sie hatte in der Tat ein schweres Vergehen begangen – sie hatte „in Korrespondenz mit dem feindlichen Ausland" gestanden! Vom direkten Kontakt mit seiner Familie abgeschnitten, hatte mein Bruder in Jordanien einen Brief mit einem Foto von sich an einen Verwandten in Europa geschickt, und dieser hatte ihn Mutter zugesandt. Dieser Brief reichte aus, um Mutter zum „Sicherheitsrisiko" zu stempeln, und prompt verlor sie ihre Stellung. Da sie nichts besaß, wovon sie hätte leben können, sah sich Mutter nach einer anderen Arbeit um. Aber für ein „Sicherheitsrisiko" war nirgends etwas zu holen. Schließlich, als ihr keine Wahl mehr blieb, ging sie als Näherin in ein Heim für kriminelle Araberkinder arbeiten. Ich weiß noch, wie geschockt ich war, als ich sie dort einmal aufsuchte: sie saß gebeugt an einer Nähmaschine und sah alt und müde aus. So traurig und verzagt hatte ich sie noch nie erlebt, und ihre Bedrücktheit ergriff auch mich. Sie aber spendete mir philosophischen Trost: „Die Welt ändert sich, und jeder ist einmal dran. Einst hat uns dieses Land gehört, jetzt müssen wir arbeiten, um zu überleben. Weine nicht – es ist keine Schande, daß ich nähe. Im Krieg sind Menschen gestorben, ganze Dörfer wurden zerstört, Freunde verschwanden . . . Auch deine Brüder sind weg. Aber vielleicht sollten wir Gott danken, daß es diese Grenzen gibt, sie wären sonst vielleicht auch hier . . .", und sie deutete auf das Heim für Delinquenten. „Diese Kinder hier sind nicht kriminell – sie kommen aus den zerstörten Dörfern: aus Bassra, Kuweikat, Kabri . . . Alle Einwohner sind vertrieben worden. Und jetzt stehlen diese Jungen in den Kaufhäusern in Tel Aviv oder in Haifa, oder sie geraten in Raufereien, oder sie versuchen über die Grenzen zu kommen. Das ist ihre Reaktion auf die Unterdrückung, die ihr Volk erleidet." Sie kramte ihr Taschentuch hervor, um sich die Tränen abzuwischen, und gab mir ein Vergißmeinnicht. Aber das war nicht nötig – wie hätte ich vergessen können?

Auf diese Art lernte ich Geschichte kennen – die schmerzliche, blutige Geschichte meines Volkes. Dann aber saß ich wieder in der Schule, und dort erwartete man von mir, daß ich die Geschichte des unabhängigen Staates Israel lernte.

In mir wuchs eine wilde Feindseligkeit gegen diesen Staat, der sich gegen uns wandte. Gleichzeitig verzweifelte ich nie am israelischen Volk – hauptsächlich dank der mutigen Haltung der jüdischen Linken und Liberalen, die für unsere Rechte eintraten. Die israelischen Kommunisten standen an der Spitze der Kampagne gegen Unterdrückung und Diskriminierung.

Die meisten Israelis haben eine Klischeevorstellung von der arabischen Frau. Sie sehen sie als Beduinenfrau in der Wüste. Sie waren immer ganz überrascht, wenn sie erfuhren, daß ich aus einem kultivierten Haus kam und europäisch erzogen war. Sie staunten sogar, wenn sie Araber mit hellerem Teint und hellfarbigen Augen trafen. Ich war entschlossen, die Meinung der Israelis zu ändern, den Palästinenser in einem günstigen Licht zu zeigen. Es war eine bittere Demütigung für ein stolzes Mädchen wie mich, daß man auf mich als etwas Minderwertiges herabsah.

In den Sommerferien nahm ich einen Job in einer Dienststelle des Innenministeriums in Akko an. Ich half bei der Ausfüllung von Antragsformularen für Personalausweise. Eines Tages hörte ich Geschrei aus dem Wartezimmer. Als ich hinausrannte, sah ich einen Araber auf dem Boden liegen, während ein israelischer Soldat über ihm stand und mit seinen schweren Stiefeln auf ihn eintrat. Er beschuldigte den Mann, den Staat Israel verflucht zu haben, und schleppte ihn weg ins Gefängnis.

Mich regte dieser Vorfall schrecklich auf; ich brach in Tränen aus. Der Büroleiter, Rami Haber – ein israelischer Jude, der aus Aleppo in Syrien stammte – holte mich in sein Zimmer und versuchte, mich zu beruhigen. Er war sehr nett zu mir – aber seine Freundlichkeit konnte den Anblick, der mir eben zuteil geworden war, nicht wegwischen: der Araber auf dem Boden, schreiend vor Schmerz, und der Soldat über ihm, der ihn trat. Dieses Bild machte mir mit einem Schlage klar, was es hieß, ein Araber in Israel zu sein.

Die Beziehungen zwischen Vater und Mutter hatten sich inzwischen vollkommen verändert. Nach der langwährenden Feindschaft und Entfremdung seit ihrer Scheidung stellte ich jetzt mit Erstaunen fest, daß eine neue starke Bindung zwischen ihnen entstanden war – intellektuell wie auch emotional. Vater pflegte an Fest- und Feiertagen zum Essen zu Mutter zu kommen. Früher hatte er es abgelehnt, ihre Unabhängigkeit zu dulden, jetzt aber machte er kein Geheimnis aus seiner Bewunderung und seinem Respekt für sie. In dieser neuen Atmosphäre der Freundschaft besprachen sie meine Zukunft, und dabei zeigten sie Verständnis und Sympathie für des anderen Ansichten. Dennoch – sie waren grundsätzlich verschiedener Meinung. Mutter wollte, daß ich bei ihr bliebe; ich war das einzige Kind, das sie noch hatte. Sie hatte viel vor mit mir: ich sollte studieren und eine eigene Karriere machen, um emanzipiert und unabhängig zu werden.
Vater dachte da ganz anders. Die meisten seiner Freunde aus der kultivierten palästinensischen Oberschicht waren 1948 geflüchtet und lebten jetzt über die ganze arabische Welt verstreut, meistens im Libanon. Er teilte die aristokratische, traditionalistische Haltung seiner Klasse und blickte auf die Araber herab, die in Israel geblieben waren: Das waren minderwertige Existenzen, kulturlose Bauern, mit denen er wenig gemein hatte. Mutters mehr menschliche und demokratische Einstellung und ihre Tätigkeit als Sozialarbeiterin hatte sie diesen Menschen nahegebracht, sie fühlte sich nicht isoliert. Aber Vater war durch seine altmodische Erziehung zum Snob geworden, es gab wenig israelische Araber, die er als Gleichgestellte betrachtete. Es war ihm ein schrecklicher Gedanke, daß ich in Israel bleiben und möglicherweise sogar irgendjemanden aus einer niedrigeren Gesellschaftsschicht heiraten könnte. Mit glühenden Worten sprach er von den breiteren Horizonten der arabischen Gesellschaft in anderen Ländern, vor allem im Libanon. Er drängte mich, Israel zu verlassen und anderswo mein Heim aufzuschlagen.
Mutter hielt dagegen: Sie kenne die arabische Gesellschaft nur zu gut; sie wisse, was für ein Leben mich erwarte, als Frau in einem arabischen

Lande. Sie wollte mich in die andere Richtung lenken – studieren, Karriere machen, unabhängig sein.

Hin- und hergerissen zwischen den widerstreitenden Meinungen blieb ich lange Zeit hindurch unentschlossen. Was dann schließlich den Ausschlag gab, das war die Sehnsucht nach meinen Brüdern. Mehr und mehr beschäftigten George und Jussuf meine Gedanken, die Brüder, die ich kaum kannte, denn ich sah sie nur einmal im Jahr, zu Weihnachten, für ein paar flüchtige Stunden. Jetzt wollte ich in ihrer Nähe sein, um sie endlich kennenzulernen.

Ich befand mich im letzten Schuljahr, als ich den Entschluß faßte. Ich wollte nach Jordanien gehen. Als ich meine Eltern von dieser Absicht unterrichtete, begannen sie, ihre Gedanken in dieselbe Richtung zu lenken. Wenn ich nach Jordanien ginge, bliebe keines ihrer Kinder in Israel zurück. Infolgedessen planten beide, Vater und Mutter, mir zu folgen. Ich war außer mir vor Freude! Nach den langen Jahren der Trennung würden wir wieder alle beisammen sein – Mutter, Vater, George, Jussuf und ich! Diese Aussicht machte mich um so begieriger, meinen Plan in die Tat umzusetzen. Ich hatte nicht die Geduld, zu warten, bis ich die Oberschule abgeschlossen hatte. Ich wollte so bald wie nur möglich umziehen. Ich wußte: Dieser Umzug war unwiderruflich – wenn ich Israel erst einmal verlassen hatte, dürfte ich nicht wieder zurückkommen. Aber ich ließ mich dadurch nicht irre machen. Ich unterschrieb ein Papier, mit dem ich auf meine israelische Staatsbürgerschaft verzichtete, und erledigte sämtliche sonst erforderlichen Formalitäten.

Diese letzten Wochen in Israel verbrachte ich mit sehr gemischten Gefühlen. Ich war voller Eifer und neugierig auf das neue Leben, das mir bevorstand. Meine Phantasie schlug Purzelbäume, wenn ich von der rosigen Zukunft im Kreise meiner Lieben träumte. Keine Trennung mehr, keine Leiden, keine Sehnsucht . . . Gleichzeitig bedrückte mich der Gedanke, daß ich meine Eltern verlassen müßte, wenn ich auch hoffte, daß die Trennung nicht lange dauern würde. Wie sehr hatte ich mich geirrt!

Die Stimmung meiner Eltern stand in krassem Gegensatz zu meiner. Mutter war sehr traurig bei dem Gedanken an meine bevorstehende Abreise; sie sagte sehr wenig, sie zog es vor, schweigend zu leiden. Aber ihre Augen sprachen mit melancholischer Beredsamkeit. Auch Vater war bedrückt – obwohl ich nach seinen Wünschen handelte, machte ihn die Aussicht unserer Trennung traurig.

Die Tage flogen dahin, alle Vorbereitungen waren getroffen. Eines Tages im März 1957 begleiteten Vater und Mutter mich zum Mandelbaumtor, dem Grenzübergang zum jordanischen Sektor Jerusalems.

Wir sprachen kaum. Ich war schweigsam, hin- und hergerissen zwischen Aufregung und Sorge. Auch Vater und Mutter verbargen ihre Gefühle in einem düsteren Schweigen. Wir erreichten den israelischen Grenzposten. Der Augenblick des Abschiednehmens war gekommen. Mit einem Klumpen in der Kehle wandte ich mich meinen Eltern zu. Vater blickte düster; Mutter hatte Tränen in den Augen. Ich warf mich in einer letzten liebevollen Umarmung an ihre Brust. Und dann war es Zeit zu gehen. Der israelische Offizier winkte mich durch, und ich trabte dem jordanischen Posten entgegen.

4. Amman – Im Goldenen Käfig

Ich zog zu meinem Bruder George nach Amman, der Hauptstadt Jordaniens. Amman war ein sonderbarer Ort, vollkommen anders als alles, was ich bisher kannte. Man merkte den Unterschied auf den ersten Blick. Kaum eine Frau war in den Straßen zu erblicken, hier war die Domäne der Männer. Und auch diese Männer waren anders als die, die ich kannte. Sie alle trugen ohne Ausnahme Kaffijas als Kopfbedeckung. Selbst Männer der gebildeten Schichten und hohe Staatsbeamte trugen ihre Kaffija. Ich war überrascht: In Galiläa hielten nur noch die Dorfbewohner an der traditionellen arabischen Kopfbedeckung fest, die bei den Städtern und der gebildeten Mittelschicht längst abgeschafft war.

In diesen Äußerlichkeiten spiegelte sich die Mentalität Jordaniens in den fünfziger Jahren: Es war eine traditionelle arabische Gesellschaft mit all den traditionellen arabischen Sitten und Beschränkungen. Auch die palästinensischen Flüchtlinge, die sich dort nach 1948 niedergelassen hatten, übernahmen die puritanische Moral und die muffige viktorianische Lebensart, die in Amman herrschten. Besonders lästig war das für Frauen, von denen erwartet wurde, daß sie sich an strikte Verhaltens- und Kleidungsregeln hielten. Die Kleidung hatte unauffällig zu sein und den ganzen Körper zu verhüllen. Kurze Ärmel oder knapp geschnittene Blusen waren verboten, und wehe der, die sich dagegen verging . . . Damals pflegten Fanatiker der Moslem-Brüderschaft Frauen, die sich „unzüchtig” gekleidet in die Öffentlichkeit wagten, mit Säure zu übergießen.

Mein Bruder George freute sich sehr, daß ich bei ihm war, und er tat sein Bestes, um es mir gemütlich zu machen. Aber er machte mir auch gleich zu Beginn unmißverständlich klar, daß ich mich „passend” zu benehmen hätte. Ohne Begleitung durfte ich nirgendwohin gehen; infolgedessen hatte ich, solange George an seinem Arbeitsplatz im Verkehrsministerium war, zu Hause zu bleiben, um zu kochen und das Haus zu versorgen. Wenn George mich irgendwohin mitnahm, wünschte er, daß ich „fein” aufträte: Ein Mädchen meines Alters mußte schüchtern und still sein, es durfte nicht reden, ohne gefragt zu sein; es durfte nicht kichern oder lachen, wenn es nicht in den Ruf geraten wollte, „frivol” zu sein. Solche Zurückhaltung war mir fremd: Ich war ein junges, fröhliches Mädchen voller Unternehmungslust. Ich konnte mich einfach nicht an diesen „Anstand” gewöhnen. Immer wenn ich etwas sah, das mir gefiel, entfuhr mit ein laues „Joffi!” (Schön!) in Hebräisch. George wurde dann fuchsteufelswild – nicht nur wegen meiner Impulsivität, sondern auch, weil ich das Hebräische gebrauchte. „Du bist hier nicht in Israel!" zischte er mir zu, rot vor Wut.

Ja, das jordanische Amman war wirklich ganz anders als das israelische Galiläa. Die Araber in Galiläa hatten schlimme Unterdrückung und Diskriminierung von den israelischen Herren zu leiden; zugleich aber wurden sie auch von dem modernen, offenen Lebensstil der israelischen Juden zutiefst beeinflußt. Nun lebte ich in Amman, und man erwartete von mir, daß ich alles vergaß, was ich in Galiläa gelernt hatte; statt dessen sollte ich mich einem weitaus strengeren Verhaltenskodex anpassen.

Wenn George mit mir in Amman ausging, war mir jeglicher Kontakt mit dem anderen Geschlecht untersagt. Die arabische Tradition erzwingt die strikte Absonderung der Männer von den Frauen; das leiseste Anzeichen für „unschickliche" zwischengeschlechtliche Kontakte führt sofort zu den heftigsten Reaktionen – wie ich einmal miterleben konnte, noch ehe ich nach Jordanien zog. Einmal zu Weihnachten, ich lebte noch in Israel, bekamen Mutter und ich endlich doch die Genehmigung, für einen Tagesbesuch bei meinem Bruder über die Grenze zu gehen. Wir hatten eine Ewigkeit lang auf dieses kostbare Privileg gewartet. An jenem Tag, als wir durch das Mandelbaumtor das jordanische Territorium betraten, wurden wir dort von George erwartet. Überglücklich flogen wir uns in die Arme und begrüßten uns tränenreich. Immer noch hingerissen von der Begeisterung unseres Wiedersehens kletterten wir in ein Taxi, und George und ich saßen auf dem Rücksitz und küßten und liebkosten uns. Der Taxifahrer beobachtete uns im Rückspiegel; plötzlich, ohne Vorwarnung, fuhr er an den Straßenrand und schrie, er würde uns keinen Meter weiter fahren, wenn wir fortführen, uns derart unmoralisch und verworfen zu benehmen. Nur Mutters feierliche Erklärung, daß wir Bruder und Schwester seien, vermochte den Mann zu beruhigen . . . Dieser Vorfall illustriert ganz gut, welche Verhaltensregeln das Leben in Jordanien bestimmen.

Das alles war keineswegs völlig fest und dauerhaft. Die Frauenrolle war Veränderungen unterworfen; manche der hergebrachten Muster hatten sich gewandelt, vor allem nach 1948. Viele Familien hatten alles verloren; infolgedessen gingen junge Mädchen hinaus, um in Kuwait oder am Golf zu arbeiten und so für ihre Angehörigen zu sorgen. Als den Mädchen Bildung zugänglich wurde, begann der Schleier zu verschwinden. Unter dem Druck dieser äußerlichen Veränderungen wurden die Sitten ausgehöhlt. Dennoch – die Tradition war noch fest verwurzelt, und das ergab eine merkwürdig uneinheitliche Situation, ein Wechselspiel von teilweiser Emanzipation und fortbestehender Unterjochung – und dabei ist es geblieben bis auf den heutigen Tag.

Nirgendwo tritt diese Unterdrückung offensichtlicher zutage als in der Sexualmoral, die einem arabischen Mädchen aufgezwungen wird. Der gute Ruf ist alles. Ein Mädchen, das auf die Ehe hofft, muß seinen „guten Namen" bewahren; mit anderen Worten: Der Himmel verhüte, daß sie eine Liebesaffäre hat! Auch wenn es nicht mehr als den Hauch eines Gerüchtes um sie gibt – und wenn irgendein boshafter Mensch Lügen über sie verbreitet –, kann sie schon ihren „guten Namen" einbüßen, und das ist eine persönliche Katastrophe erster Ordnung. Es handelt sich hier nicht um Kleinigkeiten – ein Mädchen mit „schlechtem Ruf" kann keine Hoffnung haben, je einen Mann zu finden.

Mutter hat mich in völlig anderem Sinne erzogen. Sie hat nie Einwendungen gemacht, wenn ich mit Freunden ausging. Aber selbst sie konnte die Tradition nicht ignorieren. Bei all ihren liberalen Ansichten hat sie mich wiederholt gewarnt: „Sei vorsichtig! Wenn du einen Araber heiraten willst, sorge dafür, daß du Jungfrau bleibst."

Zuerst war ich froh, in Amman zu sein, vor allem mit meinem lange verlorenen Bruder wieder vereint zu sein. Auch war ich neugierig auf diese für mich neue Gesellschaft, die so befremdlich und bedrohlich war. Es war für mich eine faszinierende neue Erfahrung, und ich hatte Spaß am Unbekannten. Aber die Last der Restriktionen und Verbote war zu schwer für mich, und bald fühlte ich mich in meiner erzwungenen Untätigkeit gelangweilt und gereizt – vor allem, wenn ich sah, wie viel es doch zu tun gab ringsherum. Während das Bürgertum von Amman in relativem Komfort und Überfluß lebte – das palästinensische wie das jordanische –, befanden sich die palästinensischen Flüchtlinge in beklagenswerter Lage; sie litten in den Behelfsunterkünften der UNO-Lager Hunger und Kälte. Ich weiß noch, wie tief erschrocken ich war, als ich in jenem ersten Winter in Amman die Bettler sah, die, nichts weiter als ein paar zerfetzte Lumpen am Leibe, in den Straßen standen, Tag für Tag, in eisigem Regen und Wind, und die Vorübergehenden um ein paar Pennies anflehten.

Ich stattete der Klosterschule einen Besuch ab, die zu demselben Orden gehörte wie meine früheren Lehrerinnen. Als die Nonnen hörten, daß ich eine höhere Schulbildung genossen hatte, baten sie mich, zu kommen und ein paar Stunden an ihrer Schule zu geben als Ersatz für eine Lehrerin, die zeitweilig ausfiel. Ich griff sofort zu, und auch George gab knurrend seine Einwilligung – wenn auch unter einer Bedingung: Unter keinen Umständen durfte ich allein zur Schule gehen, er mußte mich hinbringen und mich wieder abholen. Mir schien dies zwar eine unnötige Belastung, aber ich war doch froh über die Chance, hin und wieder einmal aus dem Hause zu kommen.

So gespannt ich auf meine neue Umwelt war – weitaus größeres

Interesse erweckte ich meinerseits bei der Society von Amman: Ich kam aus Israel, einem Land, das so nahe lag und doch so fern war, das man so gut kannte und das doch voller Geheimnisse war. Israel lag hinter einer Art von Eisernem Vorhang, der in der einen wie in der anderen Richtung nicht zu durchdringen war. Allein der Name jenes Staates da drüben wurde nur in verstohlenem Flüsterton genannt. Menschen, die irgendwelcher Kontakte zu den Israelis verdächtigt wurden, kamen als Spione vor Gericht, und mancher von ihnen wurde öffentlich gehängt.

Was Wunder also, daß jedermann sich für mich interessierte und aus erster Hand zu erfahren suchte, wie man in Israel so lebte. Einmal, nicht lange nach meiner Ankunft in Amman, wurden mein Bruder und ich zu der Party eingeladen, die ein Vetter meines Vaters, J. Hawa, Offizier der jordanischen Armee, gab. Die Party fand in der Garnison statt, in der er stationiert war, und es nahmen noch andere Offiziere mit ihren Frauen daran teil. Die Gäste zeigten großes Interesse an mir, der „Neuerwerbung aus Israel". Man überschüttete mich mit Fragen nach Israel, nach dem Leben israelischer Araber unter der Militärherrschaft, nach dem Massaker von Kfar Kassem im Jahre 1956. Ich tat, was ich konnte, um ihre Neugier zu befriedigen, aber ihre Fragen prasselten pausenlos auf mich nieder. Ohne es zu merken, war ich zum Mittelpunkt eines Kreises von Offizieren geworden, die jedem meiner Worte aufmerksam lauschten. Die meisten der Fragen kamen von einem vornehm aussehenden älteren Offizier: Er war kein Geringerer als Sa'adek al Schara, der Oberkommandierende der jordanischen Armee!

Es fiel mir nicht schwer, die Fragen der Offiziere zu beantworten: Ich war gut informiert und weit entfernt davon, mein Licht unter den Scheffel zu stellen. Aber als die Fragerei kein Ende nahm, bemerkte ich, daß George mir finstere Blicke zuwarf. Schließlich winkte er mir zu, ich solle herüberkommen, wo er mit meinem Vetter stand. Als ich herantrat, machten beide Männer mir heftige Vorwürfe. Warum ging ich nicht hinüber zur Damenseite des Salons? Was dächte ich mir eigentlich dabei, mich zu einer Schar wildfremder Männer zu gesellen? „Sieh dich doch um – da steht nicht eine einzige Frau!" Ich blickte mich um – und in der Tat, der Kreis bestand ausschließlich aus Männern. George und mein Vetter bestanden darauf, daß ich mich von der „Herrenseite" des Raumes zurückziehen sollte, aber ich weigerte mich. „Ich tue durchaus nichts Unschickliches", sagte ich fest. „Ich bin gut erzogen. Aber ich werde *nicht* zu den Damen hinübergehen." Und damit drehte ich mich wütend um und ging zurück zu den Offizieren, um die unterbrochene Konversation gelassen wieder aufzunehmen.

George nahm die Herausforderung nicht einfach hin. Wenige Augenblicke später trat er heran, salutierte vor den Offizieren und forderte mich mit eisiger Höflichkeit auf, sofort mit ihm zu kommen. Mir blieb keine Wahl – ich gehorchte, und wir fuhren nach Hause.

Dort angekommen, machte er mir eine gewaltige Szene wegen meines „lockeren Benehmens". Er erklärte, nicht nur ich selber, sondern auch er gerate in Mißkredit, wenn ich mich so aufführte. Ich sei eine Schande für die ganze Familie – genau wie Mutter, die mit der Scheidung von Vater unseren Ruf ruiniert habe. Er nannte Mutter einen „Familienskandal". Ich war entsetzt über seine Attacke gegen unsere Mutter und versuchte, sie zu verteidigen, aber das machte ihn nur noch wütender; er verlor die Beherrschung und schlug mich ins Gesicht, daß das Blut lief.

Ich muß dazu sagen, daß George nicht etwa ein schlechter oder gewalttätiger Mensch ist. Er handelte, wie er es für richtig und angemessen hielt. Er war, in Jordanien erzogen, den traditionellen arabischen Sitten angepaßt, die einen Mann für „sein" Weibervolk verantwortlich machen, dessen Betragen er zu überwachen hat. Wenn er es versäumt, seine Pflicht zu tun und die Missetaten seiner Tochter, seiner Frau, seiner Schwester zu bestrafen, dann gilt er als unmoralisch und abgeschrieben, gerade als hätte er selber die Untat begangen. Konsequenterweise glaubte George, daß es für ihn entscheidend sei, mich zu „disziplinieren". Ich verkörperte seine Ehre und mußte deshalb verteidigt werden – auch gegen mich selber. Das ist die arabische Tradition: Ganze Familien haben die Schmach der Missetaten eines einzelnen Familienmitgliedes zu tragen, und die Sünden der Eltern werden den nachfolgenden Generationen auf die Schwelle gelegt. Einmal hörte ich zufällig mit, wie ein Vetter von mir am Telefon über mich redete: „Wer um Gottes willen soll sie denn je heiraten? Ihre Mutter ist doch geschieden!"

Es verwundert also kaum, daß George, wie alle arabischen Männer mit einer schweren Bürde der „Familienverantwortung" belastet, auf mein „schlechtes Benehmen" bei der Party so heftig reagierte. Rückblickend ist mir wohl klar, daß man ihm nichts vorwerfen konnte. Damals jedoch konnte ich an nichts anderes mehr denken als an den Schmerz und die Demütigung, die mir zugefügt worden waren. Ich war in heller Empörung. Wie sehr bedauerte ich, meine Eltern verlassen zu haben! Mehr als alles auf der Welt wünschte ich mir, zurück zu ihnen, zurück nach Israel zu gehen.

Ich befand mich in einem sonderbaren Dilemma. In Israel würde ich einer verachteten Minderheit angehören und als Bürger zweiter Klasse behandelt. Dennoch – als Frau wäre mein persönliches Los weit erträglicher als in Jordanien. Eine schwierige Wahl: Demütigung als Araberin oder Unterdrückung als Frau – was ist besser?

Wie dem auch sei – eine Rückkehr nach Israel war keine Angelegenheit, die im Handumdrehen zu erledigen gewesen wäre; ich wollte aber auch nicht einen Augenblick länger bei George bleiben. Unter Hinterlassung einer wütenden Notiz stiefelte ich aus dem Haus und suchte Zuflucht bei einer Cousine von Mutter.

Nun war ich zwar Georges herrisches Regiment los, doch ging es mir bei meinen Verwandten nicht viel besser. Auch sie erwarteten, daß ich mich anpaßte, daß ich mich benahm. Und was die Rückkehr nach Israel zu meinen Eltern betraf, so war das wahrhaftig eine ernste Sache. Ich weinte und flehte, meine Verwandten wurden bei den höchsten Beamten vorstellig, appellierten an den Minister. Doch all ihre Bemühungen waren umsonst. Die jordanische Regierung erlaubte niemandem, in das vom „Feind" beherrschte Land zu ziehen. Und selbst wenn die Jordanier mir erlaubt hätten, zu gehen, bestand wenig Wahrscheinlichkeit, daß die Israelis mich hereinlassen würden, nachdem ich meine israelische Staatsbürgerschaft aufgegeben hatte. Wieder einmal stießen meine persönlichen Wünsche an bedrückende Mauern.

Verdrossen versuchte ich, das beste aus meiner Lage zu machen. Meine Möglichkeiten waren gering genug. Alle Wege schienen mir versperrt. Zum Studieren hatte ich kein Geld. Ich wagte nicht nach einer Stellung zu suchen – damals gingen in Amman noch sehr wenige Frauen arbeiten. Und als mein jüngerer Bruder Jussuf in den Ferien aus einem Internat zu Besuch kam, hatte ich Angst, hinzugehen und ihn zu sehen – ich fürchtete, George würde mich unter Druck setzen, damit ich zu ihm zurückkehrte, wo ich dann aufs neue eingesperrt wäre. Ich fühlte mich entwurzelt, ängstlich und unsicher, und voll Heimweh sehnte ich mich nach meinen Eltern, meinen Freundinnen, meinem Zuhause.

Meine Verwandten spürten, wie unglücklich ich war. Sie waren nett zu mir und taten für mich, was sie konnten – aber sie waren machtlos und konnten die Gesellschaft, in der sie lebten, nicht ändern. In ihren Augen gab es für ein junges Mädchen wie mich überhaupt nur eine Lösung: die Ehe. Bei jeder sich bietenden Gelegenheit pflegten sie faustdicke Andeutungen über's Heiraten zu machen, aber ich wies die Idee, mich auf dem Heiratsmarkt anzubieten, entrüstet zurück. Mich auszustellen in der Hoffnung, einen Mann einzufangen – das hatte den Ruch der Prostitution, und ich war viel zu stolz, um irgend etwas dieser Art in Betracht zu ziehen. Ich wollte mein eigenes Leben leben: studieren, Karriere machen. Ich hatte nicht das geringste Interesse daran, mich im Alter von achtzehn Jahren zu verheiraten.

In dieser ganzen Zeit hatte ich nur wenig, womit ich mich beschäftigen konnte. Außer Teeparties oder Familienbesuchen hatte Amman an Unterhaltung und Geselligkeit beinahe nichts zu bieten – vor allem solche Geselligkeit, zu der Frauen zugelassen waren. Es gab nur eine Ausnahme – den Orthodoxen Club, gegründet von Flüchtlingen aus palästinensischen Städten wie Jaffa, Haifa und Jerusalem, wo solche Clubs während der Mandatszeit floriert hatten. Der Club war ein Gesellschafts- und Kulturzentrum mit ausgedehnten sportlichen Möglichkeiten. Meine Verwandten brachten mich sonntags und freitags, wenn der Club geselligen Veranstaltungen offenstand, dorthin.

Der Club war eine sehr exklusive Einrichtung, außerordentlich streng bei der Zulassung von Neulingen; es wurden nur Personen von höchstem gesellschaftlichem Status akzeptiert. Die Clubmitglieder gehörten zur Elite der palästinensischen Gesellschaft. Sie waren kultiviert, gepflegt, vornehm. Ihre Manieren waren untadelig, ihr Betragen jenseits jeder Klage. Das waren die Leute, von denen mein Vater immer so voller Hochachtung und Stolz redete, wenn er sie mit den „unzivilisierten Bauern" verglich, die den größten Teil der arabischen Bevölkerung Israels ausmachten. Ich war zwar tief beeindruckt, aber der Club war nicht das soziale Milieu, in dem ich mich zu Hause fühlen konnte. Es war eine befremdliche Welt, eine Art von Überbleibsel der Adelsgesellschaft im 19. Jahrhundert. Familienclans saßen an gesonderten Tischen, nippten am Kaffee und machten höflich Konversation. Klatsch war der wichtigste Gesprächsinhalt. Wann immer jemand in die Tür trat, beugten sich die Köpfe vertraulich zueinander: „Wer ist sie? Wie heißt er? Ach, das wissen Sie nicht? Das ist doch der Sohn von So-und-so. Sie ist die Tochter von X. Sie sind mit Y verwandt, der in Z. große Ländereien hatte. Sehr gute Familie . . ." So wisperte und flüsterte es ringsherum, von Tisch zu Tisch, während der Neuankömmling von Kopf bis Fuß gemustert wurde.

Die Atmosphäre im Club war etwas offener als sonst in Amman, aber dennoch, es galten strikte Verhaltensregeln. Man setzte voraus, daß wir in der Familiengruppe blieben; mit Fremden nahm man keinen Kontakt auf. Es gab reichlich junge Männer im Club, und zufrieden stellte ich fest, daß einige von ihnen mich mit sichtlichem Interesse in Augenschein nahmen – aber Gott behüte, daß einer von ihnen versuchen sollte, ein Gespräch mit mir anzufangen Das war völlig ausgeschlossen.

Immerhin – aus intensiven Blicken dieser Art konnten manchmal Folgen entstehen. Zusammen mit dem Verbot von Kontakten zwischen den Geschlechtern bestanden genaue Verfahrensregeln, wie ein Mann die Bekanntschaft einer Frau machen konnte (niemals anders herum – Mädchen hatten völlig passiv zu sein). Wenn einem Mann der Anblick eines Mädchens im Club gefiel, zog er diskrete Erkundigungen über sie, ihre Familie, ihren Status und so weiter ein. Klang das, was er erfuhr, ermutigend, so war sein nächster Schritt, daß er an einen männlichen Verwandten des Mädchens – wenn nötig durch Vermittlung eines gemeinsamen Bekannten – herantrat und darum bat, einen Besuch machen zu dürfen. Mit der Entgegennahme dieser Bitte war es nun an den Verwandten des Mädchens, diskret ihre Auskünfte einzuholen; befand man den Mann für akzeptabel – finanziell und sozial –, so gewährte man ihm seine Bitte – er durfte kommen.

Am festgelegten Tage kam er dann und wurde der Familie vorgestellt, darunter auch dem Mädchen. Es versteht sich von selbst, daß es überhaupt nicht in Frage kam, daß sie mit ihm allein blieb, aber er konnte eine Zeitlang im Kreis der Familie plaudern. Vom Mädchen wurde erwartet, daß es sich von seiner allerbesten Seite zeigte – scheu, zurückhaltend, passiv (der erste Eindruck ist entscheidend!). Nach ein- bis zweistündigem höflichem Geplauder verabschiedete sich der Besucher. Wenn er wollte, konnte er um einen zweiten Besuch bitten, sogar auch noch um einen dritten. Nach höchstens drei solcher Sitzungen mit der gesamten Familie wurde allerdings von ihm erwartet, daß er sich entschloß. Wenn ihm das Mädchen zusagte, nachdem er es in dieser Form dreimal getroffen hatte, dann hatte er sich an das (männliche!) Haupt der Familie zu wenden und um Erlaubnis zu bitten, das Mädchen zu heiraten. War diese Erlaubnis ausgesprochen, dann wurde die Angelegenheit dem Mädchen zur Einwilligung vorgelegt.

Das war die „romantische" Art von Liebeswerbung, wie sie in den bürgerlichen Kreisen Ammans üblich war.

Diverse Männer versuchten, in dieser Form um mich zu „werben". Von mir wurde ihnen wenig Ermutigung zuteil. Ich war nicht gesonnen, zu heiraten – meine Ambitionen liefen in völlig andere Richtungen. Jeder leise Zweifel, der sich in dieser Sache vielleicht geregt haben mochte, wurde rasch zerstreut, wenn ich meine Anbeter kennenlernte. In der Gesellschaft von Amman galt eine nüchterne Vorstellung von der Ehe; ein Mann mußte sich, bevor er eine Frau nahm, als verantwortungsbewußt und wohlsituiert erweisen, um zu zeigen, daß er imstande war, als Oberhaupt einer Familie zu fungieren. Infolgedessen konnten nur wenige junge Männer eine Heirat ins Auge fassen; zunächst mußten sie ihren Platz im Leben finden, sich zu einer Karriere hocharbeiten, Geld verdienen. All das braucht seine Zeit; und so waren die Männer, die nach mir fragen kamen, alle Ende dreißig oder Anfang vierzig – kaum in dem Alter, das geeignet ist, die Leidenschaft eines romantischen Teenagers zu erwecken.

Zunächst interessierte ich mich überhaupt nicht für diese Männer. Ich wollte einfach nicht heiraten. Mit der Zeit aber dämmerte mir die Erkenntnis, daß ich kaum andere Möglichkeiten hatte. Trotz meiner Tränen und Bitten stand nun fest, daß man mich nicht nach Israel zurückkehren ließe. Ein Studium kam nicht in Frage, weil ich kein Geld hatte. Ohne Qualifikation hatte ich keine Aussicht, einen der wenigen „respektablen" Jobs zu bekommen, die Frauen offenstanden – und deshalb konnte ich auch nie finanziell unabhängig werden. Wie lange sollte ich meinen Verwandten noch zur Last fallen? Es schien, als sei die Ehe der einzige Weg, der mir blieb.

Einer der Männer, die um mich warben, war Da'ud Tawil, Sproß einer bekannten Familie aus Jaffa und wohlhabender Bankdirektor. Er war, wie alle anderen, viel älter als ich. Aber er war höflich, umgänglich, freundlich. Als er die Familie besuchen kam – mit der ausdrücklichen Absicht, mich kennenzulernen – , machte er einen guten Eindruck. Und dann kam er wieder! Bald darauf kam er ein drittes Mal. Einige Tage später wurde er bei meinen Verwandten vorstellig und bat formell um meine Hand zur Ehe.

Meine Verwandten ließen mich wissen, daß Da'ud einen Antrag gemacht hatte. Sie sagten, ich sollte mir die Sache überlegen.

Ich ging ein paar Tage lang mit mir zu Rate. Und dann nahm ich an. Die Zeremonie fand in Amman statt, in der größten orthodoxen Kirche der Stadt. Da stand ich, prächtig in meinem Brautkleid, und lauschte den fröhlich läutenden Glocken. Ich hätte mich glücklich fühlen müssen – aber in meinem Herzen war tiefe Trauer. Trotz der festlichen Atmosphäre weinte ich nach Mutter. Das Wunschkonzert des jordanischen Rundfunks überbrachte Mutter an diesem Tage meine Grüße. Ich bat um das Lied: „Mummy, don't cry on my wedding day . . .".

Nach der Trauung fuhren wir nach Europa in die Flitterwochen. Es war meine erste Europareise, und es gab viel zu sehen, manche neue Erfahrung zu sammeln. Da'ud tat sein Bestes, damit ich Spaß daran hatte. Aber trotz meiner Aufregung fühlte ich mich niedergeschlagen und bedrückt. Wie sehnte ich mich nach Mutter! Da'ud war sehr aufmerksam mit mir; er muß verstanden haben, was ich empfand, denn am Ende, als wir in Wien waren, tat er einen kühnen Schritt. Eines Tages kamen wir in unser Hotelzimmer; sorgfältig schloß er die Tür ab und zog die Vorhänge zu. Dann nahm Da'ud, zitternd vor Erregung, den Telefonhörer ab, und, halb geflüstert, bat er die Zentrale um eine Verbindung mit Mutters Nummer in Israel!

Als die Verbindung endlich zustande kam, als ich Mutters Stimme hörte, war ich von meinen Empfindungen so überwältigt, daß ich kaum sprechen konnte. Ich saß bloß da, hielt den Hörer und stammelte schluchzend unzusammenhängende Worte . . .

70

Hinterher ließ mich Da'ud schwören, keinem Menschen zu sagen, daß wir in Israel angerufen hätten. Wenn je bekannt würde, daß wir „Kontakt mit dem Feinde aufgenommen" hätten, dann würden wir beide als Verräter gebrandmarkt.

5. Der Feuerberg

Am 14. Juli 1958 fuhren Da'ud und ich nach Nablus hinein, und plötzlich befanden wir uns inmitten einer gewaltigen Demonstration. Unser Wagen verlangsamte die Fahrt zum Schritttempo und kam dann, eingekeilt in diesem Menschenmeer, zum Stehen. Tausende drängten sich ringsum, sie trugen Fahnen und Spruchbänder. Tausende von Stimmen skandierten Sprechchöre: „Nieder mit den Verrätern!" „Nieder mit dem Haschemitenregime!" „Tod der Tyrannei!" Tausende roter, erregter Gesichter, Tausende von geballten Fäusten.

Ich starrte aus dem Wagenfenster, aufgeregt und erstaunt über diese Menschen mit ihren grimmigen, bewegten Gesichtern. Es war im ersten Jahr meiner Ehe; ich, selbst noch wenig mehr als ein Kind, war im sechsten Monat schwanger. Noch nie hatte ich etwas erlebt, was dieser aufgebrachten Menge gleichgekommen wäre. Kein Wunder, daß ich verängstigt war. Diese aufgewühlte Masse von Menschen, dieser Ausbruch wilder Leidenschaften und ungezügelter Emotionen – was hatte das alles zu bedeuten?

Die Ursache war bald entdeckt. An diesem Tage hatte es in Bagdad einen Staatsstreich gegeben; die Monarchie im Irak war gestürzt und durch eine revolutionäre Offiziers-Junta der sozialistischen Baath-Nationalisten ersetzt worden. Der Sturz der irakischen Herren, die durch familiäre und politische Bande eng an die Haschemitenherren Jordaniens geknüpft waren, rief einen Begeisterungssturm bei all denen hervor, die den König Hussein und sein Regime satt hatten. Das traf besonders auf Nablus zu, das traditionelle Zentrum jenes palästinensischen Nationalismus, der vom jordanischen Staat so unerbittlich verfolgt wurde. Die ganze Stadt strömte auf die Straße, um die irakischen Revolutionäre zu bejubeln und die verhaßten Haschemiten auszupfeifen.

Verloren und verschreckt betrachtete ich die wütende Menge. Für uns war es ein aufregendes Willkommen in der neuen Heimat: Nablus, der „Feuerberg".

Nablus war nicht unser erstes gemeinsames Zuhause. Sechs Monate zuvor, aus den Flitterwochen in Europa heimgekehrt, gingen wir nach Irbid in Ostjordanien, wo Da'ud seinen Posten als Direktor der örtlichen Bank antreten wollte. Ein Autokonvoi erwartete uns, als wir in El Ramtta eintrafen: Kaufleute, Beamte, Freunde von Da'ud, alle begierig, einen Blick auf die junge Braut zu werfen, die er mitbrachte. Alle kamen zur Begrüßung – Nachbarn, Diener, die Angestellten der Bank. Vor unserer Haustür wurde ein Schaf geschlachtet als Symbol des

Reichtums; Da'uds Mutter machte das Zeichen des Kreuzes über meinem Kopf und über seinem – sie erinnerte mich an den Priester, der in der Kirche die Kommunion zelebrierte. Das Füllhorn des Glücks schien sich über uns zu entleeren ...

Nach traditionellen arabischen Maßstäber war dies eine Musterehe. Da'ud – reich und wohlsituiert – hatte den logischen Schritt getan, sich in der Gesellschaft zu etablieren: Er hatte beschlossen, eine Familie zu gründen, und hier war die Bestätigung seiner achtbaren, gesicherten Position, seine schöne junge Braut: Ich.

Ich war erst achtzehn und hatte bereits alles, was ich mir wünschen konnte: einen wohlhabenden Ehemann, ein gemütliches Heim in der Etagenwohnung über der Bank, eine sichere gesellschaftliche Stellung. Da'ud tat alles für mich, seine Familie nahm mich freundlich auf, seine Freunde beglückwünschten ihn. Wahrlich, ich war zu beneiden.

Aber mein Glück hatte seinen Preis: Ich mußte meine Freiheit aufgeben. Wie Ibsens Nora war ich eine Puppe – schön, verwöhnt und meines freien Willens beraubt. Ich war in eine Gesellschaft eingetreten, in der die Männer alles beherrschten. Mein Leben, mein Verhalten, meine Zukunft – all das würde von meinem Mann bestimmt. So wollte es das Diktat einer nie in Frage gestellten Tradition.

Ich trat ein in die Routine eines regelmäßigen, ereignislosen Alltags. Jeden Morgen klopften die Nachbarinnen an die Tür, und wir tranken zusammen Kaffee. Das war mehr als bloße Geselligkeit; diese Besuche dienten einem doppelten Zweck. Meine Besucherinnen kamen, um mich in der besseren Gesellschaft von Irbid heimisch zu machen; im Verlauf unseres Geplauders fanden sie aber auch Gelegenheit, mich taktvoll zu fragen, ob ich denn schon schwanger sei. Schließlich war das jetzt meine vorrangige Funktion und Aufgabe – meinem Manne Kinder zu schenken und für sein Heim und seine Familie zu sorgen.

Ich hatte meine Kindheit und Jugend in Israel verbracht, in der Schule mit israelischen Jüdinnen. Ich hatte die freieren, moderneren Auffassungen der jungen Israelis in mich aufgenommen, denen es freisteht, so zu leben, wie sie es für richtig halten. Natürlich, auch die israelische Gesellschaft hatte ihre repressiven Traditionen, ihre Verbote, ihre Tabus. Aber diese sind nirgends so einschneidend wie die schmerzlichen Beschränkungen, die den Frauen in der arabischen Gesellschaft auferlegt werden. Wenn ich an mein ungebundenes Leben in Israel dachte, fand ich das Leben in Irbid erstickend und sehr unbefriedigend.

Natürlich verriet ich Da'ud nichts von meinen rebellischen Gefühlen – aller Wahrscheinlichkeit nach war ich mir ihrer selbst nicht voll bewußt. Immerhin, ich merkte, daß es mir in Irbid nicht gefiel, und ich bat ihn, eine Versetzung zu arrangieren. Ich sagte Da'ud, daß ich die Atmosphäre Palästinas vermißte, das Klima, die Landschaft. Es verlangte mich nach der freieren, kosmopolitischen Luft Jerusalems, und ich hoffte, wir würden dorthin ziehen.

Da'ud sah, daß ich nicht glücklich war, und tat, was er konnte, um meine Wünsche zu befriedigen. Bald darauf teilte er mir die gute Nachricht mit: Wir sollten umziehen. Leider war es ihm nicht gelungen, nach Jerusalem versetzt zu werden, und so gingen wir nach Nablus. Aber auch das schien mir nach Irbid eine beträchtliche Verbesserung. Verglichen mit dem öden Irbid war Nablus ein Paradies, ein wahrer Garten Eden. Ich war überglücklich, wieder in Palästina zu sein. Mein Herz frohlockte, als ich diese geliebte Landschaft wiedersah mit ihren Olivenbäumen, dem Sinnbild unseres Landes. Hingerissen sah ich hinunter ins Wadi el Tuffah – das „Tal der Äpfel" – mit seinen Obstbäumen. Ich schwelgte im Anblick der Obstfrauen in ihrer farbenfrohen palästinensischen Kleidung, die im Morgengrauen hinausgingen und frische Feigen, Granatäpfel und Kaktusfrüchte zum Verkauf holten; dann waren da die Frauen, die *liban* verkauften, einen in der Gegend gebräuchlichen Joghurt; sie kamen graziös die Straße entlang geschritten, einen Kasten mit irdenen Krügen voll frischer Milch oder *liban* balancierend, und riefen den Hausfrauen zu, sie sollten herauskommen und kaufen.

Unser Haus lag auf einem Hügel inmitten von Olivenbäumen; wenn ich auf meiner Veranda saß, konnte ich auf den Sonnenuntergang hinunterblicken, dem Abendgeläut lauschen und die Schafe beobachten, die unter dem sanften Bimmeln der Glöckchen an ihrem Hals zu Tal trotteten. Ich nahm dieses wunderschöne Bild in mich auf, und das warme Gefühl, daheim zu sein, stieg in mir auf.

Aber Daheim – meine Heimatstadt Akko, nur eine Autostunde entfernt – lag auf der anderen Seite der Demarkationslinie. Ich war auf jordanischem Gebiet, und mein Zuhause – meine Eltern – waren in Israel, im Feindesland. Das waren zwei vollkommen verschiedene Welten, zwischen denen es keine Verbindung gab. Fast alle Kommunikationsmöglichkeiten waren streng untersagt; es war, als lebten meine Eltern auf dem Mond, so unerreichbar waren sie für mich. Als ich meiner israelischen Staatsbürgerschaft entsagt hatte und nach Jordanien gezogen war, hatte ich mich von meinen Eltern, von meiner Vergangenheit, von meinen Schulfreundinnen abgeschnitten. Und dieser Schritt war unwiderruflich. Als wenn mein endgültiger Bruch mit der Vergangenheit darin symbolisiert werden sollte, durfte ich nicht einmal meine hebräischen Schulbücher nach Jordanien mitnehmen. Die Gedichte von Bialik waren „feindliche Literatur". Später wurden meine hebräischen Bücher auf umständlichen Wegen zu mir herübergeschmuggelt – aber dann traf mich ein neuer Schlag. Zu der Zeit begann die jordanische Geheimpolizei, nach „subversiven Büchern" zu suchen. Es war eine Periode der intensiven Verfolgung aller „Dissidenten" – Baath-Leute, Kommunisten, Nasseristen und palästinensischer Nationalisten. Häuser wurden durchsucht nach verbotener Literatur aller Art, und es wurde zu riskant für mich, die hebräischen Gedichte zu behalten. Schließlich blieb mir keine andere Wahl: Eigenhändig mußte ich meinen kostbaren Bialik verbrennen . . .

Das Verbrennen meiner hebräischen Bücher bedeutete meine totale und endgültige Trennung von der israelischen Vergangenheit. Es war ein beklemmendes Gefühl – aber das war nicht meine einzige Beklemmung. Das Leben in Nablus unterschied sich nicht sehr von dem, das ich in Irbid gehabt hatte. Auch Nablus war eine Männergesellschaft; die vorherrschende Ideologie war ein bürgerlicher Nationalismus, der die nationale Wiedergeburt erstrebte, aber nicht die leiseste Veränderung innerhalb der traditionellen arabischen Gesellschaft ins Auge faßte.

Mein Dasein machte mir keinen Spaß. Ich hatte nichts zu tun. Unser Haus wurde von Dienstmädchen versorgt, was mir sehr viel Zeit gab und sehr wenig, um sie auszufüllen. Unser gesellschaftliches Leben war formell und steif, es bestand aus einer nicht endenden Runde von gegenseitigen Besuchen und geselligen Veranstaltungen, bei denen Männer und Frauen sorgfältig voneinander gesondert blieben. Gewiß, Nablus konnte sich einiger Kulturveranstaltungen rühmen. Für Frauen jedoch gab es nur eine annehmbare Form der Geselligkeit, das war der Beitritt zur Arabischen Frauenvereinigung, die eine ausgedehnte – aber natürlich vollkommen abgeschiedene – Tätigkeit entfaltete. Da ich erkannte, daß hier der einzig verfügbare Ausweg lag, trat ich bei – aber ich fühlte mich nur noch heftiger eingeengt und erdrosselt, wenn ich nichts als Frauen um mich sah. Als ich mein Erstaunen über diese exklusiv-weibliche Gesellschaft äußerte, fuhr mich eine meiner Freundinnen an: „Du kommst wohl aus Paris?" fragte sie mich sarkastisch. So anders war meine Mentalität als ihre, daß ich beinahe geantwortet hätte: „Ja!" Im Quäkerzentrum von Akko hatten wir miteinander getanzt, Mädchen und Jungen. In den Dörfern Galiläas war es ganz normal, daß Männer und Frauen gesellig zusammenkamen. Sogar in der Klosterschule hatten die Nonnen die Schülerinnen der höheren Klassen zu gemischten Parties oder Theaterabenden ausgeführt. Hier aber, in Nablus, wurden Frauen isoliert gehalten, damit kein Mann ihr Verhalten „mißdeuten" konnte.

Den verheirateten Frauen wurden fast ebenso strenge Beschränkungen auferlegt wie den ledigen Mädchen. Die Ehe befreite die Frauen von der Herrschaft des Vaters – nur um sie der Autorität des Ehemannes zu unterwerfen. Als junge Ehefrau in Nablus sah ich meine Freiheit gründlich beschnitten. So war es zum Beispiel undenkbar, daß ich ohne Begleitung irgendwohin fuhr. Wenn ich etwas so Unschuldiges wie einen Einkaufsbummel in Jerusalem oder Amman unternehmen wollte, mußte ich eine Expedition von vier oder fünf Begleiterinnen organisieren. Wie konnte ich solche Restriktionen ertragen, da ich doch gewöhnt war, ohne Bedenken von Akko nach Haifa und zurück zu reisen?

Meine Unterdrückung ging nicht von irgendeiner amorphen „Gesellschaft" aus; mein eigenes Heim, meine unmittelbare Umwelt sperrten mich ein. Als verheirateter Frau war es mir gestattet, an gemischten Gesellschaften teilzunehmen; diese Freiheit aber war Illusion. Die Männer pflegten sich in einem Raum zu versammeln, während die Frauen in einem anderen zusammenhockten. Die Frauen „schwatzten" über Häusliches – Kinder, Kleider, Küche –, während die Männer „Gespräche führten" über Geld und Geschäft – oder sich einfach schmutzige Witze erzählten. Zuerst blieb ich bei den Frauen, wie die Konvention es befahl; bald aber drohte ich in dieser kleingeistigen Luft zu ersticken und versuchte, mich den Männern zu nähern. Sobald ich das wagte, fing ich den Blick von Da'ud auf, der mir sagte: „Dein Platz ist nicht hier!" Wenn ich seine Signale ignorierte, kam er unverzüglich zu mir herüber und verlangte, daß ich ins Damenzimmer zurückkehrte, sonst würde ich zum Stadtgespräch.

Wer die arabische Gesellschaft nicht kennt, hat keine Vorstellung davon, wie grausam hart das Joch ist, das sie uns Frauen auferlegt. Der strenge islamische Moralkodex schafft einen gewaltigen Strudel der sexuellen Verdrängungen; glühende erotische Phantasien sind ein fruchtbarer Nährboden für leere, boshafte Gerüchte. Für Männer wie für Frauen ist die „Reputation" alles – und ein großer Teil des gesellschaftlichen Verkehrs besteht daraus, daß man Schlechtes redet über Leute, die eines „abweichenden" Verhaltens verdächtig sind. Da sind die arabischen Männer schon ziemlich schlimm – die Frauen jedoch sind zehnmal schlimmer, trotz oder genau wegen der Unterdrückung und Beschränkung, die sie erleiden. Die Frauen verbringen die meiste Zeit damit, einander moralisch in Fetzen zu reißen. Mehr als alles andere war es die Angst vor diesem Klatsch, die Da'ud veranlaßte, mein Betragen scharf zu überwachen. Es war bei ihm bestimmt nicht böse Absicht, wenn er bemüht war, mich zur Anpassung zu bringen. In Wahrheit blieb ihm in dieser Frage überhaupt keine andere Wahl. Wenn ich mit Männern sprach oder auch nur in ihrer Nähe stand, gefährdete ich meinen Ruf und schädigte damit die Position meines Mannes. Wer

76

sich in den Konventionen auskannte, wußte, daß er, wenn er mir solches Benehmen gestattete, etwas Wesentliches in sich selbst als Mann zerstörte. Er würde den Stolz auf sich selbst verlieren und sich der Lächerlichkeit preisgeben. Ich hatte nicht den Wunsch, ihm wehzutun – ebensowenig aber konnte ich meine eigene Lage ertragen.

Traurig zog ich mich dann in mein Zimmer zurück und las – Simone de Beauvoir war eine meiner Lieblingsautorinnen. Ihre Freiheitsbotschaft gab ein wenig Tröstung; allerdings war das Bücherlesen eine unbefriedigende Art, sich auszudrücken. Da ich niemanden hatte, dem ich mich anvertrauen konnte, begann ich Tagebuch zu führen; unzählige Notizbücher füllte ich mit einsamen Gedanken über mich selbst, mein Dasein und die Welt um mich herum. „Ich scheine eine Art spontaner Freude in mir zu haben, die ich überall verbreite . . . Aber ringsum hat man nichts übrig für diese ‚Frivolität' . . . Ich selber – ich gebe mich ganz der Gegenwart hin: Ich greife nach dem flüchtigen Augenblick . . ."

Mein Tagebuch war das Spiegelbild einer tiefen Unzufriedenheit. Ich war ruhelos und unglücklich. Wenn die Konvention mein Unterdrücker war – durfte ich der Konvention spotten? Das konnte den Untergang bedeuten! Die Tradition war mächtig, und Mutters Los war eine schreckliche Warnung, was mir bevorstehen würde, wenn ich der Tradition zu trotzen wagte. Aber dieser Mangel an Freiheit schien gleichermaßen unerträglich. Ich war wie ein Vogel, der die Freiheit kannte; er kann niemals im Käfig heimisch werden. Was war richtig? Was war falsch? Was konnte ich tun?

Am 11. Oktober 1958 brachte ich mein erstes Kind zur Welt– Dianna. Die Entbindung war ein großes und herrliches Erlebnis – eine tiefe Liebe wurde in mir geboren. Zugleich aber empfand ich eine entsetzliche Leere, der ein Gefühl der Unsicherheit entsprang. Konnte ich denn meinem Baby Mutterliebe geben, wenn ich selbst die Liebe meiner eigenen Mutter entbehrte, von der ich getrennt war durch die Demarkationslinie mitten durch Jerusalem?

Als ich da lag im St. Joseph-Hospital von Jerusalem und die frische Morgenbrise wehte über die Berge vom Westen der Stadt – der israelischen Seite – her, drehte ich mich herum mit Tränen in den Augen und schaute hinaus auf die herrliche Landschaft, schaute hinüber zum Mandelbaumtor. Nachts träumte ich, daß Mutter käme, sich über mich und mein Baby beugte und uns zärtlich küßte.

Die Nonnen im Krankenhaus durften zur israelischen Seite der Stadt hinüber. Von dort aus setzten sie sich mit Mutter in Verbindung, und sie kam von Akko angereist, um meine Zeilen entgegenzunehmen. Es war streng verboten, Briefe über die Demarkationslinie zu schicken, aber die Nonne – dereinst war sie meine Lehrerin gewesen – scherte sich keinen Deut um die offiziellen Sicherheitsbestimmungen. Eines Tages brachte sie mir ein höchst kostbares Geschenk – einen Brief von Mutter.

„Welch wunderbare Überraschung! Danke Gott für seine Gabe, die süße kleine Dianna. Herzlichen Glückwunsch … hoffe, daß Du, anders als jetzt ich, auch Deine Enkel noch sehen wirst … Ich fühle mich im Herzen verjüngt; als ich die Nachricht erhielt, hätte ich hinfliegen mögen zu ihr. Ich habe mir Sorgen gemacht. Ich habe gewartet, ob ich nicht im Radio etwas von Dir höre. Mein Herz war leicht, weil Du in der Obhut Deines lieben Mannes bist …"

Mutter war eine tief empfindende Frau, und sie machte keinen Versuch, ihre Freude und Bewegung über die Geburt meiner Tochter zu verbergen. Natürlich schwang in ihrem Brief Traurigkeit mit; mehr denn je muß sie sich gewünscht haben, in diesem Augenblick an meiner Seite zu sein. Zur gleichen Zeit erinnerte mich diese Botschaft von ihr noch einmal an das, was sie mir immer einzuprägen bestrebt war: Sie redete mir zu, mich zu entwickeln, zu studieren, um Erfüllung in meinem Leben zu finden. Sie nährte meinen Ehrgeiz und lehrte mich, nach Emanzipation zu streben.

Mutters Lehren gewannen doppelte Bedeutung, als ich mit meinem Baby nach Hause zurückkehrte. Ich lebte eine Art Doppelleben. Ich hatte meine häuslichen Pflichten, meinen Haushalt, mein Kind. Ich gab mir Mühe, mich um meine Familie zu kümmern, aber ich konnte mir nicht helfen, das ewige tägliche Einerlei machte mich fertig. Die traditionelle arabische Küche ist köstlich, aber manches der Gerichte brauchte Stunden der Zubereitung. Andere Hausfrauen waren durchaus zufrieden, ihre Tage in der Küche zuzubringen, ich aber fand Kochen unausstehlich und zog es vor, diese Arbeit dem Dienstmädchen zu überlassen. Meine weiblichen Bekannten waren schockiert, wenn sie von solch „unwürdigem" Betragen erfuhren. Wie konnte ich es zulassen, daß jemand anderer das Essen für die Familie zubereitete? Auch Da'ud verlor die Geduld mit mir; einmal schrie er mich an: „Von nichts versteht du was – du kannst keinen Haushalt führen und keine Küche betreiben!"

Diese totale Verdammung vertiefte nur meine Depression. Mein unbefriedigendes Dasein weckte in mir einen Groll, der sich mangels anderer Ziele schließlich noch gegen mich selber wandte. Ich begann mich zu fragen, ob ich nicht irgendwie anormal wäre. In Verzweiflung beichtete ich meinem Tagebuch: „Ich bin nicht wie die anderen. Ich kann mich nicht gut unterhalten. Ich bin nicht gut in der Küche, und mein Wäscheschrank ist nie ordentlich …"

Mein Zustand war um so schlimmer, als ich in meiner Unzufriedenheit von niemandem verstanden wurde – am wenigsten von anderen Frauen. Ich habe festgestellt, daß die meisten Frauen – insbesondere Hausfrauen! – ihre Unterdrückung leugnen. Wenn ich einer Freundin meine Beklemmung anvertraute, war sie entsetzt, daß ich in der traditionellen Frauenrolle als Hausfrau und Mutter keine Befriedigung fand. Für sie war die Erfüllung dieser Aufgaben der Gipfel der Kreativität. Diese Frauen konnten mein Mißvergnügen nicht begreifen, meinen Mangel an Erfüllung als Mensch. „Du hast doch alles." sagten sie tadelnd, „geh einmal in die Flüchtlingslager und sieh dir an, wie dort die Frauen mit ihrer Armut und ihrer Not fertig werden!" Ja, ich hatte alles, Mann, Kind, Geld – und da saß ich und redete wie ein verantwortungsloses kleines Mädchen daher, träumte von Flirts und romantischer Liebe . . .

Was ich am meisten fürchtete, war, daß ich anfangen könnte, mich innerlich anzupassen, mich dem Druck von außen zu ergeben und meiner eigenen Hoffnungslosigkeit anheimzufallen. Überall ringsum erblickte ich arabische Frauen, die sich das eigene Grab schaufelten, die ihre Unterdrückung verinnerlichten und damit Verachtung für sich selbst und füreinander entwickelten. Uns Araberinnen bringt man die Heuchelei bei: Schizophrenie ist unser Normalzustand.

Am 1. Juli 1960 gebar ich mein zweites Kind – meinen Sohn Gabe. Ich kann nicht bestreiten, daß ich mich freute, als man mir sagte: „Ein Sohn!" Ich wußte, daß dieses Kind, da es ein Junge war, anders dastehen würde im Leben. Die arabische Gesellschaft würde ihm besser liegen als einem Mädchen. Es war eine Ungerechtigkeit, die mit der Geburt begann.

Die Geburt eines Sohnes – insbesondere des erstgeborenen – ist für die arabischen Eltern von großer Bedeutung. Ich war nun „Um-Gabe" – die Mutter von Gabe, während Da'ud als „Abu-Gabe" – der Vater von Gabe – bezeichnet wurde. Aber Da'uds Reaktion überraschte mich. Die Ankunft eines männlichen Sprößlings schien für ihn gar nichts besonderes zu sein: Er freute sich, ganz ungewöhnlich für einen Araber, über Gabe genauso, wie er sich über Dianna gefreut hatte und wie er sich später über die Geburt unserer anderen Kinder freuen sollte.

Gabes Geburt konnte meine persönlichen Probleme nicht lösen. Die Gefühle, die ich meiner Umgebung entgegenbrachte, waren zwiespältig. Als Palästinenserin habe ich ein starkes Nationalbewußtsein, und das verleiht mir ein Zugehörigkeitsgefühl. Als Frau jedoch konnte ich mich nicht dieser Gesellschaft zugehörig fühlen, die mich zu entpersönlichen und zum sexuellen Objekt zu machen drohte. Ich empfand mich als Fremde, verfolgt und mißverstanden. Ich wollte nicht Sklavin bleiben, Kind-Frau; es verlangte mich danach, meine Persönlichkeit zu entfalten, und doch wußte ich nur zu gut, wie unmöglich es war, in der beengten, restriktiven Welt meines Heims und meiner Provinzstadt Erfahrungen zu sammeln.

Ich fühle mich mit Palästina tief verbunden – mit seinen Bergen und Feldern, seiner reinen Luft und seiner strahlenden Sonne, seinen Geräuschen und Gerüchen. Wir sprechen eine gemeinsame Sprache, mein Mutterland und ich. Könnten Bäume und Felsen sprechen, so würden sie von meinen zärtlichen Gefühlen für das Land meiner Geburt erzählen. Als Kind legte ich mich immer an einsamen Plätzen ins Gras, spürte die Umarmung der Erde, die tanzenden Schatten der Zweige auf meinem Gesicht und schaute dem dahintaumelnden Schmetterling nach . . .

Mir ist nahezu unvorstellbar, daß irgendetwas sich zwischen mich und mein Land stellen könnte, dem ich so leidenschaftlich verbunden bin. Und doch – in der beklemmenden Enge meines Daseins begann ich zu meinen, daß auch die Landschaft Teil meines Gefängnisses wäre. Nablus liegt in einer Senke zwischen zwei Bergen – dem Berg Grizim und dem Berg Abal. Aus dem Fenster blickend sah ich die beiden Berge über der Stadt aufragen und sie wie eine gigantische Doppelmauer einschließen – sie sperrten mich ein in eine erstickende Gefangenschaft. Es kam soweit, daß ich die Stadt haßte. In mein Tagebuch trug ich ein: „Wo ist der Zauber der Jugend geblieben? In dieser Stadt sind die Jahre ohne Bedeutung – Jung und Alt sind gleich. Es gibt keine Jugend, keine Liebe . . ." Ich stand vor einer grausamen Wahl: „In dieser Gesellschaft bist du entweder wie alle anderen, oder du wirst zerbrochen – sonst mußt du gehen."

Ich fing an, von Flucht zu träumen, davon, weit weg zu gehen. Ich träumte von Beirut oder Paris oder London oder New York – vom Leben ohne Ketten. Träume wurden meine Zuflucht. Aber auch wenn ich träumte, wußte ich tief innen, daß dies keine Lösung war.

In meiner Verzweiflung dachte ich sehnsuchtsvoll zurück an meine jüdischen Schulfreundinnen. Ich war die einzige Araberin unter ihnen gewesen, aber es gab zwischen uns keine Barrieren; sie empfanden keine Abneigung gegen Araber, keine Überlegenheit, keine Geringschätzung; es bestand Zuneigung und Respekt auf beiden Seiten. Ich übernahm manches von ihren Lebensauffassungen, ihrer Mentalität – die so anders waren als der traditionelle, altmodische Geist, der in der arabischen Gesellschaft noch herrscht. Ich überdachte all die unterschiedlichen, widersprüchlichen Einflüsse, die auf mich eingewirkt hatten: die Nonnen; die traditionalistische arabische Gesellschaft – sowohl erzkonservative Moslems wie liberale Christen; ich dachte an Vater und die von altersher geheiligten Werte seiner Welt, an Mutter und ihren Geist der Emanzipation und der persönlichen Freiheit, den sie sich aus ihrem Geburtsland Amerika mitgebracht hatte.

Jetzt, als junge Erwachsene, mußte ich zwischen diesen auseinander-strebenden, oftmals diametral entgegengesetzten Erbschaften meine Wahl treffen. Für mich war die Zeit gekommen, mir den eigenen Weg zu suchen. Ich konnte meine Lage noch nicht analysieren. Ich war noch zu jung, um die Aggressivität zu offenbaren, die später eine meiner hervorstechenden Eigenschaften wurde. Aber ich verspürte eine unbewußte Sehnsucht nach Freiheit; Freiheit wurde mir zur fixen Idee. Ich habe schon einmal Simone de Beauvoirs „Anderes Geschlecht" erwähnt; die Lektion, die ich aus ihrem Buch zog, war: Beklage nicht dein Schicksal – fang an, es zu ändern. Jetzt!

Nach und nach erwachte mein Bewußtsein. Ich gewann die Überzeugung, daß ich eine wichtige Rolle zu spielen hätte. Die Beschäftigung mit meinem Haushalt konnte die innere Leere nicht ausfüllen. In mein Tagebuch notierte ich: „Ich gehe zu sehr unter in meinen ehelichen Pflichten, um zu leben, um die Welt und meine Jugend zu kosten . . . " Verzweifelt jammerte ich: „Aber ich bin doch erst Mitte Zwanzig!" Ich schrieb meine Sehnsucht nach Liebe, nach Romantik, nach Zärtlichkeit nieder.

Aber Sehnsüchte brachten mich nicht weiter. In mir dämmerte die Entschlossenheit zum Handeln herauf. Da ich meiner Umwelt nicht entkommen konnte, mußte ich sie zum Schlachtfeld meiner Emanzipation machen. Mein Haus war mein Gefängnis; hier also mußte ich meine Erfüllung suchen.

In meiner Bedrückung begann ich, nach verwandten Geistern Ausschau zu halten. Ich war doch sicherlich nicht die einzige, die so empfand? Mit der Zeit tastete ich mich an ein paar junge Frauen heran, die ebenfalls eine leise Unzufriedenheit mit ihrem Los erkennen ließen. Wir führten vorfühlende, sehr unbestimmte Gespräche. Auch sie schlugen sich mit den Sitten und Traditionen herum; wie ich muckten sie auf, aber sie hatten keine klare Vorstellung davon, gegen was sie eigentlich rebellierten. Wir erkannten uns in den anderen wieder, fanden ein verständnisvolles Echo der eigenen Nöte, unserer Hoffnungen und unserer Kreativität. Zugleich aber gingen unsere Ansichten auseinan-der, und ich fand nicht einmal bei ihnen volle Zustimmung für meine Vorstellungen – sie gingen den anderen etwas zu weit. Aber in dem einen stimmten wir alle überein: Was wir brauchten, war Führung auf der Suche nach unserem Weg.

Und da hatte ich das Glück, Pater George Habbra zu treffen, einen katholischen Priester, der aus Haifa stammte. Pater Habbra lebte nicht im Kloster; ihm waren die Armut und das Elend dieser Welt gut bekannt, und er bemühte sich, sie zu bessern, indem er die christliche Botschaft der Liebe und der Hoffnung verbreitete, der er sein Leben geweiht hatte. Wir baten ihn, uns Stunden zu geben, und er willigte ein. Unter seiner Leitung studierten wir Thomas von Aquino, Dostojewskis „Schuld und Sühne" und Freud. Sein Leitmotiv war die Ablehnung alles dessen, was den freien Willen des Menschen beeinträchtigt.

Unvermeidlich kamen wir bei unseren Diskussionen auf die Situation der Frauen. Er machte uns klar, daß wir als Frauen statisch, passiv und ergeben waren. Er zitierte Dostojewski, daß eine Frau, die ohne ihren Willen verheiratet würde, in nichts anderem als in Prostitution lebte – eine revolutionäre Vorstellung in unserer traditionsgebundenen Gesellschaft, in der die meisten Ehen arrangiert werden. Pater Habbra öffnete uns die Augen und lehrte uns, unsere Situation im richtigen Lichte zu sehen. Aber was praktische Lösungen anging, gab es wenig, was er uns bieten konnte. Einmal, als ich ihm von meinen Sorgen erzählte, suchte er mich mit den Worten zu trösten: „Die äußere Welt ist eitel; versuche, dir ein starkes inneres Leben zu schaffen." Er lehrte uns, daß man durch Leiden zur Größe gelange, und riet zur Anpassung an die Konvention; durch Sublimation würden wir unsere Situation „transzendieren" . . .

Die Lehren Pater Habbras stürzten mich aufs neue in den Zwiespalt zwischen Konformismus und Rebellion. (Diese Verwirrung war für mich nichts Neues: Sie erinnerte mich an meine Zusammenstöße mit dem Priester in der Klosterschule, der uns die Heilige Schrift las, die Tugenden der Kasteiung pries – und uns ermahnte, nicht so viel Schokolade zu essen!)

Am 9. September 1961 bekam ich mein drittes Kind – meine Tochter Leila.

An diesem Weihnachten durfte Mutter zu einem der kurzen Tagesbesuche durch das Mandelbaumtor. Außer mir warf ich mich in ihre Arme, als ich sie sah, und wir küßten uns und weinten vor Freude. Diese wenigen kostbaren Stunden des Beisammenseins rissen bei mir alle alten Wunden wieder auf und verschärften den Schmerz über unsere lange Trennung. Wenn ich sie ansah, fühlte ich Sorge: Sie war seit unserer letzten Begegnung sehr gealtert und sah müde und krank aus.

Auch in Mutter kämpften unterschiedliche Empfindungen – aber aus völlig anderen Gründen. Wie ich war sie glücklich über unser Wiedersehen. Sie freute sich, Da'ud zu begrüßen; bewegt lernte sie meine Kinder kennen, ihre ersten Enkel. Aber sie hatte etwas Reserviertes an sich, und als wir beide einmal allein blieben, sagte sie mir, daß sie sich Sorgen mache um mich und mein jetziges Leben. Sie schalt mit mir, weil ich mich den hergebrachten Sitten anpaßte. Sie stellte fest, daß ich bei der Party, die wir ihr zu Ehren gegeben hatten, mich „mit den Damen" zurückgezogen hatte. „Warum setzt du dich nicht zu den Männern?" fragte sie scharf. „Wenn du nicht auf deinen Rechten bestehst, dann wird dein Platz die Küche sein!" Sie fragte mich aus nach allem, was ich so tat; sie brauchte nicht lange, um über mein verkrampftes, beengtes Dasein in allen Einzelheiten Bescheid zu wissen. Sie war entsetzt, als sie erfuhr, daß ich mich nicht frei bewegen konnte.

„Ich habe dir deine Bewegungsfreiheit gelassen!" erinnerte sie mich vorwurfsvoll.

„Als junges Mädchen warst du überall – in Tel Aviv, in Haifa. Und jetzt das? Wie konntest du es zulassen, daß du auf einen derartigen Zustand zurückgeworfen wirst?"

Was Mutter am meisten beunruhigte, war meine rasch wachsende Familie. Vier Jahre nach der Hochzeit hatte ich bereits drei Kinder. Ich sagte ihr, daß Da'ud noch mehr Kinder wollte, aber sie wischte meine Erklärung mit einer zornigen Handbewegung weg. „Das tut er doch nur, um dich im Haus zu halten!" rief sie. „Ist es das, was du möchtest?" Und dabei wies sie wütend auf Küche und Kinderbetten.

Mutters Unmut schmerzte mich zutiefst, gerade weil er mitten in meine eigene Betroffenheit zielte. Um sie zufriedenzustellen und mich selbst zu verteidigen, berichtete ich ihr, wie unbefriedigt ich war, was ich ersehnte und erhoffte, aber ich glaube nicht, daß ihr das ein Trost war. Es war nicht Mißbilligung, was sie mir entgegenbrachte, im Gegenteil: Sie liebte mich innig, und in festem Glauben an meine Fähigkeiten hatte sie stets große Ambitionen für mich gehabt. Daß sie mich nun scheinbar in die traditionelle Rolle der Hausfrau und Mutter hineinwachsen sah, muß für sie ein Schock der Enttäuschung gewesen sein.

Als wir uns am Ende ihres kurzen Aufenthaltes voneinander verabschiedeten, bekümmerte mich diese erneute Trennung noch mehr als gewöhnlich. Ich wußte, daß Mutter schwer beladen von mir ging und daß ich, wenn ich ihren Erwartungen nicht entsprechen konnte, ihren Leiden weitere hinzufügte.

Es sollte unser letztes Wiedersehen sein. Das nächste Mal, als ich sie am Mandelbaumtor erwartete, kam sie nicht. Ich sah sie nie wieder.

Als Mutter starb, saß keines ihrer Kinder an ihrem Bett. Grausame Gesetze und künstliche Grenzen hinderten mich und meine Brüder, bei ihr zu sein. Ich war zerschmettert, als ich von meinem Verlust erfuhr.

Mein Kummer verdoppelte sich, wenn ich an unseren letzten Abschied dachte. Ich konnte nicht anders, ich machte mir Vorwürfe, weil ich sie hatte sterben lassen mit der Enttäuschung über mich, ihre einzige Tochter.

Dieses Schuldgefühl blieb mir, auch als ich den Schock über Mutters Tod längst überwunden hatte. Ich kam zu dem Schluß, daß ich ihrem Andenken etwas schuldig sei – und diese Schuld spornte mich an, gegen mein ödes, beengtes Dasein anzugehen.

Nach vielen langen Diskussionen in der Gruppe meiner Freundinnen entschlossen wir uns endlich zu einem bescheidenen ersten Schritt. Wir gingen zur Arabischen Frauenvereinigung, der wir alle angehörten, und beantragten, die Vereinigung solle eine Reihe von Vorträgen *von* Frauen *über* Frauen veranstalten – und außerdem sollten diese Vorträge vor einem gemischten Publikum von Männern *und* Frauen gehalten werden! Nachdem wir etwas Druck dahinter gemacht hatten, wurde unser Antrag genehmigt; die erste Vortragsveranstaltung fand statt, und sie wurde ein großer Erfolg. Auf dem Podium saßen prominente Frauen – eine Ärztin, eine Dichterin und eine Bildungsexpertin. Ich erinnere mich, wie ich voller Bewunderung diese Frauen angeschaut habe – sie waren vorwärts gegangen, hatten eine eigene Karriere gemacht. Hier, so dachte ich, sind die lebendigen Beispiele der Frauenemanzipation, Leuchtfeuer auf unserem Wege!

Die Ansichten, die sie dort vertraten, waren im großen und ganzen nicht revolutionär. Und das war kein Wunder. Unser Antrag, eine öffentliche Vortragsveranstaltung durchzuführen, mußte den Behörden vorgelegt werden, und der jordanische Gouverneur verlangte absolut überzeugende Garantien dafür, daß die Sache völlig „unpolitisch" sein würde. Obwohl wir ihm alle Zusicherungen gaben, die er forderte, dauerte es zwei Monate, bis er seine Zustimmung gab. Und doch war die bloße Tatsache, daß die Veranstaltung stattfand – und vor einem solchen Publikum –, ein kleiner, aber bedeutsamer Schritt nach vorn.

Zum Teil lagen die Probleme in der Organisation, die Träger der Veranstaltung war. Die Arabische Frauenvereinigung war, als ich ihr beitrat, eine wohletablierte Institution. Gegründet wurde sie 1921 von Hajja Andalib el Amad – der „Florence Nightingale von Nablus" –, die diesem Werk ihr Leben weihte. Die Vereinigung leistete bedeutende karitative Arbeit für Frauen, sie bekämpfte den Analphabetismus und organisierte Berufsausbildungsmöglichkeiten für Mädchen. 1947, als die Kämpfe begannen, richtete die Vereinigung ein Notlazarett für Verwundete ein; daraus wurde später mit der Anfügung einer Entbindungs- und einer Kinderstation ein großes Krankenhaus. Frau Andalib kümmerte sich voller Hingabe und Sorgfalt um ihre Patienten; genau so half sie, das Elend der Flüchtlinge von 1948 zu lindern. Später gründete sie ein Waisenhaus für die Kinder der Kriegsopfer von 1948; es wurde zu einem der größten Waisenhäuser des Landes, in dem 250 Mädchen aufgezogen wurden, vom Kindergarten bis zur Oberschule, die so die Chance erhielten, ein anständiges Leben zu führen.

Die Arabische Frauenvereinigung befaßte sich nicht ausschließlich mit humanitären Aufgaben. Sie wurde auch politisch aktiv, so etwa 1947, als sie ihre Mitglieder aufrief, an einer Massendemonstration gegen die Teilung Palästinas teilzunehmen: Tausende von Frauen – noch verschleiert – marschierten im Protestzug mit, zur höchsten Verblüffung der britischen Kolonialbeamten. Später, im Jahre 1966, organisierte die Vereinigung Demonstrationen gegen die jordanische Regierung, weil sie den israelischen Überfall auf Samoah nicht verhindert hatte – doch davon später.

Im ganzen jedoch entsprach die Vereinigung nicht der Vorstellung von einer wirklich kämpferischen Frauenorganisation. Geleitet wurde sie von bürgerlichen Nationalistinnen, die kaum mehr als einen traditionellen philanthropischen Frauenverein aus ihr machten. Die Mitglieder kamen aus den wohlhabenden Schichten, nie umfaßte die Vereinigung auch ärmere Frauen oder erstreckte sich auf Dörfer und Flüchtlingslager. Niemals trat die Vereinigung gegen das traditionalistische Verständnis von der Rolle der Frau in der Gesellschaft auf.

Für mich war die Befreiung ein persönliches Bedürfnis. Ich mußte mich selbst bestätigen, und die Frauenvereinigung schien das einzige Instrument, das sich mir hierfür bot. Als ich in den Vorstand gewählt wurde, erkannte ich meine Chance. Ich beantragte im Vorstand neue Formen der Aktivität: Austausch mit ausländischen Kulturzentren; ich wagte sogar den Vorschlag, diese Veranstaltungen einem gemischten Publikum von Männern und Frauen anzubieten. Das wurde nicht gerade mit offenen Armen aufgenommen – am wenigsten von unserer konservativen Präsidentin, Frau Andalib. Besorgt um ihren guten Ruf, wollte sie es nicht riskieren, durch ein solch kühnes Wagnis die öffentliche Meinung gegen sich aufzubringen. Sie hatte zwei Haupteinwände gegen den Plan: Sie war dagegen, mit Ausländern in Verbindung zu treten – insbesondere mit Amerikanern, die Verbündete Israels und damit unsere Feinde waren; und sie war nicht geneigt, etwas so Radikales wie eine gemischte Versammlung in unserer konservativen Stadt zu verantworten.

Der Streit zog sich monatelang hin. Meine Gegner waren sehr stark, es schien, als bestünde wenig Hoffnung, daß ich meine Idee durchsetzen könnte. Aber ich blieb beharrlich; ich weigerte mich, aufzugeben, und Schritt für Schritt gewann ich Unterstützung. Nach langen Debatten wurde mein Vorschlag gebilligt, und wir planten die erste Veranstaltung – den Auftritt einer Jazzband aus Indiana/USA. Die formelle Zustimmung bedeutete nicht das Ende der Schlacht. Ich wußte, die Sache konnte noch so manchen Haken haben, und mit dem heranrückenden Termin wuchs meine Unruhe. Ob im letzten Moment noch abgesagt wurde? Würden überhaupt Leute kommen? Vielleicht erschiene die Band nur, um festzustellen, daß sie vor einem leeren Saale spielte?

Zu der offenen Mißbilligung unserer Konservativen kam noch hinzu, daß ich zu Hause Schwierigkeiten hatte. Da'ud sah mich gar nicht gern außerhalb des Hauses engagiert, anstatt meine ganze Kraft der Familie zu widmen. Ich sollte mich lieber um die Kinder kümmern, sagte er.

Am Tage des Konzerts tauchte frühmorgens ein neues Hindernis auf: Unser Mädchen erschien nicht zur Arbeit. Was sollte ich tun? Ohne sie, die bei den Kindern bleiben mußte, konnte ich unmöglich aus dem Hause gehen. Unbeirrt eilte ich in das Flüchtlingslager, in dem sie lebte, um zu erfahren, daß sie krank war. Mit einiger Mühe gelang es mir, einen Ersatz zu finden. Aber damit waren meine Schwierigkeiten noch nicht zu Ende.

Kaum hatte ich meine privaten Probleme gelöst, als ich von einem weit schwerer wiegenden Ereignis erfuhr: An diesem Morgen war durch einen Schußwaffenunfall ein Junge getötet worden, ein Sohn der al-Masris, der prominentesten Familie von Nablus. Die verschiedensten Leute sprachen mich, als sie davon hörten, an, ich sollte das Konzert verschieben. Es wäre wohl unpassend, eine solche Veranstaltung abzuhalten, wenn die führenden Bürger der Stadt in Trauer wären. Frau Andalib höchstpersönlich rief mich an und empfahl, das abendliche Konzert abzusetzen. Höflich, aber bestimmt wies ich diese Vorstöße ab. Ich bedauerte zutiefst den Tod des al-Masri-Jungen, aber ich wußte, daß das Konzert, einmal abgesetzt, wohl niemals stattfinden würde. Nicht nur wären alle meine Bemühungen vergeblich gewesen; wir hätten unsere Kampagne wieder ganz von vorn anfangen müssen. Ich spürte, daß dies ein Testfall war und daß alles davon abhing, hier jetzt Tatsachen zu schaffen. Überzeugt, daß ich im Recht war, handelte ich höchst riskant: Der amerikanische Kulturattaché in Amman, der vom Tode des al-Masri-Jungen hörte, rief mich an, um nachzufragen, ob er die Band denn nun schicken sollte. Ich sagte ihm kein Wort davon, daß man mich zur Absetzung drängte, und teilte ihm entschieden mit, das Konzert fände statt!

Einige Stunden später traf die Band ein. Voll Sorge und zitternd vor Unruhe ging ich in den Saal. Mir war klar, daß dieser Abend eine persönliche Feuerprobe für mich und für meine Stellung in der Stadt war. Würde das Ereignis ein Erfolg, so wäre das ein bedeutender Schritt vorwärts; sollten die Leute von Nablus jedoch den Abend boykottieren, so wäre das ein Riesenreinfall – mein persönlicher Reinfall! Angstvoll wartete ich auf das Hereinströmen des Publikums. Erst kam einer, dann kamen zwei oder drei; ein Paar; ein Grüppchen . . . der Saal schien immer noch schrecklich leer. Ich zitterte vor Angst. Dann kamen noch ein Paar Leute, und noch ein paar, dann ein größerer Strom, und plötzlich füllte sich die Halle! Es würde gelingen! Jubel überkam mich; mein Selbstbewußtsein bekam gewaltigen Auftrieb.

Das Konzert wurde allgemein als großer Erfolg angesehen – sowohl als gesellschaftlicher Durchbruch wie als musikalisches Ereignis. Aber der Abend hatte auch seine Schattenseiten. Die Dame, die die Gäste vorstellte, nahm die Gelegenheit wahr, mir für meine Bemühungen persönlich zu danken – aber ihr Dank hatte etwas Zweischneidiges: Er war das elegante Mittel, die Verantwortung mir, nicht der Frauenvereinigung zu übertragen. Das war nicht etwa ohne Belang; es gab viele in der Stadt, die den Besuch der amerikanischen Gruppe ablehnten, und böse Zungen sprachen von mir als von der „amerikanischen Agentin". Ich mußte alle meine Reserven an Selbstbeherrschung und Standhaftigkeit mobilisieren, um solchen Attacken zu begegnen. Die meiste Kritik kam von den Traditionalisten, die in meiner Tätigkeit eine Herausforderung erkannten; sie scheuten keine Mühe, jede Art von Fortschritt zu blockieren in dem Versuch, alles beim Alten zu belassen.

Später traf ich auf eine Gegnerschaft weit bedrohlicherer Art. Einmal ersuchte ich den Bürgermeister Hamdi Kna'an um die Genehmigung, einen städtischen Saal für den Auftritt eines Gitarristen zu benutzen. Die Genehmigung wurde erteilt, und der Gitarrist – vom US-Kulturzentrum gesandt – erschien vor einem brechend vollen Saal. Das Publikum ging begeistert mit, als er seine amerikanischen Folk-Songs vortrug, und es stimmte mit ein, wenn er ein wohlbekanntes Stück sang.

Dieser Erfolg hatte ein häßliches Nachspiel. Der jordanische Geheimdienst erteilte Hamdi Kna'an einen Verweis, weil er mir erlaubt hatte, die Bürger von Nablus „korrumpierenden ausländischen Einflüssen" auszusetzen. Diese Intervention des „Muchabarat" hätte für meine Tätigkeit einen schweren Rückschlag bedeuten, ja, hätte für mich persönlich höchst unerfreuliche Folgen haben können. Glücklicherweise ließ Hamdi Kna'an mir seine volle Unterstützung zuteil werden: Höflich, aber entschieden sagte er den Sicherheitsbeamten, sie sollten sich um ihre eigenen Angelegenheiten kümmern, und wies ihnen die Tür.

Um zu erklären, wieso der „Muchabarat" es wagen konnte, bei einer so unverdächtigen Angelegenheit wie einem Musikabend einzugreifen, muß ich das soziale und politische Klima schildern, das damals herrschte.

Als Schulmädchen in Israel hatte ich oft davon gehört, daß die Behörden palästinensische Nationalisten verfolgten. Beim geringsten Verdacht auf nationalistische Gesinnung oder Betätigung wurden arabische Bürger Israels nächtens verhaftet, mit brutalen Methoden verhört und in vielen Fällen ohne jedes legale Gerichtsverfahren für Monate oder Jahre interniert. Mich überraschte es nicht, daß die israelischen Herren jeden Ausdruck palästinensischen Nationalgefühls unterdrückten. Aber solange ich in Israel lebte, unter einem Regime, das uns unser Land wegnahm und uns zu Bürgern zweiter Klasse machte, hoffte und glaubte ich, daß die arabischen Staaten die Palästinenser anders behandelten.

Ich hatte mich geirrt.

In dieser Zeit – Anfang der sechziger Jahre – war Nasser auf dem Höhepunkt seiner Macht. Der arabische Nationalismus war zu einer dynamischen politischen Kraft von weltweiter Bedeutung geworden. Die arabischen Intellektuellen stritten erbittert und langatmig über Richtung und Ziele der arabischen Nationalbewegung. Mit großer Aufmerksamkeit verfolgte man die soziale und ökonomische Revolution des Nasser-Regimes in Ägypten und die frisch proklamierte Einheit zwischen Ägypten und Syrien.

Diese Entwicklungen brachten die palästinensischen Intellektuellen noch mehr in Verlegenheit. Konnte ein ähnlich dynamischer Prozeß auch in der palästinensischen Gesellschaft in Gang gesetzt werden? War das unter den gegebenen politischen Verhältnissen zu machen? Der reaktionäre Charakter des Haschemitenregimes ließ keinen Zweifel zu, wie die Antwort darauf lautete: Um Anschluß an den Fortschritt in der arabischen Welt zu finden, mußten wir die jordanische Monarchie stürzen.

Es versteht sich von selbst, daß diese Gedankengänge nur im Geheimen diskutiert wurden. Jordanien bot wenig Spielraum für offene politische Gespräche, ebensowenig gab es demokratische Freiheiten für Gegner des Regimes. Die Illegalität dieser Diskussionen und die ständige Furcht vor der Denunziation bei der jordanischen Geheimpolizei trug zur wachsenden Radikalisierung der palästinensischen Intellektuellen bei, bis sogar die bürgerlichen Nationalisten erkannten, daß für die Befreiung ihres Volkes eine soziale Revolution notwendig war.

Natürlich gab es manch unterschiedliche Meinungen. Nasseristen stritten mit Anhängern der syrischen Baath-Sozialisten, und beide waren gegen die Kommunisten. Für die jordanischen Behörden allerdings bestand kaum ein Unterschied zwischen diesen Gruppen; alle, Nationalisten, Sozialisten und Kommunisten, erlitten das gleiche Schicksal: jahrelange Haft im Konzentrationslager El Jaffr in der ostjordanischen Wüste. Während diese jungen Studenten und Intellektuellen davon redeten, die Massen mit einem neuen revolutionären Bewußtsein zu beseelen, antwortete das reaktionäre jordanische Regime mit Unterdrückung, Einkerkerung, Deportation und Terror. Diese Verfolgungen hatten in begrenztem Maße ihre Wirkung. Sie sollten hauptsächlich die jungen Jordanier und Palästinenser davon überzeugen, daß es besser wäre, die Finger von der Politik zu lassen. In der Tat hatten jene, die kein Interesse an politischer Betätigung bekundeten, ein angenehmes Leben: Sie bekamen gute Stellungen, durften frei reisen. Der Öl-Boom hatte einen riesengroßen Bedarf an den Kenntnissen und Fähigkeiten solcher hochgebildeter junger Palästinenser geschaffen, die von der Freigebigkeit der Ölscheichs am Golf profitierten – aber es hatte seinen Preis. Diese kultivierten jungen Leute aus den Städten Haifa, Akko, Nablus und Jerusalem wurden gezwungen, sich dem Lebensstil rückständiger Beduinenstämme anzupassen. Sie mußten nicht nur die Hitze und die Langeweile ertragen, sie standen auch unter strenger polizeilicher Überwachung, die es ihnen unmöglich machte, offen zu reden oder irgendetwas zu tun, das den strengen islamischen Traditionen zuwiderlief. Wenn diese jungen Männer für einen kurzen Urlaub heimkamen zu ihren Familien, hörte ich mit großem Interesse, was sie erzählten. Sie schilderten, wie zwiespältig man sie in den Ölstaaten aufgenommen hätte: Auf der einen Seite bezahlte man ihre Ausbildung und ihre Fertigkeiten reichlich; auf der anderen Seite aber wurden diese jungen Palästinenser, die wußten, was Freiheit und Fortschritt ist, von den semi-feudalen Herren beargwöhnt, die fürchteten, ihre Völker könnten mit solchen „subversiven" Begriffen infiziert werden. Und so sahen sich die jungen Palästinenser – Wissenschaftler und Ärzte, Techniker und Verwaltungsfachleute – dort gleichzeitig willkommen geheißen und zurückgestoßen.

Wie immer sie aber in ihren Gastländern auch behandelt wurden – alle berichteten, welches Heimweh sie in ihren Exilorten litten. In Kuwait und Saudi-Arabien, in den Golfstaaten oder wohin es sie sonst verschlug, scharten sich die Palästinenser zusammen, schwelgten in Erinnerungen an Zuhause, an die Familien, redeten sehnsuchtsvoll von der Heimat, ihren Landschaften, ihren Düften, ihren fruchtbaren Äckern und Obsthainen.

Ich lauschte aufmerksam, und ihre Berichte klangen mir seltsam vertraut. Wo hatte ich das alles schon einmal gehört? Plötzlich fiel es mir ein: Ich erinnerte mich, was meine jüdischen Schulfreundinnen erzählt hatten: wie die Juden in Europa mit Argwohn und Feindseligkeit behandelt wurden, obwohl sie mit ihren Kenntnissen und ihrer Bildung Großes leisteten; wie man sie als potentielle Störenfriede, als Verbreiter

„aufrührerischer" Ideen betrachtete; und vor allem, wie sie sich untereinander trafen und sehnsüchtig von Zion sprachen. Wie sich die Bilder gleichen, dachte ich; welch erstaunliche Parallele. Nicht zum letzten Mal dachte ich: „Wir Palästinenser sind die neuen Juden. . . "
Während zahllose junge Palästinenser in die Ölstaaten aufbrachen, entschieden sich andere dafür, zu Hause zu bleiben und die Opposition gegen das Regime zu organisieren – mit dem Risiko von Folter und Kerker. Sie hatten es mit einem fürchterlichen Gegner zu tun: Die jordanische Geheimpolizei gab sich nicht damit zufrieden, die Oppositionellen im eigenen Lande aufzuspüren. Studenten, die ausländische Universitäten besuchten, nutzten die größere Freiheit im Westen, um sich offen politisch zu betätigen – schnell aber erfuhren sie am eigenen Leibe, daß der jordanische Geheimdienst detaillierte Unterlagen über ihre „subversiven" Taten besaß. Ein junger Arzt verschwand unmittelbar nach Abschluß seiner Ausbildung an einer ausländischen Hochschule; als er mit seinem brandneuen Doktorhut heimkehrte, wurde er bei der Ankunft festgenommen. Erst Monate später, nach vielen Nachforschungen, entdeckte ihn seine besorgte Familie in einem jordanischen Gefängnis.
So mancher „verschwand" auf diese Weise. Die Behörden wünschten nicht, ihnen den Prozeß zu machen, weil ein normales gerichtliches Verfahren den Angeklagten die Möglichkeit gegeben hätte, sich zu verteidigen, was unerwünschte Publizität bedeutete. So behielt man sie einfach in Haft – wochenlang, monatelang, manchmal für Jahre –, und oft wußten sie nicht einmal, was ihnen vorgeworfen wurde. Durch die Pressezensur blieben diese Fälle der Öffentlichkeit verborgen, und erst wenn die Gefangenen schließlich freigelassen wurden, wurde ihre Verhaftung im Nachhinein überhaupt bekannt.
Mit den Verfolgungen erreichte das Regime nicht immer den gewünschten Effekt; es kam sogar vor, daß das Gegenteil eintrat. Da gab es den Fall von Ghassan Harb, der 1966 an einer Demonstration von Oberschülern in Ramallah teilnahm und festgenommen wurde; er war zur Zeit seiner Verhaftung vierzehn. Die nächsten vier Jahre brachte er im Gefängnis zu; doch anstatt ihn zu brechen, wurde die Haftzeit für ihn zur ausgezeichneten Schule. Mit Hilfe seiner Mitgefangenen, darunter manch hochqualifizierte Intellektuelle und Lehrer, hatte er kaum Schwierigkeiten, seine Schulbildung zu vervollständigen. Darüber hinaus wurde Ghassan, den man mit führenden Marxisten wie Dr. Sayaddin zusammengesperrt hatte, zum glühenden Kommunisten mit gründlicher theoretischer Kenntnis der revolutionären Ideologie. Nach seiner Entlassung war er binnen kurzem unterwegs in die Sowjetunion, um dort seine Ausbildung fortzusetzen.

90

Trotz solcher „Rückschläge" hielt die jordanische Regierung ihren Druck aufrecht in dem Bemühen, den Geist des Widerstandes und des Kampfes niederzuschlagen, das erwachende kritische Bewußtsein in der jungen Generation der Jordanier und Palästinenser zu ersticken.

Einige resignierten; sie schreckten vor den persönlichen Konsequenzen des politischen Engagements zurück. Mancher Intellektuelle unterwarf sich aus Angst, aus Angst vor der Freiheit.

All jene, die der Sache treu blieben, verhielten sich aus Furcht vor Denunziation bei jeder politischen Tätigkeit konspirativ. Da es offene politische Auseinandersetzung nicht gab, war eine unserer bevorzugten Ausdrucksformen der Gegendruck einer gestaltlosen öffentlichen Meinung, eine Art von halb verborgenem passivem Widerstand. Dies war zusammen mit der Tätigkeit von sozialen und kulturellen Organisationen wie der Arabischen Frauenvereinigung das wichtigste Mittel, mit dessen Hilfe unsere Auffassungen ihren vorsichtigen Ausdruck fanden.

Diese politischen Strukturen, geschaffen von den Zwängen der jordanischen Unterdrückung und vom konservativen Wesen unserer Gesellschaft, sollten bis in die Periode der israelischen Besetzung überdauern.

Am 17. Juli 1963 brachte ich mein viertes Kind zur Welt – meine Tochter Suha.

Ich liebte meine Kinder. Damals wie heute nahmen sie in meinem Leben einen wichtigen Platz ein. Ich war eine hingebungsvolle Mutter, solange sie klein waren; sie gingen für mich allem anderen vor. Ich war jederzeit für sie da. Ich stillte meine Erstgeborene, Dianna, bis sie neun Monate alt war, und ging bis zu ihrem ersten Geburtstag nie aus dem Hause. Ich hätschelte und tätschelte sie wie später die anderen Kinder.

Dennoch – meine Haltung zur Mutterschaft war vielschichtig. In gewisser Weise klammerte ich mich an meine Kinder – und an die Aufgabe, für sie zu sorgen –, um mich vor mir selber zu schützen.

Die Kinder konnten mir kein Ausgleich für meine Frustrationen sein: Meine Unzufriedenheit fand ein Ventil nur in Sehnsüchten und Träumen, genährt von den Büchern, die ich verschlang – meine Lieblingsheldinnen füllten mein Denken aus, und ich identifizierte mich mit Anna Karenina und Madame Bovary; ich verstand ihr tragisches Los und sympathisierte mit ihrem verzweifelten Kampf um Liebe und Freiheit. Ihr Heroismus inspirierte mich, aber zwangsläufig sah ich auch in ihrem unglücklichen Schicksal eine Warnung vor dem, was mir selber bevorstünde, wenn ich mich von meinen romantischen Neigungen hinreißen ließe.

All das war für mich ein weiterer, geradezu listiger Grund, die Geburt meiner Kinder zu begrüßen. In ihnen sah ich ein Mittel, mich vor meinem eigenen Ungestüm zu schützen und meine gefährlich romantischen Träumereien zu besiegen. So gebar ich in rascher Folge Kinder, von einer Schwangerschaft in die andere, froh, mich aufgebläht und unattraktiv zu sehen. Tief in mir nährte ich die verstohlene Hoffnung, daß ich mein Dasein mit den Belastungen und der Verantwortung der Mutterschaft so ausfüllen könnte, daß ich wohlbehalten über die „gefährlichen Jahre" hinwegkäme – die Jahre des Lebens ...

Ich hatte es leicht, mich ganz auf die Mutterrolle zu stürzen, denn sie war – und ist – die anerkannte Rolle einer Araberin. Konvention und gesellschaftliche Umwelt verlangten sie von mir, und mir gebührte Ehre und Achtung, wenn ich „meine Pflicht tat". Im übrigen blieb mir in diesem Punkte sowieso keine Wahl: Von Empfängnisverhütung wußte ich nichts, und im konservativen Nablus bestand keine Chance, etwas darüber zu erfahren.

Am 12. September 1964, gerade vierzehn Monate nach der Ankunft Suhas, kam ich mit meiner jüngsten Tochter Hala nieder.

Noch immer erst Mitte Zwanzig, war ich nun Mutter von fünf kleinen Kindern. Aber tiefinnerlich war mir die Sinnlosigkeit meines Daseins bewußt. Wenig hatte ich erreicht – nichts! Und nun, eingebunden in mütterliche Pflichten, schien mir kaum Hoffnung zu bleiben, mehr zu tun. Doch obwohl ich weitgehend ans Haus gefesselt war, wollte ich mich nicht ganz einschnüren lassen.

Die kulturellen Veranstaltungen, die ich durchgesetzt hatte, waren in Nablus eine kühne Neuerung. Jetzt begab ich mich auf ein Tätigkeitsgebiet, das nicht weniger unkonventionell war. Ich stand unter dem tiefen Eindruck meiner Lektüre: nun ergänzte ich meine Identifikation mit den romantischen Heldinnen, indem ich die berühmten Gastgeberinnen im Frankreich des Achtzehnten Jahrhunderts imitierte. Ich beschloß, mein Heim zu einem „Salon" für literarische und gesellige Zusammenkünfte zu machen. Meine Gäste wählte ich unter den prominentesten Gestalten in den Gesellschafts- und Intellektuellenkreisen der Stadt aus. Zunächst hatte ich gar keine klare Vorstellung, was ich bezweckte, ebensowenig sah ich voraus, wohin sich diese Zusammenkünfte entwickeln würden. Mein unmittelbares Ziel war, einen Weg zu finden, mich selbst zu bestätigen – einen Kanal für meine Ambitionen und Wünsche. Ich hoffte, daß diese Abende mir Gelegenheit geben würden, meinen geistigen Horizont zu erweitern.

Einen solchen „Salon" zu führen war für mich keine einfache Sache. Zum einen blieb ich mit meiner Bildung weit hinter den meisten meiner Gäste zurück. Ich war über die Oberschule nicht hinausgekommen – war es nicht Anmaßung, daß ich Zusammenkünften von Intellektuellen und

Gelehrten präsidieren wollte? Zum anderen: Konnte ich, die ich relativ neu war in der Stadt, Einladungen an ihre führenden Bürger aus den illustren Familien aussprechen? Eben diese Schwierigkeiten jedoch waren es, die mich herausforderten und alles noch aufregender und attraktiver machten. Durch diese Leute, ihre Erfahrungen und Kenntnisse hoffte ich, die Welt kennenzulernen.

Ich griff zu verwegenen Methoden: Nicht nur den prominenten Bürgern von Nablus schickte ich Einladungen, sondern auch Gästen aus Jerusalem, darunter ausländischen Diplomaten. Das war eine radikale Abkehr vom Ortsüblichen und rief beträchtliche Kritik und Mißbilligung in den konservativen Kreisen von Nablus hervor. Man hatte es bisher durchaus in Ordnung gefunden, die Diplomaten mit einzuladen, die arabische Länder vertraten. Etwas völlig anderes jedoch war es für das „puristische" Nablus, das Zentrum des islamischen und arabischen Nationalgefühls, etwa britische oder amerikanische Diplomaten einzuladen. Diese Männer repräsentierten Länder, denen nationalistische Kreise mit tiefem Groll begegneten. Der Briten erinnerte man sich als der ehemaligen Kolonialherren des Landes, die Franzosen verabscheute man wegen ihrer Taten in Algerien, und die Amerikaner waren verhaßt, weil sie Israel unterstützten. Die Teilnahme westlicher Diplomaten trug den Abenden in meinem Hause den Titel „Spionagetreffen" ein – und das war gar nicht spaßig. Und ich war doppelt angreifbar, wenn ich solche Einladungen aussprach, denn ich gehörte zur christlichen Minderheit im vorherrschend islamischen Nablus. Seit den Kreuzzügen haben die arabischen Moslems stets die arabischen Christen mit dem Westen identifiziert. Selbst heute noch werden Christen manchmal mit Argwohn als „Vertreter der imperialistischen Mächte" angesehen.

Und überhaupt – wie konnte ich, eine Frau, es wagen, mich in dieser Weise zur Schau zu stellen? Ich hatte meinen Haushalt zu führen, mich um meinen Mann und die Kinder zu kümmern. Was fiel mir eigentlich ein, Versammlungen abzuhalten, an denen auch Männer teilnahmen – auch noch Ausländer zu allem Überfluß? Das war einfach undamenhaftes Benehmen, unbescheiden und schamlos. In der Stadt schwirrten die Gerüchte, diese „Salons" seien nichts als ein Vorwand für mich, um Bewunderer um mich zu scharen und Verhältnisse mit Fremden anzufangen. Die bösen Zungen gaben sich nicht mit bloßem Klatsch zufrieden; zahlreiche Bekannte sprachen bei Da'ud vor und drängten ihn, mich „an die Kandare" zu nehmen und mich an den „mir zukommenden Platz" zu verweisen.

Da'ud war nicht gerade glücklich über meine Unternehmungen, und besonders bedrängt fühlte er sich durch diese Forderungen, er solle sich „durchsetzen" und beweisen, daß er der „Herr im Hause" sei. Aber ich überhörte hartnäckig seine Beschwerden. Das war ein großes Wagnis meinerseits – arabische Frauen haben ihrem Mannsvolk Achtung und Gehorsam zu erweisen.

Meine „Salons" waren höchst erfolgreich. Anfänglich reine Geselligkeiten oder „literarische Abende", verwandelten sie sich bald in ein Forum für ernsthafte politische Diskussion. In dem Klima der Angst, das die jordanische Unterdrückung geschaffen hatte, war es ein riskantes Unternehmen, im Beisein Dutzender von Gästen politisch zu diskutieren. Aber mangels jeder anderen Möglichkeit zur freien Debatte drängten sich führende Intellektuelle und prominente Politiker zu meinen „Salons", die manche hochdramatische Auseinandersetzung erlebten. Eines Abends hatte ich Mr. Wilson, den US-Konsul, geladen; im Gespräch fiel der Name PLO, und Wilson kritisierte deren Führer und ihren mangelnden Realismus gegenüber Israel – woraufhin ihm Hikmat al-Masri, der Speaker des jordanischen Parlaments und damals auch stellvertretender Vorsitzender der PLO, entgegentrat. Al-Masri wies Wilsons Ansicht von sich und sagte ihm ganz unmißverständlich, daß die Vereinigten Staaten aufhören sollten, sich im Nahen Osten einzumischen, daß sie ihre Waffenlieferungen an Israel einstellen und es den Arabern und Israelis überlassen sollten, die Sache untereinander auszumachen: „Und dann werden wir sehen, wer der Stärkere ist!"

Der Erfolg dieser Abende gab mir große Befriedigung. Abgesehen davon, daß ich meine Selbstzweifel überwand und daß meine Kritiker verstummten – ich zog auch direkten persönlichen Nutzen daraus. An einem der Abende nahm Mrs. Berkhart teil, die Frau von James Berkhart, dem Direktor der amerikanischen „Freunde des Nahen Ostens". Mrs. Berkhart schrieb die Leitartikel im „Jerusalem Star", und als wir so plauderten, machte sie den Vorschlag, ich sollte eine Kolumne schreiben – Berichte aus Nablus. Ich war hingerissen von der Idee, eine Karriere als Journalistin anzufangen, und nahm das Angebot begeistert an. Die Kolumne sollte sich mit Gesellschaftsnachrichten befassen, aber bald begann ich, auch in kulturelle und politische Bereiche auszuschwärmen. Einmal schrieb ich ein paar unfreundliche Bemerkungen über die amerikanische Intervention in Vietnam, und das brachte mir eine erbitterte Auseinandersetzung mit dem amerikanischen Kulturattaché ein.

Meine Mitarbeit beim „Jerusalem Star" hatte für mich einen ganz unschätzbaren Nebeneffekt: Ich durfte gelegentlich nach Jerusalem fahren – ohne Geleit! Dieses Privileg war allerdings stark eingeschränkt: Als ich eines Tages erst abends gegen sechs Uhr zurückkehrte, erntete ich Da'uds heftigen Tadel für mein „schamloses Benehmen".

Es entstanden noch mehr unerwartete Komplikationen aus meiner journalistischen Tätigkeit. So hatte ich hin und wieder Interviews mit Männern gemacht. Auch wenn ich immer darum gebeten hatte, daß die Ehefrauen bei dem Interview dabei sein sollten, waren einige dieser Damen aufs äußerste erregt, daß ich mir anmaßte, ihre Männer anzusprechen. Mein Kontakt zu Mrs. Berkhart führte auch zu einem neuen Zusammenstoß mit dem jordanischen Geheimdienst, der großes Mißfallen an meinen Beziehungen zu „dieser Jüdin", wie man sich ausdrückte, bekundete.

Direkt und indirekt war meine Tätigkeit eine ausgezeichnete Schulung für mich. Oberflächlich gesehen befaßte ich mich mit Trivialitäten: Abendgesellschaften, Kulturveranstaltungen, gelegentlich eine Zeitungskolumne. Indem ich dies aber betrieb, indem ich dafür Förderer warb, indem ich den Widerstand der Traditionalisten überwand, sammelte ich unschätzbare politische Erfahrung. Ein paar Jahre später machte mir ein Kommunist aus Nablus doch tatsächlich ein für seine Begriffe überwältigendes Kompliment. Er sagte mit Bezug auf meine Tätigkeit in dieser Stadt während der sechziger Jahre: „Raymonda, was Sie in Nablus gemacht haben, das war eine echte soziale Revolution!"

Zum Teil hatte ich mich aus rein persönlichen Gründen in diese Tätigkeiten gestürzt – um mein eigenes Ich zu pflegen. Eine amerikanische oder europäische Hausfrau hat unter solchen Umständen die Möglichkeit, zur Universität zu gehen oder auf andere Weise ihre Unabhängigkeit zu finden. Auch ich brauchte Selbstbestätigung, mußte aus der erstickenden Enge meines Heims ausbrechen, um mir zu beweisen, daß ich mehr konnte als Hausfrau sein. Aber neben meinem Verlangen, vorwärtszukommen und aus der traditionellen femininen Rolle auszubrechen, bewegte mich auch ein lebhaftes Interesse an den öffentlichen Angelegenheiten. Politische Fragen waren nichts rein Abstraktes. Die Tragödie des palästinensischen Volkes ist meine Lebensgeschichte: Sie hat das Los meiner Lieben bestimmt. Meine Kindheit und Jugend verbrachte ich an Stacheldrahtzäunen, die mich von meinen Brüdern trennten. Als junge Frau befand ich mich nicht mehr als eine Autostunde von meinen Eltern entfernt – aber die Grenze war undurchdringlich, ich konnte Vater und Mutter nicht sehen. Unsere Verwandten waren über den ganzen Nahen Osten verstreut, viele davon waren verarmt, weil sie alles, was sie besaßen, verloren hatten. Wie hätten mir diese Beschränkungen und Ungerechtigkeiten entgehen sollen? Und, da ich sie kannte, wie hätte ich mich mit der traditionellen Rolle der passiven Hausfrau und Mutter zufriedengeben können?

Ich stürzte mich mit all meiner Energie in die Politik, und ich ignorierte die Proteste meiner konservativen Umgebung, die mich verurteilte, weil ich Mann und Kinder „vernachlässigte". Auch Da'ud machte kein Geheimnis daraus, daß mein „undamenhaftes" Verhalten ihm mißfiel. „Du bist die einzige Frau in der ganzen Stadt, die so aus dem Hause geht!" schimpfte er. Aber ich trotzte seinen Vorwürfen. „Du gehst doch aus – warum soll ich es nicht dürfen?" Und ich setzte meine Tätigkeiten ohne Rücksicht auf seine Einwände fort.

Mit der Zeit steckte ich meine Ziele höher, wurde mutiger und ehrgeiziger.

Meine Arbeit für den „Jerusalem Star" schenkte mir 1966 vorzügliche Möglichkeiten. In meiner Eigenschaft als Journalistin beobachtete ich den Nablus-Besuch der Gattin des Sowjetbotschafters in Jordanien. Sie kam, um vor den Frauen von Nablus über das Leben in der Sowjetunion zu sprechen. Das war ohne Frage ein gesellschaftliches und politisches Ereignis von hoher Bedeutung, und ich war bemüht, ihm die Publizität zu verschaffen, die es verdiente.

Zu der Zeit bereiste eine Gruppe arabischer Diplomaten und PLO-Führer die Dörfer entlang der israelischen Grenze. Zweck der Reise war es, der Kritik an der Politik der Jordanier Nachdruck zu verleihen, die die Grenze unbefestigt ließen und so die waffenlosen Dörfer den israelischen Attacken preisgaben. Später unternahm eine Gruppe sowjetischer Diplomaten eine ähnliche Tour. Beide Male berichtete ich in meiner Kolumne darüber, was mir Gelegenheit gab, meine politischen und diplomatischen Kontakte auszuweiten.

Im selben Jahre bekam ich als Vorstandsmitglied der Arabischen Frauenvereinigung die Möglichkeit, an der PLO-Konferenz in Jerusalem teilzunehmen. Meine Rolle dort war – wie die der anderen weiblichen Delegierten – die des passiven Zuhörers. Nur eine einzige Frau, Issam Abd el Hadi, ergriff das Wort; wir anderen alle wurden sorgsam von den Herren Delegierten abgesondert ...

Mein wachsendes politisches Engagement war gar nicht nach dem Geschmack konservativer und nationalistischer Kreise in Nablus. Sie behandelten mich mit Mißtrauen wegen meiner Kontakte zu westlichen Diplomaten; sie fanden es anmaßend von einer Frau, sich „in den Vordergrund zu drängen". Es kam vor, daß ich mich vollkommen isoliert fühlte – fast als Geächtete. Aber ich gab nicht auf. Als meine Tätigkeit an Umfang zunahm, als ich die Unterstützung einer Gruppe gleichgesinnter Frauen gewann, die mit dem herrschenden Zustand unzufrieden waren wie ich, bereitete ich mich gleichzeitig – und vielleicht ohne es richtig zu wissen – auf eine weit aktivere politische Rolle vor.

Der Wendepunkt – und meine „Feuerprobe" – kam dann im November 1966, nach dem israelischen Überfall auf Samoah.

In einer Novembernacht des Jahres 1966 überfielen israelische Truppen das Dorf Samoah auf der West Bank. Israelischen Erklärungen zufolge war der Überfall eine Vergeltungsaktion für Angriffe auf einige ihrer Siedlungen. Der jüdische Historiker Walter Laqueur schrieb, der Überfall sei „als begrenzte Strafaktion gegen eine lokale Terroristenbasis geplant" gewesen, habe sich aber „entgegen aller Planung zu einer ausgewachsenen Schlacht mit der arabischen Legion entwickelt, die Stunden dauerte und viele Tote kostete". Laqueur fügt hinzu, daß der Überfall „auch in Israel" kritisiert worden sei („The Road to War", S. 72).

Sei dem, wie ihm wolle – der Überfall bestätigte unsere schlimmsten Befürchtungen. Seit langem hatte es Unzufriedenheit gegeben mit der Politik der jordanischen Regierung, die Grenze ungeschützt zu lassen und den vorgeschobenen Dörfern Waffen zur Selbstverteidigung zu verweigern. Der Überfall auf Samoah, bei dem Zivilisten reihenweise getötet oder verwundet und Dutzende von Häusern zerstört wurden, rief überall auf der West Bank tiefen Groll hervor. So sehr sich unsere Empörung gegen die Israelis richtete, die den Überfall begangen hatten, so wendete sie sich auch gegen den jordanischen Staat, der nichts tat, um uns zu schützen. „Gestern war es Samoah", sagten die Leute, „morgen kann es Jenin sein oder Nablus". Die Leute hatten Angst um ihr Leben und um das Leben ihrer Familien und ihrer Kinder. Hinzu kam das Gefühl der Demütigung, der Hilflosigkeit; wir hatten nichts, womit wir uns hätten wehren können, weil der jordanische Staat Angst hatte, die Palästinenser zu bewaffnen.

Überall auf der West Bank brach spontaner Protest los. Demonstranten zogen auf die Straße, um gegen den Überfall zu protestieren und Taten von den Behörden zu fordern.

Die jordanische Regierung ging tatsächlich zur Aktion über – allerdings nicht zu der, die wir verlangten. Als die Demonstranten durch die Städte der West Bank zogen, wurden sie von bewaffneten Truppen angegriffen. König Hussein beorderte Einheiten seiner treuen Beduinen herbei, Soldaten aus Transjordanien, vom Ost-Ufer. Sie waren überwiegend rückständig und analphabetisch, sie kamen von den nomadisierenden Beduinenstämmen, die die Palästinenser haßten und verabscheuten. Da sie von ihren Offizieren freie Hand erhielten, gingen diese Truppen mit rücksichtsloser Grausamkeit vor; gnadenlos schlugen sie Demonstranten zusammen und schossen in die waffenlose Menge.

Solche Methoden waren früher geeignet gewesen, Proteste auf der West Bank zum Schweigen zu bringen; jetzt aber erreichte die Empörung einen solchen Höhepunkt, daß das Niederknüppeln die Flammen nur noch weiter anfachen konnte. Neue Demonstrationen erhoben sich gegen die Brutalität der Armee; diesmal aber sahen sich die Demonstranten einem anderen, einem gefürchteten Gegner konfrontiert: Eines schönen Tages erblickten wir die roten Uniformen der Kavallerie, des Königs höchsteigener Leibwache, Männer, die für ihren Fanatismus und ihre Grausamkeit berüchtigt waren. Und diese Soldaten taten alles, um ihren Ruf zu rechtfertigen: sie sprengten mitten in die Menge, mit ihren Peitschen wild um sich schlagend die Hufe ihrer Pferde zerstampften die Leiber der Demonstranten am Boden. Einen dieser Reiter sah ich ein Mädchen bei den Haaren packen und es, seinem Pferd die Sporen zum Galopp gebend, hilflos hinter sich her über den Boden schleifen.

Die Regierung ergriff äußerste Unterdrückungsmaßnahmen, Hunderte wurden festgenommen und in das gefürchtete Konzentrationslager Jaffr in der ostjordanischen Wüste gebracht. Honoratioren von Nablus, so etwa Hikmat al-Masri, wurden unter Hausarrest gestellt. Auf der gesamten West Bank wurde eine Sperrstunde verhängt, nach der die Bewohner ihre Häuser nicht verlassen durften.

Es war eine schreckliche Zeit. Niemand konnte sich sicher fühlen, nicht einmal in den eigenen vier Wänden. Einmal bemerkte Da'ud einen Beduinensoldaten, der im Begriff war, ein vierzehnjähriges Mädchen zu erschießen, weil es wagte, sich auf der Veranda seines Hauses zu zeigen. Nur unter größter Mühe konnte Da'ud den Soldaten überreden, nicht zu schießen . . .

Eines Tages beugte ich mich über das Bett von Hala, damals zwei Jahre alt. Plötzlich, als ich aufblickte, starrte ich in die Mündung eines Gewehrs. Draußen stand ein Beduinensoldat und schwang seine Waffe, den Finger am Abzug . . .

Die Lage wurde schlimmer. Wochenlang blieb die Ausgangssperre bestehen, man durfte nur für eine oder zwei Stunden ins Freie, um wichtige Lebensmittel einzukaufen. Die ärmeren Familien waren in arger Bedrängnis; da die Männer ins Haus verbannt waren und nicht arbeiten gehen konnten, hatten sie kein Geld mehr und damit buchstäblich nichts mehr zu essen für ihre Kinder. Sogar das Wasser wurde knapp; Wasserleitungen hatten wir nicht, und da es uns unmöglich war, unsere Wassertanks aufzufüllen, waren sie bald leer. Die Behörden schickten Tankwagen, und wir durften hinaus, um unsere Zuteilung zu holen. Einmal, als ich wartete, um meine Krüge zu füllen, kam ich mit einem Beduinensoldaten ins Gespräch; ich beschwerte mich bei ihm über die Art, wie er und seine Kameraden uns behandelten. Er war entrüstet; er kämpfe gegen die Feinde des Königs, sagte er, und das seien Verbrecher . . . Ich erklärte, daß wir auch in seinem Namen protestierten – schließlich würden ja auch jordanische Soldaten bei den israelischen Überfällen getötet und verwundet. Aber meine Argumente stießen auf taube Ohren.

Je länger sich die Wochen der Ausgangssperre hinzogen, um so größer wurde unsere Verzweiflung. Die Situation war unerträglich – aber wir waren machtlos. Eingesperrt in unsere Häuser, konnten wir uns nicht treffen, um die Dinge zu besprechen; auch die Telephone waren gekappt worden, die Kommunikation zwischen den Bürgern sollte verhindert werden. In der knappen Zeit, in der die Ausgangssperre aufgehoben war, hatten wir zu viel zu tun, um nur für unsere Grundbedürfnisse zu sorgen. Ich hatte eine Nachbarin, Sahar Khalifeh, eine gute Freundin bis auf den heutigen Tag. Sahar war verheiratet wie ich und hatte zwei kleine Töchter. Wir beide waren eng verbunden, sowohl in Pater Habbras Stunden als auch in der Arbeit der Arabischen Frauenvereinigung. Sahar ist eine starke und sensitive Persönlichkeit, eine begabte Schriftstellerin und, so wie ich, zutiefst betroffen von den Beschränkungen, denen sie sich als Frau in der arabischen Gesellschaft unterworfen sieht. Und Sahar sollte auch den für eine arabische Frau höchst ungewöhnlichen und mutigen Schritt tun, sich von ihrem Manne scheiden zu lassen und ihre Töchter allein aufzuziehen, wobei sie ihre eigene Entwicklung nicht vernachlässigte: Sie ging wieder auf die Universität, um ihr Studium zu vollenden, und hat kürzlich ihren zweiten Roman veröffentlicht, der beträchtlichen Erfolg verbuchte. Sahar ist eine Frau von großer Tatkraft – eine außergewöhnliche Eigenschaft in der arabischen Gesellschaft, die ihre Frauen zur Unterwerfung und Passivität erzieht. Während der Sperrstunden haben sie und ich, wann immer es möglich war, darüber gesprochen, was man tun könnte. Wir fühlten uns zweifach unterdrückt und eingeengt. Wie die palästinensische Bevölkerung insgesamt waren wir machtlos, den repressiven Maßnahmen der jordanischen Regierung Einhalt zu gebieten; schlimmer wurde alles noch dadurch, daß es undenkbar gewesen wäre, daß wir Frauen irgendeine Initiative ergriffen hätten. Aber die Lage *war* unerträglich. Es *mußte* etwas gesehen! Und schließlich, nach langem Überlegen und Schwanken, rafften wir unseren ganzen Mut zusammen und schritten zur Tat.

Die Ausgangssperre war jeden Tag für eine oder zwei Stunden aufgehoben, damit die Bevölkerung sich mit Lebensmitteln versorgen konnte. Jede andere Tätigkeit war streng verboten. Dennoch – eines Tages während der Sperrpause machten Sahar und ich uns daran, die Vorstandsmitglieder der Arabischen Frauenvereinigung zu mobilisieren. Wir liefen von Haus zu Haus, duckten uns hinter Bäumen und Hausecken, um den Militärpatrouillen und Wachen zu entgehen, die überall postiert waren – wir rannten mit klopfendem Herzen, denn die

Soldaten schossen sofort, beim geringsten Anzeichen von „unerlaubten Handlungen", und das konnte jeder sehen, daß wir zwei nicht einkaufen gingen . . . Glücklicherweise wurden wir nicht entdeckt, und es gelang uns, das Haus von Frau Kamal zu erreichen, einem prominenten Mitglied der Frauenvereinigung; wir legten ihr unsere Forderungen vor, hinter denen noch andere Vorstandsmitglieder standen. Wir drängten, die Arabische Frauenvereinigung müsse gegen die unerträglichen Zustände etwas unternehmen.

Auf den ersten Blick mag es scheinen, als habe das auf der Hand gelegen und sei doch gar nichts Außergewouliches gewesen.

Tatsächlich aber war es ein ungewöhnlicher und wagemutiger Schritt. Ganz abgesehen davon, wie gefährlich es war, irgendetwas zu unternehmen, was auch nur einen Anflug von politischer Aktivität hatte, während die jordanische Regierung dabei war, jedes Anzeichen von Unzufriedenheit niederzuschlagen – es war auch unerhört, daß eine Frauenorganisation die Initiative ergriff in einer Angelegenheit, die die Gemeinschaft insgesamt anging. Andererseits – es war der einzig mögliche Weg: Die führenden Männer von Nablus – wie überall auf der West Bank – saßen zum großen Teil im Gefängnis oder unter Hausarrest. Ja, die einzige Körperschaft, deren Organisation noch funktionsfähig war, war in der Tat die Arabische Frauenvereinigung.

Sahar und ich hatten großen Erfolg mit unserer Mission: Der Vorstand beschloß, zu handeln. Am nächsten Tag während der Sperrpause kam der Überraschungsangriff. Tausende von Frauen – viele trugen Trauerkleidung für die Opfer der Unterdrückung – strömten zusammen und setzten sich in Marsch, Richtung Gouverneurssitz. Wir zogen durch die Straßen mit Sprechchören:

„Waffen für den Selbstschutz!"

„Schluß mit der Brutalität der Armee!"

„Schluß mit der Ausgangssperre!"

„Befreit die politischen Gefangenen!"

Im Vorbeiziehen sahen wir bewaffnete Soldaten und Polizeistreifen. Als ich daran dachte, wie gewalttätig sie sich in den letzten Wochen aufgeführt hatten, war ich ziemlich besorgt. Würden sie uns mit Waffen angreifen? Und wenn ja – was sollten wir dann tun? Wir, ein Haufen waffenloser Weiber, gegen ausgebildete, bewaffnete Soldaten? Angst stieg in mir auf – aber ich war zu erbittert, genau wie die anderen Frauen, um mich einschüchtern zu lassen.

Die Behörden waren ratlos, was sie tun sollten. Wäre dies eine gewöhnliche, von Männern angeführte politische Demonstration gewesen, hätte man nicht gezögert, Truppen auf den Platz zu beordern und den Zug um jeden Preis auseinanderzutreiben. Doch selbst auf dem

Höhepunkt der Repression zögerten die jordanischen Beamten, ihre üblichen brutalen Methoden gegen unbewaffnete Frauen einzusetzen. Das Militär bekam Befehl, uns nicht zu belästigen, und so gelangten wir zum Sitz des Gouverneurs, wo eine Delegation der Frauen unsere Forderungen vorlegte und den Gouverneur ersuchte, sie dem König zu übermitteln. Der Gouverneur empfing die Delegation in seinem Büro. Er war sichtlich verblüfft und aufgeregt – so sehr, daß er mit uns schimpfte, weil wir ihn nicht um Genehmigung für unseren Marsch gebeten hatten ...

Wenige Tage darauf hob die jordanische Regierung die Ausgangssperre auf. Außerdem verkündeten die Behörden die Einführung der allgemeinen Wehrpflicht, um zu zeigen, daß sie durchgreifende Maßnahmen zur Landesverteidigung ergriffen – wenn das auch nicht sehr ernst gemeint und wenig mehr als ein Bonbon für die verbitterten Palästinenser war. Nach und nach wurden die repressiven Maßnahmen gelockert, und die Lage normalisierte sich.

Ich weiß nicht, wie weit die Frauendemonstration von Nablus dazu beigetragen hat, die jordanische Regierung zur Beendigung der Repression zu bringen. Aber die Tatsache, daß die Demonstration überhaupt stattgefunden hat – die Tatsache, daß Frauen die Initiative ergriffen und auf die Straße gingen, politische Forderungen formulierten und so in die politische Arena eintraten, wie es sich keiner je erträumt hätte –, das war der große Wendepunkt in der sozialen und politischen Geschichte der palästinensischen Gesellschaft.

Und es sollte, wie sich noch herausstellte, keine Einzelerscheinung bleiben.

Wenige Monate später, im Juni 1967, brach der dritte arabisch-israelische Krieg aus.

6. Der 7. Juni 1967

Am frühen Morgen sehen wir jordanische Panzer aus Jenin und Tulkarem abrücken.
Warum ziehen sie sich zurück? Wir schauen uns fragend an. Wir verstehen es nicht.
Der Rundfunk gibt keinerlei Hinweis. Radio Amman sendet, wie immer, patriotische Lieder und Militärmärsche. Der israelische Rundfunk verkündet: „Wir haben Ramallah, Jenin, Tulkarem und Kalkilya eingenommen. Unsere Streitkräfte rücken auf Nablus vor. Die gegnerischen Truppen leisten keinen Widerstand." Wir lächeln ungläubig bei diesen prahlerischen israelischen Lügen und verlassen uns weiterhin auf den jordanischen Sender.

Unser Haus liegt am Rande der Stadt. Wir sitzen auf der Veranda, gebannt von einem ungewöhnlichen Schauspiel. Israelische Maschinen fliegen einen Angriff gegen das nahegelegene jordanische Lager Deir es Sharraff. Wir beobachten die Flugzeuge, wie sie niederstoßen und wegtauchen, und das Schrillen ihrer Düsen dröhnt in unseren Ohren. Wir sehen Flammen und Qualm aufsteigen, als sie ihre Bomben und Raketen in das Lagergebiet pumpen.
Es sieht alles ganz harmlos aus.
Das Mädchen serviert den Kaffee.

Eine israelische Flugzeugstaffel stößt ins Wadi el Tuffah hinab – das malerische Tal der Äpfel –, wo die jordanischen Panzer auf ihrem Rückzug neue Stellung bezogen haben. Die Maschinen entledigen sich ihrer Bomben; wir sehen Fontänen von Rauch und Erde zwischen den Obstbäumen aufsteigen.
Die jordanischen Soldaten sind sehr tapfer: Sie feuern mit Maschinengewehren auf die herabtauchenden Flugzeuge. Jedoch – es ist ein ungleicher Kampf, und wie er ausgehen wird, steht von vornherein fest.

Ringsherum hören wir explodierende Bomben und Granaten und das Geknatter von Handfeuerwaffen. Wir fühlen uns ziemlich preisgegeben. Da'ud entscheidet, daß wir besser in den Schutzraum hinuntergehen. Die Kinder zittern vor Angst. Die Kleinen sind in Tränen aufgelöst. In ihrer Verängstigung überschütten sie mich mit Fragen.
„Mama, was ist los?"
„Mama, müssen wir sterben?"

„Mama, wie sehen Juden eigentlich aus?"

Vormittags um elf rennen Leute durch die Straßen von Nablus und schreien jubelnd: „Die Algerier! Die Algerier kommen!"

Wir wissen, daß algerische Truppen eingetroffen sind, die in den Kampf eingreifen sollen, und die Bürger stehen am Straßenrand, um die Retter zu begrüßen, die gekommen sind, um uns vor den Israelis zu schützen.

Eine Kolonne von Militärfahrzeugen rollt, aus der Richtung von Tubas kommend, in die Stadt ein. Die Bürger winken und jubeln ihnen zu. Plötzlich bricht eine Salve los. Erst jetzt merken die Leute, daß sie sich geirrt haben. Es ist der Feind.

Die Israelis sind in Nablus.

Zwei Tage zuvor waren wir jungen Frauen „militärisch ausgebildet" worden. Unser Instrukteur war ein jordanischer Offizier, dem es Spaß machte, Frauen zu kommandieren, weil ihm das ein Gefühl der Überlegenheit vermittelte. Es war eine rein theoretische „Ausbildung": Die einzigen Waffen, die wir zu Gesicht bekamen, waren rostige alte britische Flinten. Deutlich sichtbar für die feindlichen Flugzeuge, die über uns dahinflogen, übten wir Marschieren. Dennoch – wir übten gern wegen der Khaki-Uniformen und wegen des Gefühls von Abenteuer, das unserem leidenschaftlichen Wunsch entgegenkam, militante Palästinenser zu sein.

Unsere Begeisterung hielt nicht lange vor. Später holten wir Päckchen mit Obst, Zigaretten und Süßigkeiten und gingen die Verwundeten im Lazarett besuchen. Sie waren guten Mutes, aber einer der Ärzte äußerte sich pessimistisch. „Der Krieg ist vorbei", sagte er. Noch während wir uns mit ihm unterhielten, fuhren Lastwagen mit Verwundeten vor. Ärzte und Schwestern hasteten durcheinander. Wir sahen nichts als Blut und Leichen. Es waren Zivilisten, die Spreng- und Napalmbomben abbekommen hatten.

Jemand schrie. Mir war, als müßte ich gleich in Ohnmacht fallen. Ich konnte den Anblick nicht ertragen.

Die Israelis haben Jenin und Tulkarem erobert, sagte jemand. Mein Herz hämmerte. Ich rannte nach Hause zu meinen Kindern: Waren sie noch am Leben?

Im Schutzraum sitzen wir lauschend am Radio. König Hussein spricht. „Mein geliebtes Volk, ich bin bei euch, wo immer ihr seid – auf den Feldern, in Militärlagern oder in der Schlacht. Wehrt euch mit Klauen und Zähnen!"

Ein alter Mann ist bei uns im Schutzraum. Er versucht, uns bei Laune zu halten, indem er Witze macht. Nach der Ansprache des Königs sagt er: „Meine falschen Zähne sind kaum scharf genug, um ein Butterbrot zu essen." Und, zum Radio gewendet, tut er, als spreche er den König an: „Beiß sie doch mit deinen eigenen Zähnen!"

Der König möchte, daß wir unsere blanken Zähne gegen die Mirage-Flugzeuge benutzen. Nach dem israelischen Überfall auf Samoah eröffnete die Armee seiner Majestät das Feuer auf patriotische Palästinenser, die Waffen zur Selbstverteidigung zu fordern wagten. Zwei Monate lang hielt seine Majestät die gesamte West Bank per Ausgangssperre unter Hausarrest, während Tausende von der Geheimpolizei seiner Majestät eingekerkert wurden.

Und jetzt sagt seine Majestät: „Wehrt euch mit Klauen und Zähnen!"

Nachmittags um fünf wird es plötzlich ganz still. Das Bellen der Gewehre hört auf, das Jaulen der Düsenmotoren scheint zu verklingen. Wir sitzen im Schutzraum und strengen unsere Ohren an, aber es ist nichts mehr zu hören.

Was ist los?

Wir hören Geräusche von draußen. Stimmen, Schritte.

Da'ud sagt irgendetwas von Dir Jassin. Erinnerungen an 1948, als jüdische Truppen das Dorf einnahmen und die meisten seiner Bewohner umbrachten. Ob es das ist, was uns erwartet? Ich bin starr vor Schreck.

Ich habe unter Israelis gelebt, ich kenne sie. Ich denke an meine Schulfreundinnen, meine Nachbarn. Solche Menschen massakrieren nicht waffenlose Zivilisten. Allerdings – wie Israelis sich im Krieg benehmen . . .

Alles, was mir aus dem Krieg von 1948 im Gedächtnis geblieben ist, sind rennende Menschen, schießende Soldaten, Leichen. Entsetzte Menschen, die um ihr Leben laufen. Der traurige Anblick von Flüchtlingen, mit ihrer armseligen Habe beladen, die dahintrotteten, der rettenden libanesischen Grenze zu.

Die Kinder klammern sich angstvoll an mich. Hala, die Jüngste, weicht mir nicht von der Seite. Alle sind sie um mich, streicheln meine Wangen, spielen mit meinem Haar. Ist das nicht alles schon einmal dagewesen?

Erinnerungen an Haifa 1948. Draußen Schießerei und Explosionen. Drinnen im Haus meine Vettern und ich, schutz- und trostsuchend an meine Tante geklammert.

Erinnerungen an Nazareth 1948. Ich hocke im Schutzraum mit den anderen Kindern und den Nonnen. Leute aus der Stadt sind gekommen, um im Kloster unter den Fahnen Frankreichs und des Vatikans Zuflucht zu suchen. Ringsherum sehe ich angespannte, angstvolle Gesichter. Ich sehne mich nach meinen Eltern, aber sie sind weit weg. Bebend dränge ich mich an eine Nonne, und sie streichelt mich tröstend. Die Nonnen stimmen das „Ave Maria" an, und die Antwort kommt zurück: „Gracia Plena".

Jetzt, in unserem Schutzraum in Nablus mit meinen eigenen Kindern, empfinde ich mit, was in ihnen vorgeht. Wie meine Tante in Haifa, wie die Nonnen in Nazareth weiß ich nur allzu gut, wie hilflos ich bin.
Ich bemühe mich, die Kinder zu beruhigen, aber sie sind noch zu klein, um irgendetwas zu verstehen außer ihrer Angst. Sie hören nicht auf zu weinen.
In dem Bestreben, uns von der augenblicklichen Angst abzulenken, beginnt der alte Mann zu erzählen, Geschichten aus dem Jahre 1948. „Jüdische Freunde haben mich bei sich zu Hause versteckt", erinnert er sich. „Damals bin ich dem Tode entronnen, aber jetzt – nun, ich sterbe gern in so charmanter Gesellschaft . . ."
Plötzlich erkennt er eine vertraute Stimme, sein Sohn ist da. Der junge Mann ist erst vor zwei Monaten nach Nablus zurückgekehrt, nachdem er sieben Jahre in einem jordanischen Konzentrationslager zugebracht hatte: der Preis für nationalistische Meinungsäußerungen.
Eifrig fragen wir ihn aus. Der junge Mann hat den Kampf von seinem Haus aus mitangesehen. „Es ist vorbei", sagt er niedergeschlagen. „Die Israelis haben die Stadt eingenommen."
Das ist unglaublich. Es kann nicht wahr sein. Niemals, nicht in unseren bösesten Träumen hätten wir uns ein solches Unglück vorstellen können.
Wir sind wie betäubt.
Wir beschließen, den Schutzraum zu verlassen und nach Hause zu gehen.
Wir hören einen Lautsprecher draußen vor dem Haus. Eine Bekanntmachung in kunstvollem Arabisch: „ . . . Die Stadt hat kapituliert. Wir tun Ihnen nichts, wenn Sie weiße Fahnen hissen. Wer ins Freie geht, begibt sich in Lebensgefahr."
„Der Bürgermeister von Nablus fordert Sie auf, sich zu ergeben . . ."
Wie der Bürgermeister von Nazareth 1948. Wie der Lautsprecher in Nazareth. Wie die Kapitulation von Nazareth.
Ob dies dieselbe Stimme ist? Derselbe Offizier? Auch in Nazareth war es eine Bekanntmachung in kunstvollem Arabisch . . .
Was ist Traum, was lebendige Wirklichkeit? Was ist Erinnerung, was der gegenwärtige Augenblick?

Was ist aus meinem Vertrauen in den arabischen Sieg geworden? Aus meinen Träumen von der Heimkehr nach Akko?

Alles zerstoben.

Wir sind in der Hand des Feindes. Wir sind geschlagen! Welch ein Schock! Welche Katastrophe! Der Glanz der arabischen Welt, das Banner der arabischen Einheit, das Ziel, unser Heimatland zurückzuerobern – alle unsere Hoffnungen sind zunichte. Welche Schande!

Ich verspüre den kaum zu bändigenden Drang zu weinen, zu schreien, alles zu verfluchen, was mir lieb ist. Dumpf sitze ich da, gebrochen und geschlagen. Rings um mich wimmern die Kinder.

Es gibt keinen Strom. Im Dunkeln gehen wir zu Bett. Die Nacht vergeht still und ereignislos.

Als ich neu nach Nablus kam, gewöhnte ich mich schnell an die gesetzten Reden, die bei jedem gesellschaftlichen Anlaß gehalten wurden. „Die usurpierten Gebiete" – das bedeutete Israel, wo ich den größten Teil meiner Kindheit und Jugend zugebracht hatte.

Es waren wunderschöne, poetische Worte: „Die Befreiung Palästinas". Mir versprach das die Erfüllung eines ganz persönlichen Traumes: Ich würde heimgehen und meine Eltern und meine Lieben wiedersehen.

Es gab auch erschreckende Worte: Arabische Sender sprachen von der „Vernichtung Israels". Das versetzte mich in Angst. Es bedeutete die Vernichtung meiner Eltern, meiner arabischen Verwandtschaft in Nazareth, Haifa und Galiläa.

Ich war noch jung, ich begriff nicht, daß solche Worte nichts weiter als verbale Drohungen waren.

Damals verstand ich noch nicht, daß die arabische Sprache viele, viele Worte hat . . .

Bald darauf, als Hussein nach Kairo flog, um einen Bruderkuß mit Nasser zu tauschen, hob sich die Stimmung. Nasser hielt eine Rede, in der er den bevorstehenden Krieg begrüßte, und die arabischen Rundfunksender versicherten uns, daß der Sieg nahe sei. Wir waren überglücklich. Eine Welle der Begeisterung schwappte über die West Bank. In Nablus gab es Massendemonstrationen. Die Rückeroberung unserer Heimat schien bevorzustehen.

Ich sah einen Freund beim Anblick der jubelnden Menge weinen. Er kannte die arabische Welt und wußte, was kommen würde . . .

Ein anderer Freund sagte: „Wir sind in die Falle gegangen. Sind wir als Nation denn bereit für einen Krieg?" fragte er. „Die jordanische Armee ist dafür da, den König und den Palast zu beschützen. Das Volk aber hat keine Waffen . . ."

Zwanzig Jahre lang war es den Palästinensern nicht erlaubt, Waffen zu tragen. An diesem Morgen jedoch wurde eine Lastwagenladung Waffen in die Stadt gebracht. Viele junge Leute liefen, um sich zu bewaffnen. Ein alter Mann sagte: „Ist es nicht ein Verbrechen, Waffen an Leute auszugeben, die gar nicht wissen, wie man damit umgeht?"

Am Morgen des vorangegangenen Tages, am 6. Juni, hatte der ägyptische Sender „Saut el Arab" gemeldet, es seien Ziele in Ägypten angegriffen worden, und feindliche Flugzeuge überflögen arabisches Territorium. „Unsere Streitkräfte setzen ihren mutigen Kampf fort!" wiederholte der Sprecher immer und immer wieder.

Die Nachrichten klangen irgendwie beunruhigend und unbegreiflich. Nach und nach wich unsere Euphorie einer gewissen Spannung und Verwirrung.

Die Krankenhäuser waren überfüllt mit Verwundeten aus den Grenzdörfern. Wir organisierten einen Blutspendedienst. Scharen von Spendern standen Schlange. Sonst haben unsere Ärzte sich immer beklagt, daß es an Spendern mangelte. Dieses Echo jetzt bewies, daß unser Volk im Notfall bereit ist, für die gute Sache sein Äußerstes zu tun.

Am 6. Juni fand in der Stadthalle von Nablus eine Versammlung statt, auf der diskutiert wurde, was zu tun sei, falls israelische Truppen in die Stadt kämen. Sollten wir weiße Fahnen hissen?

Die jungen Leute, enthusiastische Nationalisten, opponierten heftig gegen eine Kapitulation; sie ging ihnen gegen alle Erwartungen, gegen die Ideologie, gegen die Moral. Es sei ihnen aufgegeben, die palästinensische Würde wiederherzustellen. Kapitulation, so sagten sie, würde beweisen, daß wir Palästinenser zu nichts taugten; sie lehnten es ab, so etwas auch nur zu erwägen.

Die älteren Männer dachten genau so patriotisch, aber sie waren erfahrener. Sie sprachen von der Rettung der Stadt.

Politik, sagte jemand, ist die Kunst des Möglichen.

Am Morgen nach der Besetzung wachen wir auf und sehen unser Haus wie eine Insel in einem Meer von Menschen. Erstaunt schaue ich aus dem Fenster: Es ist die atemberaubendste, entsetzlichste Szene, die ich je gesehen habe. Vor unserem Hause, auf der Straße, in den Olivenhainen stehen buchstäblich Tausende von Menschen – alte, junge, Familien mit Kindern, schwangere Frauen, Invaliden. Auf den Armen oder Rücken schleppen sie Bündel mit einigen Habseligkeiten. Junge Frauen halten Babies umklammert. Überall dieselben erschöpften, gebeugten Gestalten, die dumpfen, verzweifelten Gesichter.

Es ist wie ein Alptraum. Was kann das bedeuten? Was sind das für Leute? Was tun sie hier? Was ist ihnen widerfahren? Ich haste hinaus, bestürzt und geschockt. Ich frage sie, aber sie scheinen unfähig zu einem zusammenhängenden Satz. Als sie mich sehen, bitten sie um Wasser . . . Wasser . . . Wasser . . . Da'ud stürzt in den Garten und gibt Wasser aus an Hunderte, die sich um ihn drängen. Ich laufe unter den Bäumen herum; da sitzen sie, weinend vor Elend, Entsetzen und Verzweiflung. Eltern flehen um Brot für die Kinder.

Endlich stoße ich auf eine Frau, die ein wenig gefaßter scheint. „Wir sind aus Kalkilya", erzählt sie mir, resigniert und verbittert. „Man hat uns gezwungen, wegzugehen. Die Israelis – sie haben uns alle zur Moschee getrieben und uns befohlen, aus der Stadt zu verschwinden. Sofort."

Meine Gedanken gehen zurück ins Jahr 1948, zu dem Massen-Exodus der Palästinenser. Scharen von Menschen gaben ihr Eigentum auf und flohen vor den Kämpfen. Getrieben von haarsträubenden Geschichten über die Massaker in einigen Dörfern. Angstvoll flüsterten sie den Namen „Dir Jassin" und hasteten über die Berge von Galiläa zur libanesischen Grenze. Sie nahmen nur soviel mit, wie sie tragen konnten; es ging ihnen einzig und allein ums Überleben.

Mein Gott, denke ich – soll das denn immer wieder geschehen?

Der Anblick der Flüchtlinge macht mich fertig. Ich bin voller Furcht. Steht uns und unseren Kindern das gleiche bevor? Wird man uns auch zwingen, unsere Habe zu nehmen und in die Berge zu gehen?

Ich werde nicht gehen. Ich werde mich weigern fortzugehen. Sollen sie tun, was sie wollen! Besser sterben – im eigenen Lande . . .

Eine Frau schreit. Sie ist verletzt und blutet stark. Ich laufe hinüber und leiste ihr erste Hilfe.

Ich schaue rundum auf die Kinder mit traurigen Augen, die verschreckt an den Röcken der Mütter hängen. Werde ich diesen Ausdruck auch in den Augen meiner Kinder sehen?

Ich verbanne den Gedanken aus meinem Kopf. Es muß etwas getan werden. Ich laufe ins Haus und hole unseren Lebensmittelvorrat hervor. Brot, Mehl, alles Eßbare.

Sahar und andere Nachbarinnen sind ebenfalls draußen und leisten Hilfe, wo sie können. Da'ud gibt immer noch Wasser aus, eingekeilt von Hunderten ausgestreckter Arme. Er ist besorgt – er sagt, unser Wasservorrat ginge zu Ende, es würde nicht mehr genug für uns übrig bleiben.

Ich gehe hinüber, um mit Sahar zu reden. Beim besten Willen werden die Vorräte, die wir im Hause haben, niemals für all diese Menschen ausreichen, sage ich ihr. Was wir haben, ist bloß ein Tropfen auf den heißen Stein. Wir müssen zur Besatzungsbehörde gehen und die Lage darlegen; wir müssen verlangen, daß die Lager geöffnet werden, in denen die Notvorräte aufbewahrt werden.

Sahar ist eine tapfere Frau, aber mein Vorschlag ist sehr kühn. Es ist eine Kühnheit, wenn eine Frau fremde Männer anspricht – und doppelt kühn, wenn diese Männer Offiziere einer feindlichen Armee sind. Außerdem hat sie Angst, zu den Israelis zu gehen – noch nie hat sie einem Juden von Angesicht zu Angesicht gegenübergestanden. In dem Bestreben, meine eigene Angst niederzukämpfen, sage ich ihr, daß es da nichts zu fürchten gibt. „Ich kenne die Israelis . . ."

Gestern hat Sahars Mann das Zeichen des Roten Kreuzes auf seinen Wagen gemalt, um zwei verwundete jordanische Soldaten ins Krankenhaus zu bringen. Wir beschließen, diesen Wagen zu nehmen. Wir nehmen auch zwei Männer mit – einen jungen Lehrer und den Bürgermeister von Kalkilya, Haj Hussein Sabri, den wir unter den Flüchtlingen aufstöberten. Haj Hussein, Mitglied einer stolzen und reichen Familie, setzt seinen ganzen eisernen Willen und seine bemerkenswerte Selbstbeherrschung ein, um die Qual zu verbergen, die ihm das über die Menschen seiner Stadt gekommene Unglück bereitet.

Langsam fahren wir durch die Flüchtlingsmassen zum Haus des Leiters des Sozialamtes. Er weigert sich, mit uns zu kommen. Er fürchtet, von den Israelis erschossen zu werden. „Ich habe Kinder", fleht er. „Ich werde nicht in meinen Tod laufen . . ."

Ich weise darauf hin, daß uns das Rote Kreuz schützt, aber im Grunde kann ich seine Angst verstehen. Gestern habe ich einen Ambulanzwagen aus Jenin gesehen, zerschossen – dasselbe kann uns auch passieren.

Dennoch – ich verberge meine Zweifel und versichere ihm, daß die Israelis ihn nicht erschießen werden. So oder so – wir beschämen ihn, bis er seine Pflicht tut. Er hat die Schlüssel zu den Vorratslagern.

Wir fahren nach Nablus hinein. Überall sehen wir Panzer, Straßensperren, Stacheldraht. Einige Häuser stehen in Flammen.

Alle paar Meter halten Soldaten uns an. Die drei Männer sind einfach starr vor Angst. Mein Herz klopft jedesmal wie rasend, wenn wir gestoppt werden.

Soldaten treten an unseren glänzenden neuen Wagen heran. In den Straßen der völlig verlassen wirkenden Stadt müssen wir wohl wie Wesen von einem anderen Stern wirken. Sie zeigen ihr Erstaunen, aber sie sind vollkommen verblüfft, wenn ich sage: „Schalom!" und sie in Hebrach anrede.

„Sind Sie Jüdin?" fragen sie entzückt. Mit unverhohlener Bewunderung nehmen sie Sahar und mich in Augenschein.

„Eizeh Chatichot!" rufen sie. „Sind das Bienen!"

Plötzlich steigt Wut in mir auf. Diese Männer jubilieren, triumphieren; sie fühlen sich sorglos und entspannt – während wir, geschlagen und gedemütigt, auf Nahrungssuche sind für Tausende heimatloser Flüchtlinge. Am liebsten hätte ich losgeschrien: „Was wollt ihr hier, ihr Mörder?!" Ich schlucke meine Wut hinunter. Ihr Sieg ist unser Elend, und dieses Elend ist es, um das es uns jetzt gehen muß.

An der nächsten Straßensperre ruft wieder ein Soldat: „Eizeh Chatichot!" Merkwürdig – normalerweise würde eine solche Bemerkung meiner weiblichen Eitelkeit schmeicheln, so vulgär sie auch sein mochte. Aber wenn sie von einer siegreichen Armee kommt, ist sie eine Beleidigung.

Vor dem Dienstgebäude, das früher dem jordanischen Gouverneur gehörte, nehmen uns zwei hochgewachsene, blonde israelische Offiziere in Empfang. Sie sind, wie ihre Soldaten, höchst verwundert über unser Erscheinen und noch viel mehr über die Tatsache, daß ich sie hebräisch anspreche.

Auf ihre Fragen hin lasse ich sie wissen, daß wir „Freiwillige" sind. Ich sage es stolz, denn ich entsinne mich, daß meine Mutter das Wort im Krieg von 1948 für sich selber benutzte. Inmitten der Kämpfe hat sie in Akko die Verwundeten vom Schlachtfeld geholt und dem Arzt bei Notoperationen assistiert.

Jetzt ruht Mutter in Frieden auf dem Friedhof ihres Heimatdorfes bei Akko.Und jetzt ist es an mir, eine „Freiwillige" zu sein. Ein Offizier aus dem Büro des Militärgouverneurs kommt heraus und fragt uns, was wir wollen. Er ist erstaunt über unsere Forderung. „Solche Aktivitäten sind verboten!" erklärt er. „Die Lage in Nablus ist noch unklar." Er scheint sich Gedanken über mögliche Widerstandsnester in der Stadt zu machen.

Ein anderer Offizier hört mich Hebräisch reden. „Kaum zu glauben, daß Sie die Sprache vor 1948 erlernt haben – *so* alt sehen Sie nicht aus." Noch ein Kompliment? In militärischer Haltung schreitet er den Korridor auf und ab, von Zeit zu Zeit zu uns sprechend. Er will wissen, wo ich Hebräisch gelernt habe.

Plötzlich tritt er wieder an mich heran und fragt nach meinem Namen. „Ich erinnere mich an jemanden, der so hieß!"

Er kannte meinen Vater vor 1948. Die Spannung weicht aus seinem Gesicht. „In Erinnerung an Ihren verehrten Herrn Vater – ich stehe Ihnen zur Verfügung. Sie werden Ihre Genehmigung erhalten."

So mache ich Bekanntschaft mit Mosche Fisch.

Später fragt Mosche Fisch mich nach einigen seiner arabischen

Bekannten aus der Zeit vor 1948. Bitter sage ich ihm, daß keiner davon noch in seinem früheren Haus wohne; alle seien Flüchtlinge. Er hört zu, schweigend und nachdenklich.

„Das ist traurig", sagt er langsam. Plötzlich wird er aggressiv: „Aber ihr wolltet doch den Krieg! Nasser wollte ihn und Schukeiri (PLO-Chef) wollte ihn bestimmt. Ihr wolltet uns vernichten. Euer Motto war: Töten! Töten!"

Ich denke an die Leichen, die ich gestern gesehen habe. Was soll ich sagen? Mein Volk ist ins Exil gezwungen worden; die Tragödie ist unsere. Aber ich bin zu benommen und geschockt, um ihm zu antworten.

Endlich haben wir die ganze Prozedur hinter uns. Wir beladen unseren Wagen mit Nahrungsmitteln aus dem UNWRA-Lager und fahren zurück, eskortiert von einem israelischen Offizier.

In der Nähe unseres Hauses treffen wir auf die Flüchtlingsmassen, die ungeduldig auf Lebensmittel warten. Wir treffen auch Nachbarn auf der Straße; plötzlich fällt mir auf, daß ihre Blicke wütend sind. Bleich vor Wut starren sie den israelischen Offizier an, und dann werfen sie anklagende Blicke auf Sahar und mich.

Einige dieser Leute gehen in ihren nationalistischen Ansichten sehr weit, und sie nehmen es offensichtlich übel, daß sie hier zwei junge Araberinnen in Begleitung eines israelischen Offiziers sehen müssen.

Wir erklären, wir hätten in dieser Angelegenheit keine Wahl gehabt, die Bedürfnisse der Flüchtlinge müßten befriedigt werden. Unsere Argumente stoßen auf taube Ohren.

„Mit dem Feind reden ist Kollaboration!" sagt jemand grimmig.

Sahar verliert die Beherrschung. „Unter Parolen und Ideologien haben wir genug gelitten!" schreit sie. „Baathismus, Marxismus und was sonst noch alles. Jetzt haben wir Tausende von hungrigen Mündern zu stopfen, Hunderte von Verwundeten zu pflegen. Es ist genug geredet worden! Laßt uns an die Arbeit gehen und retten, was für das palästinensische Volk noch zu retten ist!"

Wir gehen an die Arbeit, kochen Weizen in großen Kesseln, bereiten Tee und Milch für die Kinder, geben Medikamente aus für die Kranken. Die Arbeit nimmt kein Ende, und wir brauchen auch den größten Teil der Nacht.

Die Flüchtlinge suchen Schlafplätze. Es ist zwar Juni, doch die Nacht ist kühl. Wir durchstöbern unsere Häuser nach Decken.

Da'ud schimpft mit mir, weil ich alle unsere Decken weggegeben habe. „Und deine Kinder?" fragt er ärgerlich. „Haben die keine Decken verdient?"

Ich erinnere ihn daran, daß unsere Kinder in der Geborgenheit eines warmen Hauses schlafen und nicht in der kalten Nachtluft draußen. Da'ud ist keineswegs besänftigt, und wir streiten erbittert.

Aber er ist ja nicht hartherzig; wenige Augenblicke später geht er ins Haus, holt unsere brandneue, bestickte Daunendecke und gibt sie einer Flüchtlingsfamilie.

Der israelische Soldat, der die Kalkilya-Flüchtlinge bewacht, ist Student. Er kommt aus Marokko und spricht Französisch. Er ist ganz aufgebracht, wenn er sieht, wie die heimatlosen Familien sich unter Bäumen zusammenkauern. Mit mitleidigem Gesicht gibt er den Kindern die eigene Ration. Er tut sein Bestes, hilft uns, die Verletzten zu versorgen oder einen Ambulanzwagen zu beschaffen.

Grimmig murmelt er: „Ca, c'est la democratie et l'humanité du peuple juif . . ." Er zeigt mir sein Gewehr. „Glauben Sie mir, Madame, ich habe dieses Gewehr nicht benutzt und werde es nicht benutzen. Ich habe gesehen, wie sie Jungens wie mich umgebracht haben. Ich werde mein Gewehr nicht gebrauchen. Croyez-moi, Madame . . ."

Ich höre Stöhnen und Schreien in der Dunkelheit. Diejenigen, die nichts haben, um sich zuzudecken, zittern hörbar vor Kälte.

Plötzlich bricht eine Frauenstimme hervor: „Um Gottes willen, helft mir, ich sterbe!" Ich gehe hinüber; sie ist in die Niere geschossen worden. Ihre Kinder stehen weinend um sie herum.

Ich weine tief innen: Oh Gott, womit hat mein Volk solch grausame Bestrafung verdient? Diese unglückseligen Flüchtlinge haben ihr Leben lang zu Gott gebetet, aber Gott hat sie verlassen.

Endlich ist alles still.

Wir beenden unsere Arbeit und gehen uns ein bißchen ausruhen. Ich lege mich auf mein weiches Bett und schäme mich, so komfortabel zu schlafen.

Zwei Tage nach der Besetzung von Nablus besuchte uns der amerikanische Konsul in Jerusalem, Mr. Wilson. Wir bestürmten ihn, uns zu erzählen, was während der Kämpfe in Jerusalem vor sich gegangen sei. Sein Bericht war gleichzeitig bedrückend und ermutigend. Es war bedrückend zu wissen, daß die Stadt nun besetzt war – aber es richtete uns auf, als er schilderte, wie tapfer die Stadt verteidigt worden war. Er erzählte von den jordanischen Soldaten, die ohne ausreichende Waffen im Einzelkampf, Mann gegen Mann, die Stadt verteidigt hätten, bis sie überrannt wurden.

Bekümmert hörten wir ihm zu; die Stimmung war düster.

Anders als sonst waren wir diesmal zu niedergeschlagen, um politische Diskussionen mit Wilson anzufangen. Ohne es zu wollen, dachte ich an seinen Streit mit Hikmat al-Masri, der die Amerikaner wegen ihrer Unterstützung für Israel kritisiert hatte. Wir wußten, Amerika war unser Hauptgegner, und ich hatte meine Meinung über die Politik der USA nicht geändert. Zugleich aber fragte ich mich, ob es nicht einen Weg gäbe, humanitäre Hilfe aus Amerika zu mobilisieren.

Wir fragten Wilson nach der Lage in Kalkilya. Sein Blick wurde ernst. „Die Stadt ist zu drei Vierteln zerstört", sagte er leise. Wir waren starr. „Unmöglich! Unglaublich!" Wir dachten an die unglücklichen Flüchtlinge vor unseren Fenstern, die unter den Olivenbäumen hockten und gegen jede Wahrscheinlichkeit hofften, daß man sie nach Hause zurückkehren ließe. Wohin sollten sie gehen? Zum zweiten Male hatten sie ihre Wohnungen verloren. 1948 wurden sie von dort vertrieben, wo jetzt die moderne israelische Stadt Kfar Saba liegt. Mit Blut und Schweiß und Entschlossenheit hatten sie sich Kalkilya zur zweiten Heimat gemacht und es zu einem blühenden, von Orangenhainen umgebenen Gemeinwesen ausgebaut. Jetzt war ihnen das Zuhause zum zweiten Male genommen worden. Durften wir ihnen die schreckliche Wahrheit sagen? Wir entschieden, daß es allzu grausam wäre und daß wir sie vorerst im Ungewissen lassen sollten.

Nicht, daß die Flüchtlinge nicht geahnt hätten, was mit Kalkilya passiert war. Einige fragten zwei israelische Soldaten, wann sie wohl nach Hause dürften.

„Nach Hause?" entgegnete der eine Soldat sarkastisch. „Fragt Dayan, ob ihr ein Zuhause habt. Kalkilya gibt es nicht mehr. Aus!"

„Geht zu Hussein", meinte der zweite Soldat.

Da drehte sich der erste Soldat erbost zu ihm um und sagte auf Französisch: „Halt die Klappe!"

Rasch verbreitete sich das Gerücht unter den Flüchtlingen, aber die meisten weigerten sich, es zu glauben.

Ich stand in der Nähe am Holzfeuer und kochte Weizen und Milch für die Kinder. Ich tat, als verstünde ich das Gemisch aus Hebräisch und Französisch nicht, in welchem die beiden Israelis ihre Unterhaltung fortsetzten.

„Wie kann man so herzlos sein", sagte der eine, der Französisch sprach. „Hast du denn kein Zuhause, keine Familie? Ist das hier jüdisch? Du solltest einmal an Auschwitz denken!"

Der andere, der besser Hebräisch sprach, entgegnete: „Hör doch auf! Diese Leute hier bedrohen Eretz Yisrael, unser Land Israel."

Sein Freund war nicht überzeugt. „Wer hat mich denn in dieses abscheuliche Land gebracht?" fügte er sarkastisch hinzu. „Das Land unserer Vorfahren, das Land der Propheten . . . wie Dayan, der große Prophet!" Und er stieß eine Kette von Flüchen in vulgärstem Französisch hervor.

Ich lauschte – und schwieg. Als die Flüchtlinge erfuhren, was aus ihrem Zuhause geworden war, blieben die älteren Leute schweigsam wie ich. Aber die jungen fluchten und murrten, sie konnten mit ihrem heißen Blut das Elend nicht fassen. Ich sah die Frauen mit der traditionellen arabischen Geste des Trauerns eine Hand über die andere falten. Der Bürgermeister von Kalkilya, Scheich Sabri, versuchte, seine Leute zu trösten. „Betet", sagte er langsam, „das Gebet ist immer Tröstung, in Not und Gefahr. Der Gott des Islams stellt seine Gläubigen auf die Probe . . ."

Als die Ausgangssperre zum ersten Mal aufgehoben wurde, liefen die Leute in Nablus los, um Freunde, Angehörige, Bekannte zu suchen. Die Stadt ist wie ein einziger großer Stamm, jeder ist mit jedem verwandt oder verschwägert.

Freunde von uns wohnten am Stadteingang. Zum Glück waren sie während der Kämpfe nicht daheim gewesen – als sie hingingen, um nach ihrem Haus zu schauen, fanden sie es von Kugeln durchsiebt.

Unser Freund stand da und sah sein Haus an, dann blickte er herum auf die quirlende Menge der heimatlosen Flüchtlinge. Bleich, mit Tränen in den Augen sagte er: „Lieber wäre ich tot, als diese Erniedrigung miterleben zu müssen."

Mit Sahar und einigen anderen Freundinnen bemühte ich mich, die zweistündige Pause in der Ausgangssperre dafür zu nutzen, Blutspenden für die verwundeten Flüchtlinge zu sammeln. Der Plasmavorrat im Krankenhaus war verdorben, weil bei der Eroberung der Stadt die Stromversorgung abgeschaltet und damit die Kühlschränke des Krankenhauses außer Betrieb gesetzt worden waren.

Wir entwickelten ungewöhnlichen Wagemut und betraten die Cafés – normalerweise ein ausschließliches Reservat der Männer; aber jetzt war nicht der Augenblick, lange über Anstand oder Tradition nachzudenken. „Kommt zum Krankenhaus", drängten wir die dort sitzenden Männer. „Kommt, wir brauchen ganz dringend Blut!" Es kam kein Echo. Sie waren noch in einem Schockzustand, es herrschte eine furchtbare, wortlose Apathie. Am Vorabend des Krieges standen vor dem Krankenhaus lange Reihen von Blutspendern Schlange; jetzt aber rührte sich keiner. Wen kümmerten die Verwundeten, die Sterbenden? Mit stumpfen Gesichtern schimpften die Männer auf uns Frauen, die frech in ihre Cafés stolziert kamen. Es war eine drückende Atmosphäre

der Verlorenheit, der Niedergeschlagenheit, der Gleichgültigkeit . . .
Die Lage war verzweifelt. Wir ignorierten konventionelle Eigentums-
begriffe und entwendeten dem Krankenhausarzt einen Brief; damit
eilten wir zum Sitz des Militärgouverneurs, um Blut zu verlangen. Es
war eine dringliche Mission; die Ärzte konnten keine Operationen mehr
vornehmen, weil Plasma fehlte, und die Menschen starben dahin.

Am Rathaustor hielt eine Wache uns an. Der Mann weigerte sich, uns
einzulassen. Ich bestand darauf, aber er bedrohte mich mit seiner
Maschinenpistole. „Jalla!" schrie er. „Raus hier!" Verzweifelt brüllte
ich auf Hebräisch auf ihn ein: „Wir versuchen, Menschenleben zu
retten! Begreifen Sie nicht?"
„Nein!" brüllte er zurück. „Es ist Krieg, überall sterben Menschen!"
Als wir so schrien, tauchte Mosche Fisch auf. Er holte uns herein, und
wir legten einem jungen Offizier unseren Brief vor; er hob den Kopf und
maß uns mit einem forschenden Blick. In französischer Sprache sagte er:
„Sie sehen aus, als wären Sie moderne, intelligente Mädchen. Was
hätten Sie denn getan, wenn wir Israelis nicht hier wären? Von wem
hätten Sie Blut gefordert?" Er wollte uns mit seiner israelischen
Überlegenheit beeindrucken, wollte beweisen, daß wir ohne sie
rückständig und hilflos wären. Ich ging hoch. „Jeder Schwachsinnige
kann das beantworten!" schrie ich. „Da im Krankenhaus sind Hunderte
von Verletzten und Sterbenden, verbrannt von eurem Napalm! Wäre
das vielleicht passiert, wenn ihr Israelis nicht gekommen wärt? Ihr habt
den Strom abgeschaltet und damit die Plasmavorräte vernichtet –
vergessen Sie das auch nicht! Und denken Sie ebenfalls daran, daß wir
Ausgangssperre haben und nicht herumlaufen und Blut von der
Bevölkerung einsammeln können!"
Er sagte kein Wort. Schließlich stand er auf, ohne zu antworten.
„Kommen Sie bitte mit."
Wir zögerten. Er forderte uns auf, zu ihm in einen Militärjeep zu
steigen. So dringend unsere Mission auch war, wir wollten nicht, daß die
Leute in der Stadt uns in einem Fahrzeug des Feindes sahen. „Nein",
sagte ich. „Wir warten auf Sie im Krankenhaus."

Auf dem Rückweg ins Krankenhaus trafen wir im Vorübergehen auf
Sahars Mutter, die sich mit einer anderen Frau unterhielt. Wir erzählten
den beiden Frauen, daß wir dabei seien, uns um die Rettung einer Frau
zu bemühen, die mit zerschossener Niere im Krankenhaus lag.
Die beiden alten Frauen sahen sich wortlos an. Dann sagte eine: „Es gibt
da so ein Gerücht, daß ihr beide mit jungen israelischen Offizieren in
Militärautos durch die Stadt spazierenfahrt . . ."

Die Frau mit der Kugel in der Niere starb. Sie hinterließ sieben kleine Kinder unter den Olivenbäumen. Wie sollten wir diesen unschuldigen jungen Geschöpfen beibringen, daß sie keine Mutter mehr hatten? Sahar und ich würgten an unseren Tränen.

Der seiner Frau beraubte Ehemann besorgte sich irgendwo einen Esel. Die Kleinen setzte er auf den Esel, die Älteren mußten laufen. So zog die traurige kleine Schar los, auf die Jordan-Brücke zu. Der Vater wollte das besetzte Gebiet verlassen und nach Ostjordanien hinübergehen. Ich bat ihn, nicht zu gehen. „Wie wollen Sie das schaffen mit den Kindern?" fragte ich ihn.

„Gott wird helfen", sagte er müde.

Mir ist schleierhaft, wie Gott so viele leidende menschliche Wesen beschützen soll.

Die Israelis schickten für einen Teil der Flüchtlinge Busse und karrten sie zur Allenby-Brücke; dort setzten sie sie ab, verloren, durchnäßt, mit ihren paar armseligen Besitztümern – ganze Familien, Männer und Frauen, Alte und Säuglinge. Stumm und benommen schleppte sich die Flüchtlingskolonne über die Brücke. Sie wußten alle, daß sie einer ungewissen, heimatlosen Zukunft entgegengingen; bestenfalls konnten sie hoffen, ihr Leben in einem neuen improvisierten Flüchtlingslager von vorn zu beginnen.

Warum sie gingen? Um wegzukommen von den Bomben, dem Napalm, den israelischen Soldaten . . .

Zahlreiche Familien wurden getrennt, ein Teil wurde mit Bussen zu den Brücken gebracht, die anderen waren nach Nablus gekommen, wo sie sich unter die Olivenbäume kauerten. Wenn die in Nablus entdeckten, daß ihre Lieben jenseits des Flusses waren, setzten auch sie sich in Marsch und schleppten sich hinunter ins Jordantal. Was auch geschah, die Familie mußte zusammenbleiben.

Als die Flüchtlinge über den Fluß gingen, zwangen israelische Soldaten sie zur Unterzeichnung einer Verpflichtung, daß sie nicht zurückkehren würden. Darunter waren Leute, die nur hinüber gingen, um Geld von ihren Konten bei jordanischen Banken abzuheben. Später, als sie zur Brücke kamen und zurück wollten, durften sie nicht mehr.

Es war ein neues Mandelbaumtor.

Ein französisches Fernsehteam kam nach Nablus. Da ich Französisch konnte, begleitete ich die Leute. Ich führte sie zu den Sammelpunkten der Flüchtlinge in Schulen, in Lagern, unter Bäumen und an Straßenrändern. Hunderte drängten sich um uns. Ich übersetzte, was sie erzählten, während die Kameras surrten. Es waren haarsträubende

Geschichten: Kinder waren unterwegs weggestorben, Ehemänner waren verschwunden, mancher Mann war vor den Augen seiner Familie niedergeschossen worden; manchen hatte man weggeholt – wer weiß, wohin.

Ich sprach vor der Kamera und appellierte an das Gewissen der christlichen Welt. Während ich sprach, fiel eine Frau in Ohnmacht.

Zum zweiten Male innerhalb einer Generation öffnete Jordanien einer Flut palästinensischer Flüchtlinge seine Tore. Das Volk von Jordanien und seine Regierung halfen, so gut sie konnten, großzügig und uneingeschränkt. Aber die Jordanier hatten nicht genug zu geben, es kamen Spenden aus aller Welt.

Von der Hilfe des Auslands kam wenig bis zu uns auf der West Bank durch – das meiste wurde in Ostjordanien gebraucht. Wir hatten nur eben genug, um pro Person alle vierundzwanzig Stunden einen kleinen Laib Brot auszugeben.

An diesem Abend kam Mosche Fisch mit dem Militärgouverneur von Nablus, Zwi el Peleg, zu uns. Ich führte sie in meine Küche, öffnete die Hintertür, und sie hatten den Blick frei auf die Flüchtlinge.

Da standen die beiden Herren ein paar Augenblicke schweigend und ließen das Bild auf sich wirken. Dann schritten sie wortlos ins Haus zurück.

Als die Flüchtlinge zwei israelische Offiziere aus unserer Tür treten sahen, wurden sie mißtrauisch gegen uns, überzeugt, wir kollaborierten mit dem Feinde.

Am folgenden Tage schickte Zwi el Peleg Lastwagen voller Brot und Milch zur Verteilung an die Flüchtlinge.

Der Bürgermeister von Kalkilya, Scheich Sabri, fuhr nach Jerusalem und suchte den amerikanischen Konsul, Mr. Wilson, auf. Das Ergebnis war, daß Wilson ein Telegramm an den amerikanischen UN-Delegierten Arthur Goldberg schickte, in dem er ihn bat, bei der israelischen Regierung für die Kalkilya-Flüchtlinge zu intervenieren.

Der amerikanische Druck tat bald seine Wirkung.

Später wurde Mosche Dayan vom BBC-Fernsehen interviewt, und er erklärte, daß die Zerstörung Kalkilyas der größte Fehler dieses Krieges gewesen sei.

Zwei Wochen darauf erlaubte man den Flüchtlingen, in die Stadt zurückzukehren. Auf den Trümmern ihrer ehemaligen Häuser schlugen sie Zelte auf.

Mr. Wilson kam uns besuchen. Er fuhr in seiner Dienstlimousine mit aufgesetztem US-Stander vor.

Die Nachbarn starrten erbost herüber. Reichte es nicht, daß unsere Leute mit amerikanischen Waffen getötet worden waren? Was wollte dieser Mann – sich schadenfroh die Hände reiben über unsere Niederlage? Die breite Masse unseres Volkes setzte den Zionismus mit dem US-Imperialismus gleich. Die Amerikafeindlichkeit, schon zuvor ziemlich stark, hatte sich verzehnfacht.

Unsere Nachbarn waren Baathisten, Linke mit stark anti-amerikanischen Ansichten. Sie machten keinen Hehl aus ihrer Mißbilligung für mein „tadelnswertes" Verhalten: Ich empfing einen Vertreter der Vereinigten Staaten. Er repräsentierte in ihren Augen seinen Staat und dessen Politik; er und seinesgleichen hatten die Waffen geliefert, die das Verderben über unser Volk gebracht hatten.

Damals durfte ich noch nicht offen sagen, daß es nur Wilson zu verdanken war, wenn einiges für die Leute aus Kalkilya getan wurde. Als Diplomat war Mr. Wilson nicht befugt, eine persönliche Meinung zum Ausdruck zu bringen; er hatte stets die Haltung seiner Regierung zu vertreten. Viel später, in seinem Buch „Jerusalem – Schlüssel zum Frieden", hat er dann doch seine eigene Meinung gesagt – wofür ihm von den Israelis Araberfreundlichkeit, von den Arabern hingegen Judenfreundlichkeit vorgeworfen wurde. In Wahrheit war er für Gerechtigkeit.

Vielleicht lag es an meiner Erziehung, daß es mir leichter fiel, die Mentalität von Ausländern zu verstehen und ihnen unsere Situation in einer für sie verständlichen Form darzulegen. Mag sein, daß ich das als Kind in Israel gelernt habe, im Umgang mit meinen jüdischen Freundinnen. Ich bin aus Galiläa, wo man mehr aus sich herausgeht – im Unterschied zu der stolzen Verschlossenheit und Zurückhaltung, die die Menschen von Nablus kennzeichnen. Meine Offenheit gegenüber Fremden war in Nablus einzigartig. Es kam vor, daß ich am liebsten losgebrüllt hätte: „Zum Donnerwetter Wie sollen wir denn Freunde gewinnen, wenn wir jeden Fremden vor den Kopf stoßen? Ich weiß, daß sie uns nicht mögen, aber wenn wir nicht lernen, an sie heranzukommen, können wir uns ihnen doch überhaupt nicht verständlich machen!"

Aber rings um mich her wurde nur gefaucht über die Amerikaner und alle anderen Ausländer. „Sie sind blind, weil sie nicht sehen wollen. Bewußt ignorieren sie die Wahrheit, die Wirklichkeit, die Menschlichkeit", sagten die Leute.

Voller Bitterkeit gegen die Welt da draußen zogen sie sich in ihre Schneckenhäuser zurück und verurteilten mich wegen meiner Kontakte zu denen draußen.

Als ich merkte, daß meine eigenen Leute mich wegen meiner Kontakte zu Israelis und westlichen Ausländern mißtrauisch, ja feindselig ansahen, mußte ich unwillkürlich daran denken, wie es meiner Mutter 1948 im Krieg gegangen war. Ihre Taten erregten damals ähnlichen Argwohn – schlimmeren noch!

Als die Israelis Akko eingenommen hatten, war Mutter entsetzt von dem, was sie gerade erlebt hatte. Das Gemetzel von Akko frisch im Gedächtnis, machte sie sich auf in ihr Heimatdorf Kfar Jassif. Da es keinerlei Verkehrsmittel gab, ging sie den ganzen Weg zu Fuß. Auf der Landstraße begegneten ihr Flüchtlingsfamilien auf dem Weg nach Norden, weg von den vorrückenden Israelis. Das erhöhte nur noch die Dringlichkeit ihrer Mission.

In Kfar Jassif angekommen, eilte sie zum Bürgermeister Jani Jani und berichtete ihm alles, was sie gesehen hatte: die Kämpfe in Akko, die Hospitäler voll Toter und Verwundeter, die Flüchtlingsströme zur libanesischen Grenze. Sie wußte, daß die Leute von Kfar Jassif keine Waffen besaßen, und sie drängte Jani Jani, sich zu ergeben, um das Dorf vor dem Schicksal zu bewahren, das über andere palästinensische Dörfer gekommen war. Die Dorfbewohner scharten sich zusammen, um ihre Schilderung zu hören, die einen tiefen Eindruck machte. Erschreckt und bekümmert diskutierten sie, was zu tun sei. Kapitulation vor den Israelis? Unausdenkbar! Aber es waren kaum Waffen im Dorf, sie hatten keine militärische Ausbildung – für die wohlgerüsteten und gut organisierten Israelis wären sie kein Gegner. Nach langen Beratungen beschlossen die Dorfbewohner, Mutters Rat zu folgen und sich den israelischen Truppen zu ergeben. Sie taten es und ersparten sich damit unnötige Leiden. Sie wären nicht imstande gewesen, einem israelischen Angriff standzuhalten, und Menschen wären für nichts gestorben.

Die Nachricht von Mutters Aktion drang bis zu dem arabischen Kommandeur der Region, einem irakischen Offizier. Er witterte Verrat und gab prompt Befehl, sie zu erschießen. Mutter verlor nicht den Kopf; mutig trat sie dem Offizier entgegen und sagte ihm, was sie auch Jani Jani gesagt hatte. Sie erklärte, warum sie dem Dorf geraten hatte, zu kapitulieren. Der Iraker hörte sich ihre Erklärung an, und obwohl er fürs Weiterkämpfen war, verstand er Mutters patriotische und humanitäre Motive. Der Offizier schickte einen Boten zu seinem Hauptquartier in Tarschiha und widerrief den Exekutionsbefehl.

Während der Kämpfe in den Junitagen 1967 wurden in den Bergen rings um die Stadt hundertachtzig junge Leute aus Nablus getötet, als sie versuchten, mit den Waffen zu kämpfen, die sie gerade zwei Tage vor dem Kriege bekommen hatten. Sie hatten keine nennenswerte militärische Ausbildung, und ihre Waffen waren auch noch verrostet.

Als er erfuhr, daß Da'ud Bankdirektor war, bat ihn der Militärgouverneur, durch die Stadt zu gehen und die anderen Bankdirektoren von Nablus zu ihm zu bringen. Er stellte Da'ud einen Passierschein aus, mit dem er sich während der Ausgangssperre bewegen durfte.

Ich stieß auf einen alten Mann, der krank und hilflos in einem der Häuser gestrandet war. Er flehte, ich möge ihn doch zum Haus seines Sohnes bringen. Aber es war Ausgangssperre – was konnte ich für ihn tun?

Schließlich bat ich Da'ud, von seinem Passierschein Gebrauch zu machen. Wir fuhren den Mann zu seinem Sohn und trugen ihn ins Haus. Dann, auf dem Rückweg, fuhren wir einer israelischen Streife in die Arme.

„Was tun Sie draußen, während der Ausgangssperre?" fragte ihr Offizier barsch.

Wir erklärten, wir hätten einen kranken alten Mann nach Hause gebracht.

„Wer hat Ihnen erlaubt, während der Sperrzeit herumzufahren?" schrie der Offizier wütend. Da'ud zeigte ihm den Passierschein; der Offizier riß ihn ihm aus der Hand und zerfetzte ihn. Dann befahl er Da'ud, seinen Wagen zum militärischen Hauptquartier zu fahren und dort stehen zu lassen.

Da'ud hatte keine andere Wahl als zu gehorchen. Als er nach Hause kam, war er wütend auf mich, weil ich ihn zu einem solchen Wagnis überredet hatte.

Nach und nach kamen die ausländischen Journalisten, neugierig zu erfahren, wie wir unter israelischer Besatzung lebten. Die älteren Leute empfingen sie mit Resignation und erläuterten geduldig, daß das „Heilige Land" niemals heilig gewesen ist – immer schon dürstete es nach Blut ... Viele Eroberer sind hier gewesen: Da waren die Kreuzritter vor vielen Jahrhunderten; da waren die Türken und dann die Briten. „Wir haben sie alle überlebt. Wir werden auch die Israelis überleben ..."

Die jüngeren Leute weigerten sich meistens, mit den Zeitungsleuten zu sprechen. Der Schock der Niederlage im Juni-Krieg wirkte bei ihnen noch nach. Einige von ihnen warteten darauf, daß eine arabische Befreiungsarmee kommen und sie befreien sollte. Später prägte Abdel Nasser die Parole: „Was mit Gewalt genommen wurde, wird mit Gewalt zurückgeholt!" Wir aber sahen nicht, daß Gewalt je eine echte Lösung für unsere Probleme bringen könnte. Bisher hatte die Gewalt uns jedenfalls nicht sehr weit gebracht ...

120

Die Nachricht von Nassers Rücktritt war für uns ein neuer, fürchterlicher Schlag – zu all den Rückschlägen und Demütigungen, die wir erlitten hatten, auch noch das! Abdel Nasser, der Gigant, das Symbol des arabischen Nationalismus, war gestürzt!
Als die Nachricht über den Rundfunk kam, brachen alle in Tränen aus. Dr. Feisal, ein guter Freund, stand vor unserem Hause und weinte und schluchzte. Wir alle waren traurig, niedergeschlagen, unsere Zuversicht war aufs neue schwer erschüttert.

Der Regionaldirektor von Da'uds Bank kam aus England, um sich zu erkundigen, wie es dem Unternehmen ginge. Er kam in Begleitung der Direktoren zweier israelischer Zweigstellen der Bank in Nablus an. Wie der Zufall es wollte, waren diese Israelis alle beide Freunde meines Vaters in den guten alten Zeiten gewesen. Jetzt, als sie mich erkannten, begrüßten sie mich überschwenglich, küßten und umarmten mich.
Meine Freundin E. war gerade bei mir zu Besuch, als die Herren eintrafen. Sie sah meine herzliche Begrüßung der beiden Israelis und war empört über meinen „Verrat".
Ich war in der Küche und bereitete Drinks für die Besucher, als E. zur Hintertür hereinstürzte, wutentbrannt.
„Schämst du dich denn nicht!?" schrie sie. „Die Franzosen haben vor den Deutschen die Türen verriegelt!"
Sie ging mit dem Schwur, diese Schwelle nie wieder zu betreten.

Fast unmittelbar nach Kriegsende annektierte Israel Ost-Jerusalem. Zuerst ließ man uns West-Bankler nicht in die Stadt. Dann, nach und nach, wurden die Beschränkungen aufgehoben.
Als ich zum ersten Mal wieder nach Jerusalem fuhr, tat ich es, um Kontakt zu den ausländischen Konsulaten aufzunehmen. Ich wollte Bericht erstatten über unsere Lage und über unseren dringenden Bedarf an Hilfe durch das Rote Kreuz. Unsere Delegation bestand aus der Präsidentin der Arabischen Frauenvereinigung, Haja Andalib al Amad, der Vizepräsidentin Issam Abd el Abdi (später zusammen mit ihrer Tochter von den Besatzungsbehörden verhaftet und deportiert), der Vizepräsidentin des Roten Halbmonds, Raschda el Shaika, Schwester des Bürgermeisters von Nablus, der Schriftstellerin Faiza Abed el Megid vom Kinderhilfswerk und mir.
Die Konsuln – Vertreter der Vereinigten Staaten, Großbritanniens und Frankreichs – empfingen uns herzlich. Sie wußten nicht viel über die Vorgänge auf der West Bank, und sie hörten uns sehr aufmerksam zu. Unser erstes Ziel war es, das Rote Kreuz hereinzuholen, das aus den besetzten Gebieten ausgesperrt war; die Israelis bestanden darauf, alle

Hilfeleistungen über das eigene Hilfswerk „Roter Davidstern" zu lenken.

Das Wiedersehen mit Jerusalem war ein unauslöschlich schmerzlicher Eindruck. Für uns war die Stadt ein kämpferisches arabisches Sinnbild; es war ein Schock, sie besetzt zu sehen.
Was wir auch sahen in Jerusalem, es war neu, fremd, feindlich. Die Israelis jubilierten über die Annexion Ost-Jerusalems – sie nannten es „Wiedervereinigung der Stadt". Als ich sie sah, die fremden, fröhlichen Gesichter, junge Israelis, im Kreis die Hora tanzend, da durchlebte ich noch einmal die Tragödie, die meine Jugend beherrschte.
Da stand ich und blickte wieder auf das Mandelbaumtor, das „Tor der Tränen", an dem auch ich mein Maß an Tränen vergossen hatte. Eng fühlte ich mich mit diesem Fleck verknüpft: Er verkörperte die Tragödie, die Familien trennt, die die Gegenwart von der Zukunft scheidet. Das Tor symbolisierte meinen eigenen Mangel an Identität.

Als ich nach 1957 nach Jordanien ging, war mein Bruder George in Amman. Weil er wußte, daß Mutter mich aus Mandelbaumtor begleiten würde, flog George nach Jerusalem, eigens um die seltene Gelegenheit wahrzunehmen und einen Blick auf sie zu erhaschen. Leider hatte sein Flugzeug Verspätung und er kam nicht rechtzeitig; Mutter hatte man nicht gestattet, im Grenzbereich „herumzulungern". Als George auf der jordanischen Seite der Grenze angehetzt kam, war Mutter gerade gegangen. Verzweifelt fragte er mich, wo sie sei. Der diensthabende jordanische Offizier war daran gewöhnt, daß sich Dramen am Tor abspielten, aber er war von den Qualen, deren Zeuge er wurde, noch nicht völlig abgebrüht. Schwermütig deutete er auf eine winzige Gestalt, die in der Weite der israelischen Seite entschwand.
„Sehen Sie dort den Schatten? Das ist Ihre Mutter . . ."
In den Augen meines Bruders schimmerter Tränen. Der Silhouette nachstarrend, weinte er stumm; unfähig, sich von der Stelle zu rühren, betrauerte er seinen Verlust. Alles war ihm genommen – Zuhause, Familie, Heimatland. Sein Gram überschattete die Freude darüber, wieder mit mir vereint zu sein. Und dabei konnte er damals noch gar nicht wissen, daß der flüchtige Blick auf Mutters entschwindenden Schatten das letzte war, was er von ihr sehen sollte.
Verfluchtes Mandelbaumtor! Wie viele junge Leute haben mit ihrem Leben dafür bezahlt, daß sie es wagten, zur anderen, verbotenen Seite hinüberzugehen auf der Suche nach Mutter und Vater!

Wie viele Male habe ich vor diesem bedrückenden, erbarmungslosen Tor gestanden, das die Ungerechtigkeit der Teilung aufrecht erhielt. Wie sehr habe ich mir gewünscht, daß das Mandelbaumtor sich öffne! All die unerfüllten Hoffnungen, als ich auf das Unmögliche wartete, schufen in mir eine Bitterkeit, die zu den unauslöschlichsten Erinnerungen an meine Kindheit zählt.

Unsere tiefsten Wünsche und Sehnsüchte sind an dieses Tor geknüpft. Wir wollten, daß es aufgemacht würde, damit wir unser Heimatland betreten konnten. Als ich in Jerusalem im Internat war, wünschte ich mir verzweifelt, es sollte sich öffnen, damit ich zu meinen Brüdern laufen könnte.

Aber niemand dachte im Traum daran, daß es auf diese Weise geöffnet würde – unter Besatzung . . .

Bei diesem ersten Aufenthalt im „wiedervereinigten" Jerusalem ging ich in die Neustadt, wo ich zur Schule gegangen war. Ich lief durch die Straßen auf der Suche nach meiner Kindheit.

Ich schlenderte umher und starrte voller Staunen auf das Gewimmel von Israelis, die aus allen Teilen des Landes herbeigeströmt waren, um die Erfüllung der Prophezeiung von der Wiedervereinigung Jerusalems zu feiern. Autos, Lastwagen, Busse, sogar Motorräder – alle brachten Israelis herbei, junge und alte, Männer und Frauen; Mädchen in Miniröcken in den Armen hübscher Jungen in Fallschirmjäger-Uniform – eine fröhliche, triumphale Menge, die ihren Sieg feierte, die Eroberung Jerusalems. Sie freuten sich in ihrer freien, ungehemmten Art, küßten sich auf den Straßen . . . Welche Ironie: Wir befanden uns unter der Herrschaft einer freien Gesellschaft . . .

Bedrückt, gedemütigt, geschlagen und machtlos liefen wir durch die Straßen; stumm überblickten wir die neue Realität, die neuen Dimensionen unserer unglücklichen Lage. Ich schaute in diese fremden Gesichter: Israelis jeder Farbe, jeden Typs, europäische Juden und Neuankömmlinge aus arabischen Ländern, Städter und Kibbuzniks. Ich beobachtete sie, wie sie sangen und die Hora tanzten, und ich entsann mich, wie gern ich mit meinen israelischen Freundinnen die Hora getanzt hatte, ich entsann mich unserer hebräischen Lieder; ich dachte an meine jüdischen Freundinnen, die aus der Diaspora gekommen waren, die der Judenvernichtung entkommen waren und nichts anderes wollten als in Frieden leben, die Mädchen, die so viel Verständnis für mein Los und mein Leid gezeigt hatten. Ich wünschte mir, Augen und Ohren verschließen zu können, um zu verhindern, daß diese kostbaren persönlichen Erinnerungen sich mit den Bildern tötender und zerstörender israelischer Soldaten vermischten. Was ich hier sah, war nicht mehr das ums Überleben kämpfende jüdische Volk – ich erlebte eine

123

jüdische Eroberung unseres Landes. Waren denn diese Paraden die Erfüllung ihres Traums?

Die anderen Damen, die bei mir waren, konservativer als ich, fühlten sich durch dieses Schauspiel der Euphorie ziemlich verschreckt; die berauschten Israelis benahmen sich auf eine Weise, die arabischen Traditionen ganz fremd ist. Wir fühlten uns wie Fremde in der eigenen Stadt.

Ich dachte an die Vergangenheit der Stadt – an die Wüstenkarawanen und deren Kaufleute, die in der Stadt Station machten, an die europäischen Ritter und Edlen, die ihre Heimat verließen, um für die Stadt zu kämpfen, an die Pilger, die aus aller Welt kamen, um die Heiligtümer zu sehen. Während ich an Traktoren und Bulldozern vorbeiging, die emsig dabei waren, die Grenzen der Stadt zu ändern, lauschte ich den Rufen des Muezzin von der Al Aksa-Moschee. Und wieder hörte ich das Mittagsgeläut von Angelus, das ich in der Schule immer gehört hatte. Das hier war Jerusalem, Zentrum der drei großen Religionen, die den Glauben an die Würde des menschlichen Lebens gemeinsam haben.

Während der britischen Mandatszeit hatte die Stadt ihren besonderen, eigenen Charme; Araber und Juden lebten Seite an Seite in einer multi-religiösen Gemeinschaft. Mit seinen Missionseinrichtungen, seinen internationalen Schulen und Hospitälern, mit Menschen aus allen Ländern der Welt – Rußland, England, Frankreich, Deutschland, Österreich – war Jerusalem kosmopolitisch, eine Weltstadt. Nach 1948 wurde der israelische Sektor der Stadt rein jüdisch. Mein Vater, der im jüdischen Teil Jerusalems blieb, sagte, daß ihm die geteilte Stadt, einst stolz, doch nun erniedrigt, seit 1948 wie eine vornehme Dame vorkomme, die gezwungen werde, schäbige Lumpen zu tragen. Jetzt, 1967, sah ich Traktoren die Überreste der Tore und Stacheldrahtzäune beseitigen, die einst die Stadt geteilt haben.

Überall in der Welt, so schien es, feierten die Massen die arabische Niederlage. Welchen Stolz empfand man doch in Europa und Amerika – die Sympathisanten Israels sangen und tanzten und feierten die Erfüllung der Prophezeiung. Ihr Herz schlug für Israel, das diskriminierte. Jetzt aber waren wir die Getretenen. Israel war stark, Dayan war ein Supermann, auch die anderen israelischen Führer waren Helden. Mit einem Streich wischte Israel die Erinnerung an die Naziverfolgung hinweg, befreite die Europäer von ihrer Schuld für das, was die Juden während der Verfolgung durch die Nazis zu erleiden hatten. Die Welt liebt die Starken: „Macht ist Recht", so scheint es. Die Juden waren nicht länger heimatlose Flüchtlinge; sie hatten einen eigenen, mächtigen Staat.

124

Den Platz der jüdischen Flüchtlinge nahmen die Palästinenser ein. Nicht Hilfe war es, was sie verlangten, nicht Wohlfahrtsunterstützung oder UNWRA-Rationen und Decken. Sie wollten ein Zuhause, sie wollten einen würdigen Status. Nun aber war ihre frühere Tragödie erneuert und bekräftigt worden: Es gab neue Flüchtlinge, neue Vertriebene, neue Tragödien.

7. Besatzung und Widerstand

Nach dem Ende des Juni-Krieges hoben die israelischen Behörden innerhalb relativ kurzer Zeit die Beschränkungen, die sie während der Besetzung verhängt hatten, nach und nach teilweise auf. Die Sperrstunden wurden verkürzt und dann abgeschafft; auf der West Bank durften wir uns frei bewegen, wenn man auch auf Schritt und Tritt von militärischen Straßensperren und polizeilichen Ausweiskontrollen aufgehalten wurde. Mit der Zeit wurde es möglich, über die ehemalige Demarkationslinie hinweg nach Israel hineinzugehen. Ich packte die erstbeste Gelegenheit beim Schopfe, um Erlaubnis für einen kurzen Besuch in meiner Heimatstadt Akko zu bitten. Ich sehnte mich danach, die Umgebung wiederzusehen, in der ich aufgewachsen war, das geliebte Zuhause meiner Kindheit, die vertrauten Felder und Dörfer. Außerdem hatte meine Reise noch einen traurigeren Grund: Zum ersten Mal würde ich Gelegenheit haben, an den Gräbern von Mutter und Vater zu stehen.

Eifrig und voller Ungeduld machte ich mich auf die Reise. Ich fuhr die Küstenstraße entlang und genoß es, zu schauen und zu lauschen. Die Orangenhaine, der Jasmin, die frische Meeresbrise – alles das rief mir die vertrauten Eindrücke des Palästinas meiner Kindheit zurück. Ich sah die Blumen und dachte daran, wie mein Vater immer zu erklären pflegte, welche Besonderheiten die einzelnen Arten aufwiesen; Veilchen sind bescheiden, sagte er, Rosen sind stolz . . . Jeder, der Ohren hat, den verführerischen Lockruf der Natur zu hören, wird Verständnis haben für die wehmütige Liebe, die das Land, dem man verbunden ist, in einem erweckt.

Endlich erreichte ich Akko. Die Stadttore waren offen – dieselben Stadttore, die man fest zugemacht hatte, um die Überfälle von Eindringlingen abzuwehren – Napoleon, Ibrahim Pascha, die Briten. Ich dachte an 1948 zurück, als die Israelis die Stadt ziemlich mühelos eingenommen hatten. Immerhin, ich wußte, daß mein Volk gekämpft hatte. Es besaß keine Panzer, keine Flugzeuge, keine Artillerie; alles, was es hatte, waren seine primitiven Gewehre; aber es hatte gekämpft, solange es konnte – bis es zum Aufgeben gezwungen war.

In alten Zeiten waren die Einwohner der Stadt niemals geflohen; die Tore wurden geschlossen, und sie lebten oder starben in ihrer Stadt. Ich wünschte, daß diese Tore auch 1948 geschlossen worden wären – ich wünschte, die Menschen wären an der Flucht gehindert worden. Immer und immer wieder fragte ich mich: Warum sind sie weggelaufen? Wußten sie denn nicht, daß man sie nicht zurückkehren lassen würde?

Daß neue Leute ihre Plätze einnehmen würden – jüdische Einwanderer oder enteignete arabische Bauern vom umliegenden Lande?

Wie freute ich mich, wieder in Akko zu sein, in seinen altertümlichen Mauern; Heimkehr – mit all den bitter-süßen Erinnerungen, den geisterhaften Stimmen der Vergangenheit, den längst dahingegangenen Gesichtern der Lieben. Und doch war ich voller Kummer, als ich über das holprige Pflaster der Gäßchen ging.

Ich erreichte die Straße, in der ich als Kind gelebt hatte. Alles war so vertraut und so fremd. Ich schaute über die Promenade hinaus zum Strand und weit übers Meer hin. Tränen trübten meinen Blick, ich fühlte mich halb erstickt. Wo sind Vater und Mutter? Sie müssen doch hier sein! Ich lief zu dem Haus, in dem wir gewohnt hatten; da war es, da die vertraute Tür. Ich warf mich dagegen und klopfte wie besessen. Ich wartete darauf, daß sie sich wieder für mich öffnen würde, so wie sie sich früher immer für mich geöffnet hatte; ich erwartete Mutters sanftes Lächeln zu sehen, ihre Arme um mich zu spüren. Ich erwartete Vaters tiefe Stimme zur Begrüßung. Ich klopfte wieder und wieder, aber es rührte sich nichts – kein Geräusch, nur das dumpfe Dröhnen in meinen Schläfen als Echo der bitteren Realität. Ich sank auf die Stufen nieder und schluchzte hilflos, das Gesicht in den Händen verborgen. Ich dachte an Vater und Mutter, ich dachte an ihren einsamen Tod, während ich – nur wenige Kilometer entfernt – die Waffenstillstandslinie nicht überqueren durfte, um ihnen in ihren letzten Minuten beizustehen. Nun waren sie tot, tot und dahin, unser Heim war leer, und niemals würden sie wiederkommen . . .

Als ich da so saß, tauchte plötzlich eine Gruppe Touristen auf; sie drängelten und schubsten und wollten Eintrittskarten kaufen. Bestürzt sah ich zu und verstand überhaupt nichts. Was waren das für Leute? Was wollten sie hier? Dann öffnete sich die Haustür, und im selben Augenblick drückte ein Mann mir ein Ticket in die Hand und verlangte zehn Lirot. Plötzlich begriff ich, was hier geschah: Mein altes Zuhause war in ein Museum verwandelt worden, eine Touristenattraktion! Ich war entsetzt. Wie konnte man mir das antun?

Und doch – war ich auch noch so schockiert, ich konnte nicht widerstehen, hineinzugehen. Was hoffte ich zu finden? Suchte ich einfach irgend eine Verbindung, irgendeinen vergessenen Hauch der Vergangenheit? Ungewiß, ob dies Traum oder Wirklichkeit sei, folgte ich dem Führer ins Haus und schaute mit gebanntem Blick um mich. Schnell aber fand ich zur Erde zurück. Meine Verträumtheit wich dem Ärger und der Erbitterung. Der Führer, der die Besucher durchs Haus geleitete, erklärte freundlich, daß dieses Haus, unser Zuhause, einmal einer bedeutenden jüdischen Familie gehört habe. Welche Demütigung! Ich spürte, wie mein Blut in Wallung geriet. In meiner Wut hätte ich am liebsten gerufen, geschrien: „Glaubt ihm kein Wort! Er lügt! Das hier ist mein Haus, es gehört meiner Familie! Hier ist mein Vater geboren worden . . ."

Ich sagte nichts. Wie gelähmt hörte ich zu wie der Führer auf die orientalische Bogenarchitektur hinwies, auf die Gemälde an den Wänden, den Fußboden aus italienischem Marmor. „Sehen Sie diesen herrlichen Flügel . . ." sagte er begeistert.

Auf Zehenspitzen schlich ich hinaus, ich hoffte, daß niemand mich zu genau ansähe. Meine Augen standen wieder voller Tränen – diesmal aber Tränen der Wut. Ich weiß nicht, was mich mehr ärgerte – das traurige Los unseres Hauses oder die schändlichen Unwahrheiten, die der Führer den Besuchern in die Ohren blies. Ich fragte mich, was wohl geschehen würde, wenn ich ihn zum Schweigen brächte und die Wahrheit über dieses Haus erzählte. Würden sie mich alle mitleidig ansehen? Oder würden sie meinen, ich hätte den Verstand verloren, mein irres Hirn hätte sich da eine phantastische Geschichte über die entschwundene Pracht und Herrlichkeit meiner Familie zurechtgelegt? Was würden sie sagen, wenn ich ihnen erzählte, daß der Flügel aus Damaskus importiert wurde für meine Großmutter, die einer syrischen Adelsfamilie entstammte, einem Haus, das in der Zeit der Ottomanen eine bedeutende Stellung innehatte? Daß mein Großvater einst britischer Honorarkonsul war? Was würden sie sagen, wenn ich erzählte, daß all die Bücher, Werke der Dichtkunst, der Prosa, der Philosophie, die die Regale der Bibliothek füllten, das Eigentum meines Vaters waren?

Ich dachte an meinen Vater. Ein hochgebildeter Mann – er war im Libanon aufs College gegangen, dann hatte er in Alexandria und in Frankreich Jura studiert, war Getreideagent der britischen Marine geworden; aber er war ein Individualist geblieben mit einer Neigung zum Bohemeleben; er hatte den Drang zu geistiger Arbeit geerbt, und er liebte es zu reisen.

Auch in den Jahren seines Abstiegs, als die Wechselfälle des Lebens ihm wenig mehr als seine Erinnerungen beließen, verlor Vater nicht seine Würde. Er stärkte sich an der Poesie der französischen Klassiker und übte sich in stoischer Haltung gegenüber dem Leben. „Tout est vanité", pflegte er zu sagen – alles ist nichtig.

Die Israelis würden mir niemals Glauben schenken, wenn ich ihnen von Vater erzählte. Für sie waren wir Araber nichts weiter als ein Haufen von Beduinen-Nomaden. Das war das Klischee . . . Traurig schlüpfte ich hinaus aus diesem Haus mit seinen Gespenstern der Vergangenheit.

Und als ich durch die Straßen von Akko eilte, die so vertraut und doch so fremd waren, fühlte auch ich mich fast wie ein Gespenst ...

Ich fuhr nach Nablus zurück.

Nach einigen Wochen und Monaten der israelischen Besetzung glitt das Leben in Nablus allmählich wieder in eine Art von „Normalität" zurück. Die Israelis führten eine Volkszählung durch und gaben neue Personalausweise aus. Nach Aufhebung der Ausgangssperre bewegte man sich mehr oder weniger freizügig, obwohl es lange dauerte, bis man uns erlaubte, die Stadt zu verlassen. Israelische Soldaten patrouillierten in den Straßen und machten Personenkontrollen. Zuerst war das weitgehend Routinesache; erst später, als die Fedajin des palästinensischen Widerstandes aktiv wurden, wurden die Sicherheitskontrollen streng und sehr lästig.

Nach dem Schock des verlorenen Krieges, der mit so hochgespannten Erwartungen begonnen und in so bitterer Erniedrigung geendet hatte, waren die Menschen immer noch wie benommen. Es war schwer zu begreifen, was geschehen war, und noch schwerer zu akzeptieren. Israelische Soldaten und Militärfahrzeuge in den Straßen von Nablus waren noch immer ein schockierender Anblick; wie eine Wunde, die nicht heilen will, blieb es eine Quelle steter Pein. Das einzige, was helfen konnte, die Leute aus ihrer stumpfen Apathie zu wecken, waren die Bedürfnisse des täglichen Lebens. Dringende Erledigungen und viele Zwänge ließen wenig Zeit für melancholische Grübeleien. Man mußte zu essen haben, Geld verdienen, die Schäden des Krieges reparieren, man mußte zu dem einen, alles beherrschenden Zweck des Überlebens den Alltag neu organisieren – all das spornte uns an, aktiv zu werden.

Die Lage war ernst. Auch unter jordanischer Herrschaft hatte Nablus schwere Zeiten erlebt, aber der Krieg und die israelische Besetzung hatten das Wirtschaftslebens weitgehend lahmgelegt. Nach einigen Wochen begannen die Räder sich erneut zu drehen, als die Händler ihre Läden wieder aufmachten, als die Bauern wieder anfingen, mit ihren Erzeugnissen auf die städtischen Märkte zu ziehen, als der Verkehr wieder in Gang kam. Aber diese Belebung war nur partiell; während die einen wieder arbeiten gingen und ihren Lebensunterhalt verdienten, waren die anderen, viele Bürger von Nablus, in verzweifelter Bedrängnis. Bauvorhaben und ähnliche Projekte kamen zum Erliegen, die Arbeiter wurden erwerbslos. Viele Familien hingen materiell von den Geldüberweisungen ab, die in Kuwait oder am Golf arbeitende Söhne oder Ehemänner schickten; das Geld war immer über Jordanien transferiert worden, weil aber jetzt die Verbindungen nach Amman von der israelischen Besatzungsmacht abgeschnitten waren, blieben ganze

Familien mittellos sitzen und konnten nicht einmal den dringendsten Bedarf an täglicher Nahrung decken. In solchen Situationen geht man an seine Ersparnisse, aber auch das war hier keine Lösung. Alle Banken in Nablus waren Zweigstellen jordanischer Banken; sie waren mit der israelischen Besetzung geschlossen worden, kein Kontoinhaber konnte Geld abheben. Unmittelbar vor Ausbruch des Krieges hatte die jordanische Regierung die Bankdirektoren auf der West Bank autorisiert, kleinere Beträge auszuzahlen, aber diese reichten nicht sehr lange.

Mit der Schließung seiner Bank wurde Da'ud – wie alle anderen Bankangestellten auf der West Bank – stellungslos. Zwar zahlte man ihm sein Gehalt weiter, als wenn er zur Arbeit ginge, aber er lebt seitdem in erzwungener Untätigkeit – mehr als zehn Jahre ohne Arbeit. (Manches Mal hat Da'ud daran gedacht, es den vielen anderen Bankangestellten gleichzutun, die nach Amman gezogen waren oder in die Golfstaaten, wo sie arbeiten und Geld verdienen konnten. Ich aber habe mich diesem Gedanken immer widersetzt: Ich fürchtete, daß wir nicht nach Palästina zurückkehren würden. Was nützt uns alles Geld, wenn wir in der Fremde leben und unsere Kinder fern von Palästina aufwachsen müssen? Wir hatten die Wahl zwischen Wohlstand im Exil und den Leiden der Besatzung. Ich zog das letztere vor.)

Zu Beginn der Besatzungszeit, als die Leute ganz dringend Geld brauchten, tat Da'ud sein Möglichstes, um ihre Not zu lindern, indem er ihre Schecks gegenzeichnete und damit bestätigte, daß sie Geld auf ihren Konten hatten. Diese Schecks wurden dann von jungen Männern mitgenommen, die sich über den Jordan stahlen und drüben bei jordanischen Banken das Geld abhoben, das ihre Familien so nötig brauchten. Diese Jungen, die da heimlich hin und her über die Grenze gingen, setzten ihr Leben aufs Spiel, denn wenn sie einer israelischen Streife in die Arme liefen, konnten sie erschossen werden. Und tatsächlich ist mancher von ihnen von seinem gefährlichen Auftrag nie wiedergekommen. Um den Hunderten notleidender Familien in Nablus zu helfen, sammelte die Gemeindeverwaltung von den verhältnismäßig gutgestellten Familien Geld ein und organisierte Lebensmittelzuteilungen für die dringendsten Fälle. Es war ein trauriger Anblick, jene lange Schlange von Frauen, Kindern und Greisen, die täglich vor dem Gebäude der Gemeindeverwaltung anstanden, die stundenlang geduldig dastanden und auf ihre magere Ration warteten – einen Laib Brot, ein wenig Reis und Zucker und Bohnen –, mit der Leib und Seele zusammengehalten wurden.

Eines Tages, als ich an dieser Schlange vorüberging, fiel mir etwas Sonderbares auf: Viele der Frauen waren verschleiert! In der Zeit vor dem Kriege war der Schleier weitgehend verschwunden gewesen, zumindest in Nablus und anderen größeren Städten. Nur die älteren Frauen aus den konservativen Familien wahrten noch die Sitte, niemals unverschleiert aus dem Haus zu gehen. Hier jedoch bemerkte ich, daß die meisten der Frauen aufs neue ihren Schleier trugen. Ich brauchte einen Augenblick, um den Grund zu erkennen: Tief gedemütigt, daß sie um Nahrung betteln mußten, verhüllten sie buchstäblich ihr Angesicht in Scham! Es waren Menschen mit einem starken Gefühl für Stolz und Selbstachtung – und plötzlich war das Unheil über sie hereingebrochen, nun waren sie auf die Wohlfahrt angewiesen, um am Leben zu bleiben.

Es war nicht nur ein rein persönliches Gefühl der Schande – man empfand auch eine kollektive Erniedrigung. Auch diejenigen, die das Lebensnotwendige selbst besaßen – Nahrung, Kleidung, ein Dach über dem Kopf –, auch sie hatten etwas verloren, auch sie fühlten sich beschämt und degradiert. Die Niederlage des Junikrieges war nicht irgendein abstrakter politischer Rückschlag; sie war für jeden einzelnen von uns ein persönliches Unglück. Eine allgemeine Bedrücktheit lastete über der ganzen Stadt.

Ich selbst empfand, als ich mein Volk geschlagen und erniedrigt sah, den heftigen Drang, wegzulaufen, weit weg von hier, wo jede Minute mich an unsere Niederlage gemahnte. Als ich die Israelis mit jener arroganten Selbstzufriedenheit der Sieger reden hörte, gab es Augenblicke, in denen ich mir wünschte, keine Araberin zu sein. Ich spürte, wie andere auch, wie alles Arabische auf Abwehr stieß; ich hatte meinen Glauben an die arabischen Führer, an das arabische Volk im ganzen verloren. Da wir das Vertrauen in uns selbst verloren hatten, standen wir nun mit nichts als einem tiefen Gefühl des Selbsthasses da.

Die Frauen von Nablus trugen ihre Schwermut wie ein Trauergewand; sie benutzten weder Lippenstift noch anderes Make-up. Zur selben Zeit, als die Mädchen in aller Welt in Miniröcken einherwippten, kehrten die Palästinenserinnen zu langen Kleidern zurück. Ich paßte mich dem Trend an. Vor dem Kriege lief ich in farbenfreudigen Kleidern und kurzärmeligen Blusen herum. Jetzt aber begann ich, wenn ich es auch nicht übertrieb, doch eher bescheidene, konservative Kleidung zu tragen; auch ich fand, sie paßte zu meiner bedrückten Stimmung. Im übrigen lag das nicht allein in meiner eigenen persönlichen Entscheidung: Es wäre undenkbar gewesen, daß ich bunt herausgeputzt dahergekommen wäre.

Das unansehnliche, beinahe erdgraue Bild, das wir boten, stand in krassem Gegensatz zu dem flammenden Exhibitionismus der Israelis. Innerhalb kurzer Zeit nach der Besetzung wurde die West Bank einem wahren Ansturm israelischer Touristen geöffnet. In Bussen und Lastwagen, in Autos und Jeeps ergossen sich Zehntausende israelischer Zivilisten über die West Bank. Lärmend, fröhlich, farbenfroh in der Kleidung und ungehemmt im Benehmen, zeigten sie bald, daß sie sich zu Hause fühlten bei uns. Sie zogen scharenweise durch die Stadt, starrten neugierig die Bauern in ihren traditionellen Kostümen an, zielten mit ihren Kameras auf alles – ich glaube, sie waren überrascht, als sie merkten, daß wir nicht in Zelten hausten. Sie stürmten die Märkte und Läden auf der Suche nach billigen Gelegenheiten und Kuriositäten; diejenigen, die Arabisch konnten, fingen Unterhaltungen mit den Händlern an; andere behalfen sich mit Gesten. Die Israelis kauften alle Importwaren auf, die bei uns weit billiger waren als in Israel, das hohe Steuern erhebt. (Später zwang man auch uns, die enorm hohen israelischen Preise zu bezählen.)

Unsere Leute beobachteten diese neue „Invasion" mit Zurückhaltung. Die Geschäftsleute und Händler waren ganz froh, den neuen Kunden zu Diensten zu sein, und für manchen waren sie eine Gottesgabe in einer Zeit, in der die Geschäfte schlecht gingen. Die meisten aber konnten nicht für einen Augenblick vergessen, daß diese „Gäste" im Kielwasser einer Besatzungsarmee kamen; und so verhielt man sich ihnen gegenüber mit kühler Distanz, vermischt mit Neugierde auf diese fremden Wesen, die in den letzten neunzehn Jahren so nahebei gelebt hatten und doch so fern und unbekannt geblieben waren.

In der zweiten Hälfte des Jahres 1967 und im Winter 1967/68 war trotz der Hilfsbemühungen der Gemeindeverwaltung und verschiedener privater Hilfswerke wie etwa des Internationalen Christlichen Komitees die Lage in Nablus sehr kritisch. Besonders schlechte Bedingungen herrschten in den Arbeitervierteln des alten Nablus, wo die Familien erwerbsloser Arbeiter Not und Entbehrung litten. Die Männer jagten nach einer Arbeit, aber vergeblich: Es gab keine. Verzweifelt verließen viele der Männer das Land, um Arbeit in den Golfstaaten zu suchen; sie hofften, von dort aus für ihre Familien sorgen zu können.

Als der Winter heranrückte und mit ihm die Apfelsinenernte, hieß es plötzlich, es gebe Arbeit in Israel. Die erste Reaktion war Schreck und Wut: Nahmen die Besatzungsbehörden denn wirklich an, irgendein Palästinenser mit Selbstachtung würde über die Grenze gehen und für einen israelischen Unternehmer arbeiten? Ganz gewiß nicht! Man stelle sich vor – manch einer könnte sich da als Arbeiter auf einem Feld oder in einem Orangenhain wiederfinden, der ihm einst gehörte! Welche Ironie des Schicksals . . .

Aber die Lage auf dem Arbeitsmarkt blieb düster, und so dauerte es nicht lange, bis Arbeiter aus Nablus begannen, frühmorgens die Busse zu besteigen, die sie an ihre Arbeitsplätze in israelischen Orangenpflanzungen und Fabriken fuhren. Die Nationalisten waren höchst aufgebracht über diesen Bruch mit der stillschweigenden Politik der Nicht-Kooperation mit den Israelis.

Zu dieser Zeit besuchte mich Eric Rouleau, der Nahost-Redakteur von „Le Monde", und ich lud ein paar Freunde ein, die ihn kennenlernen sollten. Im Gespräch kritisierte einer meiner Gäste heftig die Arbeiter, die sich nach Israel verdingten. „Die Idioten!" schrie er. „Sie schuften auf Baustellen in Jerusalem und ziehen an strategischen Punkten der Stadt Wohnungen für Juden hoch. Sie helfen der Wirtschaft Israels, indem sie ihr eigenes Gefängnis bauen, ihr eigenes Grab schaufeln!"

Auf diesen Ausfall reagierte ein anderer Gast ebenso heftig. „Das ist ja alles ganz vorzüglich für euch gute Bürger – ihr sitzt in euren Salons und schimpft auf die Arbeiter. Aber was sollen die Arbeiter denn machen? Es gibt keine andere Arbeit für sie. Womit sollen sie denn ihre hungrigen Kinder füttern – mit nationalistischen Parolen?"

Rouleau hörte sich den erbosten Wortwechsel mit großem Interesse an. „Es war in Frankreich im Zweiten Weltkrieg noch viel schlimmer", erinnerte er sich. „Hunderttausende französischer Arbeiter wurden nach Deutschland geschafft. Tausende von Zügen mit französischen Arbeitern für die deutschen Munitionsfabriken . . ."

Die Auseinandersetzung um die Arbeitskräfte, die Stellungen in Israel annahmen, war nicht das einzige Thema dieser Art, das uns in den ersten Monaten der israelischen Besatzung beschäftigte. Der Junikrieg fand am Ende eines Schuljahres statt, und die Schulen blieben den Sommer über geschlossen, wie üblich. Als es dann aber Zeit wurde, daß die Schule wieder begänne, erhob sich heftiger Streit. Die israelischen Behörden setzten die Schulen unter Druck, damit sie ihren Lehrplan änderten und den in Israels arabischen Schulen gebräuchlichen übernähmen. Die Israelis wollten die Schulbücher zensieren und die arabische Geschichte nach israelischer Version umschreiben. Man hatte große Angst, daß unsere Kinder derselben Art von Gehirnwäsche unterzogen werden sollten, die das Los der arabischen Kinder in Israel ist – sie lernen alles über die Geschichte und die Literatur der Juden, wachsen aber mit sehr geringem Wissen über ihr eigenes nationales und kulturelles Erbe auf.

Nicht, daß wir mit dem geltenden jordanischen Lehrplan so überaus zufrieden gewesen wären. Das jordanische Erziehungsministerium hatte Lehrstoff verordnet, der darauf abzielte, unsere Kinder zu „Jordaniern" zu machen, und der unsere palästinensische Identität kaum hervorhob. Als wir noch jordanisch regiert wurden, fiel mir eines Tages das Geographiebuch in die Hand, das an Diannas Schule im

Gebrauch war. Ich blätterte es durch und stellte verblüfft fest, daß unsere Kinder Transjordanien bis in kleinste Einzelheiten kennenlernen sollten, alle seine Berge und Wüsten, seine Beduinenstämme und Dörfchen – doch über Palästina war kaum ein Wort zu finden. Ich knallte das Buch wutentbrannt hin. „Was interessieren mich ihre Wüsten?" rief ich. „Wozu müssen meine Kinder das alles lernen? Wir sind aus Jaffa und Akko, aus Palästina – warum bringen sie den Kindern das nicht bei?!"

Diese Einseitigkeit war kein Zufall; sie war Teil einer bewußten jordanischen Politik, unsere palästinensische Identität herunterzuspielen. Unsere Geschichte wurde kaum berührt, unsere Helden nicht gerühmt; statt dessen wurden die jordanischen Nationalfeiertage, Husseins „jordanische Revolution", in aller Breite und Ausführlichkeit abgehandelt. Unsere eigene reiche und prächtige Folklore wurde beiseite geschoben, die Traditionen der transjordanischen Beduinen wurden groß herausgestrichen. Nicht genug damit, daß unsere palästinensische Identität hinter der jordanischen Staatsbürgerschaft und jordanischen Pässen versteckt wurde; sie wollten unseren palästinensischen Kindern auch jordanische Seelen verpassen.

Jetzt, nach der Besetzung, war der israelische Versuch eines Eingriffs in unsere Schulen allerdings weit schlimmer. Was immer uns von den Jordaniern getrennt hatte, was immer wir auch gegen sie hatten – und das war viel! –, die Jordanier waren immerhin Araber. Der Eingriff der jordanischen Behörden in unsere Schulen gefiel uns gewiß nicht, aber der jetzige Versuch der Israelis, uns den Lehrplan zu diktieren, war ganz und gar unerträglich.

Viele palästinensische Lehrer und Eltern reagierten außerordentlich heftig. „Unter diesen Umständen", sagten sie, „ist es wohl besser, unsere Kinder überhaupt nicht zur Schule zu schicken! Dann sollen sie lieber zu unwissenden Hilfsarbeitern heranwachsen, als daß wir sie ihrem Volke entfremden lassen!" Diese Ansicht hatte zahlreiche Fürsprecher, die prominenteste unter ihnen war Jussrah Salah, ehemals Schulrätin des jordanischen Erziehungsministeriums. Bei diesen gewichtigen Bedenken schien es klar, daß die Schulen ihren Betrieb nicht wieder aufnehmen würden.

Während die öffentliche Meinung allgemein diese Entscheidung für richtig hielt, machten sich viele Eltern Sorge um die Zukunft ihrer Kinder. Durfte man sie denn ohne Schulausbildung aufwachsen lassen? Die Extremisten antworteten mit einem klaren und weithin hallenden „Ja". Sie verwiesen auf das Beispiel Europa, wo im Zweiten Weltkrieg viele Kinder infolge von Krieg, Besetzung und Widerstand Jahre ihrer Schulausbildung verloren. Das mochte als politische Antwort befriedi-

134

gend sein – die Ängste der Eltern konnte es allerdings nicht beseitigen. Familien, die es sich leisten konnten, sorgten dafür, daß ihre Kinder in Jordanien oder im Libanon zur Schule gehen konnten. Es gab sogar Eltern, die ihre Kinder in Internate nach England oder anderen europäischen Ländern schickten.

Auch ich stand vor diesem Dilemma. Meine älteste Tochter Dianna war acht Jahre alt; sie brauchte es und verdiente es, zur Schule zu gehen. Durfte ich ihr dieses Recht nehmen? Und für wie lange? Andererseits war der Gedanke, sie in so jungen Jahren in ein Internat zu schicken, schrecklich. Unwillkürlich kam mir die Erinnerung an die traurigen Umstände, unter denen ich als kleines Kind weggeschickt werden mußte; ich dachte an meinen Kummer und meine Einsamkeit fern von den geliebten Eltern. Dasselbe konnte ich doch nun nicht meiner eigenen Tochter antun! Aber hatte ich denn eine Wahl? Am Ende mußte ich mit großem Widerstreben der Wirklichkeit ins Auge sehen – Dianna wurde im Internat angemeldet.

Als bekannt wurde, daß die wohlhabenden Familien ihre Kinder ins Ausland schicken wollten – die übrige Bevölkerung war natürlich nicht in der Lage, sich diesen Luxus zu leisten – verbreitete sich Mißstimmung in den Familien der mittleren und unteren Schichten. Der Beschluß, die Schulen nicht wieder zu eröffnen, war mit allgemeiner Zustimmung aufgenommen worden; als es nun aber darum ging, diesen Beschluß in die Tat umzusetzen, waren es die ärmeren Leute, die die ganze Last zu tragen hatten, während die Reichen es sich leisten konnten, ihre Kinder vor den Folgen des Boykotts zu bewahren. Diese schreiende Ungerechtigkeit ließ die öffentliche Meinung umschwenken; in dem veränderten Klima wurde es anderen Stimmen möglich, sich Gehör zu verschaffen.

Von Beginn an hatte der Beschluß, die Schulen nicht wieder zu eröffnen, einen höchst angesehenen Widersacher gehabt: Kadri Turkan, ehemals jordanischer Außenminister und Gründer und Direktor des Najah-Colleges in Nablus. Kurz nach der Niederlage von 1948 veröffentlichte Turkan ein bemerkenswertes Buch, in dem er versuchte, offen und ehrlich die Gründe für den arabischen Niedergang zu analysieren. Er kam in seinem Buch zu dem eindeutigen Schluß, daß, während die Juden ein modernes, gebildetes Volk mit umfassender Beherrschung der modernen Technologie seien, wir Araber unwissend und rückständig seien und wenig oder gar keinen Zugang zu Geist und Technik der modernen Zeit hätten. Die Folgerung war klar: Die Araber würden niemals zu ihren Rechten kommen oder sie bewahren, wenn sie sich nicht in die moderne Zeit hineinbewegten – und dazu sei die erste Voraussetzung eine gute Bildung für unsere Jugend. Diese Überzeugung war es, die ihn motivierte, das College zu gründen, dem er vorstand; und jetzt, aus der gleichen Überzeugung heraus, sprach er sich wortgewaltig und beredt gegen den Beschluß zur Schließung der Schulen aus. Seine Meinung wurde von Hamdi Kna'an, dem Bürgermeister von Nablus, unterstützt; beide Männer drängten darauf, den Schulunterricht wieder aufzunehmen, und taten alles, um die israelische Einflußnahme auf den Lehrplan zu verhindern oder doch zumindest so gering wie möglich zu halten.

Es wurde heftig und erregt debattiert, aber allmählich neigte die Mehrheit der Wiedereröffnung der Schulen zu. Die israelischen Behörden, darauf bedacht, daß alles möglichst rasch wieder möglichst „normal" aussah, schienen bereit, ihre extremen Forderungen zurückzuziehen. Nach langatmigen und stumpfsinnigen Streitereien mit israelischen Beamten war die Militärregierung bereit, den Schulen die weitere Benutzung des jordanischen Lehrplanes zu gestatten; was die Lesebücher betraf, so kam man schließlich überein, das eine oder andere zurückzuziehen – mehr als eine Geste, damit die Israelis das Gesicht wahren konnten, und nicht, weil gerade diese Bücher so besonders bedenklich für die Israelis gewesen wären. Die Schulen wurden wieder eröffnet.

Diese Debatte war für uns eine gute politische Lektion. Sie bewies uns, daß wir auch unter der israelischen Besatzung normal weiterleben konnten – ohne daß wir unseren nationalen Stolz aufgaben oder vor der Besatzungsmacht krochen. Die große Mehrheit in Nablus fand, daß diese Sache zu einem befriedigenden, ja sogar siegreichen Abschluß gebracht worden war; es gab aber auch ein paar Unentwegte, die unversöhnlich blieben und die Wiedereröffnung der Schulen als „Kapitulation" bezeichneten. Jussrah Salah, die sich während der Auseinandersetzung so hervorgetan hatte, weigerte sich, die Entscheidung anzuerkennen; sie verließ ihren Posten als Schulrätin und kehrte nicht wieder in ihre frühere erzieherische Arbeit zurück.

Eines Tages kurz nach dem Kriege hörte ich am frühen Morgen ein Klopfen an der Tür. Als ich aus dem Fenster schaute, bekam ich einen Schreck: Draußen stand ein Wagen mit israelischem Nummernschild. Wer mochte das sein? Was wollten sie? Ich wußte nicht, ob ich aufmachen sollte oder nicht, aber schließlich nahm ich meinen Mut zusammen und ging an die Tür. Was für eine Überraschung: Es war meine Cousine Amel aus Kfar Jassif in Israel, die mit ihrem Mann nach Nablus gekommen war, um nach mir zu sehen. Ich begrüßte sie und bat sie herein, doch so groß die Freude über das Wiedersehen auch war, sie ließ mich nicht vergessen, daß die Nachbarn ihre eigenen Schlüsse aus der Tatsache ziehen würden, daß vor meinem Hause ein israelischer

Wagen parkte. Meine Ahnungen trogen nicht. Wieder einmal trafen mich feindselige Blicke von Leuten, die mich des „Verrats" und der „Kollaboration" verdächtigten. Aber es sollte noch schlimmer kommen.

Eines Tages teilte Hamdi Kna'an, der Bürgermeister von Nablus, mir mit, ein israelischer Offizier hätte sich nach mir erkundigt. Es waren noch mehrere andere Leute anwesend, als er mir das sagte, und ich fühlte ihre bösen, argwöhnischen Blicke auf mir. Es war nicht schwer zu erraten, was sie dachten: Wenn Israelis nach Raymonda fragen, dann bedeutet das wahrscheinlich, daß sie eine Spionin ist. Als ich diese unausgesprochenen Vorwürfe spürte, errötete ich vor Verlegenheit – dann aber nannte mir Hamdi Kna'an den Namen des Israelis und ich vergaß mich so weit, daß ich einen Freudenschrei ausstieß. Es war Mischka Fuchs, der Direktor des Museums von Akko, ein Mann, den ich aus meiner Kindheit gut kannte. Ich freute mich so sehr, von ihm zu hören und zu erfahren, daß er nach mir gefragt hatte, daß ich für einen Moment vergaß, daß er ein Feind war – Offizier in der israelischen Besatzungsarmee, die Nablus übernommen hatte. Als ich dann aufblickte und den Ausdruck auf den Gesichtern ringsum sah, erkannte ich, daß ich einen schlimmen Fehler gemacht hatte – aber nun war es zu spät.

Solche Vorfälle brachten mich in eine schwierige, vielleicht sogar gefährliche Lage. Wenn ich durch die Straßen ging oder mich in der humanitären Arbeit für die Flüchtlinge und für die notleidenden Arbeiterfamilien von Nablus betätigte, sah ich die feindlichen Blicke, die man auf mich warf, und auch ohne daß es mir jemand erzählte, wußte ich, was man hinter meinem Rücken über mich redete. Täglich besuchten mich israelische Freunde, Juden und Araber; jedes Mal, wenn ein israelischer Wagen vor meinem Hause hielt, wußte ich, daß er mir Freude und Schmerz brachte: die Freude, alte Freunde zu begrüßen, die ich zehn Jahre lang nicht gesehen hatte, und den Schmerz zu wissen, daß der Besuch von meinen Freunden und Nachbarn in Nablus mißdeutet würde, denn sie konnten nicht begreifen, wieso ich „den Feind willkommen hieß". Einmal machte sogar das Gerücht die Runde in Nablus, ich hätte eine Party für israelische Offiziere gegeben. Mein Status und eine relativ prominente gesellschaftliche Stellung in der Stadt machten mich zum herausragenden Ziel für Angriffe dieser Art – und noch schlimmere.

Eines Tages fanden wir im Postkasten einen Brief. Er war kurz und sehr direkt: In rüden Ausdrücken verurteilte der Brief mich und meine Familie wegen unserer Kontakte zu den Besatzungsbehörden, weil wir Israelis in unserem Hause empfingen und weil wir feindliches Territorium besucht hätten – nämlich Akko. Der Text war mit groben Buchstaben in der Handschrift eines Schulkindes geschrieben; die Unterschrift aber war geheimnisvoll: „Fatah"!

Es war erschreckend, eine solche Warnung zu erhalten – wenn ich auch bis auf den heutigen Tag nicht sicher bin, ob sie wirklich vom palästinensischen Widerstand kam. Aber zusammen mit meiner Furcht empfand ich auch einen tiefen Groll. Was zum Teufel denken sich diese Leute eigentlich? Wußten sie denn nicht, daß Akko meine Heimatstadt war? Was meine Kontakte zu den israelischen Behörden betraf – sie dienten vor allem dem Zweck, Brot für die Flüchtlinge sicherzustellen. Sollte ich sie lieber dem Hunger überlassen?

Da'ud regte sich über den Brief sehr auf. Er ist ein friedliebender Mann, und die Warnung ließ ihn die Nerven verlieren. „Da hast du den Lohn für all deine Betriebsamkeit! Deine Hilfe für die Flüchtlinge bringt uns nur Unglück! Wenn uns nun etwas passiert? Wir haben schließlich kleine Kinder zu versorgen!"

„Aber ich mußte doch irgendetwas tun, oder?" entgegnete ich.

„Warum kannst du dich nicht benehmen wie die anderen?" fragte Da'ud. „Setz dich hin, verhalte dich ruhig! Was tun sie denn, alle die Frauen ringsherum? Warum sind sie denn nicht für die Flüchtlinge zum israelischen Gouverneur gegangen? Jetzt sind wir die ‚Verräter' und ‚Kollaborateure', und das nur deinetwegen! Kümmere dich um deine eigenen Kinder – Nächstenliebe beginnt zu Hause!"

Der Brief und Da'uds panische Reaktion zusammen mit der allgemeinen Feindseligkeit, die ich um mich herum spürte, versetzten mich in ein ernstes Dilemma. Einerseits fürchtete ich, daß uns etwas zustoßen könnte – andererseits aber war ich nicht der Meinung, etwas Falsches zu tun. Ich dachte daran, was meine Mutter unter ähnlichen Umständen 1948 getan hatte, und ich entschloß mich, ihrem Beispiel zu folgen. Wenn ich ein Leben retten konnte, indem ich mit einem israelischen Offizier redete oder seinen Wagen benutzte, dann tat ich es – wir gewinnen eine Seele und wir stärken die Menschlichkeit. Ich dachte an Pearl S. Buck und ihre Geschichte von der japanischen Familie, die einen amerikanischen Soldaten aufnimmt, während der Kampf noch tobt. Ich war tief berührt von dieser Geschichte, die mich in der christlichen Ethik bestärkte, die meine französischen Nonnen mir vermittelt hatten.

Aber meine Haltung fand bei meinen Bekannten keinen Beifall. „Besatzung ist Besatzung!" erklärten sie entschieden. „Wir sollten den Weg des passiven Widerstandes gehen und die Besatzung nicht anerkennen. Wenn ein Israeli ‚Guten Morgen' sagt, dürfen wir nicht antworten! Das ist die richtige Art, wie wir uns zu verhalten haben."

Seitdem hat es immer diese zwei Denkrichtungen gegeben. Ich blieb bei meiner Ansicht, glaubte an den Dialog auch mit Feinden und Gegnern. Die anderen aber waren gegen jeden Kontakt: „Der Israeli, mit dem du den Dialog suchst, ist in Uniform und trägt ein Gewehr", pflegten sie mich zu verhöhnen.

Aber das war nur eine der vielen Fragen, die sich im Zusammenhang mit der israelischen Besatzung ergaben.

Während die Intellektuellen debattierten, wie der Herausforderung der Besatzung zu begegnen sei, gab es junge Leute, die darauf eine unmißverständliche Antwort hatten: den bewaffneten Widerstand. Die Guerilleros, die palästinensischen Fedajin, traten bereits in Aktion. Die erste Gruppe kam im Juni über den Jordan, und bald gab es Zusammenstöße mit israelischen Truppen. Als die Nachricht die Runde machte, hob sich die Stimmung. Nach der verheerenden Demütigung unserer Niederlage im Juni-Krieg, als Israel die arabischen Armeen vernichtete, hatten wir alle Hoffnung und alles Selbstvertrauen verloren. Die Tatsache, daß nun, nachdem die Araber geschlagen waren, Palästinenser zu den Waffen griffen, gab uns unsere Würde und Selbstachtung zurück. Es kümmerte uns nicht, zu welchen Gruppen sie sich zählten – Fatah, Volksfront oder Jabril –, für uns waren sie alle Fedajin, Freiheitskämpfer, und sie verdienten unsere Liebe und Wertschätzung.

Die Israelis reagierten prompt und nachdrücklich. Israelische Soldaten und Polizisten veranstalteten ausgedehnte Treibjagden auf die Fedajin und zerstörten die Häuser, in denen sie Schutz suchten oder ihre Waffen verbargen. Die Besatzungsbehörden verhängten schwere Strafen über jeden, der den Fedajin Hilfe leistete – das sollte die Leute einschüchtern, damit sie ihre Türen vor den Partisanen verschlossen. Aber die Israelis machten ihre Rechnung ohne die arabische Tradition, für die es undenkbar ist, daß man einem Wanderer in Not, und sei er auch ein Feind, Nahrung und Wasser verweigerte. Die Israelis selber profitierten ja von unserer Gastfreundlichkeit. So hatten sie zum Beispiel nahe bei unserem Hause einen Kontrollpunkt eingerichtet, und oft brachte ich selber den erstaunten israelischen Soldaten Tee oder Kaffee hinaus.

Aber es gab ein noch überzeugenderes Beispiel: Eines frühen Morgens gab es einen Unfall vor unserem Hause. Ich erwachte durch das Geschrei der Kinder und hastete hinaus in meinem Morgenrock. Es war ein nebliger Morgen, und ein israelischer Militärwagen war gegen einen Mast der Stromleitung gefahren. Ich lief hin zu dem demolierten Fahrzeug und fragte die Soldaten, ob sie in Ordnung wären. Ob sie Hilfe brauchten. Da'ud leistete ihnen erste Hilfe und versorgte ihre Verletzungen. Keiner war schwer verletzt, aber es schien, als wäre unsere

Reaktion für sie ein ebenso großer Schock wie der Unfall selbst. Ich konnte sehen, wie es in ihren Köpfen arbeitete: „Diese Leute sind unsere Freinde – und doch kommen sie herausgelaufen, um uns zu helfen!" Sie dankten uns und gingen Hilfe holen, einen der Soldaten ließen sie zur Bewachung des Wagens zurück. Wir luden ihn ins Haus ein, gaben ihm Frühstück und traktierten ihn mit Tee und Kaffee. Die Stunden vergingen, und die anderen kamen nicht wieder; die ganze Zeit über saß der israelische Soldat bei uns, verschüchtert und verschreckt. Ganz offensichtlich verstand er auch nicht, worauf wir es eigentlich abgesehen hatten; vorsichtig fragte er mehrere Male, ob wir denn tatsächlich Araber seien ... Ich sprach Hebräisch mit ihm, um ihn zu beruhigen – aber es dauerte lange, bis er seine Furcht überwand. Am Ende ging ich ans Telefon und rief den Militärgouverneur Sha'ul Giv'oli an, um ihm vom Los des Soldaten zu berichten. Auch Giv'oli war erstaunt über unser Verhalten. „Mir fehlen die Worte, um Ihnen meine Dankbarkeit auszudrücken", sagte er voller Verwunderung. „Sie haben Streiks und Protestaktionen gegen uns in Gang gesetzt – und dann kümmern Sie sich so um einen unserer Soldaten ..." Später schickte er uns einen Offizier, der sich noch persönlich bedankte.

Das war unsere Haltung gegenüber den israelischen Soldaten, die Feinde waren, eine fremde Besatzungsarmee. Wie also konnten die Israelis von einem Palästinenser erwarten, daß er dem gejagten Fedajin seine Hilfe versagte? Dennoch – wo immer die Militärbehörden jemanden fanden, der den Guerilleros geholfen hatte, zögerten sie nicht, als Vergeltung sein Haus zu zerstören, auch wenn er nichts weiter getan hatte, als einem Mann ein Glas Wasser zu geben.

Alle unsere Sympathien galten den Fedajin. Sie tauchten auf zu einer Zeit, als unsere Moral auf einem Tiefpunkt war und wir unsere Selbstachtung verloren hatten. Meine israelischen Araberfreunde erzählten mir, daß vor dem Juni-Krieg, als israelische Juden befürchteten, von den arabischen Truppen überrannt zu werden, einige davon die Araber gefragt hätten, ob sie in einem solchen Fall in ihrem Hause Schutz suchen könnten. Jetzt aber, nach der arabischen Niederlage, schämten sie sich, Araber zu sein, weil die Israelis auf sie herabschauten. In der Umgangssprache der Israelis wurde das Wort „arabisch" zum Synonym für alles Minderwertige, Nutzlose. Bei meinen ersten Kontakten mit israelischen Juden empfand ich ganz deutlich die Erniedrigung, einer geschlagenen Nation anzugehören– während ich an ihren Gesichtern den Stolz auf Sieg und Triumph ablesen konnte. Wie ich sie beneidete!

In dieser Atmosphäre des Trübsinns waren die Fedajin unsere einzige Hoffnung, der einzige Lichtstrahl, der uns ermutigte und uns wieder ein

Selbstwertgefühl gab. Es gab Leute, die Zweifel daran hatten, daß die Operationen der Fedajin in den besetzten Gebieten einen Wert hätten. Wenn es den regulären arabischen Truppen nicht gelänge, gegen Israel zu bestehen, was könne man denn von Guerilleros erhoffen? Sie wiesen auf die schweren Verluste hin, die die Fedajin in den besetzten Gebieten erlitten, oder auch bei den israelischen Vergeltungsschlägen gegen Guerilla-Lager in Jordanien. Aber auch die Skeptiker und Pessimisten waren überzeugt, als sie sahen, wie sehr die Angriffe der Fedajin die Israelis beunruhigten, welche starken Truppenverbände die Israelis heranschaffen mußten, um es mit ihnen aufnehmen zu können, und welche Mühen und Umstände sie sich mit Vorsichts- und Abwehrmaßnahmen machten.

Ich habe nie ein Geheimnis aus meinen Sympathien für die Fedajin gemacht. Und warum habe ich mich dann nicht dem Untergrund angeschlossen? Dafür gibt es eine Reihe von Gründen. Die meisten der Fedajin waren jung – Männer und Frauen Anfang zwanzig oder noch unter zwanzig. Ich hatte im Unterschied zu ihnen an die Verantwortung für meine Kinder zu denken; durfte ich das Risiko eingehen, daß ihnen die Mutter genommen wurde? Das war nicht das einzige Hindernis: Ich hatte tiefwurzelnde moralische Bedenken gegen Gewaltanwendung. Ich wußte, daß im Angesicht der Unterdrückung Gewaltakte unvermeidlich sind; ja, sie sind notwendig und sogar lobenswert. Dennoch – mir fiel es schwer, über Aktionen nachzudenken, die mit Blutvergießen verbunden waren. Andererseits gab es – bei all meiner Abneigung gegen Gewalt – zahlreiche Anlässe, bei denen das Benehmen der israelischen Besatzer mich in Rage versetzte. Wütend über ihre Akte der Unterdrückung – die Verhaftungen, die Quälereien, die Zerstörung von Häusern, die Enteignung von Land – hätte ich freudig eine Bombe ergriffen und mich auf den Feind gestürzt, was es auch kosten möge – für die Israelis oder für mich selber.

Einer der Höhepunkte des Guerillakampfes war die dreitägige Schlacht, die in Nablus wütete. Angehörige des Untergrunds griffen israelische Streifen mit Handgranaten an und beschossen sie aus dem Hinterhalt. Als Vergeltungsmaßnahmen holten die Israelis starke Truppeneinheiten in die Stadt, um die Fedajin zur Strecke zu bringen. Panzer rasselten durch die Stadt, in alle Richtungen feuernd, um die Bevölkerung einzuschüchtern. Die ganze Nacht hindurch hielt das Schießen an; wir schliefen auf dem Fußboden, um besser geschützt zu sein, und die Kinder weinten vor Angst. Es war entsetzlich: Wir erwarteten jeden Augenblick, daß die Salve eines Panzers unser Haus träfe und das Dach uns auf die Köpfe fallen würde.

Am folgenden Tage begab sich die erboste Bevölkerung von Nablus auf die Straße, um gegen das Vorgehen der Streitkräfte zu protestieren. Der Bürgermeister von Nablus drohte mit Rücktritt, wenn die israelischen Truppen ihre Einschüchterungsakte gegen die Zivilbevölkerung fortsetzten. „Wir Zivilisten sind nicht für die Taten der Fedajin verantwortlich!" sagte der Bürgermeister, als Mosche Dajan an diesem Tage in die Stadt kam. Die Proteste brachten nichts ein: In der folgenden Nacht fuhren die Israelis weiter herum und feuerten unbesehen darauf los, wenn sie glaubten, es habe sich irgendetwas geregt.

Die Scharmützel setzten sich drei Tage lang fort. Es wurde gemunkelt, daß Jassir Arafat selber in Nablus sei und die Fedajin-Einheit persönlich befehlige. Am Ende stellten die israelischen Truppen die Untergrundkämpfer. Zu ihnen gehörten die Hawasch-Brüder; sie fielen im Kampf, und am nächsten Tag wurde als Vergeltung für ihre Angriffe auf die israelischen Truppen ihr Haus dem Erdboden gleichgemacht. Zur Erinnerung an die Hawasch-Brüder wurde dieser Zusammenstoß als die „Hawasch-Nacht" bezeichnet. Obwohl die Fedajin eine taktische Niederlage erlitten, machte doch die Kühnheit, mit der sie es gegen die weit überlegenen israelischen Streitkräfte aufnahmen, einen tiefen Eindruck auf die Bevölkerung von Nablus.

Die Operationen der Fedajin wirkten sich nachhaltig in der Bevölkerung der besetzten Gebiete aus. Es war mehr als ein Stärkungsmittel für unseren Nationalstolz und unsere Selbstachtung – die Fedajin-Organisationen rissen die palästinensische Gesellschaft aus ihrer konservativen Geisteshaltung heraus. Beim ersten Fedajin-Angriff innerhalb Israels nach der Besetzung schleuderte eine junge palästinensische Krankenschwester aus Kalkilya eine Handgranate in das Zion-Kino in Jerusalem. Sie wurde gefangen und zu lebenslänglicher Haft verurteilt, aber ihre Tat inspirierte viele junge Leute, sich den Fedajin anzuschließen. Viele folgten ihr nach, vor allem auch Mädchen aus bürgerlichen Familien.

Für eine Palästinenserin war es ein revolutionärer Akt, sich aktiv in den bewaffneten Kampf zu begeben. Waffen sind ein Monopol des Mannes; der Krieg ist seine Domäne – Frauen haben mit beidem nichts zu schaffen. Aber unter dem Schock der Besatzung schüttelten diese jungen Mädchen – meistens Teenager – die Zurückhaltung und Unterwürfigkeit ab, die der Konvention nach die Tugenden der arabischen Frau sind. Indem sie gegen Israel zu den Waffen griffen, standen sie gleichzeitig gegen die eigene Gesellschaft und ihre unterdrückerischen Traditionen auf. Plötzlich stand der arabischen Konvention das neue, strahlende Bild einer wirklich emanzipierten Frau gegenüber. Die palästinensischen Revolutionsorganisationen legten ein Programm für die Gleichheit der Geschlechter vor, und das war mehr als ein Stück Papier: In den Reihen des Widerstandes wurde die Gleichheit der Geschlechter zur Realität. Ich selber habe junge Männer der Fedajin gesehen – im Prozeß vor dem Militärtribunal von Nablus –, die aufstanden und ihrem Führer den militärischen Gruß entboten: einem Mädchen. Darin symbolisierte sich die Revolution, die unsere Gesellschaftsordnung in ihren Grundfesten erschütterte. Es war eine so weitgreifende grundsätzliche Umwälzung, daß es schwer vorstellbar war, die arabische Gesellschaft könnte jemals wieder die alte sein.

Es war nicht der Widerstand allein, der die Stellung der arabischen Frauen revolutionierte. Vor dem Juni-Krieg hatten wir geglaubt, der Fortschritt würde die arabische Welt mit der Industrialisierung und mit dem Sozialismus erreichen. Ohne es zu wollen, brachten uns aber auch die israelischen Besatzer einen beträchtlichen Fortschritt. Den sprunghaften Wandel ihres Status verdankten die Araberinnen vor allem der hervorragenden Rolle, die sie in den Widerstandsorganisationen spielten – aber man darf auch nicht die Frauen vergessen, die in israelische Fabriken arbeiten gingen. Die Palästinenserinnen hatten nicht dieselben vollen Rechte, die israelischen Arbeiterinnen zustanden; sie arbeiteten hart für niedrigen Lohn, und sie mußten es mit Feindseligkeit und sogar Verachtung aufnehmen. Immerhin, sie arbeiteten in einer Gesellschaft, die der Arbeit keine Geringschätzung entgegenbrachte; und so war es unausbleiblich, daß ihre Selbstachtung stieg. Die israelischen Unternehmer beuteten sie zwar aus, gleichzeitig aber gaben sie diesen Frauen das Gefühl, produktiv zu sein, ja unentbehrlich. Die meisten Arbeiterinnen kamen aus Flüchtlingslagern; sie standen unter der Fuchtel ihrer Männer – Väter, Brüder, Gatten. Zwar waren sie, sofern sie überhaupt arbeiten gingen, Dienstboten gewesen, als welche sie ebenfalls in unqualifizierten Tätigkeiten mißbraucht und ausgebeutet wurden. Jetzt aber, so sagten mir viele dieser Frauen, schenke ihnen die Arbeit in den israelischen Fabriken ein ganz neues Gefühl des eigenen Wertes. Vielfach waren sie die einzigen Lohnempfänger der Familie, und genau diese neue Rolle des Ernährers übertrug ihnen große Verantwortung und damit einen Rang, der zu den alten Klischees von der männlichen Herrschaft und der weiblichen Demut überhaupt nicht mehr paßte.

Natürlich, alte Gewohnheiten sind schwer auszurotten, und die sozialen und ökonomischen Veränderungen stießen auf Widerstand bei den Traditionalisten mit ihren versteinerten Ansichten. Ich hörte von einem Mädchen, das in einer israelischen Fabrik arbeitete. Am Arbeitsplatz hatte es eine Liebesaffäre und wurde schwanger. Mit jungen Frauen, die „ihre Ehre verlieren", verfährt die arabische Tradition erbarmungslos. Es ist in diesem Falle nicht ihre Schande allein – ihre gesamte Familie gerät in Verruf, und deshalb obliegt es der Familie, die Entehrung zu tilgen, indem sie die Schurkin tötet. Das verängstigte Mädchen wußte nur zu gut, was ihm bevorstand; und so entband es heimlich und brachte das Neugeborene unmittelbar nach der Geburt um. Die Tat wurde entdeckt, das Mädchen wurde vor Gericht gestellt und zu einer Haftstrafe verurteilt. Eine Freundin von mir, Sozialarbeiterin, die das Mädchen im Gefängnis aufsuchte, erzählte mir, es habe vor allem die eine Sorge: was aus ihm würde, wenn es seine Strafe abgesessen hätte. Das Gefängnis mit all seinen Zwängen und Beschränkungen ist für diese junge Frau eine sichere Zuflucht; wenn sie entlassen wird, muß sie fürchten, von ihren Angehörigen getötet zu werden, damit die Familienehre wiederhergestellt ist.

Aber dieser und andere Fälle waren zwar schmerzlich, konnten jedoch den allgemeinen Trend zur Emanzipation nicht umkehren, der von den 1967 entstandenen neuen Bedingungen noch beschleunigt wurde. Die Stellung der Frauen war immer Gegenstand akademischer Debatten gewesen, mehr nicht. Jetzt aber, unter den neuen Bedingungen, war die Zeit der Debatten vorbei. Wir alle, Männer und Frauen gleichermaßen, sehnten uns glühend nach Befreiung und kümmerten uns um die Grundbedürfnisse unseres Lebens. Früher sah ich die Männer dominierend und mächtig; aber die Niederlage von 1967 war in hohem Maße eine Niederlage der arabischen *Männer*; jetzt sah ich zum ersten Male ohnmächtige, gedemütigte Männer.

Ich sah sie beim Exodus nach dem Kriege: Männer, die gebrochen dahinschlichen, gefolgt von ihren Frauen mit den Babies auf dem Arm. Ich betrachtete sie bekümmert und dachte, wie machtlos wir Menschen doch sind. Nur Gott ist stark; die Menschen sollten mit ihrer Kraft nicht protzen.

Männer beherrschen unsere Gesellschaft. Aber sie sollten daran denken, daß ihre Stärke aus dem Geld, der Macht, dem Ruhm kommt. Nun hatte die arabische Niederlage unsere Männer ihrer Macht entkleidet und damit manche Barriere zwischen den Geschlechtern niedergerissen. Mann und Frau standen einander nackt und ohne Maske gegenüber.

Immer waren die Männer bestrebt, uns Frauen zu sagen, wie wir uns zu benehmen hätten, je nach ihrer Version der islamischen oder christlichen Traditionen. Mänche haben scheinbar fortschrittlichere Auffassungen zum Ausdruck gebracht, aber auch sie waren verbogen von den Denkklischees des patriarchalischen westlichen Liberalismus. Welche Ansichten sie auch vertraten, konservative oder „fortschrittliche", oft ist mir aufgefallen, daß Männer die Emanzipation der Frauen fürchten. Auch der höchstgebildete Mann schien Angst vor dem Augenblick zu haben, in dem seine Frau ihm ihr Joch vor die Füße werfen und sich von ihm freimachen würde.

Die israelische Besatzung änderte manches; sie war zwar eine neue Form der äußeren Unterdrückung, doch wirkte sie als symbolischer Bruch mit der inneren gesellschaftlichen Unterdrückung. Wir befanden uns am Kreuzungspunkt zweier sehr unterschiedlicher Zivilisationen: Die Kultur und Tradition, die wir mit der übrigen arabischen Welt teilten, wurde mit der israelischen Kultur konfrontiert, die wir als fremd ablehnten, die uns aber nichtsdestoweniger beeinflußte. Unsere Mädchen folgten zwar nicht sofort dem Beispiel der Israelinnen, die in Miniröcken durch unsere Straßen flanierten, doch hinterließ das freie, unbeschwerte Auftreten der jungen Israelis, Männer und Frauen, auf die Dauer in unseren sozialen Beziehungen einen tiefen und nachhaltigen Eindruck.

Schon seit 1948 hatte es in der Bildung für Mädchen einen großen Aufschwung gegeben. Selbst auf den Dörfern und in den konservativeren Städten hatte sich die Erkenntnis immer mehr durchgesetzt, daß Bildung nötig war, und zu Tausenden gingen Mädchen auf Universitäten ins Ausland. Diese Mädchen ließen die hergebrachte Passivität der arabischen Frau hinter sich und gingen – mit Billigung ihrer höchst konservativen Familien – hin, um zu lernen, um ihre Examen zu machen und sich als Lehrerinnen oder in anderen Berufen zu qualifizieren. Und der Prozeß fand hier nicht sein Ende. In der emanzipierten und relativ freien Atmosphäre von Beirut, wo viele von ihnen studierten, lernten diese Mädchen noch viele andere neue Dinge: neue Sitten und Gebräuche, neue Verhaltensweisen, eine neue, freiere Kultur. Nachdem sie sich in das geistige und politische Leben fremder Universitäten gestürzt hatten, kamen sie mit ganz neuen Gedanken, mit neuen Ideologien nach Hause. Sie nahmen neue revolutionäre Theorien in sich auf und waren tief beeindruckt von der Welle der Selbstkritik, die über die arabische Welt hinwegging; sie lasen das Buch von Dr. Sadek Jallal el Aze, der die Politik der Araber, die zur Niederlage von 1967 geführt hatte, kritisierte. Als sie nach Hause kamen, suchten sie nach Ausdrucksmöglichkeiten für ihre revolutionäre Kreativität. Einige Frauen äußerten ihre Opposition gegen die Besatzung in Wort und Schrift. Die Lokalzeitungen begannen, dies zu drucken – es war, genau genommen, eine Widerstandsliteratur der Frauen.

Aber vielen Frauen waren Worte, ob gesprochene oder geschriebene, nicht genug.

Eines Tages stand ein Schulmädchen an unserer Tür, das Spenden für eine bedürftige Familie sammelte. Die Kleine war siebzehn und eine auffallende Erscheinung: Ihr grüner Schulkittel brachte das goldblonde

Haar und die großen, türkisgrünen Augen besonders zur Geltung. Ein Typ wie sie war selten anzutreffen in unserem Volke. Hingerissen von ihrem Anblick fragte ich sie nach ihrem Namen. Und bald sollte ich diesen Namen wieder hören: Miriam schloß sich dem Widerstand an und übernahm einen gefährlichen Auftrag – sie brachte in der Bibliothek der hebräischen Universität eine Bombe an. Bei der folgenden Explosion kamen zwei israelische Studenten um, andere wurden verletzt. Miriam wurde verhaftet und zu lebenslanger Haft verurteilt. Im Gefängnis ging ihre Gesundheit dahin; nach letzten Informationen wiegt sie noch fünfunddreißig Kilo. Sie stirbt buchstäblich zentimeterweise. Aus aller Welt kamen Appelle für ihre Freilassung, doch alle wurden von den israelischen Behörden zurückgewiesen.

Kürzlich hat eine Freundin von mir das Ramlah-Gefängnis besucht, wo Miriam einsitzt. Nachdem sie das Mädchen gesehen hatte, beschwor sie einen der Gefängnisbeamten, für die Entlassung der Kranken zu sorgen. „Lassen Sie sie doch wenigstens zu Hause sterben!" drängte sie. Der Beamte zeigte Mitgefühl: „Wenn es nach mir ginge, wäre sie draußen, glauben Sie mir", versicherte er. „Es tut mir weh, sie so leiden zu sehen." Ein anderer israelischer Beamter im Gefängnis von Nablus jedoch zeigte sich von dem Bericht über Miriams Todeskampf völlig ungerührt. „Sie soll gestraft sein, Tag für Tag – dann haben die, deren Kinder bei der Explosion umgekommen sind, ihre Rache." Zwei Israelis – zwei völlig verschiedene Haltungen.

Die herausragende Rolle, die Frauen im Widerstand spielten, hinterließ tiefen und nachhaltigen Eindruck in der palästinensischen Gesellschaft. Ich machte es mir zur Gewohnheit, den Verhandlungen des Militärgerichtshofes von Nablus beizuwohnen, wenn die Israelis jungen Widerstandskämpfern den Prozeß machten. Als Beobachterin dieser Prozesse wurde ich Zeuge so mancher unvergeßlichen Szene. Auffallend war bei diesen Prozessen die Haltung der Familien, besonders dann, wenn es sich bei den Angeklagten um Mädchen handelte. In früheren Zeiten war die Hauptsorge eines arabischen Vaters die „Ehre" seiner Tochter gewesen – mit anderen Worten: ihre Jungfräulichkeit. Als meine Freundin Rada el Nabulsi vor Gericht kam, schilderte sie den Richtern, wie man bei den Verhören versucht hatte, sie zu vergewaltigen. Sie berichtete in aller Offenheit und Unmißverständlichkeit, obwohl sie wußte, daß ihre Familie im Gerichtssaal saß und jedes Wort hörte. Inmitten ihrer Schilderung sprang ihr Vater plötzlich auf und rannte aus dem Saal, bitterlich weinend. Mutter und Schwester blieben auf ihren Plätzen; auch sie weinten. Die Beschreibung war abscheulich, selbst Fremde waren schockiert.

Mit der Anwendung solcher Methoden zielten die israelischen Vernehmer offensichtlich auf die traditionelle Besessenheit der Araberin, ihre Jungfräulichkeit und ihre weibliche Ehre zu bewahren. Sie wußten, dies war ihre schwache Stelle, und so bedrohten sie ihre weiblichen Gefangenen mit „Schande", wenn sie nicht bereit waren, ihre Fragen zu beantworten. Aber diese skrupellosen Methoden waren nicht mehr so wirksam wie früher. Die Vernehmer glaubten, daß Rassmija Oudeh Näheres über ein Munitionslager wüßte; sie wollten sie zwingen, preiszugeben, was sie wußte, und drohten ihr, sie mit einer Eisenstange zu vergewaltigen. Aber selbst diese entsetzliche Behandlung konnte sie nicht brechen – sie weigerte sich standhaft, ihr Geheimnis zu enthüllen. Und nicht sie allein hatte zu leiden – ihr Haus wurde zerstört, ihre Familie auf die Straße gesetzt.

Und die Familien schüttelten ihr ganzes konventionelles Denken ab – sie gaben den jungen Mädchen im Widerstand ihre volle moralische Unterstützung. Väter sorgten sich jetzt mehr um die Charakterstärke ihrer Töchter angesichts der von den Besatzern auferlegten Prüfungen als um die alten Begriffe von „Ehre" und „Schande". Die Ehre lag in der Verteidigung des Mutterlandes, und Väter waren stolz auf ihre Töchter im Widerstand. Manche Familie, zuvor namenlos, errang Ehre und Achtung durch den Mut ihrer Töchter. „Diese Mädchen sind der Geist der Revolution", sagte ein Scheich, dessen Nichte zum Widerstand gehörte. Selbst als bekannt wurde, daß Jungen und Mädchen zusammen in gemeinsamen Lagern ausgebildet wurden, erhob sich keine Kritik – dabei wäre etwas derartiges noch wenige Jahre zuvor vollkommen tabu gewesen.

Die Israelis begriffen diesen Wandel unseres Bewußtseins nicht. Ihre Propaganda versuchte, die Mädchen des Widerstandes als „Huren" hinzustellen, weil sie die hergebrachten arabischen Sitten mißachteten. Aber die öffentliche Meinung der Palästinenser fiel auf diesen Trick nicht herein – im Gegenteil, er wurde zum Bumerang: Voller Freude sah ich, wie aufgebracht die Leute auf solche Darstellungen reagierten. Natürlich beteiligten sich nicht alle Frauen aktiv am Widerstand. Aber das Beispiel Rassmija Oudehs und anderer Heldinnen ihrer Art radikalisierte alle palästinensischen Frauen. Dieses neue revolutionäre Bewußtsein überlagerte die Unterschiede zwischen Männern und Frauen und fegte erstarrte Traditionen hinweg. Männliche Abwehr gegen politisch tätige Frauen begegnete uns nun weit seltener. Männer, die früher jeder fortschrittlichen Idee abhold gewesen waren, machten jetzt kein Geheimnis aus ihrer Bewunderung für unseren Kampf. Die erste große Protestaktion von Frauen fand 1968 statt, als die israelischen Behörden eine große Zahl von Widerstandskämpfern verhaftet hatten, darunter auch etwa dreißig Frauen, meistens Mädchen noch unter oder gerade Anfang zwanzig. Die Frauen wurden im Verhör brutal gefoltert.

Unter den Festgenommenen war auch Issam Abed el Hadi, die Vizepräsidentin der Arabischen Frauenvereinigung und Präsidentin der Frauenorganisation der PLO. Sie wurde zusammen mit ihrer sechzehnjährigen Tochter verhaftet; als es den israelischen Vernehmern nicht gelang, den Widerstand der Mutter zu brechen, folterten sie die Tochter. Die Mutter konnte es nicht ertragen, die Qualen ihrer Tochter mit anzusehen, und so stürzte Issam Abed el Hadi vor, damit man sie anstelle der Tochter foltere. Ein Vernehmungsbeamter versetzte Frau Abed el Hadi einen Hieb über den Kopf, daß ihr das Blut übers Gesicht rann – und das hat, wie sie später sagte, ihr das Leben gerettet, denn sie litt an hohem Blutdruck, und die Israelis hatten ihr während der Haftzeit ihre Medikamente vorenthalten.

Die Rachsucht der israelischen Besatzer beschränkte sich nicht auf die Verhafteten. Israelische Patrouillen streiften durch die Straßen von Nablus und mißhandelten Passanten, unterschiedslos schlugen sie nach links und rechts drauflos, um der Bevölkerung mit ihrer ständigen Widersetzlichkeit „eine Lehre zu erteilen". Gleichzeitig erging der Befehl, die Häuser zu sprengen, die den Familien der Verhafteten gehörten. Im Gefängnis saßen unter anderen drei Nabulsi-Schwestern, Töchter einer prominenten und wohlhabenden Familie, die ein stattliches, herrschaftliches Haus im Zentrum von Nablus besaß. Die jordanische Regierung hatte vorgehabt, dieses Haus zu einem Museum zu machen, und es war in der Tat ein wahres Ausstellungsstück mit seiner kunstvollen orientalischen Architektur und seinen Mosaiken. Es hatte in jedem seiner drei Stockwerke zehn Räume, alle voll mit Louis XIV.-Möbeln. Aber den Besatzern waren ästhetische Werte egal: Dieses Haus war zusammen mit etwa zwanzig anderen zur Sprengung bestimmt. Die Israelis stellten rundherum Wachen auf, während zur Vorbereitung der Zerstörung die Möbel herausgeschleppt wurden.

Unter dem Eindruck dieser dramatischen Ereignisse war Nablus in hellem Aufruhr. Geschichten über die Mißhandlung der Gefangenen verbreiteten sich; hinzu kam, daß die drohenden Sprengungen viele Familien obdachlos machen würden. In der wachsenden Erbitterung über die rücksichtslose Haltung der Militärbehörden erhob sich überall der Drang, etwas zu tun.

Die meisten der verhafteten Mädchen gehörten zu Familien des Mittelstandes; ihre Mütter und Tanten zählten zu einer Generation, deren Frauen niemals politisch irgendwie aktiv geworden wären. Jetzt aber, als sie erfuhren, was in den israelischen Vernehmungsräumen vor sich ging, waren diese Frauen bereit, für ihre Töchter und Nichten nahezu alles zu tun. Und so wie diese Frauen politisiert wurden, so wurden auch die Frauenorganisationen, früher unpolitische Wohlfahrtsvereine, nun plötzlich zum Mittelpunkt und Instrument des Protests. Das ist nicht verwunderlich: Organisationen mit politischem Charakter waren immer verboten gewesen, auch unter jordanischer Herrschaft, und die karitativen Frauengruppen zählten zu den wenigen öffentlichen Körperschaften, die groß, gut organisiert und innerlich gefestigt waren. Unter dem Druck des Besatzungsregimes übernahmen diese Körperschaften jetzt Aufgaben, die sie sich früher nie hätten träumen lassen.

Treibende Kraft bei der Organisierung des Protestes war Haula Abd el Haddi (eine der Gründerinnen der „Söhne der Märtyrer", eines Vereins, der den Angehörigen gefallener Widerstandskämpfer half. Der Verein wurde später von den Israelis verboten.) Sie bat mich, ihr zu helfen und die Aufgabe zu übernehmen, mit den Vertretern der israelischen und ausländischen Medien Verbindung aufzunehmen, damit unser Protest auch bestimmt gehört würde. Daß ich Gelegenheit bekam, mein Teil zu tun, versetzte mich in helle Aufregung, und ich stürzte mich mit all meiner Energie in diese Aufgabe.

Seit langem stand ich mit ausländischen Journalisten in Verbindung; schon vor 1967 hatte ich viele von ihnen zu Hause zu Gast. Früher hatte man über meine „Auslandsbeziehungen" die Stirn gerunzelt; jetzt allerdings sollten sie sich als nützlich erweisen. Ich setzte mich ans Telefon und begann, Bekannte in Jerusalem anzurufen. Einer meiner ersten Anrufe galt Mr. Sutherland, dem neuen US-Konsul. Als er erfaßte, was ich wollte – ich bat ihn, westliche Reporter zu schicken, die über unsere Proteste berichteten –, wurde er wütend auf mich, weil ich von ihm verlangte, etwas Politisches zu tun, was die Israelis zum Vorwand nehmen könnten, seine Abberufung zu fordern. Aber die Reporter, die ich anrief, waren entgegenkommender, und viele von ihnen versprachen, nach Nablus zu kommen und ihren Redaktionen Augenzeugenberichte zu schicken.

Ich gab mich nicht damit zufrieden, westliche Journalisten zu mobilisieren. Ich fand es unumgänglich, auch an die fortschrittlichen und liberalen Elemente in der öffentlichen Meinung Israels zu appellieren. Sicherlich mußten doch einige Israelis das brutale Vorgehen ihrer Regierung mißbilligen! Und es war entscheidend wichtig, ihre Unterstützung zu mobilisieren – zuerst und vor allem, indem man ihre Aufmerksamkeit auf die Tatsachen lenkte. Meine Beziehungen zu Israelis waren damals privater, mehr zufälliger Art; zu Persönlichkeiten des öffentlichen Lebens oder im Bereich der Medien hatte ich kaum

Kontakt. Aber als ich mir den Kopf zerbrach, fielen mir zwei Namen ein: Abdul Aziz Zouabi und Uri Avneri.

Zouabi war ein prominenter israelischer Araber, Mitglied der linken Mapam-Partei. Andere Araber haben Zouabi oft kritisiert und attackiert, weil er einer zionistischen Partei angehörte, er aber tat, was er für richtig hielt, und er nutzte seine Position in der Mapam, um für die Rechte der israelischen Araber zu kämpfen. Ich hatte ihn als Kind kennengelernt; er hat uns damals sehr geholfen – erst Mutter, später mir, als ich 1957 Israel verlassen wollte. Jetzt erneuerte ich meine Beziehung zu ihm und bat ihn, nach Nablus zu kommen. Er hörte mir aufmerksam zu und versprach zu kommen. Uri Avneri war mir vom Namen und von der Reputation her wohlbekannt. Im Krieg von 1948 als Soldat der israelischen Armee verwundet, machte er sich lange Zeit hindurch als Herausgeber des Wochenblattes „Ha'Olam Hazeh" einen ganz eigenen Namen: Er war ein hartnäckiger Widersacher des isrealischen Establishments. Unter Anwendung höchst unorthodoxer Methoden deckte er in seiner hitzigen, manchmal reißerischen Zeitschrift, die er weitgehend selber schrieb, Mißbrauch und Ungerechtigkeit in der israelischen Gesellschaft auf, und seine gut recherchierten, peinlich korrekten Enthüllungen wurmten die Verantwortlichen gewaltig. 1965 kandidierte Avneri bei der Wahl zum israelischen Parlament, der Knesseth; als Unabhängiger stellte er sich zur Wahl, hatte Erfolg und wurde gewählt, und er setzte als Abgeordneter seine Kampagne gegen das Establishment fort. Als ich ihn in der Knesseth ans Telefon bekam, hörte auch er sich aufmerksam an, was ich zu sagen hatte. Dann sagte er sehr klar und entschieden, er käme am nächsten Tag nach Nablus und träfe um neun Uhr morgens ein.

Außer Zouabi und Avneri wollte ich eigentlich auch noch die israelische Kommunistische Partei kontaktieren. Vor den israelischen Kommunisten hatte ich großen Respekt wegen ihres langen und mutigen Eintretens für die Rechte der Araber. Aber ich tat es diesmal nicht, weil ich wußte, daß dies zu den heftigsten Reaktionen der israelischen Besatzungsbehörden führen würde, die die Kommunisten haßten und fürchteten.

Während ich emsig telefonierte, verbreitete sich die Nachricht von dem geplanten Protest in ganz Nablus. Es war beschlossene Sache, daß dies eine Aktion allein der Frauen sein sollte; und das in der Absicht, das Risiko des Blutvergießens zu verringern, aber auch deshalb, weil in vielen Familien der Mann der einzige Ernährer war – sollte er verhaftet werden, stünden seine Angehörigen vor dem Nichts.

Zur verabredeten Zeit fanden sich siebenhundert Frauen in der Gemeindeverwaltung von Nablus ein und ließen sich zu einer Nachtwache nieder. Erregung und Spannung lagen in der Luft, es herrschten eine heitere Gelassenheit und ein wenig Angst vor dem Unbekannten. An der Spitze des Protestes der Bevölkerung von Nablus standen *Frauen!* Welch eine Kühnheit. Wie aber würde die Militärregierung auf unsere Herausforderung reagieren? Bisher waren die Israelis hart und brutal gegen jedes Zeichen des Trotzes vorgegangen – was würden sie tun, wenn sie sich einem gewaltlosen Widerstand dieses Ausmaßes gegenübersahen? Würden sie behutsamer mit uns umgehen, weil wir Frauen waren?

Ich blieb bis in den späten Abend hinein bei den anderen, dann aber entschloß ich mich, die Nacht nicht dort zu verbringen. Damals war meine jüngste Tochter noch klein, deshalb wollte ich zu Hause schlafen. Ich sagte den Freundinnen Adieu. ging nach Hause und rief noch ein paar Leute an. Endlich, zu später Nachtzeit, legte ich mich hin, erregt und erschöpft.

Um fünf Uhr morgen klopfte es. Eine Bote aus dem Rathaus war da, geschickt von Haula Abd el Haddi. „Komm schnell! Uri Avneri ist da mit einer ganzen Meute von Journalisten und Photographen!"

8. Konfrontation und Dialog – Begegnungen mit Israelis

Halb im Schlaf zog ich mich an und hastete ins Rathaus. Dort fand ich
Uri Avneri vor und eine ganze Reihe anderer Journalisten und
Kameraleute in seiner Begleitung – Mitarbeiter seiner eigenen Zeitschrift und ausländische Presseleute. Einer der „Ha'Olam Hazeh"-
Journalisten war geborener Iraker; er fungierte als Dolmetscher,
während die Journalisten die Frauen interviewten – und die Frauen
zögerten nicht, von den geneigten Ohren ausgiebig Gebrauch zu
machen. Dutzende von Frauen drängten sich heran, jede begierig, ihre
Geschichte zu erzählen. Einige berichteten über die Mißhandlung an
ihren verhafteten Söhnen und Töchtern; andere hatten eigene Leiden zu
schildern, erlitten durch das rohe Vorgehen der israelischen Militärstreifen in den letzten Tagen. Ich unterhielt mich gerade mit John
Wallace vom „Daily Telegraph", als er plötzlich einen kleinen Schrei der
Überraschung ausstieß. „Sehen Sie nur!" flüsterte er mir zu. „Die
Frauen dort heben ihre Röcke hoch und weisen die blauen Flecke an
ihrem Körper vor – dabei haben sie vollkommen vergessen, daß sie
verschleiert sind!"
Jede einzelne war bemüht, den Journalisten die Dringlichkeit der Lage
verständlich zu machen. Wir führten Avneri und die anderen zu den
Häusern, die zur Zerstörung bestimmt und markiert worden waren; sie
gingen hinein, hörten sich unsere Erläuterungen an, machten Fotos und
Notizen.
Der Morgen zog sich hin; dann, kurz vor neun Uhr, erschienen
israelische Soldaten und bildeten eine Kette rund um das Rathaus. Als
wir den Offizier fragten, was das sollte, erklärte er, sie seien herbefohlen
worden, um „Uri Avneri am Betreten des Rathauses zu hindern".
Inzwischen saß Avneri, der den Zweck seines Besuches erfüllt hatte,
bereits in seinem Wagen und war im Begriff, die Stadt wieder zu
verlassen. Als er die Soldaten ihre Mission erläutern hörte, blinzelte er
mir mit einem fast unmerklichen Lächeln zu. Jetzt erst ging mir auf, was
er getan hatte: Da er automatisch voraussetzte, daß sein Telephon
abgehört wurde, hatte er mir gesagt, er käme um neun – um dann vier
Stunden vor der genannten Zeit da zu sein und so die Chance zu haben,
noch durchzuschlüpfen, bevor alles abgeriegelt war. Woraus zu
schließen ist, daß offiziell angezapfte Telephone manchmal auch von
Vorteil sein können ...
Avneri selbst hatte zwar die Stadt verlassen, doch hatte er einige seiner
Mitarbeiter zurückgelassen, und nun stellten sich nach und nach auch
andere Journalisten und Medienvertreter ein. Trotz des militärischen

Sperrgürtels gelang es uns, Kontakt mit ihnen aufzunehmen. Ich war stundenlang pausenlos damit beschäftigt, zu erklären, warum wir protestierten, von der Folter und der geplanten Häusersprengung zu berichten, den Journalisten Fragen zu beantworten und sie herumzuführen. Die Presseleute – sowohl die israelischen wie die ausländischen – schienen überrascht und schockiert. Allerdings wußte ich aus Erfahrung, daß die Medien in Israel und im Westen unserer Sache durchaus nicht freundlich gesonnen waren, und ich fragte mich, wieviel von dem, was die Journalisten hier hörten und sahen, am Ende wohl wirklich gedruckt würde.

Das Sit-in dauerte den ganzen Tag, und auch der Strom der ausländischen Presseleute setzte sich unvermindert fort. In der Erkenntnis, welch schlechten Eindruck das auf die öffentliche Meinung in Israel wie im Ausland machen könnte, ließen die israelischen Militärbehörden wachsende Nervosität erkennen. Schließlich, am Nachmittag, stiefelte ein Offizier ins Rathaus und befahl uns, zu verschwinden. Wir diskutierten mit ihm, aber er blieb eisern: Wir hätten das Gebäude zu räumen. Da das Sit-in von Anfang an nur für vierundzwanzig Stunden geplant war, leisteten wir nicht allzu viel Widerstand; andererseits wollten wir unseren Protest auch nicht so beenden, daß es als demütigende Kapitulation ausgelegt werden könnte. Also erklärten wir dem Offizier, daß wir das Gebäude verlassen würden – unter der Bedingung, daß er seine Männer zurückzöge, die es umstellten. Darauf bedacht, die Angelegenheit so rasch wie möglich zu bereinigen, willigte der Offizier ein; die israelischen Soldaten zogen sich zurück.

Das war unsere Chance. Wir verließen das Gebäude – aber nicht, wie der Offizier es sich vielleicht vorgestellt hatte, in der Absicht, uns nun geräuschlos nach Hause zu verkrümeln. Statt dessen marschierten wir geschlossen hinaus und schritten die Straße hinab, wo sich uns Tausende weiterer Frauen geschwind anschlossen – und das ergab die größte Protestdemonstration, die Nablus seit der Besetzung gesehen hatte. Wir marschierten durch die Stadt, klatschend und singend und nationale palästinensische Slogans skandierend. Es war ein überwältigender Anblick, und ich empfand ein großes, stolzes Gefühl, als ich ringsherum diese Frauen sah, die vor gar nicht langer Zeit noch demütige, lammfromme Hausfrauen und Studentinnen gewesen und jetzt, vor meinen Augen, über Nacht zu stolzen, kämpferischen Streiterinnen für die Würde und die Freiheit unseres Volkes geworden waren. Diese Demonstration der Frauen war der Ausdruck einer großen und fundamentalen Revolution.

Aber zum Nachdenken war wenig Zeit. Obwohl wir, als wir da zu Tausenden dahinschritten, uns großartig fühlten, wußten wir doch, daß die israelischen Behörden eine Fortsetzung des Marsches nicht dulden würden. Wir hatten einen kleinen taktischen Sieg errungen, als die Soldaten vom Rathaus abgezogen wurden, aber die Militärmacht würde mit Sicherheit zurückschlagen, sobald sie sich von ihrer Überraschung erholt hatte. Da die Reaktion der Israelis wahrscheinlich heftig ausfallen würde, hoffte ich, daß noch Vertreter der Medien als Augenzeugen da sein würden.

Wir erreichten den Hauptplatz im Herzen der Stadt – und es überraschte mich nicht, dort Massen von Soldaten mit Schilden und Knüppeln vorzufinden, die uns in ihren Jeeps sitzend erwarteten. Als die Demonstrantinnen den Platz füllten, dröhnte ein Lautsprecher, unsere Sprechchöre übertönend, den Befehl, wir sollten unverzüglich auseinandergehen: „. . . wenn Sie sich nicht zerstreuen, wird geschossen!" Es blieb keine Zeit, darüber nachzudenken, ob man die Warnung beachten sollte oder nicht. Ohne uns Gelegenheit zu geben, dem Befehl Folge zu leisten, sprangen die Soldaten aus ihren Jeeps und stürzten sich auf die Menge. Sie schwangen ihre Gummiknüppel und prügelten auf alles ein, was ihnen in den Weg kam, sie stießen und traten die Frauen, die zu Boden fielen. Zwar waren wir weit zahlreicher als die Soldaten, doch sie waren bewaffnet und gut organisiert – wir waren wehrlos vor ihrer Wut.

Es war ein entsetzliches Schauspiel. Das Gebrüll und die Flüche der Soldaten mischten sich mit den Schreien der Frauen. Waffenlos, wie sie waren, versuchten einige der Frauen, mit den Soldaten zu ringen – eine von ihnen, Samoah Toukan, wurde festgenommen und später wegen tätlicher Beleidigung angeklagt.

Neben mir fiel eine Frau in Ohnmacht. Ich eilte ihr zu Hilfe. Während ich mich über sie beugte, verspürte ich einen heftigen Schlag – ein Soldat hatte mir seinen Gummiknüppel über den Rücken gezogen. Der Schmerz erfaßte meinen ganzen Körper, daß mir die Tränen in die Augen schossen. Aber die Demütigung war schlimmer als das physische Mißbehagen. Wie können sie es wagen! Wie können sie bewaffnete Soldaten einsetzen, um Frauen zu schlagen!

Diese Gewaltanwendung beruhte auf der persönlichen Anordnung von Mosche Dayan, dem israelischen Verteidigungsminister. Aber der Vorfall ist kaum zu seinen ruhmreichsten Siegen zu rechnen. Unsere Demonstration war zwar aufgelöst, aber wir betrachteten uns nicht als Besiegte. Am Tage darauf brachten Zeitungen überall in der Welt Augenzeugenberichte der Journalisten, die unseren Protest schilderten und unseren Beschwerden breiten Raum gaben. Fotos, die auf weibliche Demonstranten einprügelnde Soldaten zeigten, änderten schlagartig das allgemein vorherrschende schöne Bild von der „ritterlichen" israelischen Armee. Die ganze Episode hat Israels Reputation in der Welt beträchtlich getrübt und wesentlich dazu beigetragen, das Los der Palästinenser ins öffentliche Bewußtsein zu rücken.

Ich hatte auch ganz persönlich etwas davon. Früher hatten meine „Auslandskontakte" die Kritik der Nationalisten eingetragen, die mir einen Mangel an Patriotismus nachsagten. Jetzt bekam ich meine Wiedergutmachung: Genau diese Kontakte hatten sich als unschätzbar wertvoll für die palästinensische Sache erwiesen.

Die Botschaft drang auch in die israelische Öffentlichkeit. Die nächste Ausgabe von Avneris „Ha'Olam Hazeh" brachte einen ausführlichen und detaillierten Bericht über unseren Protest, illustriert mit Fotos von Frauen verprügelndem israelischem Militär. Avneri selbst hatte gute Gründe, sich der Sache wohlwollend anzunehmen: Einige Jahre zuvor war er von der Polizei mißhandelt worden, als er gegen die israelische Regierung demonstrierte, die ihre arabischen Bürger unterdrückte, und auch bei Protesten gegen diskriminierende Religionsgesetze. Seine Zeitschrift war die erste, die der israelischen Öffentlichkeit ehrliche und unverzerrte Berichte über die Vorgänge in den besetzten Gebieten lieferte, und seine Enthüllungen taten ihre Wirkung bei den liberalen und fortschrittlichen Israelis.

Avneri gab sich nicht mit den Veröffentlichungen seiner Zeitschrift zufrieden. Er nutzte seine Position als Mitglied der Knesseth und brachte seinen Protest in der israelischen Legislative zum Ausdruck. Besonders wortgewaltig und empört wandte er sich gegen die Zerstörung von Häusern. Er sprach von der Nabulsi-Villa und warnte, ihre Zerstörung würde im Zentrum von Nablus ein Mal der Schande, ein schwarzes Zeichen hinterlassen, das alle Hoffnungen auf Frieden und Zusammenarbeit zwischen beiden Völkern in der Zukunft verdunkeln würde.

Avneri war nicht das einzige Mitglied der israelischen Knesseth, das seine Hilfe anbot. Als wir uns noch im Rathaus aufhielten, noch vor dem Protestmarsch, erreichte mich die Nachricht, Abdul Aĉiz Zouabi sei in Nablus eingetroffen und befinde sich in meinem Haus. Ich lud ihn ein, ins Rathaus zu kommen, aber er lehnte die Einladung ab; dies sei besetztes Territorium, ließ er den Boten ausrichten, und er als Mitglied der Knesseth lehne es ab, ins Rathaus zu kommen. Da blieb nichts anderes übrig, als eine Delegation von Frauen zu mir nach Hause zu schicken, wo sie Zouabis Fragen beantworteten und ihn über unsere Forderungen eingehend unterrichteten. Zouabi sagte zu, unsere Sache dem Verteidigungsminister vorzutragen, und er hielt Wort. Als Mitglied der Mapam und mit Unterstützung von Mordechai Bentow, einem führenden jüdischen Mitglied der Partei, konnte Zouabi die Mapam dazu bringen, ihren Einfluß geltend zu machen, damit die eklatantesten Übergriffe abgemildert wurden.

Neben Avneris Gruppe und der Mapam gab es noch andere Politiker, die für uns eintraten. Die israelische Kommunistischen Partei Rakah (die einzige israelische Partei mit einer erheblichen Zahl arabischer Mitglieder) hat lange und beachtlich für die Rechte der arabischen Bürger in Israel gefochten. Die Partei war unermüdlich in der Verteidigung der palästinensischen Rechte und hat sich immer mutig für uns eingesetzt, was nicht gerade zu ihrer Popularität in der israelischen Öffentlichkeit beitrug. Die Folge war, daß die Militärbehörden Rakah-Mitgliedern den Zutritt zu den besetzten Gebieten verwehrten, und wir hatten deshalb weniger Möglichkeiten zu direkten Kontakten mit der Rakah. Die arabischsprachige Zeitung der Rakah, „Al Itihad", war in den besetzten Gebieten ebenfalls verboten. Palästinenser, die sich von israelischen Freunden die „Al Itihad" schicken ließen, wurden von den Militärtribunalen mit Strafen belegt. Trotz dieser Hindernisse machten wir Bekanntschaft mit der Rakah – durch die aufrührerischen Werke der Dichter Tufik Zayyad, Machmud Darwisch und Samih el Kassem. Ihre Verse, zu uns herübergeschmuggelt, hatte bald jeder auf den Lippen; sie hoben unsere Zuversicht und stärkten unseren Widerstand. Später lockerten die Militärbehörden ihre restriktiven Maßnahmen gegen die Rakah, und wir kamen in engen Kontakt miteinander.

Durch die öffentliche Aufmerksamkeit, die wir mit unserem Protest erregt hatten, sah sich die israelische Regierung politisch unter Druck gesetzt – innenpolitisch von prominenten politischen Persönlichkeiten, von den Medien und von fortschrittlich gesinnten israelischen Bürgern, aber auch außenpolitisch von ihren Partnern in anderen Ländern. Man verlangte von ihr Mäßigung der repressiven Praktiken in den besetzten Territorien. Es gab keine grundsätzliche Änderung der Politik, die anti-palästinensisch und expansionistisch blieb, aber einige der schlimmsten Dinge wurden abgemildert, zumindest eine Zeitlang. Es wurden nicht mehr ganz so viele Häuser zerstört und die Patrioten im Gefängnis wurden etwas besser behandelt. Daraus zogen wir die eine höchst bedeutsame Lehre: daß nicht alle Israelis hinter der Politik ihrer Regierung auf der West Bank stehen und daß die öffentliche Meinung in Israel unter bestimmten Umständen ein wertvoller Verbündeter unserer Sache sein konnte, wenn wir den eisernen Vorhang der totalen Abschirmung, der uns vom israelischen Volk trennte, zu durchbrechen vermochten. Der Vorhang war von beiden Seiten gezogen worden.

Ich selbst habe diese Politik des bewußten geistigen Boykotts an mir erfahren, als ich 1957 von Israel nach Jordanien überwechselte: Die jordanischen Behörden verweigerten mir die Erlaubnis, meine Bücher mit Bialiks Gedichten mitzubringen, weil sie in hebräischer Sprache geschrieben waren. Bialiks Werke drückten den jüdischen Lebenswillen aus und die Sehnsucht der Juden im Exil nach ihrer Heimat; er schrieb lyrische Gedichte von großer Schönheit über die judäischen Berge und über mein geliebtes Galiläa. Aber sie waren in Hebräisch geschrieben, und deshalb waren sie für die jordanischen Behörden tabu.

Diese bewußt aufgerichtete Mauer der Ignoranz wurde durch den Krieg von 1967 und die folgende israelische Besetzung der West Bank weitgehend niedergerissen. Noch Monate nach der Besetzung – in einzelnen Fällen sogar bis auf den heutigen Tag – weigerten sich manche palästinensischen Nationalisten, mit israelischen Juden in irgendwelche gesellschaftlichen Beziehungen zu treten oder irgendeine politische Diskussion mit ihnen zu führen. Man war zwar sehr neugierig auf Israel, aber im allgemeinen zogen es die Leute von der West Bank vor, ihre Wißbegierde zu stillen, indem sie israelische Araber ausfragten. Viele solcher Zusammenkünfte fanden bei mir zu Hause statt.

Mit der Zeit allerdings verwischten sich diese künstlichen Unterschiede. Unter dem Eindruck des Krieges, der Besatzung und der unmittelbaren Konfrontation mit Israelis, Mensch zu Mensch, fand ein drastischer Umschwung in der palästinensischen Meinung über Israel und über den Willen und die Fähigkeit der Israelis zur Wahrung ihrer Unabhängigkeit statt. Früher waren alle für die Vernichtung des Staates Israel gewesen. Ich erinnere mich an einen Abend, als ein Mitglied des britischen Parlaments bei uns war; ein junger Arzt, Anhänger von George Habasch, verkündete, für ihn sei nichts anderes als die Vernichtung Israels akzeptabel. Der Brite hörte aufmerksam zu, lehnte diese Vorstellung dann aber entschieden ab und warnte, die Verbreitung solcher Ideen könnte der palästinensischen Sache nur schaden. „Politik", erinnerte er den jungen Mann, „ist die Kunst des Möglichen . . ."

Und in der Tat, je länger es dauerte, um so weniger war von der Vernichtung des Staates Israel die Rede. Die PLO verkündete das Schlagwort vom „säkularen demokratischen Staat", in dem Christen, Moslems und Juden friedlich miteinander leben. Diese Vorstellung wird nun wiederum modifiziert, und die Idee eines neben Israel zu errichtenden Palästinenserstaates findet wachsenden Zuspruch: zwei souveräne Staatswesen nebeneinander, die nach Wegen der friedlichen Koexistenz und der engen Zusammenarbeit suchen und die sich, eines Tages, zu irgendeiner Art von Föderation zusammentun und damit den Weg für die gewaltlose Wiedervereinigung des ganzen Palästinas frei machen.

Dieser Meinungsumschwung ging keinesfalls mühelos vor sich. In der

Frustration und dem Gefühl der Ohnmacht, die die arabische Niederlage von 1967 ausgelöst hatte, und durch die aggressiv expansionistische Politik Israels seitdem gab es die verbreitete und tiefsitzende Angst, daß Israel versuchen könnte, die biblische Weissagung eines Reiches „vom Nil bis zum Euphrat" zu erfüllen. Als die arabischen Staaten die „drei Neins von Karthum" beschlossen (keine Verhandlungen, keinen Friedensvertrag, keine Anerkennung), herrschte unter den Palästinensern in den besetzten Gebieten eine ähnlich unnachgiebige Stimmung. Mancher von uns unternahm Einkaufsfahrten nach Israel, besuchte israelische Ferienorte oder Vergnügungsstätten – zum Entzücken der israelischen Propagandisten, die diese Tatsache weidlich nutzten, um das Image eines „gutartigen" Israels aufzupolieren – aber im allgemeinen verurteilte die Öffentlichkeit auf der West Bank alles, was nach Kollaboration mit Israel roch. Generell war man sich darin einig, daß wir nur mit Gewalt zu unserem Recht kommen könnten, und jeder, der von einer politischen Lösung des Konflikts redete, galt als Verräter an der palästinensischen Sache.

Ein ähnliches Gewirr wechselnder und sich widersprechender Meinungen gab es – und gibt es bis heute – bei den Israelis. Selbst in liberalen und linken Kreisen Israels treten viele widersprüchliche Tendenzen zutage. Ich erwähnte bereits, wie Abdul Aziz Zouabi und Mordechai Bentow die Mapam veranlaßten, ihren Einfluß zur Eindämmung der militärischen Übergriffe geltend zu machen. Einmal, als ich bei Zouabi in der Knesseth war, traf ich Me'ir Ja'ari, den verehrungswürdigen Gründer und Führer der Mapam. Als wir uns so unterhielten, wies ich mit der Hand auf das Knesseth-Gebäude und sagte: „Ich wünschte, wir Palästinenser hätten unsere eigene Knesseth!" Ja'ari legte mir den Arm um die Schultern und sagte: „Golda Meir bestreitet die Existenz eines palästinensischen Volkes. Es gab eine Zeit, da hat die ganze Welt die Existenz eines jüdischen Volkes bestritten. Aber wir Juden haben gekämpft und gefochten, wir haben nicht aufgegeben – und jetzt haben wir unseren eigenen Staat. Wenn ihr Palästinenser ihn wollt – wenn ihr an euch selber glaubt, wenn ihr ihn wollt, dann kann sich euch niemand entgegenstellen."

Er erinnerte mich an das berühmte Wort von Theodor Herzl, dem Gründer der zionistischen Bewegung: „Im tirtzu – ain zu agada." („Wenn ihr wollt, ist es kein Märchen.")

Das Verständnis Ja'aris für unsere Sache hat mich tief berührt. Andere Mitglieder seiner Partei äußerten allerdings sehr zweifelhafte Ansichten. So war zum Beispiel der damalige Militärgouverneur von Nablus, Scha'ul Giv'oli, Mitglied in Ja'aris Kibbutz-Bewegung Haschomer Hatzair, die der Mapam angeschlossen war. In der Anfangszeit der

Besatzung schrieb Giv'oli einen Artikel für die Mapam-Zeitung; der Artikel wurde ins Arabische übersetzt und wir lasen ihn mit einem an Verblüffung grenzenden Interesse. In diesem Artikel schilderte Giv'oli, wie er im besetzten Territorium eine Straße entlangfuhr und an einen Kontrollpunkt des israelischen Militärs kam. Eine lange Kolonne arabischer Wagen stand vor dem Schlagbaum, auf die Durchfahrt wartend – während die Soldaten, die als Bemannung des Kontrollpunktes gedacht waren, sich in einem benachbarten Obstgarten die Zeit vertrieben, indem sie Früchte von den Bäumen stahlen. Giv'oli schrieb, daß er, als er dies sah, unverzüglich Befehl gegeben habe, diesen Kontrollpunkt zu beseitigen, und sämtliche wartenden Fahrzeuge durften sofort ohne weitere Behinderung ihre Fahrt fortsetzen. Er schloß seinen Artikel damit, daß das palästinensische Volk alles verloren habe; das einzige, was ihm geblieben sei, das sei sein Stolz. Wenn man ihm diesen Stolz auch noch nähme, so dürfte niemand überrascht sein, wenn dieses Volk sich in Raserei und Gewalttaten ergehe ...

Wir waren perplex, solche Ansichten aus der Feder eines Mannes zu lesen, der als Militärgouverneur einer besetzten Stadt Dienst tat. Giv'oli hat häufiger solchen liberalen Gefühlen Ausdruck gegeben; einmal schleuderte eine junge Frau ihm entgegen: „Ich hasse Sie! Ich will keinen gütigen Militärgouverneur, der uns anlächelt – ich will einen, der sich grob benimmt, damit die Leute lernen, ihn zu hassen!"

Aber Giv'olis liberales Gerede stand in krassem Gegensatz zu seinen Taten. Als Militärgouverneur führte er loyal die Politik seiner Regierung aus, und dazu gehörten Deportationen, Einsperren ohne Gerichtsverhandlung und die Zerstörung der Häuser von Verdächtigen, von denen später einige sich als unschuldig an jeglicher Gewalttat erwiesen.

Zwei Tage nach der Demonstration der Frauen wurde ich ins Büro Giv'olis beordert, wo er mich warnte, ich sollte von meinem „aufwieglerischen" Verhalten Abstand nehmen. Ich erinnerte ihn daran, daß Israel ein demokratisches Land sei und daß ich, als ich dort lebte, an Protestdemonstrationen teilgenommen hätte, die durchaus legal gewesen seien. „Hier ist nicht Israel!" gab er zurück. „Hier ist besetztes Territorium!" Er empfahl mir dringend, die Aufnahme von Verbindungen zu israelischen Oppositionellen zu unterlassen, und er nannte dabei insbesondere Uri Avneri.

Ich beschloß, diese „Ermahnung" nicht einfach hinzunehmen. „Scha'ul Giv'oli", sagte ich, „sind Sie derselbe Mann, der diesen wunderbaren Zeitungsartikel geschrieben hat? Wie erklären Sie es, daß Sie Ihren Soldaten befohlen haben, Frauen zu schlagen? Ich verstehe das nicht ... Ich wünschte, ich hätte nicht gelesen, was Sie geschrieben haben, dann könnte ich Sie einfach für einen Armeeoffizier von vielen halten, einen 'Mann aus Stahl' ..."

Sein Blick war verwirrt. „Es handelte sich um Befehle des Verteidigungsministers", sagte er steif.

„Müssen Sie blind gehorchen?" beharrte ich. „Wenn ja – was ist dann der Unterschied zwischen Ihnen und Dayan?" Darauf konnte er nun nicht viel entgegnen. Er konnte ja wirklich nicht abstreiten, daß er mit seinem ganzen gütigen Lächeln und seiner Besorgnis um unseren Stolz doch ein treues Werkzeug der Politik Dayans war.

Trotz dieser Auseinandersetzung und vielen weiteren, die ihr folgten, fuhr Giv'oli fort, zu Routinebesuchen zu mir nach Hause zu kommen. Seine Besuche folgten gewissermaßen dem Muster, das der frühere jordanische Gouverneur vorgezeichnet hatte, der prominenten christlichen Familien zu Weihnachten und Moslems zum Ramadan Höflichkeitsbesuche abzustatten pflegte. Aber dadurch wurden sie für uns nicht erfreulicher. Ich hatte keinerlei Verlangen danach, ihn als Vertreter der Besatzungsarmee zu Gast zu haben. Seine Besuche waren eine Zumutung; er kam uneingeladen und betrachtete unsere Gastfreundschaft als Selbstverständlichkeit.

Die arabische Tradition machte es uns sehr schwer, einem Besucher zu sagen, daß er unwillkommen sei. Später jedoch, als Giv'olis Nachfolger Segew einen wilden Streit mit mir dadurch abschloß, daß er erklärte, er werde unser Haus nie wieder betreten, war ich voller Freude, diese Last endlich los zu sein. So lange diese Besuche anhielten, führten sie wiederholt zu Konfrontationen. Wir ergriffen jede nur mögliche Gelegenheit, bei Giv'oli gegen willkürliche Verhaftungen, Folterung von Häftlingen und fortgesetzte Zerstörung der Häuser von Verdächtigen zu protestieren. Einmal, als Giv'oli unser Gast war, sprach ein anderer der Gäste ihn in sehr offenem und aufrichtigem Tone an:

„Sie und ich", sagte er, „sind im gleichen Alter und auf gleichem geistigem Niveau. Wir könnten Freunde sein – wenn wir uns auf gleicher Basis träfen. Aber Sie haben das Gewehr in der Hand und ich nicht; Sie tragen Uniform und ich nicht; Sie hatten die Chance, Ihre Heimat zu verteidigen – ein einzigartiges Privileg –, ich nicht. Wo bleibt die Gerechtigkeit? Vorige Woche haben Sie und Ihre Regierung meine besten Freunde deportiert – warum, was haben sie verbrochen? Sie haben keine Bomben gebastelt, sie haben nur gesprochen – über unser Schicksal und unsere Zukunft. Ihre Leute haben auch mich verwarnt – weil ich geredet habe! Sie haben die Gewehre, Sie sind meine Richter, Sie haben die Freiheit, mich zu richten, je nach Lust und Laune ..."

Sie debattierten hin und her; Giv'oli gab zu, daß er sich seine derzeitige

Aufgabe nicht ausgesucht habe, er war nicht gern Teil einer Besatzungs-armee. „Aber wir sind doch dazu gezwungen gewesen!" verteidigte er sich. „Wir haben den Krieg nicht erklärt – das haben die Araber getan. Wir hatten gar keine Wahl!"

Wenn sich Giv'oli, der Jude mit linken Ansprüchen, bei Auseinander-setzungen mit palästinensichen Intellektuellen in einer unhaltbaren Position befand, so hatte es Abdul Aziz Zouabi, der sich als Araber dennoch für eine zionistische Partei in die Knesseth wählen ließ, noch zehnfach schwerer. Kennengelernt hatte ich Abdul Aziz als junges Mädchen, als ich mich um die Genehmigung zum Übertritt nach Jordanien bemühte und dafür seine Hilfe in Anspruch nahm. Zuvor hatte er sich bereits für meine Mutter verwandt, als die israelischen Behörden sie aus ihrer Stellung als Sozialarbeiterin entließen, weil sie ein „Sicherheitsrisiko" sei. Nach 1967 traf ich ihn zufällig in einem Jerusalemer Restaurant wieder: Nun war er ein bekannter Mann, Mitglied der Knesseth – es freute mich und schmeichelte mir, daß er mich wiedererkannte, obwohl er mich zehn Jahre zuvor als Halbwüchsige zum letztenmal gesehen hatte. Ich muß ihn ja damals ziemlich beeindruckt haben, dachte ich selbstgefällig bei mir . . .

Gestützt auf diese Zufallsbegegnung und auf die Sympathie, die er für unsere Frauendemonstration bekundete, lud ich ihn nach Nablus ein, wo ich ihm zu Ehren ein Essen gab. Das war das mindeste, was ich tun konnte, um ihm meine Dankbarkeit zu erweisen. Indem ich Zouabi meine Gastfreundschaft bot, streckte ich zugleich seinen Kollegen von der Mapam und in der Zeitschrift „New Outlook" die Freundeshand hin. Er brachte seine Freunde zu uns mit, wo wir sie den führenden Bürgern von Nablus vorstellten. Was dort als tastendes, vorsichtiges Gespräch begann, entwickelte sich bald zu einem ausführlichen Dialog, der um so fruchtbarer wurde, als er inoffiziell war.

Einmal prallte Zouabi unmittelbar mit Hikmat al-Masri zusammen (einem prominenten Politiker aus Nablus und ehemaligen Sprecher des jordanischen Parlaments). Al-Masri fragte Zouabi herausfordernd, wie er als arabischer Nationalist denn eigentlich zur Mapam gehören könne – zu einer Partei, die ausgesprochen zionistisch sei und die darüber hinaus zum herrschenden System gehöre und die israelische Regierung unterstütze. „Wie können Sie der Unterstützung einer Regierung zustimmen, die auf der Verneinung der Rechte des palästinensischen Volkes beruht?"

Zouabi ließ sich durch diesen Frontalangriff nicht erschüttern. In seiner kühlen und diplomatischen Entgegnung, die auf beträchtliche politische Erfahrung schließen ließ, wies er darauf hin, daß die Mapam eine Linkspartei sei.

„Was ist das für eine 'Linke', die zionistisch ist und den Staat Israel stützt, der das Recht der Palästinenser vereinnahmt? Sie sind ein freier Geist – wie können Sie sich selbst davon überzeugen, daß Gerechtigkeit in Ungerechtigkeit verwandelt werden kann? Das ist doch die Essenz des Zionismus . . ." Ein anderer Gast bat Zouabi, ihm die Bedeutung des Wortes „marxistisch-zionistisch" zu erklären. „Ihre Partei ist in der 'Jewish Agency' vertreten, Kibbuzim der Mapam werden auf arabischem Land errichtet!"

Zouabi verteidigte seine Partei und verwies darauf, daß sie die Rechte der arabischen Minderheit in Israel schütze. Doch so beredt und logisch er auch argumentierte, er konnte seine eigene innere Konfusion und den Loyalitätskonflikt zwischen seinem arabischen Nationalismus und seiner israelischen Staatsbürgerschaft, wie sie sich in seiner Mapam-Zugehörigkeit ausdrückte, nicht ganz verbergen. Zouabi sprach von den Kämpfen, die er und seine arabischen Kollegen auf sich nähmen, von ihren Bemühungen, die Hilfe ihrer Partei für die Schwierigkeiten der Araber zu gewinnen. Er blieb auch nicht bei der Selbstverteidigung stehen: Erbittert stellte er dar, daß die arabische Welt die in Israel lebenden 300.000 Araber aufgegeben habe; im besten Falle habe man sie vergessen, im schlimmsten bezeichne man sie als Verräter. Er schilderte uns, welcher Haß ihm von Arabern entgegenschlüge, wenn er bei Auslandsreisen das Recht des israelischen Volkes auf Selbstbestimmung verträte.

Die Diskussionen mit Zouabi waren oft hitzig, und in weiten Bereichen gab es keine Übereinstimmung. Im Laufe der Zeit jedoch begannen wir, auch wenn unsere Meinungen immer noch weit auseinanderklafften, nach und nach unsere Auffassungen gegenseitig zu begreifen. Trotz aller Differenzen lernten wir Zouabi als Menschen schätzen; später, als er Staatssekretär im Gesundheitsministerium wurde, bemühte er sich sehr, der Bevölkerung auf der West Bank zu helfen, und er erwarb sich weithin Achtung und Zuneigung. Als er kürzlich starb – er war noch verhältnismäßig jung –, trauerten viele auf der West Bank und in Israel, Araber und Juden.

Bei einer anderen Zusammenkunft, zu der Zouabi Bentow und Eliezer Be'eri, den „Experten für arabische Angelegenheiten" der Mapam, mitgebracht hatte, geriet einer meiner Freunde in eine wütende Auseinandersetzung mit Be'eri: Er verurteilte die Mapam, weil sie die aggressive Sinai-Kampagne von 1956 mitgemacht habe, weil sie den palästinensischen Flüchtlingen das Recht auf Heimkehr bestreite und weil sie gegen die Selbstbestimmung der Palästinenser sei. „Es ist sehr geschickt von Ihnen, dem Zionismus ein liberales Etikett aufzukleben", sagte er zornig. „Sie kommen mit ausländischen Intellektuellen wie Sartre und Simone de Beauvoir zusammen; Sie präsentieren Araber wie Zouabi und Muhammed Watted als Musterbeispiele für die Demokratie und den Sozialismus in Israel." Die Mapam, so sagte er, „ist für die Selbstbestimmung der Völker, gegen die amerikanische Intervention in Vietnam, sie demonstriert sogar gegen die Sonderbestimmungen der Militärregierung für israelische Araber – und doch bauen Sie Ihre Kibbutzim auf arabischem Boden!"

Be'eris Antwort klang reichlich gönnerhaft, woraufhin sein Widersacher wutentbrannt rief: „Sie haben es nicht mit den analphabetischen Muchtars (Dorfältesten) der zwanziger Jahre zu tun! Wir sind eine neue Generation von Palästinensern, in Bildung, Geist und Kultur Ihnen ebenbürtig – Sie sprechen nicht mit einem Kolonialvolk! Sie machen uns nicht das Recht auf unser Land vergessen!"

Obwohl es manchen scharfen Wortwechsel dieser Art gab, mit flammenden Temperamentsausbrüchen und erhobenen Stimmen – die Diskussionen gingen weiter. Nicht nur als unmittelbarer Dialog waren sie von Wert – mochten die Differenzen noch so extrem sein –, diese Zusammenkünfte hatten auch manche günstige Auswirkung am Rande.

Die Zeitschrift „New Outlook" übte auf fortschrittliche Intellektuelle in der ganzen Welt eine starke Faszination aus. Freunde der Zeitschrift aus dem Ausland erfuhren, wenn sie bei mir zu Gast waren, von unserer Kritik an der Mapam, und sie hörten sich aufmerksam unsere Argumente an. Wir würdigten die Handlungen einzelner Mapam-Mitglieder wie Bentow, Zouabi, Watted, Latif Dori und anderer, aber wir verurteilten die Positionen der Mapam. Zugunsten der israelischen „New Outlook"-Redakteure muß gesagt werden, daß sie uns die faire Chance gaben, den ausländischen Gästen unsere Auffassungen darzulegen, und damit öffneten sie uns ein bedeutendes Forum, mit dessen Hilfe wir unsere Meinung draußen bekannt machen konnten.

Mein Haus wurde zu einem einzigartigen Mittelpunkt des informellen Dialogs. Ein ständiger Strom von weltweit angesehenen Persönlichkeiten war bei mir zu Gast: Herbert Marcuse, Eric de Rothschild, Guy Renne, der persönliche Assistent von Mitterand; Universitätsprofessoren, Gelehrte, Schriftsteller, Parlamentarier und Politiker aus vielen Ländern und aus sozialistischen und progressiven Gruppen. Meine Gespräche und Diskussionen mit diesem Personenkreis verhalfen mir zu einer ebenso einzigartigen Möglichkeit, meine politischen Kenntnisse zu erweitern und zu vertiefen. Vielschichtige politische Begriffe schwirrten nur so umher, und ich mußte sehr viel lesen, um mich diesem hohen Niveau politischer Intelligenz gewachsen zu zeigen.

Während ich mich dieser intellektuellen Herausforderung zu stellen hatte, unterlag ich gleichzeitig der Kritik wegen meiner Kontakte zu Israelis und anderen Ausländern, die generell als feindlich galten. Zu alledem kam noch hinzu, daß ich mit eigenen Kümmernissen beschäftigt war. Immer noch hatte ich mit der Depression und dem Trübsinn zu kämpfen, die die arabische Niederlage von 1967 hinterlassen hatte, und jeden Tag brachten die Nachrichten uns neuen Kummer. Täglich gab es Zusammenstöße zwischen den Fedajin und israelischem Militär, wobei junge Männer auf beiden Seiten verstümmelt und getötet wurden. Diese Berichte machten mich traurig; das Herz blutete mir jedesmal, wenn ich hörte, daß junge Palästinenser im Kampf gefallen waren, und es tröstete mich nicht, wenn auch die Israelis mit dem Blut ihrer jungen Männer zu bezahlen hatten.

Trotz allem, was mein Volk in den Händen der Israelis zu leiden hatte, hegte ich alles in allem keine rache- oder blutdürstigen Gefühle ; im Gegenteil. Segew, der ehemalige Militärgouverneur von Nablus, wurde später bei einer Bombenexplosion verletzt; seine Wunden führten zum Verlust eines Beines. Als ich davon hörte, rief ich aus:„ Haram!" – den arabischen Ausdruck der Trauer und des Bedauerns bei einem Unglück. Meine Begleiter waren überrascht und erbost. Wieso tat mir dieser Mann, der ein Feind war – und blieb –, leid? Solange er in Nablus im Amt war, hatte er Verhaftungen angeordnet, Deportationen veranlaßt und Häuser sprengen lassen – viele Unterdrückungsmaßnahmen waren sein Werk. Mir waren all seine Übeltaten wohl bekannt; gleichzeitig aber vergaß ich nicht, daß er uns geholfen hatte, als wir uns um die Beschaffung einer künstlichen Niere für das Krankenhaus von Nablus bemühten. Solange er in Uniform war, war er ein Feind – aber im Innern der Uniform blieb er trotzdem ein Mensch. Immer und immer wieder stand ich vor demselben Konflikt: Wie verhalte ich mich zum Feind als einem Menschen? Wie verhalte ich mich zum Menschen als einem Feind?

Wenn es eine Erfahrung gibt, die geeignet ist, Zweifel an der „Menschlichkeit" der Israelis zu wecken, dann ist es die, über die Jordanbrücken ins israelisch kontrollierte Gebiet hinüberzugehen. Es ist an sich schon eine bittere Demütigung für einen Palästinenser, zum Betreten seiner Heimat bei den israelischen Militärbehörden eine „Genehmigung" beantragen zu müssen. Als palästinensische „Besucher" werden wir dann von irgendeinem Militär- oder Zollbeamten, einem jüdischen Neuling aus der Sowjetunion, der nur gebrochen Hebräisch spricht, begrüßt – er wünscht den Reisenden „einen angenehmen Aufenthalt in *unserem* Lande . . ."

Wenn wir auf der israelischen Seite angekommen sind, haben wir eine stundenlange Wartezeit auf der jordanischen Seite hinter uns, stehend in der glühenden Sonne ohne Wasser oder Schatten. Manchmal verursachen bürokratische Verzögerungen tagelange Staus auf der jordanischen Seite, und dann kann eine ganze Familie mehrere Nächte im Freien zubringen, damit sie nicht ihren Platz in der Schlange verliert. Die Kinder sind voll der sommerlichen Hitze ausgesetzt, man kann wenig tun, um ihnen die Martern in der flimmernden Hölle des Jordantales zu erleichtern. Es hat zahlreiche Fälle gegeben, in denen Neugeborene, die solchen Bedingungen nicht gewachsen waren, in den Armen ihrer Mütter starben.

Jeder – ohne Rücksicht auf sozialen Stand oder Reisezweck – muß dort auch Schlange stehen, während die Israelis ihre Sicherheitsüberprüfungen vornehmen. Diese sind mehr als bloße Formalität: Die Ankömmlinge werden genau durchleuchtet, und ihre Namen werden anhand einer detaillierten Liste geprüft, die der israelische Geheimdienst Schin Bet liefert. Wer auf der Liste steht, kann durchaus die Erlaubnis zur Einreise erhalten – um dann prompt ergriffen zu werden, damit er seinen „Urlaub" in einem israelischen Gefängnis verbringen kann, womit man ihm seine politische Tätigkeit in einem arabischen Lande heimzahlt. Allzu oft kommt ein langerwarteter Besuch – ein Sohn oder Bruder, der nach langjähriger Abwesenheit aus einem der Golfstaaten heimkehrt – bei der Familie zuhause nicht an; und dann, nach mühseligen Nachforschungen bei den Behörden, stellen die besorgten Verwandten fest, daß man ihn frisch von der Brücke weg festgenommen und wegen irgendeines „Sicherheitsvergehens", das er Tausende von Kilometern von israelischem Territorium entfernt beging, eingesperrt hat.

Jedesmal, wenn ich über die Brücke gehe, muß ich Szenen der gleichen bedrückenden Art miterleben: Eine alte Frau, die Geschenke für ihre Kinder mitbringt; der israelische Beamte verlangt von ihr eine beträchtliche Summe als Zoll. „Ich habe kein Geld, gnädiger Herr", fleht sie. „Wenn du kein Geld hast", schreit er, „dann laß dein Zeug hier und verschwinde!"

Bei all den Qualen und Erniedrigungen erwartet man aber von uns, daß wir alles still und geduldig hinnehmen, ohne ein Wort. Gewiß, an der Brücke gibt es ein Schild, das auf Hebräisch und Arabisch empfiehlt, wer Beschwerden habe, möge sich an den diensthabenden Offizier auf der Brücke wenden . . . Aber eine alte Araberin murmelt ein heimatliches Sprichwort: „Nicht an Gott gerichtete Klagen sind Demütigung" – und beißend bekräftigt eine andere: „Beschwert man sich über die Tyrannei beim Tyrannen?"

Wir hocken im Kreis herum, bewacht von israelischen Soldaten mit

Gewehren, und warten, bis wir mit der Leibesvisitation an die Reihe kommen. Immer, wenn jemand aufgerufen wird, rappelt sich der ganze Kreis hoch und jeder rückt einen Platz weiter – das wiederholt sich unzählige Male, während sich die Stunden dahinschleppen. „Gott ist mit den Geduldigen", seufzt jemand in meiner Nähe. Ich kenne dieses Wort: Meine Mutter pflegte die Tugend der Geduld als die Gütemarke großer und mutiger Völker zu preisen. Aber ich habe das Sprichwort immer gehaßt – es klingt nach Ergebung und Unterwerfung. Und meine Geduld ist wahrlich erschöpft, wenn ich endlich an der Hütte angekommen bin, in der die Durchsuchungen stattfinden.

Die Leibesvisitation ist eine höchst umständliche Angelegenheit; man filzt nicht nur unsere Kleidung und unser Gepäck mit unerhörter Gründlichkeit, sondern wir müssen uns völlig nackt ausziehen. Jedesmal wieder streite ich mich mit den weiblichen Soldaten, die die Durchsuchung vornehmen, aber sie bestehen darauf. Später, wenn ich mich beim diensthabenden Offizier auf der Brücke beschwere, entschuldigt sich der und behauptet, die Mädchen hätten ihre Instruktionen mißverstanden . . .

Einmal nach einem solchen Wortgefecht mit den Israelinnen reiche ich eine schriftliche Beschwerde über die entwürdigende und erniedrigende Behandlung ein, die mir zuteil wurde. Den diensthabenden Offizier schreie ich an: „Stellen Sie lieber einen Gynäkologen auf die Brücke – diese Mädchen sind nicht befugt, in so empfindlichen und intimen Körperteilen herumzustochern!" Der Offizier amüsiert sich über meine Wut und bietet sich grinsend an, bei mir die Rolle des Gynäkologen zu übernehmen . . .

Zu Hause angekommen, wende ich mich an Bürgermeister Al-Masri von Nablus. Al-Masri, empört über das, was ich berichte, beschwert sich beim Militärgouverneur Giv'oli, der die Sache überprüft. Die Arabische Frauenvereinigung wird ebenfalls tätig und schickt eine Petition an Dayan.

Zu ihrer Rechtfertigung behaupteten die Militärbehörden, daß die Leibesvisitation einer Untergrundkämpferin Sprengkörper zutage gefördert hätte, die sie am Körper versteckt bei sich trug. Dayan beantwortete die Petition mit dem Bescheid, daß die Militärbehörden zu solchen Leibesvisitationen berechtigt seien, wenn sie Verdachtsgründe hätten. Die Proteste bewirkten wenig; die Israelis nahmen auch kaum Notiz von den ironischen Artikeln und Leserbriefen in unseren Zeitungen, in denen die körperlichen Untersuchungen lächerlich gemacht und satirisch beleuchtet wurden. Ein Artikel trug die Überschrift „Striptease auf der Brücke", ein anderer forderte die Leser auf, dem „neuen Nudistenklub" beizutreten.

Einmal, als ich über die Brücke wollte, riß mir nach vielen Stunden des Wartens die Geduld. Ich verlangte den Offizier zu sprechen, wurde aber abgewiesen. Unfähig, meinen Ärger noch länger zu beherrschen, schrie ich einen der Soldaten an; ich brüllte auf Hebräisch, er solle gehen und seinen Offizier holen. („Was soll das heißen – ist er der liebe Gott oder was?" schrie ich provozierend.) Nach kurzem Hin und Her war er bereit, seinen Vorgesetzten zu holen.

Ein sehr hübscher junger israelischer Hauptmann namens Ronni erschien und wollte wissen, wo denn die Querulantin sei. Als ich auf ihn zutrat, fragte er mich, was mir denn nicht passe. Ich sagte ihm, daß vier Busladungen Männer inzwischen durchsucht und durchgelassen worden seien, während man uns Frauen warten lasse. Er ging sich erkundigen; dabei muß er wohl erfahren haben, daß meine Beschwerde berechtigt war, denn er kam zurück und versprach, die Sache in Ordnung zu bringen.

Nachdem nun das Dringlichste erledigt war, schaute Hauptmann Ronni mich neugierig an. „Sie hatten ja durchaus recht", räumte er ein, „aber warum haben Sie denn so geschrien?"

„Ich mußte schreien", entgegnete ich, „sonst hätte mir kein Mensch zugehört".

„Sagen Sie mir eines", meinte er. „In dieser ganzen langen Schlange von Frauen – wieso sind Sie die einzige, die sich beschwert? Die anderen haben Babies bei sich, denen fällt es sicher sehr viel schwerer als Ihnen . . ."

Ich drehte mich zu den anderen Frauen herum und übersetzte ihnen die Frage. Die Frauen – arme Bäuerinnen zumeist – antworteten: „Sie sprechen in unserem Namen!"

Als ich ihre Worte ins Hebräische übersetzte, sah Ronni erstaunt aus. „Und sie?" wunderte er sich. „Warum beschweren *sie* sich nicht?"

Die Frauen erklärten, sie hätten die ganze Zeit über gemurrt, sie hätten die Soldaten gebeten, das Verfahren zu beschleunigen, aber niemand hätte ihnen Beachtung geschenkt. „Sie haben gebrüllt – Sie haben sie in ihrer eigenen Sprache angeredet . . ." sagten sie zu mir.

Wieder übersetzte ich, und der Hauptmann ging in die Defensive. „Da kann jeder kommen und sich beschweren und kritisieren", jammerte er. „Was würden Sie denn an meiner Stelle tun? Machen Sie mir Vorschläge!"

„Aber gern", sagte ich. „Sehen Sie sich dieses Mädchen da mit der Maschinenpistole an. Sie ist intensiv damit beschäftigt, mit dem Soldaten dort drüben zu flirten und deshalb sehr langsam. Warum tauschen Sie sie nicht aus oder rufen jemanden her, der ihr hilft?"

Knurrend gab er zu, das sei ein Punkt für mich; er sorgte dafür, daß die Durchsuchungen beschleunigt wurden, und ging.

Endlich, nach nochmaligem längeren Warten, war ich an der Reihe, durchsucht zu werden. Als ich hineinging, fuhr mich die Beamtin, eine jüdische Orientalin mit auffälligem Minderwertigkeitskomplex, der sie grob und aggressiv machte, wütend an: „Jalla, jalla, bechlah culu!" schrie sie mich an. „Los, los, alles ausziehen!"

„Ich ziehe mich nicht aus!" schrie ich zurück.

Sie war platt. Wieder schrie sie: „Jalla, ich will keine Scherereien. Ich will alles 'runter haben!"

„Nichts aus und nichts 'runter!" gab ich zurück. „Ich wünsche den diensthabenden Offizier zu sprechen. Sie haben nicht Befehl, mich zu entkleiden."

Ich wurde aufs neue zu Hauptmann Ronni gebracht. Als er mich erblickte, war er außer sich. „Was – *Sie* schon wieder?" Er führte mich in sein Büro und rief: „Tausend Frauen sind da draußen – wieso machen Sie allein denn immerzu solche Schwierigkeiten?"

Wieder diskutierten wir heftig. Ich schleuderte ihm entgegen: „Wenn wir uns nicht beschweren, dann meinen Sie, alles wäre in Ordnung. Ich habe mich fünfzehn Mal beschwert – ohne Ergebnis! Die anderen haben schon resigniert, sie haben es aufgegeben, sich zu beschweren – aber ihre Söhne und Töchter schließen sich den Fedajin an! Ist es das, was Sie wollen?"

Eine Zeitlang fuhren wir fort, einander anzuschreien, aber dann beruhigte er sich und entschuldigte sich, daß er laut geworden sei. Er bestellte Kaffee für uns, und wir setzten die Unterhaltung fort. Auch jetzt war er, wie ich bemerkte, immer noch erregt und nervös. Während unseres Gesprächs versuchte er mehrmals, in Jerusalem anzurufen. „Ich mache mir Sorgen um meine Frau", gestand er, „heute morgen hat es in unserem benachbarten Supermarkt eine Explosion gegeben, und ich kann sie zu Hause nicht erreichen." Er schien geradezu hysterisch. „Und dann kommen Sie und beklagen sich über uns, weil wir Sie ausziehen und nach Sprengstoff untersuchen!" rief er. „Warum sollte ich Nachsicht mit Ihnen üben?"

„Ihr seid es doch, die daran schuld sind", gab ich zurück. „Ihr und eure Besatzer – das macht die Leute zu Bombenlegern!"

„Es ist feige, Frauen und Kinder im Supermarkt umzubringen!" bellte er.

„Und die israelischen Bomben auf Flüchtlingslager?" versetzte ich. „Sind das keine feigen Taten gegen Frauen und Kinder? Sind unsere Kinder irgendwie anders als eure?"

168

Inmitten dieses Wortwechsels erhielt er einen Anruf aus Jerusalem; es war seine Frau. Beruhigt legte er den Hörer hin, er war jetzt entspannter. Trotzdem seufzte er: „Eines Tages werde ich mich doch noch scheiden lassen – meine Frau schreit genau wie Sie ..."

Bevor ich gehen durfte, bat er mich, über den Vorfall nichts zu schreiben. Ich gab ihm ein halbes Versprechen, schließlich schrieb ich aber doch an die Zeitungen und berichtete in allen Einzelheiten über meine Erlebnisse.

Dieser Vorfall hatte später noch ein Nachspiel. Es war an einem Tag der Streiks und Demonstrationen in Nablus. Ich war mit zwei Journalisten unterwegs – Michael Adams und Eric Marsden; am Stadtrand wurden wir gestoppt, die Soldaten wollten uns nicht in die Stadt lassen. Ich stritt mit ihnen, erklärte, daß wir von der Presse seien, aber sie ließen sich nicht beirren. Am Ende verlangte ich den Offizier zu sprechen. Zu meiner Überraschung stellte sich heraus, daß es der hübsche Hauptmann Ronni war. Er kam anmarschiert und bekräftigte das Verbot: Ausländische Journalisten durften an diesem Tage nicht in die Stadt. Dann, zu mir gewandt, sagte er: „Na, Raymonda – Sie sind mir eine schöne Lügnerin! Sie haben mir versprochen, nichts in die Presse zu bringen."

„Vergessen Sie nicht", fuhr ich ihn an, „daß wir Feinde sind!"

„Ich werde Ihnen nie wieder vertrauen", sagte er wütend.

„Und wir?" versetzte ich beißend, „sollen wir denn Ihnen vertrauen?"

Unter den obwaltenden Umständen war es nicht leicht, sich seine Menschlichkeit zu bewahren. Es gab Zeiten, in denen alles so hoffnungslos schien. Da saßen wir nun in der Behaglichkeit eines bürgerlich-intellektuellen Salons, suchten das Gespräch, suchten nach einer Lösung; wir beklagten die Zerstörung von Häusern, die Folterung von Gefangenen, die Verhaftungen und Deportationen, die Kollektivstrafen, die ganzen Gemeinden auferlegt wurden wegen der Widerstandsakte einzelner – und doch, an wen wandten wir uns eigentlich? An Angehörige des israelischen Establishments, Leute, die das Regime stützten, Leute, die all die Privilegien genossen, die die israelische Gesellschaft ihren bevorzugten Söhnen gewährt! Auch Giv'oli, unser „liberal gesinnter" Militärgouverneur, nahm manchmal an diesen Diskussionen teil – Giv'oli, dessen täglicher Dienst darin bestand, Dayans Unterdrückungspolitik in unserer Stadt auszuführen! Welchen Sinn hatte es, mit solchen Leuten zu debattieren? Hartnäckig klammerte ich mich an die Hoffnung, wir könnten, wenn wir uns ihnen verständlich machten, wenn wir unseren Kummer und unsere Wunden zeigten, das Herz unserer Gegner rühren. Es gab Momente, in denen meine Freunde die Geduld verloren: „Was soll das eigentlich?" fragten sie mich dann. „Die Israelis eignen sich unser Land an und errichten überall auf der West Bank ihre Siedlungen; täglich erleben wir neue Brutalitäten, Folterungen, Demütigungen. Welchen Sinn hat es, mit ihnen zu reden?" Es gab Augenblicke, in denen auch ich selbst mich fragte: Was ist der Sinn? Ganz in unserer Nähe wurde ein dreistöckiges Haus zerstört. Es gab Proteste, Geschäfte blieben geschlossen, man demonstrierte – alles umsonst. Am nächsten Tag – ein anderes Haus. Der Familie ließ man eine halbe Stunde Zeit, das Haus zu räumen – zu wenig, um die Möbel herauszuholen. Ich raste ans Telefon und rief ein paar befreundete Diplomaten an. Ich drang durch zu Mr. Kay, dem britischen Konsul in Jerusalem; hastig erklärte ich ihm die Situation und bat ihn, zu intervenieren. Eine halbe Stunde später klingelte das Telefon; es war Mr. Kay. Er teilte mir mit, daß er sich mit seinem Botschafter in Tel Aviv in Verbindung gesetzt habe, und dieser werde etwas tun, werde seinen Einfluß im israelischen Außenministerium geltend machen. Ich ließ ihn ausreden; dann sagte ich ihm mit sanfter Stimme: „Vielen Dank, Mr. Kay. Aber das Haus ist bereits zerstört. Es ist nicht mehr nötig, daß Sie sich noch weiter bemühen ..." Zwei Monate später sprach das Militärgericht den jungen Mann von dem Vorwurf frei, er habe Sprengstoff besessen. Das Urteil kam allerdings zu spät: Das Haus seiner Familie war ein Schutthaufen.

Waren meine Beziehungen zu aufgeklärten Israelis – zu Avneri, zur Mapam zum Beispiel – auch noch so menschlich, das wahre Bild der Besatzung war eben dieses: die Mutter, die weinend vor dem Trümmerhaufen hockt, der einst ihr Heim war ... Selten habe ich erlebt, daß Da'ud weinte, aber diesmal heulte er, ohne sich zu schämen. „Ich kenne diesen Mann", sagte er. „Toukan Hamzi ist Kunde meiner Bank. 1948 kam er als Flüchtling aus Haifa. Er hatte alles verloren, mußte von ganz vorn wieder anfangen. Ich habe gesehen, wie er seine ganze Kraft, seinen Schweiß in dieses Haus gegossen hat. Ich habe ihm geholfen, auf eigenen Füßen zu stehen. Und jetzt dies ..."

Wieder unterrichtete ich Avneri und die Mapam-Leute, wieder publizierten sie die Fakten in Israel. Aber das allgemeine öffentliche Echo war mit wenigen Ausnahmen nichts als Gleichgültigkeit – wenn nicht schlimmer: Viele Israelis rechtfertigten solche Akte und betrachteten sie als „die einzig mögliche Art, mit Terroristen fertig zu werden".

Als wäre meine eigene Verzagtheit noch nicht genug, sah ich mich heftigen Angriffen eines Freundes ausgesetzt, der mich wegen meiner Gespräche mit Israelis beschimpfte. „Ihr jongliert bloß mit Worten", sagte er in schneidendem Ton. „Das gibt euch eine intellektuelle Befriedigung, aber es bringt nichts ein – die Unterdrückung geht weiter, die Besatzung bleibt. Was soll das also? Nur Waffen können uns helfen, nicht Worte! Da schwebt ihr in hohen geistigen Gefilden dahin – du bist der Lüge auf den Leim gegangen, daß es eine 'israelische Linke' gäbe, die irgendwie anders ist. Wunschdenken . . ."

Trotz meiner Zweifel und meiner Verzweiflung stachelten diese Worte mich zu einer ärgerlichen Erwiderung an. „Wir *müssen* reden, wir *müssen* erklären, wir *müssen* geduldig sein. Vielleicht wird unsere Stimme doch gehört. Schließlich haben auch die Algerier große Anstrengungen gemacht, um ihre Sache den französischen Intellektuellen nahezubringen, und das hat ihnen in ihrem Kampf doch geholfen, oder etwa nicht?" Bitter fragte ich ihn: „Gibt es denn gar keinen anderen Weg als Tod, Gewalt, Folter, Zerstörung? Das ist es doch, was der Feind will – wir haben schließlich keine Waffen! Gibt es nichts anderes als Haß? Gibt es keine Möglichkeit, zu lieben, zu verstehen?"

Es schien eine aussichtslose Hoffnung, ein romantischer Traum. Wie konnte ich erhoffen, daß Liebe und Verständnis die Feindschaft zwischen unseren beiden Völkern überwinden könnte, wenn täglich und überall die Flammen des Hasses aufloderten? In die Debatten in meinem Hause schlich sich ein ganz neuer Ton der Schärfe ein. Eliezer Be'eri sprach, als er wieder einmal da war, von der israelischen Besatzung, die „human" sei. Einen meiner Freunde packte die Wut: „Wer hat je von einer humanen Besatzung gehört?" schnappte er. „Es könnte schlimmer sein", schnappte Be'eri zurück. „Haben Sie noch nie von den Konzentrationslagern der Nazis gehört? Wissen Sie gar nichts über Auschwitz?"

Wütend ging der Streit weiter; irgendwie schienen wir auf der Stelle zu treten, uns im Kreise zu drehen, wir kamen nicht weiter, jede Seite wiederholte nur immer und immer wieder dieselben festgefahrenen Standpunkte.

Zugleich stand ich wegen meiner Kontakte zu Israelis unter ständigem Druck. Vorübergehende wußten nicht, was in meinem Hause vor sich ging. Sie wußten nur, was sie sahen: daß davor immer Autos mit israelischen Nummernschildern parkten. Man munkelte von „Kollaboration" und „Spionage". Drinnen warfen wir mit Begriffen wie „Imperialismus", „Kolonialismus", „Repression", „Vorenthaltung nationaler Rechte" um uns. In meinem gemütlichen Salon waren sie jedoch wenig mehr als Abstraktionen, Theorie. Für den Mann draußen jedoch, der auf der Straße vorüberging, waren diese Begriffe bittere, lebendige Wirklichkeit, direkt mit dem Druck und der Drangsal seines Alltags verbunden. Es war nur natürlich, daß viele normale Menschen in

Nablus mich mit Argwohn betrachteten: Da stand ich, eine Frau und Christin, einer anderen Gesellschaftsklasse angehörend, mit meiner fremdartigen Erziehung – und dann all dieses unerklärliche Gehabe mit den Ausländern . . .

Eine ganze Menge an dieser Feindseligkeit war Neid. Frauen waren eifersüchtig auf meinen Erfolg, denn ich war aus der beengten Häuslichkeit ausgebrochen; Männer lehnten mich ab, weil ich in einen Bereich „eindrang", den sie als ihre Domäne ansahen. Als ich zu einer Podiumsdiskussion in den linken Zawta-Club in Tel Aviv eingeladen wurde, gab es Bedenken nicht nur politischer Natur. Einige Kritiker griffen mein „unweibliches" Betragen an, mich auf das männliche Gebiet der Politik zu begeben. Neben denen, die prinzipiell gegen jede „Kungelei" mit Israelis waren – dazu gehörten auch Liberale und Progressive –, gab es andere, die bissig fragten: „Wer ist denn das? Ist sie Politikerin?"

Zugleich gab es viele Palästinenser, die ernsthaft bezweifelten, daß meine Beziehungen zu Gruppen und Persönlichkeiten einer Nation, die seit so langer Zeit ein Feind meines Volkes war, irgendeinen Sinn hätten. Solchen Leuten, die meine Bemühungen um den Dialog mit Israelis ernsthaft in Frage stellten, antwortete ich in aller Offenheit. Ich war bestrebt, ihnen zu erklären, daß der Dialog lebenswichtig sei; er sei mein Beitrag zur palästinensischen Sache. Auch ich sei voll Bitterkeit, auch ich stünde in einem tiefen Zwiespalt, auch ich liebte meine Heimat. Und ich sei von der Notwendigkeit überzeugt, die Israelis herauszufordern, ihnen entgegenzutreten, von Angesicht zu Angesicht, mit dem Recht auf unserer Seite . . . Meine Erklärungen riefen kaum mehr als ein skeptisches Heben der Brauen hervor. Nun – konnte ich denn auf eine einzige konkrete Reaktion bei meinen israelischen Gesprächspartnern verweisen?

Eines Tages im Jahre 1972 brachte Muhammed Watted mir einen Gast; es war Guy Péline, ein Mitarbeiter des Sozialistenführers Mitterand. Ich lud Bürgermeister Hamdi Kna'an ein, zusammen mit einigen anderen palästinensischen Intellektuellen den Besucher kennenzulernen. Im Gespräch erläuterte Kna'an unsere Befürchtung, die Israelis würden fortschreitend die West Bank übernehmen in der Absicht, sie auf Dauer zu annektieren.

Um klar zu machen, was er meinte, schilderte er den Fall des Dorfes Akrabeh, dessen Muchtar (Dorfältester) ihn jüngst informiert hatte, daß die Behörden die Dorfbewohner zu zwingen versuchten, ihr Land an die Israelis zu verkaufen. Die Bauern weigerten sich, sie sagten, sie würden lieber sterben als verkaufen. Um den Druck zu verstärken, erklärten die Militärbehörden daraufhin einen großen Teil des Bodens von Akrabeh zum „Exerziergebiet"; die Felder wurden eingezäunt, und den Bauern wurde der Zutritt verboten – „zu ihrer eigenen Sicherheit". Ziel dieser Maßnahme war es, den Dorfbewohnern ihr Land zu nehmen: Man hoffte, wenn man ihnen die Nutzung ihrer Äcker vorenthielte, wären sie geneigter, zu verkaufen. Aber die Israelis rechneten nicht mit der Widerspenstigkeit dieser palästinensischen Bauern. Nach kurzer Zeit, als sie sahen, daß das Land in Wirklichkeit gar nicht von der Armee benutzt wurde, brachen die Dörfler durch die Zäune und fingen an, ihre Felder zu pflügen und zu bestellen, wie sie es seit undenkbaren Zeiten immer getan hatten. Es war ein gutes Jahr, es gab eine Menge Regen, und als der Weizen reifte, hofften die Bauern auf eine gute Ernte.

Ihre Hoffnungen waren verfrüht. Erbost über die „Vermessenheit" der Bauern, die offizielle Anordnungen mißachtet hatten, griffen die Israelis zu einer neuen Taktik: Am frühen Morgen des 28. April 1972 flog eine israelische Maschine im Tiefflug über die Acker und besprühte sie mit einer mysteriösen Flüssigkeit. Die Bauern waren verblüfft und besorgt, aber sie hatten keine Ahnung, was da vor sich ging. Sie brauchten allerdings nicht lange, um das festzustellen. Binnen kurzem schrumpelte der schöne Weizen zusammen und starb ab. Die Äcker wurden schwarz; sie waren mit einem Entlaubungsmittel besprüht worden, wie die Amerikaner es in Vietnam angewandt hatten . . .

Kna'an beendete seinen Bericht; für einen Augenblick herrschte betretenes Schweigen in meinem Salon.

Eliezer Be'eri, der auch da war, weigerte sich, diese Geschichte zu glauben; Kna'an bestand darauf, daß sie wahr sei. Es war keine Möglichkeit, den Streit zu schlichten.

Am nächsten Tag fuhr ich mit Victor Cygielman, einem prominenten linken Journalisten aus Israel, der für den „Nouvel Observateur" schrieb, hinunter ins Jordantal. Unterwegs erzählte ich ihm die Akrabeh-Geschichte, wie Kna'an sie am Vortage erzählt hatte. Victor reagierte etwa wie zuvor Eliezer Be'eri. „Manchmal übertreibst du ein bißchen, Raymonda", sagte er tadelnd. Sein Kommentar brachte mich auf; schon oft hatte ich solche Bemerkungen zu hören bekommen, alle Anklagen, die wir brachten, stießen auf eine Art automatischer Skepsis. Keiner wollte uns je glauben. Allzu oft stellten wir fest, daß wir Opfer einer israelischen – und westlichen – Klischeevorstellung von „Orientalen mit ihrer überschäumenden Phantasie" wurden.

Hitzig forderte ich Victor auf, doch hinzugehen und die Geschichte zu überprüfen. Wir fuhren nach Nablus zu Kna'an; er schickte uns nach Akrabeh und bat uns, taktvoll vorzugehen, wenn wir den Muchtar ansprächen. In Akrabeh angekommen, hörten wir vom Muchtar noch einmal die Geschichte, die ich schon kannte. Dann nahm er uns mit hinaus aufs Feld; mit unseren eigenen Augen sahen wir den Zaun, sahen wir die Weizenfelder, geschwärzt und abgestorben.

Wir sprachen mit den Bauern; sie waren gebrochen, verzagt, schweigsam. „Wie sollen wir unsere Kleinen ernähren?" fragten sie verzweifelt. Mit einem Schlag war ihnen der Lebensunterhalt eines ganzen Jahres vernichtet worden. Sie hatten Briefe an die israelischen Ministerien für Verteidigung und für Landwirtschaft geschrieben. Als Antwort war ein Beamter aufgetaucht und hatte den Dörflern geraten, über die Angelegenheit den Mund zu halten; er hatte versprochen, wenn sie das täten, dann würden sie eine Entschädigung erhalten . . .

Jetzt war Cygielman überzeugt. „Ein richtiger Journalist muß Nachforschungen anstellen und selber sehen, bevor er das in Zweifel zieht, was er hört . . ." sagte er zerknirscht zu mir. Von nun an zog er meine Zuverlässigkeit nie wieder in Zweifel. Victor versprach, daß er in dieser Sache etwas unternehmen würde. In derselben Woche noch fuhr ich nach Beirut; bei der Ankunft kaufte ich mir eine Zeitung; zu meiner Verblüffung sprang mir das Ereignis von Akrabeh als dicke Schlagzeile ins Gesicht. Victor hatte sein Versprechen eingelöst – er hatte die Geschichte groß herausgebracht und die Weltpresse war darauf eingestiegen. Das schändliche Verhalten der israelischen Behörden stand im Scheinwerferlicht.

Die israelische Regierung war in heller Aufregung. Von den Fragestellern in der Knesseth bedrängt, bezeichnete Verteidigungsminister Mosche Dayan die Anwendung von Entlaubungsmitteln auf den Feldern von Akrabeh als einen „Akt der Barbarei". Schöne Worte! Aber Taten folgten ihnen nicht. Die Sprühaktion war von einem hohen israelischen Offizier angeordnet worden – aber Dayan wollte es nicht mit seinen Generälen verderben, indem er den Mann zur Rechenschaft zog. Wer weiß, ob er nicht insgeheim in seinem tiefsten Innern froh war, daß solche „barbarischen" Methoden angewandt worden waren; beim nächsten Mal würden andere Bauern wohl ihr Land verkaufen, wenn man sie „darum bat" . . .

Aber der Vorfall von Akrabeh war mit Dayans Antwort noch nicht abgeschlossen. Die israelische Öffentlichkeit erfaßte vielleicht zum ersten Male richtig, wie abscheulich die Besatzung und die Bedrängnisse waren, die der Bevölkerung auf der West Bank auferlegt waren. Weitverbreitet gab es Proteste, und zahlreiche Israelis – auch Anhänger der Regierung – forderten disziplinarische Maßnahmen gegen die Verantwortlichen. Die Regierung tat nichts— sie erwartete, daß bald Gras über die ganze Geschichte wachsen würde. Diesmal jedoch irrte sie sich.

Unter den israelischen Linksgruppen hat sich seit kurzem eine mit

174

Namen Siah (Israels Neue Linke) hervorgetan. Nach dem Krieg von 1967 von dissidentischen Intellektuellen gegründet, Studenten und Kibbutzmitgliedern, viele davon ehemalige Mapam-Angehörige, war die Siah zu einer zwar kleinen, aber wortgewaltigen Oppositionsgruppe geworden. Die Siah verkündete, daß sie für die Selbstbestimmung der Palästinenser sei, und forderte die israelische Regierung auf, sich aus den besetzten Gebieten zurückzuziehen und Frieden zu schließen. Das Ereignis von Akrabeh hatte die Siah-Leute ganz besonders erregt; viele von ihnen waren Kibbutz-Mitglieder, der Erde und ihren Früchten in Liebe und Achtung verbunden. Sie begriffen sehr gut, was es für einen Bauern bedeutete, wenn man ihm seine kostbare Ernte willentlich vernichtete. Als sie sahen, daß die Regierung nicht die Absicht hatte, die Verantwortlichen zu bestrafen, beschlossen die Siah-Leute, ihren Abscheu auf kühne und unorthodoxe Art zu demonstrieren: Obwohl in den besetzten Gebieten jede politische Betätigung offiziell verboten war – für Israelis ebenso wie für Palästinenser –, entschlossen sie sich zu einer Solidaritätskundgebung mit den betroffenen Bauern von Akrabeh.

Eines Tages fuhren achtzig Siah-Mitglieder nach Akrabeh hinunter. Sie hatten aus ihren Absichten kein Geheimnis gemacht, die Behörden wußten also, was da kommen würde. Einige Kilometer vor dem Dorf stießen die Demonstranten auf eine Straßensperre der Armee. Eine starke Truppe der Grenzschützer mit grünen Baretten blockierte den Weg; ein Offizier befahl den Demonstranten umzukehren. Nach kurzer Beratung beschlossen die Siah-Leute, den Befehl zu ignorieren. Da sie mit den Fahrzeugen nicht durchkamen, brachen sie zur Seite aus und rannten über die Äcker. Laufend versuchten sie, einzeln und in kleinen Grüppchen durch die militärische Sperrkette zu schlüpfen. Eine Menschenjagd begann: Soldaten hetzten hinter Demonstranten her, die nichts unversucht ließen, um zum Dorf durchzukommen. Aber die Soldaten waren zu zahlreich. Sie kreisten die Demonstranten ein, drängten sie rückwärts bis zur Straßensperre und zwängten sie in ihre Fahrzeuge. Dann mußten die Demonstranten, vom Militär eskortiert, nach Nablus fahren, wo man sie bei der Polizei ablieferte und festsetzte. Nach ein paar Stunden ließ man sie laufen unter der Voraussetzung, daß sie das besetzte Gebiet unverzüglich zu verlassen hätten.

Die Nachricht von der Siah-Demonstration schlug auf der ganzen West Bank wie eine Bombe ein. Immer und immer wieder hatte ich die Leute sagen gehört: „Links – rechts – Israelis sind alle gleich!" Befürworter dieser Ansicht pflegten zu argumentieren: „Sie sind alle Zionisten, sie dienen alle in der Armee – also ist ihnen nicht zu trauen. Sie leisten sich höchstens manchmal ein paar edle Gefühle – niemals aber werden sie echte Solidarität mit uns Palästinensern beweisen." Nun öffnete die Siah-Demonstration von Akrabeh den Leuten plötzlich die Augen. Hier war eine Gruppe junger israelischer Juden, die bereit waren, gegen die eigene Armee aufzustehen, sich dem Risiko auszusetzen, verprügelt und verhaftet zu werden – um ihrer Empörung und Abscheu darüber Ausdruck zu geben, wie ihre Regierung mit einem fernen kleinen palästinensischen Dörfchen umging.

Einige Monate später wurden fünf der Organisatoren der Demonstration vor das Militärgericht in Nablus gestellt. Gespannt und aufgeregt ging ich mir die Verhandlung anhören. Sie dauerte tagelang. Die Angeklagten, die ohne Anwälte kamen, bekannten sich zu dem „Verbrechen", im besetzten Gebiet eine politische Demonstration abgehalten zu haben. Aber anstatt um die eigene Schuld oder Unschuld zu streiten, versuchten sie, den Prozeß zum Politikum zu machen, indem sie gegen das moralisch wie gesetzlich strafwürdige Verhalten eben jener Obrigkeit wetterten, die sie vor Gericht gestellt hatte. Genau wie alle anderen Prozeßbeobachter war ich erstaunt über diese fünf stolzen jungen Männer, die hocherhobenen Hauptes dem Staatsanwalt ihrerseits Anklagen entgegenschleuderten. Jitzik La'or – später vor ein Kriegsgericht gestellt und eingesperrt, weil er sich weigerte, seinen Militärdienst in den besetzten Gebieten abzuleisten –, wandte sich mit flammenden, leidenschaftlichen Worten an das Gericht. Der junge Mann, ein Lyriker, sagte den Richtern, daß er sich der Taten des Staates Israel schäme; er wolle nicht in einer Armee dienen, die den Kampf des palästinensischen Volkes um sein Heimatland unterdrücke, sagte er. „Als Jude werde ich mein Land schützen; aber wenn unsere Waffen dazu benutzt werden, einen jungen Palästinenser seines Ackers zu berauben, dann geht er zur Fatah oder zum Schwarzen September!"

Nach Jitzik sprach Jossi Kotten (auch er wurde später von einem Kriegsgericht verurteilt, weil er nicht in einer Einheit dienen wollte, die zur Niederschlagung des palästinensischen Widerstandes entsandt wurde). Jossi sprach einfach und ohne Umschweife; seine Worte waren unerhört eindrucksvoll. „Die wahren Verbrecher", sagte er, „ sind jene, die den Palästinensern ihr Land und ihre Freiheit rauben!" Auch jeder der drei anderen Angeklagten (Arieh Arnon, Eitan Michaeli und Juval Golan) nahm in seiner Rede Stellung zur Anklage wegen Aufruhrs. Einer stellte die Frage: „Wer macht sich hier des Aufruhrs schuldig – wir oder die Obrigkeit? Wer hat denn diesen Menschen die Freiheit genommen?"

Ich hörte zu, gebannt und erregt. Ich mochte kaum meinen Ohren trauen. Diese fünf jungen Israelis, ehrlich und aufrecht, standen für eine neue, fortschrittliche Denkungsart. Mit Worten wie mit Taten bewiesen sie, daß es ihnen wirklich um eine Zukunft ging, in welcher Israelis und Palästinenser in Würde und gegenseitiger Achtung Seite an Seite leben konnten.

Meine Bewunderung für die Angeklagten wurde vom militärischen Ankläger und auch vom Richter nicht geteilt. Nach kurzer Beratung gab das Gericht seinen Spruch bekannt: Die Angeklagten wurden zu einer Geldstrafe von je 3.000 israelischen Pfund verurteilt; bei Nichtzahlung wurde eine sechsmonatige Haftstrafe fällig.

Zur Urteilsverkündung war der Gerichtssaal gerammelt voll. Der Militärgouverneur war anwesend und mit ihm eine Reihe hoher israelischer Offiziere. Den Rest der Zuhörerbänke nahmen Journalisten und Bürger von Nablus ein. Nachdem das Urteil verlesen worden war, vertagte sich das Gericht. Das Publikum erhob sich, im Begriff hinauszugehen. Da sprang ich impulsiv von meinem Platz auf und rannte nach vorn zu den fünf Angeklagten. Gut sichtbar für den ganzen Gerichtssaal wandte ich mich an die israelischen Offiziere und sprach sie hebräisch an. „Hewreh (Kameraden)", sagte ich, „das ist der Weg zum Frieden – nicht mit euren Gewehren, sondern nach dem Vorbild dieser wunderbaren Jungen."

Dann trat ich zu den Angeklagten und schüttelte ihnen die Hände, einem nach dem anderen.

Diese Geste von mir war eine zweifache Herausforderung. Direkt vor den Augen der israelischen Militärbeamten, die buchstäblich mein Schicksal in der Hand hatten, stellte ich meine Anerkennung und Sympathie für diese hervorragenden jungen Leute, die soeben von der israelischen Justiz verurteilt worden waren, mit Aplomb zur Schau. Die Geste richtete sich aber auch an mein eigenes Volk – an diejenigen, die da sagten: „Israelis, links oder rechts, sind doch alle gleich!" Nein, wollte ich sagen, sie sind nicht alle gleich. Es gibt Israelis, die uns unterdrücken, und gegen die müssen wir uns wehren; aber es gibt auch Israelis, die aus Sympathie für unsere Sache persönliche Opfer auf sich nehmen – und sie müssen wir willkommen heißen!

Nachdem ich mich mit den fünf Siah-Mitgliedern bekannt gemacht hatte, lud ich sie zu Kaffee und knaffeh (einem weichen Gebäck, einer Nabluser Spezialität) ein. Ich nahm sie mit zu mir nach Hause und telefonierte mit Bürgermeister Kna'an, um ihm mitzuteilen, wen ich zu Gast hatte. Er reagierte so ähnlich wie ich: Ohne jegliches Zögern ließ er alles stehen und liegen und kam auf dem schnellsten Wege zu mir. Im Namen der Einwohner von Nablus und von Akrabeh sprach er den fünf jungen Israelis seinen Dank aus. „Wenn die Mehrheit der Israelis sich zu eurer Ansicht durchringt, dann machen wir einen auf Gerechtigkeit beruhenden Frieden."

9. Zweifrontenkrieg

Die Siah-Demonstration und der Militärgerichtsprozeß gegen ihre fünf
Anführer waren noch nicht das Ende der Akrabeh-Affäre. Eine weitere
Gruppe von Siah-Anhängern – die meisten Kibbuz-Mitglieder –
versuchte, nach Akrabeh durchzukommen, um ihren Protest zu
bekunden. Auch sie wurde kurz vor dem Dorf abgefangen und zur
Umkehr gezwungen. Diesmal aber waren die Demonstranten auf alle
Eventualitäten vorbereitet; sie hängten die sie geleitenden Militärjeeps
ab, brausten nach Nablus hinein und entfalteten dort Transparente mit
arabischen Parolen, die „Schluß mit der Besatzung!" forderten. Die
Menschen in Nablus staunten, als sie Israelis erblickten, die gegen ihre
eigene Regierung auftraten und das Risiko schwerer Bestrafung auf sich
nahmen, um ihre Sympathie mit unserer Sache zum Ausdruck zu
bringen. Die Demonstranten vergaßen aber auch nicht, gleichzeitig die
nationalen Ansprüche des eigenen Volkes zu betonen: „Israel den
Israelis, Palästina den Palästinensern!" lautete ein Slogan. Für unsere
Leute war es eine sehr wichtige politische Lektion, mit eigenen Augen
sehen zu können, daß sie Verbündete in der israelischen Jugend
hatten.
Als der Militärgouverneur begriff, was da passierte, schickte er
Truppen, die die Demonstranten aus der Stadt befördern sollten. In
diesem Augenblick griff ich ein; ich trat an den Lastwagen der
Siah-Leute heran und lud sie zu mir ein. Da die Demonstranten nun ihre
Spruchbänder einrollten, konnten die Militärbehörden nichts mehr
unternehmen. Als ich sie dann aber zu meinem Hause lotste, begleitete
uns eine mächtige Militäreskorte. Ich komplimentierte die Demonstranten hinein. Währenddessen kreiste eine ganze bis an die Zähne
bewaffnete Armee mein Haus ein: Polizeiautos, Militär-Mannschafts-
wagen, Funkwagen, dazu Fußstreifen. Sie alle bezogen Posten, um die
„gefährliche Konspiration" zu überwachen, die da in meinem Hause
ausgeheckt wurde.
Drinnen im Haus festigten wir die palästinensisch-israelische Solidarität
mit Fruchtsaft und kenaffah . Ich schickte die Kinder hinaus, um den
Soldaten rundherum Kaffee und kenaffah anzubieten. Das Angebot
wurde steif abgelehnt; sie seien „im Dienst", erklärte der Offizier.
Später, um acht Uhr abends, als die Demonstranten Nablus verließen,
wurde ich zur Polizei beordert, um einen strengen Verweis entgegenzunehmen.
„Sie haben sich mit diesen verrückten Siah-Leuten nicht mehr abzugeben!" knurrte mich der Offizier an.

178

„Verrückt?" entgegnete ich höchst verwundert. „In ganz Israel werden Sie keine bessere Gruppe junger Leute finden!"

Es beeindruckte ihn wenig. „Diese Leute sind gekommen, um hier Unordnung zu stiften. Wenn Sie sie noch einmal holen, dann werden Sie dafür bezahlen!"

Das Militärgerichtsverfahren gegen die fünf Siah-Demonstranten rief in Israel erheblichen Ärger hervor. Studenten der Jerusalemer Universität und Linke beteiligten sich an einem Protestmarsch der Siah gegen das Urteil. Der Marsch schloß mit einer Kundgebung vor der Knesseth ab, und dort forderten die Redner, daß die Urteile aufgehoben, die Bauern von Akrabeh für ihre vernichtete Ernte entschädigt und die für die Sprühaktion Verantwortlichen zur Rechenschaft gezogen werden müßten.

Meine Freunde von der Siah luden mich ein, an der Kundgebung teilzunehmen und dort auch zu sprechen. Diese Einladung machte mir einiges Kopfzerbrechen. Diese Siah-Leute hatten zwar ihren guten Willen auf sehr unmißverständliche Weise gezeigt, doch einige unserer Nationalisten konnte das nicht überzeugen. Viele hielten an ihrer Überzeugung fest: „Links, rechts – das macht keinen Unterschied, sie sind alle Israelis, sie sind alle Feinde."

Außerdem konnte ich nicht einfach über die strenge Verwarnung der Israelis hinwegsehen. Sie waren sichtlich beunruhigt von der „Gefahr", israelische Linke könnten gemeinsame Sache mit den Palästinensern machen. Mosche Dayan bezeichnete es als „schwerwiegendes Problem", daß die israelische Kibbutz-Jugend trotz der Indoktrination, die ihr zuteil wurde, „gegen uns arbeitet". Es war zu der Zeit, als die Vereinigten Staaten von Amerika gezwungen waren, ihren Vietnamkrieg zu beenden – hauptsächlich unter dem Druck der protestierenden akademischen Jugend, die offen mit dem Vietcong sympathisierte. Ganz offensichtlich fürchteten die israelischen Führer die Möglichkeit, daß eines Tages auch junge Israelis Sprechchöre wie „Hell, no – we won't go!" skandieren könnten und daß Israel gezwungen würde, sich aus den besetzten Territorien zurückzuziehen, so wie Amerika aus Vietnam. Derartige Aussichten waren ein Alptraum für das israelische Regime, und so konnte man davon ausgehen, daß der Staat Israel in rücksichtslosester Weise handeln würde, um jedes Anzeichen einer Zusammenarbeit zwischen palästinensischen Patrioten und israelischen Radikalen schon im Keime zu ersticken.

Wäre es unter diesen Umständen nicht eine Dummheit, wenn ich an der Kundgebung teilnähme, und geradezu Wahnsinn, dort aufzustehen und eine Rede zu halten? Es war nicht leicht, hier einen Entschluß zu fassen. Als ich ihn faßte, tat ich es mit klarem Bewußtsein: Ich ging.

Victor Cygielman brachte mich zur Kundgebung. Die Siah-Leute begrüßten mich begeistert. Sie waren eine isolierte kleine Minderheit, geschmäht und beschimpft von der offiziellen israelischen Propaganda; wie viele von ihnen mir später sagten, hatten sie ein freundliches Echo von seiten der palästinensischen Patrioten bitter nötig, um der israelischen Öffentlichkeit beweisen zu können, daß ein Zusammenleben von Israelis und Palästinensern in Frieden und gegenseitiger Achtung durchaus möglich war. Sie wußten wohl, wie schwierig, ja gefährlich es für mich war, an einer Kundgebung der Opposition in Israel teilzunehmen; und sie zeigten mir ihre Wertschätzung in dem herzlichen Empfang, den sie mir bereiteten.

Als die Reihe an mir war zu reden, hatte ich eine schwierige Aufgabe. Wir empfanden zwar gegenseitigen Respekt und Zuneigung füreinander, doch stimmte ich in meinen Ansichten nicht mit jenen israelischen Linken überein, die immer noch Zweifel hegten, ob sie die PLO anerkennen könnten, die sie als extremistisch betrachteten; sie kritisierten die PLO als eine „terroristische" Organisation. Damals vertrat ich die geltende Linie der PLO, die einen gemeinsamen Staat für Israelis und Palästinenser verlangte, während die meisten israelischen Linken der Errichtung eines palästinensischen Staates *neben* Israel den Vorzug gaben. Ich gab mir keine Mühe, mich mit langen Erklärungen über unsere „Differenzen" aufzuhalten. „Die Leute, die ihr 'Terroristen' und 'Mörder' nennt, sind Freiheitskämpfer!" sagte ich ihnen geradeheraus. „Wir müssen eine Lösung für den Konflikt zwischen unseren beiden Völkern finden. Israel kann nicht mit Jordanien verhandeln – die PLO ist es, mit der ihr reden müßt!" Wenn meine Meinung ihnen vielleicht auch nicht gepaßt haben mag – die Leute auf der Kundgebung spendeten mir begeisterten Beifall.

Die Akrabeh-Affäre und ihre Folgen waren für mich persönlich von großer Bedeutung. Ich hatte eine entscheidende Rolle dabei gespielt, daß die Welt zu wissen bekam, was die Israelis auf der West Bank taten, und damit waren meine langen und mühseligen Anstrengungen, die Verbindungen zu ausländischen Medien zu pflegen, gerechtfertigt worden. Die nachfolgenden Proteste der israelischen Linken und Liberalen gaben mir außerdem die Möglichkeit, die Verbindungen zu fortschrittlichen israelischen Kreisen zu stärken – was mich in meinem beharrlichen Bemühen um den Dialog mit Israelis rechtfertigte. Und – auch das nicht weniger wichtig – die Siah-Demonstrationen ermutigten mich, solchen Palästinensern entgegenzutreten, die in Zweifel stellten, daß wir je bei den Israelis Verständnis finden könnten.

Aber während ich in meiner politischen Tätigkeit Fortschritte machte, Erfahrungen sammelte, mein Selbstvertrauen stärkte, geriet meine persönliche Emanzipation ins Hintertreffen, und das konnte ich mir nicht erlauben. Politische Leistungen allein konnten mich nicht zufriedenstellen, so lange ich mit den Ketten der Konvention gefesselt blieb.

Nicht für einen Augenblick konnte ich vergessen, daß ich einen Zweifrontenkrieg gegen die Unterdrückung führte: Ich kämpfte für die Freiheit meines Volkes und gleichzeitig für meine Befreiung als Frau. Fast täglich geriet ich mit den israelischen Besatzungsbehörden aneinander; aber nicht weniger oft hatte ich Krach, weil ich auf meiner eigenen persönlichen Freiheit bestand.

Im Jahre 1971, einer Zeit der politischen Hochspannung, als die Lage ganz besonders unwirtlich aussah, hatte ich einen Streit mit einem französischen Journalisten, der zu Besuch war. Mit offenem Hohn sprach er vom palästinensischen Widerstand gegen das israelische Regime und behauptete, andere unterdrückte Völker stünden sehr viel entschiedener gegen ihre Unterdrücker auf. Besonders kritisch äußerte er sich über die palästinensischen Frauen und warf ihnen vor, „untätig" zu sein. Als Bekräftigung erinnerte er mich daran, was ich selbst ihm über die persönlichen Beschränkungen erzählt hatte, die ich als Frau erdulden müßte. „Warum gehen Sie nicht weg?" stachelte er mich auf. „Kommen Sie doch für ein Jahr nach Frankreich, studieren Sie, rüsten Sie sich für Ihre politische Rolle!"

In diesem Augenblick gab ich keine Erwiderung, aber seine Worte fielen wie ein Samen in meine Seele. In Frankreich studieren! Eine berauschende Vorstellung. Meine Eltern – mein Vater insbesondere – waren durch und durch von der französischen Kultur geprägt, und ich habe davon etwas geerbt. Immer schon hatte ich davon geträumt, an der Sorbonne zu studieren, eine Zeitlang in Paris zu leben, dem Angelpunkt vieler romantischer Phantasien. Ich stellte mir ein unbeschwertes Bohèmeleben im Quartier Latin vor . . .

Endlich entschloß ich mich, zur Tat zu schreiten, und ich teilte Da'ud mit, daß ich die Absicht hätte, für ein Jahr nach Paris zu gehen. Ihm blieb die Spucke weg. Er hatte sich mit den Jahren schon halbwegs mit meinem Nonkonformismus abgefunden, aber der Gedanke, daß ich in dieser Form auf und davon gehen könnte, stürzte ihn in helles Entsetzen. Er gab seinem äußersten Mißfallen Ausdruck und empfahl mir, diese Idee schnellstens zu vergessen. Aber so leicht gab ich nicht auf, und wir stritten erbittert ohne Ende.

Einige Tage später gaben wir einen Empfang, an dem zahlreiche prominente Bürger von Nablus teilnahmen. In der Hoffnung, daß Druck von außen seine Wirkung bei mir tun würde, erzählte Da'ud unverzüglich unseren Gästen von meiner jüngsten Wahnsinnsidee. Wie

181

er erwartet hatte, wandten sich alle wie ein Mann entrüstet gegen mich, die Heim und Familie verlassen wollte, um ein Jahr allein in Paris zu verbringen – diesem berüchtigten Sündenpfuhl. Hamdi Knáan persönlich knöpfte sich mich – die Irre – vor und versuchte, mir das auszureden; als ich unnachgiebig blieb, platzte ihm der Kragen und er rief, es wäre „kriminell" von mir, ein solch törichtes Abenteuer zu unternehmen. „Wie können Sie nur daran denken, fünf Kinder sich selbst zu überlassen?" schrie er außer sich.

Durch die Rückenstärkung von neuem Mut beseelt, stürzte Da'ud sich nun wieder ins Getümmel. Hier und jetzt, im Beisein von vierzig Gästen, brüllte er, daß er es mir nicht erlauben würde, nach Paris zu gehen. „Und wenn du gehst, dann brauchst du nicht wiederzukommen. Dann lasse ich mich scheiden!" Er erinnerte mich daran, daß ich von ihm abhängig sei, und empfahl mir, von ihm kein Geld zu erwarten. Und dann spielte er seine Trumpfkarte aus: „Und ich unterschreibe keinen Antrag auf einen Reisepaß für dich!" Nach jordanischem Recht bedarf es der schriftlichen Einwilligung des Ehemannes, wenn eine verheiratete Frau einen eigenen Paß haben will – im allgemeinen reist sie mit einem gemeinsamen Familienpaß. Damit erklärte Da'ud im Effekt, daß er seine rechtliche und finanzielle Macht über mich anwenden würde, um mich gegen meinen Willen als seine Gefangene zu behalten. Aber diese unverhohlene Terrorisierung schockierte keinen der versammelten Gäste. Im Gegenteil – sie gaben Da'ud recht, erhoben laute Bedenken gegen meinen Plan und schimpften, weil ich so etwas auch nur vorzuschlagen wagte.

Ich war ebenso aufgebracht wie sie. Ich konnte nicht finden, daß es irgendjemanden etwas anginge, was ich tat, und ich war wütend auf Da'ud, der versucht hatte, private Dinge dadurch zu regeln, daß er Außenstehende gegen mich mobilisierte. Als ich da ganz allein stand und alle anderen gegen mich hatte, spürte ich, wie mir das Blut zu Kopfe stieg. Auch ich verlor die Beherrschung; in meiner Wut und Bedrängnis brüllte und schrie ich. Ich nahm, völlig außer mir, einen Teller und schleuderte ihn gegen die Wand, wo er in tausend Scherben zersprang; dann warf ich noch einen, und noch einen. Schließlich packte ich eine Flasche und war im Begriff, ganz allein zur Attacke auf die Elite der Nabluser Gesellschaft überzugehen. Nur unter größten Schwierigkeiten gelang es ihnen, mich zu beruhigen.

Da'ud und all die anderen gaben vor, um das Wohl meiner Kinder besorgt zu sein, aber ich hielt das für nichts anderes als einen heuchlerischen Vorwand. Die arabische Gesellschaft ist besessen vom Sex; diese Leute glaubten, daß ich hauptsächlich deswegen nach Paris wollte, um dort ein Leben der sexuellen Ausschweifungen zu führen.

Etwas derartiges ist für einen arabischen Mann noch annehmbar, aber es wäre ein gefährlicher Präzedenzfall, einer arabischen Frau solche Freiheiten zu gestatten. Zwar kam niemand offen darauf zu sprechen, aber es war diese „Gefahr", die so heftigen Unwillen auslöste – und nicht der fromme Gedanke an meine Kinder.

Am Ende gab ich nach. Ich gab meinen Plan, nach Paris zu gehen, auf – nicht etwa, weil ich ihn für unvernünftig hielt, nicht, weil meine Abwesenheit den Kindern wirklich geschadet hätte, sondern weil ich wußte, daß, wenn ich den Wünschen ihres Vaters zum Trotz und unter der Mißbilligung der öffentlichen Meinung von Nablus dennoch ginge, die Kinder darunter zu leiden hätten. Ich selbst hatte meinen Teil des Preises für die Freiheit meiner Mutter bezahlt – ich war nicht gewillt, meine Kinder dem gleichen Leid zu unterwerfen.

Man erlaubte mir nicht, ein Jahr allein in Paris zu verbingen? Nun gut – ich verlangte einen Ersatz: Ich wollte für ein paar Wochen nach Beirut fahren – allein! Für jede arabische Frau, verheiratet oder ledig, war ein Ausflug dieser Art etwas nie Dagewesenes. Aber Da'ud gab meinem Verlangen freudig seine Zustimmung. Er war bereit, so gut wie alles zu tun – wenn ich nur den Gedanken an Paris aufgäbe! Außerdem machte er mir ein weiteres, weitreichendes Zugeständnis: Er gab mir seine schriftliche Einwilligung, daß ich einen eigenen Reisepaß beantragen konnte.

Und so machte ich mich am festgesetzten Tage auf nach Amman, bewaffnet mit Da'uds Unterschrift unter meinem Paßantrag. Ich war sehr aufgeregt. Es war ein großer Tag für mich: Zum ersten Mal in meinem Eheleben ging ich in aller Offenheit allein auf Reisen! Wie trivial und geringfügig muß es sich anhören – und doch war es für mich ein entscheidender Sieg. Bezeichnenderweise konnte Da'ud sich immer noch nicht mit meiner Freiheit abfinden: Er bestand darauf, daß ich auf der ersten Etappe meiner Reise von seinem Hauptkassierer begleitet würde, der den Auftrag hatte, mir bei der Beantragung des Passes behilflich zu sein. Ganz klar – eine schwache, hilflose Frau wie ich konnte das natürlich nicht allein!

Als ich – mächtig aufgeregt – Amman erreichte, steuerte ich das Paßamt an, den Kassierer im Schlepptau. Mir wurde bange, als ich eine gewaltige Schlange von Antragstellern vorfand. Es war nach dem Massaker des „Schwarzen September" 1970, und die jordanischen Behörden legten es darauf an, die Palästinenser hart anzufassen. Im Paßamt war ein Sonderschalter für Antragsteller von der West Bank eingerichtet – die während der langen Wartezeit besonders geschmäht und schikaniert wurden. Ein jordanischer Soldat stelzte auf und ab und „hielt Ordnung", indem er die Leute in die Reihe schob und stieß. Er war besonders darauf bedacht, die ordnungsgemäße Trennung der Geschlechter zu bewahren, und immer wieder brüllte er: „Die Männer hierher – da drüben der Harem!"

Der Kassierer, der sich ergeben in sein Los fügte, so lange wie nötig zu warten, nahm seinen Platz in der Schlange ein. Ich aber hatte überhaupt keine Lust, mir solch eine herabwürdigende Behandlung gefallen zu lassen, vor allem als einer der Beamten mich darauf hinwies, daß ich wahrscheinlich eine Woche lang warten müßte, wenn nicht länger. Das war nicht gerade die Art und Weise, wie ich meine neugewonnene Freiheit zu genießen gedachte! Ich ließ den Kassierer auf seinem Warteposten zurück und strebte dem Büro des Amtsleiters zu; ich klopfte und verlangte ihn zu sprechen. Jeder, der sich mit der strengen Hierarchie der jordanischen Bürokratie auskennt, kann ermessen, welche Verwegenheit dies erforderte – insbesondere für eine Frau. Diese unerhörte Frechheit mag es gewesen sein, die das staunende Personal veranlaßte, mich vorzulassen – und so stiefelte ich in das Büro des Amtsleiters. Ich stellte mich vor und erinnerte den Mann hinter dem Schreibtisch, daß wir uns bereits kannten: Er war kein anderer als Sa'adek al Schara, der hohe jordanische Offizier, der mich mit Fragen überschüttet hatte, als ich 1957 aus Israel nach Jordanien kam. Es war damals tollkühn von mir gewesen, mich öffentlich ganz ungezwungen mit ihm zu unterhalten, was denn auch einen erbitterten Streit mit meinem Bruder George auslöste. Al Schara hatte inzwischen, zusammen mit anderen progressiven Offizieren, einen Coup gegen das Haschemiten-Regime geplant; die Verschwörung war aufgedeckt und al Schara zum Tode verurteilt worden. Später wurde die Strafe in Haft umgewandelt: Nach fünf Jahren wurde er freigelassen und in den Staatsdienst übernommen.

Ich fand ihn sehr verändert; er war in der Haft stark gealtert. Er erinnerte sich meiner nicht mehr, auch wenn er höflich bemüht war, so zu tun, als entsinne er sich. Ich verhehlte ihm nicht meine Überraschung, ihn als Bediensteten des Haschemitenregimes wiederzufinden, das er zuvor bekämpft hatte. Resigniert hob er die Schultern: „Der Mensch muß sich bemühen, muß alles tun auf der Suche nach Wahrheit und Gerechtigkeit . . . Wenn er versagt, ist es Gottes Wille. Hier bin ich, um meinem Volke zu dienen . . ."

Nun wandten wir uns meinen Wünschen zu. Als ich erklärt hatte, was ich wollte, gab er Anweisung, daß mein Paß unverzüglich auszustellen sei. Fröhlich lief ich zurück in den Schalterraum, wo Da'uds Kassierer geduldig wartend Schlange stand. Ich ging zu ihm hin und sagte: „Fahren Sie heim nach Nablus und sagen Sie meinem Mann, daß ich mir meinen Paß selbst besorgt habe – und das innerhalb eines Tages."

Damit machte ich mich unverzüglich daran, meinen Flug nach Beirut zu buchen. In aufsässiger Stimmung verlangte ich ganz bewußt einen Nachtflug. Das war eine weitere Unerhörtheit: Ist es schon ungewöhnlich, daß eine Araberin ohne Begleitung reist, so ist es ganz und gar unmöglich, daß sie nachts reist! Mir machte es nichts – im Gegenteil, dieser zusätzliche Akt der Rebellion gab meiner ersten selbständigen Reise die besondere Würze. Da'uds Familie in Amman machte kein Hehl aus ihrem Mißfallen, als sie erfuhr, daß ich allein reiste. Einen weiteren Schock versetzte ich ihr damit, daß ich Da'uds Schwester erzählte, ich dächte an Scheidung. Entsetzt schrie sie: „Aber in *unserer* Familie tut man doch so etwas nicht!" Als ich dabei blieb, daß ich es vielleicht trotzdem tun würde, schnaubte sie: „Wie die Mutter, so die Tochter!"

In dem verzweifelten Bemühen, den Skandal doch noch abzuwenden, beschloß sie unverzüglich, mir nach Beirut zu folgen, um mich im Auge zu behalten.

Ich verlebte in Beirut eine wundervolle Zeit. Ich liebte die Stadt, ihren Charme, ihre Eleganz, ihr geistiges und kulturelles Leben. Vor allem aber genoß ich es, die Freiheit zu kosten, überall hingehen zu dürfen, jederzeit, ohne irgend jemanden fragen zu müssen. Zum ersten Mal in meinem Erwachsenenleben atmete ich den berauschenden Duft der Freiheit. Ich ging ins Café, besuchte Freunde und Bekannte, kaufte mir extravagante Kleider. Es waren wahrlich harmlose Freuden, die ich genoß; einem Außenstehenden mögen sie ziemlich oberflächlich und unreif vorkommen. Aber es dürfte wohl kaum überraschen, daß mein Überschwang sich so ungezügelt und kindisch äußerte. Mein Leben lang war ich wie ein Kind behandelt worden, das beaufsichtigt und diszipliniert werden mußte. War es ein Wunder, daß ich mich bei meinem ersten Ausflug in die Freiheit wie ein von der Leine gelassenes Hündchen benahm?

Während ich mich in Beirut meines Lebens freute, waren die Klatschbasen überall auf der West Bank emsig dabei, meinen Ruf zu vernichten. Ich wohnte in Beirut bei der Familie von Da'uds Bruder, aber es ging das Gerücht, ich hätte meinen Mann und die fünf Kinder verlassen und wäre mit einem Liebhaber nach Paris entschwunden . . . Bis auf den heutigen Tag sind ein paar Leute in Nablus davon überzeugt, daß ich diese Wochen in Paris verbracht hätte, wo ich mich mit irgendeinem Mann vergnügte.

Diese hysterische Reaktion – bei meinem Mann, bei engen Freunden und Bekannten und in der Öffentlichkeit allgemein – macht die Atmosphäre des Mißtrauens und der sexuellen Ehrabschneiderei, in der ich lebte, sehr deutlich.

Mein mißlungener Versuch, zu einem Jahr in Paris zu kommen, zahlte sich noch auf andere Weise aus. Dafür, daß ich diesen Gedanken aufgab, preßte ich aus Da'ud ein weiteres Zugeständnis heraus: Wenn mir ein Jahr auf der Sorbonne verwehrt blieb, bestand ich darauf, das nächsterreichbare Institut für akademische Studien zu besuchen – die Hebräische Universität in Jerusalem. Ein Hochschulstudium ist in der arabischen Gesellschaft für Frauen immer noch etwas relativ Neues, und es sind gewöhnlich nur ledige junge Mädchen, die zur Universität gehen. Daß eine verheiratete Frau studieren geht, ist etwas fast Unglaubliches. Aber ich empfand das Bedürfnis, meine Bildung zu erweitern, und als ich dies zur Bedingung dafür machte, daß ich mein Parisjahr aufgab, hatte Da'ud keine andere Wahl, als seine Zustimmung zu geben.

Also war ich zu Beginn des nächsten Semesters an der Hebräischen Universität immatrikuliert und hörte Vorlesungen in französischer Literatur. Vielleicht deutet es die Verworrenheit meiner Gefühle den Israelis gegenüber an, daß ich, tief engagiert im täglichen Kampf gegen die israelische Besatzung, zur israelischen Universität ging, wo ich gemeinsam mit israelischen Studenten den israelischen Professoren lauschte. Aber das ist nur scheinbar paradox, nicht wirklich: Für mich repräsentierte die Hebräische Universität – gegründet von großen Denkern und Humanisten wie dem verstorbenen Dr. Magnes – alle großen und positiven Werte der jüdischen Kultur und Ethik. Ich haßte die Überlegenheitsattitüde, die israelische Staatsmänner und Generäle uns gegenüber angenommen hatten, und die Arroganz ihrer Besatzungsbeamten und Polizisten – aber jene Minderheit von israelischen Intellektuellen, Liberalen und Linken, die sich gegen den Militarismus ihres Staates wandten, hatten meine volle Wertschätzung. Das gehörte zu den faszinierenden Dingen an Israel – diese Mischung moderner und progressiver Elemente mit Chauvinismus und religiösem Fanatismus. Sie begegnete mir schon, als ich noch ein kleines Mädchen war und von meinen jüdischen Schulfreundinnen manches lernte an moderner, aufgeschlossener Geisteshaltung – während ich andererseits in der Klosterschule, die in der Nähe des orthodoxen Mea Sche'arim-Viertels liegt, die fanatischen Rabbis und Religions-Seminaristen traf, die beim Anblick der Kreuze, die wir trugen, ausspuckten.

Obwohl ich vernünftige Gründe hatte für meinen Entschluß, zur Hebräischen Universität zu gehen, fiel es mir nicht leicht, mich dort auf mein Studium zu konzentrieren. Die Universitätsleitung nahm mich mit offenen Armen auf, sie diskriminierte mich als Araberin in keiner Weise – ganz wie es sich für die humanistischen Traditionen, auf die sich das Institut berief, gehörte. Und doch – ich konnte mir nicht helfen, ich wurde das Gefühl nicht los, daß da ein Element des gönnerhaften

Wohlwollens mir gegenüber im Spiel war. Mag sein, daß es weiter nichts war als die Projektion meiner eigenen Minderwertigkeits- und Erniedrigungsgefühle, weil ich aus israelisch besetztem Gebiet an ein israelisches Bildungsinstitut kam. Es gab viele kleine Begebenheiten, die meine Empfindlichkeiten berührten; die Ausrufe der Überraschung, wenn ich als Araberin vorgestellt wurde, gehörten dabei nicht zu den geringsten. „Non, c'est impossible!" mochte es irgendjemandem entfahren – der vermutlich meinte, daß ich in seine Klischeevorstellung von der „primitiven, rückständigen arabischen Frau" nicht hineinpaßte. Zweifellos waren solche Bemerkungen als persönliches Kompliment für mich gemeint, ich aber empfand sie als schmerzlichen Affront gegen meinen Stolz als Palästinenserin.

Ein weiterer innerer Konflikt entstand aus meiner neuerlichen Begegnung mit der französischen Literatur. Ich habe immer die Werke von Jean Paul Sartre und Simone de Beauvoir bewundert. In diesen beiden sah ich mehr als in irgendeinem ihrer Zeitgenossen die herausragenden Vertreter des fortschrittlichen westlichen Geistes. Ihre Aufrufe, der Unterdrückung in allen ihren Formen zu widerstehen, feuerten mich an; ich bewunderte und achtete sie wegen ihrer mutigen Haltung gegen das Unrecht; ich kannte ihr Eintreten für die Befreiungskämpfe überall auf der Welt, insbesondere ihre beharrlichen Sympathien für die algerische Befreiungsbewegung.

Aber meine Bewunderung machte es mir nur um so schwerer, ihren pro-israelischen Drall zu schlucken, wobei sie kaum ein Wort über die Palästinenser und unsere Leiden verloren. Einige Jahre später hatte ich Gelegenheit, Sartre persönlich anzusprechen und ihm zu sagen, wie enttäuscht ich von ihm sei. Zur Zeit aber konnte ich nicht mehr tun, als lautlos schreien: Sartre, Beauvoir, wo seid ihr? Wie steht es mit *meinem* Volk? Sind wir nicht unterdrückt? Haben wir nicht wie andere die Freiheit nötig? Warum verschließt ihr die Augen vor unserer Qual, warum verschließt ihr die Ohren vor unseren Rufen?

Es war eine stürmische Zeit auf der West Bank, häufig gab es Zusammenstöße mit der israelischen Besatzungsmacht; fast täglich gab es Streiks, Proteste, Demonstrationen; viele blutige Auseinandersetzungen mit israelischen Besatzungstruppen und Polizisten führten zu Verhaftungen und Hausarresten. Wie sollte ich ruhig in dem Frieden und der Geborgenheit eines Hörsaales sitzen und gelassen französische Literatur studieren, während sich Nablus und die übrige West Bank in ständigem Aufruhr befanden? Wie konnte ich an meinem Schreibtisch sitzen, anstatt mich zusammen mit meinen Freunden und Gefährten in den Kampf zu stürzen? Aber mir war sehr klar, daß das Studium ein wesentlicher Teil meiner persönlichen und politischen Emanzipation war, und deshalb gab ich mir alle Mühe, regelmäßig teilzunehmen. Meine Anstrengungen waren nicht übermäßig erfolgreich. Zu Beginn jedes Semesters schrieb ich mich an der Universität ein und begann, die Vorlesungen zu besuchen, zugleich bestrebt, meine politische Arbeit nicht zu vernachlässigen, meine Kontakte zu den ausländischen Medien zu halten und mich an den laufenden politischen Kampagnen zu beteiligen. Aber es gelang mir nie, alles miteinander zu vereinbaren – und früher oder später, irgendwann im Semester, brach dann irgendeine Krise aus, die es erforderlich machte, daß ich meine ganze Kraft und Aufmerksamkeit auf Gebiete konzentrierte, die der akademischen Welt sehr fern lagen. Anschließend war ich nicht mehr imstande, zu meinen Studien zurückzukehren. Endergebnis: Obwohl stets an der Hebräischen Universität immatrikuliert, habe ich noch kein vollständiges Semester absolviert!

10. Oktober 1973 – der Sühnekrieg

Die Akrabeh-Affäre zeitigte ein weiteres Ergebnis: einen Fernsehfilm, den Victor Cygielman produzierte. Er bat mich, ihm zu helfen, und bereitwillig machte ich mit, verschaffte ihm Kontakte und fungierte als Übersetzerin. Der Film enthielt bewegende und enthüllende Szenen. Er zeigte, wie israelische Siedler von den beschlagnahmten Ländereien Besitz ergriffen, während die Bauern von Akrabeh, die bisherigen Besitzer, gezwungen waren, ihr Auskommen als Lohnarbeiter in Israel zu suchen. Zu dieser Zeit betonte die offizielle israelische Propaganda unablässig, wieviel „Fortschritt" und „Zivilisation" die israelische Besatzung den Palästinensern brächte; in dem Film kam ein alter Bauer vor, der gefragt wurde, ob die Israelis ihm denn wirklich moderne landwirtschaftliche Methoden beigebracht hätten. Sarkastisch sagte der alte Mann in Anspielung auf die Beschlagnahme seines Bodens, auf dem er die „neuen Methoden" hätte anwenden können: „Wo denn – beim Steineklopfen?"

Zwar zweifelte ich nicht an Victors gutem Willen, doch brachte mich die Mitarbeit an seinem Film wiederholt in Konflikt mit seinen israelischen Assistenten. Als der Kameramann versuchte, ein paar arabische Bauersfrauen aufzunehmen, bedeckten diese hastig die Gesichter mit ihren Schleiern. Daraufhin wandte sich der Kameramann mit höhnischem Gesicht mir zu: „Da siehst du, was für ein primitives Volk ihr seid . . ." Als wir in Akrabeh an der Arbeit waren, fiel einer der Dorfbewohner – ein Lehrer – plötzlich in einem epileptischen Anfall zu Boden. Schnell stellte sich heraus, daß es in dem Dorfe keinen Arzt gab, und für einen Moment entstand Panik, bis jemand aus dem Fernsehteam dem Unglücklichen Erste Hilfe leistete. Nach diesem Vorfall sagte der Kameramann verachtungsvoll: „Da sieht man wieder mal, wie unzivilisiert ihr hier seid! Ein Dorf ohne Arzt oder irgendeine medizinische Einrichtung . . . Ihr solltet wirklich tun, was Dayan will, ihr solltet die Annexion bejahen. Wenn ihr in den Staat Israel einbezogen werdet, kommen euch all die Privilegien und Vorteile einer zivilisierten Nation zugute."

Seine Arroganz machte mich wild. „Wir wollen eure Hilfe nicht", schrie ich ihn an. „Der Kolonialismus ist schuld, daß wir zurückgeblieben sind! Verschwindet aus unserem Lande, laßt uns in Frieden! Dann werden wir leben, stolz und frei!"

Häufig gab es solche Explosionen, und immer wieder war Victor gezwungen, die Ruhe wiederherzustellen, damit wir unsere Arbeit fortsetzen konnten.

Die Arbeit an dem Film begann im August 1973 – aber wir waren noch nicht fertig, da brach im Oktober 1973 der Krieg aus. Natürlich ruhte die Filmerei während der Kämpfe, außerdem waren die Mitglieder des Teams eingezogen worden oder taten als Kriegsberichterstatter Dienst. Ein paar Wochen nach Kriegsende nahmen wir dann die Arbeit wieder auf.

Die Atmosphäre, die im Team herrschte, war nicht wiederzuerkennen. Der Krieg war beendet, aber die Armeen standen sich immer noch voll gerüstet und in Schlachtordnung gegenüber; auf den Golanhöhen gab es täglich Gefechte der syrischen und israelischen Artillerie und weitere Verluste auf beiden Seiten. Als wir uns trafen, kam Peter, der Kameramann, soeben vom Sinai zurück, in Uniform. Zunächst sagte keiner ein Wort, nichts als Blicke wurden gewechselt; alle waren traurig und verschlossen, wir verständigten uns nur sehr kurz und formell.

Ich sollte vor der Kamera auf die Worte von Pierre – einem Siedler, der jetzt in Akrabeh auf beschlagnahmtem Boden saß – erwidern. Wir begannen mit der Arbeit. Der Projektor surrte, er zeigte eine Szene, in der Pierre die Geschichte des Gebietes von Akrabeh erzählte; dabei wies er auf archäologische Zeugnisse alter jüdischer Niederlassungen hin und erklärte, daß der Name „Akrabeh" hebräisch sei – der Ort sei in der Bibel als „Akrab" erwähnt. Also, so schloß er, „ist dies rechtmäßig jüdisches Land, und nun sind wir Juden zurückgekehrt, um es wieder in Besitz zu nehmen". Und als Pierre nach den Ansprüchen der Palästinenser auf dieses Land gefragt wurde, erwiderte er, wenn man solche Ansprüche anerkenne, dann müßte Israel den Palästinensern auch Rechte auf Akko und Jaffa zugestehen.

Ich sah mir das gefilmte Interview an, hörte zu, wie Pierre die Rechte meines Volkes einfach arrogant wegwischte, und ich spürte, wie sich mein Inneres immer mehr spannte. Das Blut stieg mir zu Kopfe, und der Zorn schnürte mir die Kehle zu.

„Stellt den Projektor ab!" rief ich. „Stellt bloß diesen Verrückten ab!" Ich war vollkommen außer mir. „Was redet ihr denn da? Jaffa und Akko sollen nicht uns gehören? Ich kenne doch Akko, es ist meine Heimatstadt, es ist der Ort auf der Welt, den ich am meisten liebe! Dort leben wir seit Tausenden von Jahren! Jeder Baum, jeder Stein dort hat einen Namen für uns! Meine Familie ist seit fünf Generationen dort zu Hause, in der Kreuzfahrerburg – und da kommt dieser Grünschnabel daher aus seinem europäischen Ghetto, dieser Vagabund, und redet von Rechten?" Wie von Sinnen schrie ich: „Ihr habt wohl einen neuen Jom Kippur nötig! Nazis!"

Nun brach die Hölle los.

Keiner war im Raum, der nicht gebrüllt hätte. Als ich einen Augenblick innehielt, um Luft zu holen, hörte ich jemanden schreien: „Wir werden es euch zeigen! Auf dem Golan werden wir es euch schon zeigen! Wir bringen die Syrer um, alle!" Der Vorführraum war ein einziges Chaos.

Ich sah Mrs. Cygielman weinend in einer Ecke sitzen. Später begriff ich, was ich da gesagt hatte: Nichts kann für einen Juden beleidigender sein, als „Nazi" genannt zu werden, und für Mrs. Cygielman, deren Eltern in einem Konzentrationslager der Nazis umgekommen waren, war es ganz besonders schmerzlich. Ich empfand Reue, daß ich sie verletzt hatte; schließlich hasse ich ja die Nazis auch und kann ihnen ihre entsetzlichen Verbrechen niemals verzeihen.

Die übrigen Israelis schrien auf mich und aufeinander ein. Früher hatte ich mich unzählige Male mit Peter, dem Kameramann, gestritten, der keine Gelegenheit ausließ, bissige Bemerkungen gegen mich zu machen. Jetzt hörte ich zu meiner Verblüffung, wie er den anderen Israelis zurief: „Hört auf! Ihr wißt ja gar nicht, in welcher Lage wir sind! Es könnte der Tag kommen, an dem diese Siedler von Akrabeh bei Raymonda Schutz suchen müssen!"

Später, als wir uns ein bißchen beruhigt hatten, nahmen wir die Filmarbeit wieder auf, aber das Interview wurde unablässig durch heftige Auseinandersetzungen unterbrochen. Ich war voller Groll und Erbitterung: Ich habe südländisches Blut, und ich kann nicht gelassen bleiben im Angesicht von Lügen und Ungerechtigkeiten. Aber ich wollte nicht, daß unsere hitzigen Wortgefechte aufgezeichnet würden. Immer wieder verlangte ich, daß die Kameras abgeschaltet wurden („Schade", sagte Victor hinterher, „das müßte drin sein im Film . . ."), während ich mich einem neuen heißen Wortwechsel hingab. Irgendwie bekamen wir die Debatte aber doch auf den Film; sie wurde später Teil des fertigen Streifens.

Als wir die Arbeit beendet hatten, wechselte ich ein paar Worte mit Peter, dem Kameramann. Er war nicht mehr derselbe; was er im Kriege erlebte, hatte ihm die Augen geöffnet. „Auf dem Sinai", sagte er mir, „ist mir all das wieder eingefallen, was Sie mir gesagt hatten . . . Sie haben mich einmal 'Dayan' genannt, und ich habe das als Kompliment empfunden. Heute wäre ich beleidigt!" Er entschuldigte sich für sein früheres Verhalten mir gegenüber; der Krieg hatte sein Denken völlig gewandelt.

Mich bewegten sehr gemischte Gefühle; ich war froh über Peters Wandlung, aber ich war traurig bei dem Gedanken, wie viel Blut und Schmerz notwendig gewesen waren, um diese Wandlung zu bewirken. Ohne Freude im Herzen dachte ich: Wie viele junge Israelis mußten leiden und sterben – wegen ihrer Arroganz?

Der Oktober war ohne jede Vorwarnung über uns gekommen. Seit langem hatten wir gewußt, daß die israelische Landnahme für die arabischen Staaten eine unerträgliche Herausforderung war: Wir wußten wohl, daß sie, wenn keine politische Lösung gefunden wurde, Krieg machen mußten. Aber die Israelis waren so vollkommen obenauf, ihrer Überlegenheit so völlig gewiß, so voller Verachtung für die arabischen Armeen, daß wir allmählich Zweifel bekamen. Waren sie tatsächlich unbesiegbar? Mußten wir vielleicht für immer mit der Schande unserer Niederlage von 1967 leben? Käme es nicht wirklich – wie die Israelis behaupteten – dem Selbstmord gleich, wenn die arabischen Staaten es mit Israels mächtigem Militärapparat aufnehmen wollten?

Bis zum Krieg von 1973 lag eine schwarze Wolke der Niedergeschlagenheit über der West Bank. Die israelische Besatzung wurde langsam zum „normalen" Alltag. Tausende von Palästinensern arbeiteten in Israel; sie arbeiteten schwer und wurden schlimm ausgebeutet, aber sie verdienten verhältnismäßig gut, selbst wenn man die emporschnellenden Lebenshaltungskosten einrechnete. Sie kamen nicht in den Genuß derselben Sozialleistungen, die israelischen Arbeitern zustanden; ein alter Mann erklärte mir, daß er, der als Tagelöhner arbeitete, nicht einen einzigen bezahlten Ruhetag oder gar einen Jahresurlaub erhielte; schlimmer noch, als er sich ein Bein brach, stand er ohne jegliches Einkommen da. „Die israelischen Arbeiter haben eine Gewerkschaft, die sie schützt", sagte er neidvoll. „Wir haben nur Gott . . ."

Er war nicht der einzige Härtefall. Mit den wiederholten Abwertungen des israelischen Pfundes stiegen die Lebenshaltungkosten ständig an. Viele Menschen verloren ihren Lebensunterhalt durch die Landenteignung – was wiederum dazu führte, daß noch mehr Menschen sich Arbeit in Israel suchen mußten.

Gleichzeitig schuf das gute Geld, das sie verdienten, einen künstlichen Wohlstand; sie waren plötzlich in der Lage, sich Fernsehgeräte und andere gehobene Konsumgüter zu kaufen. Hinzu kam, daß Händler, die nach Jordanien exportierten, von der Militärregierung einen Bonus erhielten, der noch mehr Geld auf die West Bank brachte.

Das alles gehörte zur Politik Dayans. Er war der Auffassung, daß er nur unseren materiellen Lebensstandard verbessern müßte, damit wir Palästinenser uns mit der israelischen Besatzung abfänden, wie ungeliebt sie auch für uns wäre. Es gab ein paar Israelis, die da nüchterner und realistischer dachten und die wußten, daß wir nicht zu kaufen waren. Pinchas Sapir, damals Israels Finanzminister, sagte: „Wer da glaubt, die Hebung des Lebensstandards sei ein Ersatz für die Erfüllung nationaler Forderungen, der hat aus der Geschichte nichts gelernt."

Aber die meisten Israelis neigten der Auffassung Dayans zu; sie waren zuversichtlich, daß unsere Leute, sobald es ihnen einigermaßen gut ginge, es müde würden, sich gegen die Besatzung zu wehren. In der Gewißheit dieser Überzeugung fuhren die israelischen Behörden fort, ihr langfristiges Programm zur Übernahme der besetzten Gebiete in die Tat umzusetzen. Das Land palästinensischer Bauern wurde beschlagnahmt – unter fadenscheinigsten formalen Vorwänden und oft ohne jeden Vorwand –, und an strategischen Punkten wurden israelische Siedlungen errichtet. Proteste wurden ignoriert, Demonstrationen und andere Formen des Widerstandes rücksichtlos niedergeschlagen. Unter dem erbarmungslosen Druck israelischer Armee- und Polizeiaktionen hatten die Fedajin beträchtliche Schwierigkeiten, ihre Operationen durchzuführen, und Hunderte von Widerstandskämpfern saßen im Gefängnis oder waren zur Flucht gezwungen. Wir fühlten uns ohnmächtig unserem Schicksal ausgeliefert. Hier und da gab es eine Familie, die ihren Besitz verkaufte und auszog, um im Ausland ihr Heim aufzuschlagen; unzählige Menschen machten sich auf in die Ölstaaten am Golf, um dort ihr Glück zu versuchen. Manchmal sah es so aus, als hätten wir hier keine Zukunft mehr . . .

Eines Tages suchte mich Victor Cygielman auf. Er war nicht der einzige, der an diesem Tage kam; meine anderen Gäste waren Freunde, palästinensische Intellektuelle aus Jerusalem, Ramallah und Nablus. Wie gewöhnlich in jenen trüben Tagen Anfang 1973 herrschte tief bedrückte Stimmung. Die Diskussionen schleppten sich hin, sie befaßten sich mit denselben Themen, die schon unzählige Male zuvor behandelt worden waren – immer die gleichen Ansichten, immer der gleiche mutlose Ton. Selbst die Worte waren nicht neu: „Demütigung", „Niederlage", die „Ohnmacht der arabischen Welt". „Wir leben täglich unsere Niederlage", sagte jemand, „und das heißt, daß wir jeden Tag sterben." In dem zynischen Ton, der uns so geläufig wurde, wandte das Gespräch sich zur Flucht: Europa, die Vereinigten Staaten, der Golf. Nur weg, irgendwohin, wo man vergessen konnte, daß man Araber war . . .

Victor verfolgte die Unterhaltung in düsterem Schweigen. Endlich nahm er das Wort – in ernstem, besorgtem Ton. „Ich hoffe", sagte er, „daß die israelische Regierung diese Art von Unterhaltung nicht hört. Es würde sie nämlich nur ermutigen, den Druck auf euch zu verstärken – in der Hoffnung, daß ihr aufgebt und weglauft . . ."

Es gab gute Gründe für unsere Niedergeschlagenheit. Kaum ein Tag verging ohne eine neue selbstherrliche Erklärung Mosche Dayans oder Golda Meirs, mit der dargelegt wurde, daß man keinesfalls die Absicht habe, aus den 1967 okkupierten Gebieten abzuziehen. Tag für Tag hatten wir die israelischen Truppen vor Augen – stolz, selbstbewußt, furchtlos, wie es sich für die Soldaten einer unbesiegbaren Armee gehört. Tag für Tag sahen wir die israelischen Besatzer Land konfiszieren, neue Siedlungen errichten, Militärlager, Befestigungen, Straßen bauen. Kein Zweifel, die Israelis dachten nicht daran, ihre Eroberungen aufzugeben; im Gegenteil, sie taten, was sie konnten, um die Beute fester in den Griff zu nehmen.

Wie seltsam mutete es in diesen Tagen an, wenn man die Alten erzählen hörte, die ihren Erinnerungen nachhingen; sie sprachen von Zeiten, in denen die Juden schwach waren und die Araber fürchteten. Arabische Demonstrationen ließen jüdische Herzen erzittern. „Wir zückten bloß ein paar Taschenmesser, und schon kuschte ein ganzes Judenviertel . . .", brüsteten sie sich nostalgisch. Und jetzt waren die Juden so mächtig, daß sie eine militärische Bedrohung der gesamten arabischen Welt darstellten.

Zu dieser Zeit hielt Präsident Sadat von Ägypten aggressive Reden; er warnte, daß es Krieg geben würde, wenn Israel nicht zu einer politischen Lösung bereit wäre. „Wir sind zum Kampf entschlossen", erklärte er. „Die Stunde ist gekommen." Immer und immer wieder kündigte er an, daß 1971 das „Sanat el Hassem", das „Jahr der Entscheidung" sei – was sowohl im Arabischen wie im Hebräischen als das „Jahr der Entscheidungsschlacht" verstanden werden kann. Aber das Jahr 1971 ging zu Ende, und nichts geschah; die Israelis rührten keinen Finger für eine politische Lösung, und doch blieb die ägyptische Armee ebenso wie die Armeen der anderen arabischen Staaten in ihren Kasernen. Diese Untätigkeit wirkte nach Sadats verbalen Drohgebärden ungeheuer enttäuschend, und Groll gegen Sadat und ein Gefühl der Verachtung für ihn breiteten sich aus.

In Ägypten demonstrierten Studenten und forderten Taten; in der israelischen Presse wurden Sadats Drohungen verächtlich als „leere arabische Prahlerei" abgetan, die niemand ernst nähme. Israelische Zeitungen brachten auch wenig schmeichelhafte Karikaturen, die Sadat als armseliges, hilfloses Männlein mit vorstehenden Zähnen zeigten. Auch wir fühlten uns erniedrigt und enttäuscht. Böse, zynische Witze machten die Runde; man begann, den ägyptischen Präsidenten „Anwar Saidat" zu nennen – was so viel wie „weibischer Anwar" bedeutete, ein beißender Hohn für einen Mann in der patriarchalischen Arabergesellschaft. Aber es war, als wenn wir beim Anschwärzen Sadats, des Führers des größten arabischen Landes, nur bewiesen, wie sehr wir uns selbst als Araber verachteten. Es scheint, daß sich in einem niedergeworfenen Volk immer diese Art von selbsterniedrigendem Humor entwickelt – er hilft ihm, mit seiner Schwäche und Ohnmacht fertig zu werden . . .

Am Sonnabend, dem 6. Oktober 1973, telefonierte ich mit dem Büro der Agence France Presse (AFP) in Tel Aviv; ich gab wie üblich meinen täglichen Bericht über die Ereignisse auf der West Bank durch. Plötzlich schrie Michael: „Dreh dein Radio an! Angriff auf den Suez-Kanal! Krieg!"

Fassungslos stürzte ich an meinen Radioapparat; aber ich fand nichts. Sämtliche arabischen Sender schienen ihre ganz normalen Programme zu senden. Ich dachte: Vielleicht hat er sich geirrt. Vielleicht habe ich ihn nicht richtig verstanden?

Im Rathaus empfing Bürgermeister Hamdi Kna'an gerade eine Besuchergruppe, amerikanische Professoren unter Führung von Muhammed Watted. Ich fragte Muhammed, ob er etwas wüßte. „Wir kommen gerade aus Tel Aviv", sagte er achselzuckend, „da ist nichts . . ."

Wir liefen hinaus auf die Straße. Die Leute blickten erschreckt, erstaunt, ungläubig. Die Taxifahrer hatten ihre Radios voll aufgedreht; sie bestätigten die Meldung. „Am Kanal!" riefen sie aufgeregt. „Es ist Krieg!" Auch sie sahen aus, als könnten sie es noch nicht recht glauben. Vielleicht war das wieder einmal geprahlt? Wieder einer von Sadats Tricks? Aber ein Krieg doch nicht . . . unmöglich . . .

Um mich zu vergewissern, rief ich die AFP in Tel Aviv an. Politi war am Apparat, und seine Stimme war schwer: „Oui, ma petite, c'est la guerre." Ja, es ist Krieg. Der Ton, in dem er es sagte, überzeugte mich endlich: Politi ist ein sehr stolzer Mensch mit ultrarechten, chauvinistischen Ansichten, ein Vorkämpfer des Establishments; jetzt klang er überaus traurig und ernst. Krieg. Wieder Krieg. Ich mußte an den Krieg nicht so sehr von 1967, sondern von 1956 denken, der ausbrach, als ich noch in Israel lebte. Als damals die Lage sich zuspitzte, beschloß die Direktorin unserer Schule, uns nach Hause zu schicken. Wir wurden nach Haifa gebracht und nahmen von dort aus jeweils den eigenen Heimweg. Ich entsann mich der Straßen von Haifa, die leer und verlassen lagen. Wir sahen ein paar Männer, die wie Ausländer aussahen – vielleicht waren es Engländer oder Franzosen. Wir warteten auf den Bus nach Akko. Ich schaute um mich in Furcht und Schrecken. Ich sah einige israelische Soldaten, die schmutzig und unrasiert wirkten: ein Symbol der Trauer, des Todes . . . Wir verhielten uns still aus Angst, daß man uns bemerken könnte; wenn wir sprachen, achteten wir darauf, nicht Arabisch zu sprechen, nur Französisch, und wir bemühten uns, den Pariser Akzent zu treffen. In unserer Angst wollten wir auf keinen Fall irgendjemanden merken lassen, daß wir Araberinnen waren. Ich ließ mein Kreuzmedaillon verstohlen unter der Bluse verschwinden – und ich sah, daß die anderen Mädchen dasselbe taten. Wir wagten kaum zu atmen, bis wir endlich in Akko waren.

Jetzt, am 6. Oktober 1973, als die ersten Nachrichten über die Kämpfe Nablus erreichten, war die erste Reaktion ebenfalls ein kollektives Atemanhalten. Was ging da vor? Was mochte uns bevorstehen?

Mit der Zeit, als ausführlichere Berichte hereinkamen, gab es einen leichten Stimmungsumschwung. Es stellte sich heraus, daß der arabische Angriff heftig und wirksam und daß die arabischen Truppen auf dem Vormarsch waren. Plötzlich verloren die Menschen um mich herum den verängstigten Gesichtsausdruck. Jeder drehte sein Radio an, jeder lief mit seinem kleinen Taschentransistor herum und hörte die Kommuniqués; alle lächelten sich triumphierend zu, schüttelten sich die Hände und gratulierten einander. Dann hörten wir die erste offizielle Erklärung des ägyptischen Generals Schasli, und eine Woge des Glückes überschwemmte uns alle. Immer noch herrschte ziemliche Ungewißheit, und jeder war bemüht, gelassen zu bleiben. Aber die Begeisterung war unübersehbar; innerhalb weniger kurzer Minuten und Stunden gewannen wir den Stolz und das Selbstvertrauen zurück, die wir im Laufe von sechs Jahren der Niederlagen und Demütigungen verloren hatten.

Israelische Militärfahrzeuge brausten hektisch herum. Die Leute von Nablus grüßten sie mit hochgereckten, zum Siegeszeichen „V" gespreizten Fingern. Einige Schulkinder warfen mit Steinen nach ihnen.

Und dann kamen die ersten Zeitungen an, die in flammend roten Schlagzeilen die Neuigkeit verkündeten. Ein neu eingetroffener kanadischer Journalist – von Herkunft ägyptischer Kopte –, der Arabisch sprechen, aber nicht lesen konnte, bat mich um ein „Resümee" der Presseberichte, aber ich war so aufgeregt, als ich las, daß die ägyptische Armee über den Suez-Kanal vorgestoßen war, daß ich ihm nicht dienen konnte.

Die israelischen Behörden ergriffen „Vorsichtsmaßnahmen", um die Kontrolle über die besetzten Gebiete zu behalten. In Nablus wurden viele junge Leute vorbeugend in Haft genommen. Panzer und Schützenwagen kreuzten durch die Straßen und bezogen Posten vor dem Dienstsitz des Militärgouverneurs; die Israelis veranstalteten ein Schauspiel der Stärke, um uns in Schach zu halten.

Zwar konzentrierte sich die Aufmerksamkeit jetzt auf das Geschehen an der Front, doch einige Journalisten zeigten immer noch Interesse für das, was auf der West Bank passierte. Der erste, der eintraf, war Jean-Claude Guillebeau von „Le Monde"; er kam zu mir, und ich begleitete ihn auf einer Rundreise.

Vor dem Krieg gingen Tausende von Arbeitskräften von der West Bank täglich in Israel zur Arbeit. Aber als die Kämpfe ausbrachen, blieben sie alle zu Hause. Die israelischen Medien erwähnten diese Tatsache mit keinem Wort; als sie es dann taten, schrieben sie das Verhalten der Arbeiter ihrer „Angst" zu. Als Guillebeau jedoch einige Arbeiter fragte, warum sie nicht an ihrem Arbeitsplatz wären, erwiderten sie schlicht und stolz: „Aus Solidarität mit den arabischen Truppen!" Später gaben die Arbeiter im Flüchtlingslager Ballatta Uri Avneri dieselbe Antwort. Diese spontane Demonstration Tausender von einfachen Palästinensern zeigte sehr deutlich, wie dankbar wir alle den syrischen und ägyptischen Armeen waren. Vor dem Krieg trotteten wir durch unseren Alltag, hilflose, gedemütigte Gefangene eines allmächtigen Israels. Jetzt, da die arabischen Soldaten tapfer kämpften und die Israelis hart bestraften – jetzt lebten wir auf.

Wie immer in Kriegszeiten wurden die offiziellen Verlautbarungen durchs Hörensagen ergänzt. Wir konnten ja beobachten, wie die israelischen Besatzungstruppen sich benahmen; sie waren ganz offensichtlich von dieser unvorhergesehenen Demonstration arabischer Stärke und Entschlossenheit aufgeschreckt und alarmiert. Jahrelang waren sie mit den selbstherrlichen Propagandaparolen ihrer Führung gefüttert worden, mit denen ihnen eingebleut wurde, tagein, tagaus, daß sie den Arabern unermeßlich weit überlegen seien, daß die Araber verächtliche Feiglinge und hoffnungslos untaugliche Soldaten seien. Und dann wurden plötzlich, wie durch einen Blitz aus heiterem Himmel, all ihre schönen Illusionen zerschmettert, ihre Armee mußte schwere Niederlagen einstecken und erlitt hohe Verluste.

Es war nicht zu übersehen, daß die Israelis in jenen schicksalhaften Tagen des Oktober 1973 einen Schock davontrugen. Wir konnten es von ihren Gesichtern ablesen, aus ihren Stimmen, ihren Gesten. Es begannen Geschichten zu kursieren, daß israelische Soldaten aus dem Jordantal abzögen, daß Panzer und Lastwagen westwärts rollten, daß Israelis ihre Unlust zu kämpfen bekundeten: „Warum soll ich denn für nichts mein Leben wegwerfen?" Als solche Dinge aus den verschiedensten Gegenden der West Bank berichtet wurden, nahm ich sie in meinen täglichen Lagebericht an die Agence France Presse auf; ich hatte noch keine Ahnung, in welches Wespennest ich damit stach.

Als ich diesen Bericht gegeben hatte, wurde ich am Abend darauf zum Militärgouverneur befohlen. Ein Polizeioffizier erwartete mich; ohne Umschweife hielt er mir meinen Bericht vor. „Sie sind sich wohl nicht darüber klar, wie gefährlich es ist, solche Nachrichten zu verbreiten", sagte er drohend. „Sie müssen eine Richtigstellung herausgeben". Empört wies ich dieses Ansinnen zurück; als Journalistin sei ich nicht bereit, mir diktieren zu lassen. Unser Wortwechsel war kurz, aber scharf; er endete ohne Ergebnis, womit allerdings die Sache selber keineswegs beendet war. Noch lange trugen die israelischen Behörden mir nach, daß ich diesen Bericht herausgegeben hatte; auch in der israelischen Presse wurde ich deswegen angegriffen, und es sollte sehr, sehr lange dauern, bis ich hörte, die Sache sei erledigt.

Zuvor in diesem Jahre hatte ich an einer von Amos Elon gedrehten Fernsehsendung mitgewirkt. Sie trug den Titel „Die Israelis" – genau wie das vielgelesene Buch Elons, das sich höchst kritisch mit der militärischen Mentalität der Israelis und mit dem Unrecht, das sie den Palästinensern zufügen, beschäftigte. Mir war es zunächst nicht recht geheuer, in einer „Die Israelis" genannten Sendung aufzutreten, aber Elons faire und unabhängige Haltung beschwichtigte meine Bedenken, und ich ergriff mit Freuden die Gelegenheit, hier den palästinensischen Standpunkt zu vertreten. Später, als ich in den Vereinigten Staaten war, sah ich mir die Sendung an – und sie war sogar noch besser, als ich gedacht hatte, sie bestärkte mich in meiner Überzeugung, daß ich mit meiner Mitwirkung einen bedeutenden Erfolg für unsere Sache erzielt hatte. Und noch viel sicherer in dieser Überzeugung wurde ich, als mir die israelischen Behörden die Warnung zukommen ließen, daß meine scharfe Zunge mich teuer zu stehen kommen würde . . .

In der Fernsehsendung war ich mit einem Interview vertreten. Dort sprach ich von der chauvinistischen Arroganz der israelischen Besatzungstruppen; von ihrem Überlegenheitsgefühl und ihrer Herablassung uns Palästinensern gegenüber. „Sie brauchen eins auf die Nase", sagte ich, „damit sie zur Besinnung kommen . . ."

Jetzt, ein paar Monate später, auf dem Höhepunkt der Oktoberkämpfe, rief jener Fernsehredakteur von CBS, der damals die Sendung gemacht hatte, bei mir an. „Mrs. Tawil", sagte er, „ich wollte Sie nur daran erinnern, daß Sie in unserer Sendung diesen Krieg vorausgesagt haben . . ." Ich hatte gewarnt – zu einer Zeit, als die meisten Journalisten, die angereist kamen, sich von dem Wald von Fernsehantennen, der über den Flüchtlingslagern sprießte, den Blick verstellen ließen. Sie schienen zu glauben, daß „offene Brücken" und Waschmaschinen aus zweiter Hand die Wunden unserer Erniedrigung heilen könnten.

In dem Jahr vor dem Krieg besuchte ich die Vorlesungen an der Hebräischen Universität Jerusalems. Immer, wenn ich nach Jerusalem hineinfuhr, sah ich mich der Realität der israelischen Besatzung und ihrem Expansionsdrang höchst greifbar gegenüber. Die Straße, die vom Norden her in die Stadt führt, verläuft durch das Ramot Eschkol-Viertel – eines der großangelegten Wohnsiedlungsprojekte, die von den Israelis rund um den arabischen Teil Jerusalems aufgebaut und mit jüdischen Immigranten oder jungen israelischen Ehepaaren gefüllt worden sind; Ziel dieser kostspieligen und ehrgeizigen Projekte ist es, Jerusalem zu „judaisieren" und damit den israelischen Zugriff auf die Stadt zu stärken

und der „Gefahr" vorzubeugen, daß irgendeine künftige Friedenskonferenz Israel zwingen könnte, die arabischen Viertel abzutreten . . .
Die riesigen, häßlichen Wohnblocks von Ramot Eschkol, auf enteignetem arabischem Boden erbaut, waren uns, die daran vorbeifuhren, eine beständige Mahnung, daß der israelische Staat nicht daran dachte, das 1967 Eroberte wieder herzugeben. Mehr noch, diese massiv wirkenden Bauten sollten jede vielleicht noch verbliebene Hoffnung, wir könnten irgendwann die Besatzung los werden, erschlagen. „Seht her", schienen die Häuser zu sagen, „ihr glaubt doch wohl nicht, daß ihr uns je von der Stelle bekommt? Ihr solltet euch lieber daran gewöhnen, daß wir da sind, ihr solltet es hinnehmen, euch damit abfinden . . ." Oft wiederholten wir das Wort, das Nasser nach der Niederlage von 1967 prägte: „Was mit Gewalt genommen wurde, wird mit Gewalt zurückgeholt!" Aber diese festungsartigen Blocks von Ramot Eschkol ließen solche Sprüche wie leeres Gerede ohne Bezug zur Wirklichkeit klingen.

Als ich nach dem Krieg von 1973 zum ersten Mal wieder nach Jerusalem hineinfuhr, weckten die Gebäude von Ramot Eschkol in mir nicht mehr die Trauer und den Pessimismus von früher. Ein alter Mann, der mit im Wagen saß, murmelte „Ustura" – arabisch für „Märchen". Vielleicht dachte er dabei an das berühmte Wort von Herzl: „Wenn ihr wollt, ist es kein Märchen." Vielleicht wollte er auch seinen Wunsch und seine Überzeugung ausdrücken, daß diese scheinbar so solide Wirklichkeit – Ramot Eschkol, die israelischen Siedlungen, die übrigen Prunkstücke israelischer Kraft – verwehen werde wie ein Märchen oder eine Legende. Kann denn Macht, die auf Unrecht gründet, von Dauer sein?
Als ich nach dem Abflauen der Kämpfe wieder zur Universität zurückkehrte, wußte ich nicht, was ich dort vorfinden würde. Naiv, wie ich war, hatte ich angenommen, daß mit dem zu Ende gehenden Krieg auch die Universität wieder den normalen Alltag aufnehmen und ich sie mehr oder weniger unverändert antreffen würde. Mein Irrtum war kein Zufall: Ich fiel nur auf Presse und Rundfunk Israels herein, die gewaltige Anstrengungen machten, um die Lage in rosigem Licht darzustellen und so zu tun, als wäre überall „alles ganz normal". Es war eine interessante Umkehrung der Rollen: 1967 waren es die arabischen Medien gewesen, die Nachrichten verfälschten in dem Bemühen, die Niederlage zu verschleiern, während die israelischen Nachrichten im allgemeinen korrekt und zuverlässig waren. Jetzt, im Krieg von 1973, waren es die Israelis, die Falsches verbreiteten, während die Araber genau und richtig berichteten. Ein Witz machte jetzt unter den Israelis die Runde:

„Wir haben den Arabern beigebracht, wie man kämpft – dafür haben sie uns beigebracht, wie man lügt ..."

Das erste, was mir an der Universität auffiel, war das fast völlige Fehlen von Männern – Studenten und Dozenten. Sie waren alle als Reservisten mit ihren Einheiten fort, auf dem Golan oder dem Sinai. Mit Ausnahme weniger älterer Dozenten beherrschten Frauen den gesamten Campus. Sonst aber schien alles normal; die außergewöhnlich stille und bedrückte Atmosphäre schrieb ich der Abwesenheit der Männer zu.

Ich ging ins Dozentenzimmer der Abteilung Französische Literatur, wo ich mit Frau Dr. Zussman verabredet war, um meinen Studienplan auszuarbeiten. Ich setzte mich mit ihr an einen Tisch, und bald waren wir ins Gespräch vertieft. Aus den Augenwinkeln sah ich eine oder zwei weitere Lehrkräfte hereinkommen; sie schauten auf mich und begannen dann, miteinander zu flüstern. Ich kümmerte mich nicht darum, bis eine jüngere Dozentin auf unseren Tisch zumarschierte. „Sind Sie Raymonda Tawil?" fragte sie mich. „Aus Nablus?" Nicht ahnend, was sie von mir wollte, antwortete ich: „Ja".

Ohne jede Vorwarnung fing die Frau plötzlich zu schreien an. „Machen Sie, daß Sie hier rauskommen! Was wollen Sie hier? Sie Lügnerin! Sie veröffentlichen falsche Berichte über uns, Sie behaupten, unsere Armee sei auf der Flucht – jetzt verschwinden Sie!"

Dieser Ausfall traf mich vollkommen unvorbereitet; für einen Augenblick war ich so schockiert, daß ich sprachlos dastand. Aber lange ließ ich sie nicht weiterkrakeelen, ich fand die Sprache rasch wieder. „Das geht Sie gar nichts an", sagte ich ihr. „Ich lebe unter einer Militärregierung, und wenn man an meinen Berichten etwas auszusetzen hätte, dann hätte man mich festgenommen." Aber ich beließ es nicht bei dieser formalen Erwiderung. Die Ereignisse der letzten Wochen machten mich weniger denn je geneigt, diese Art von Arroganz zu tolerieren, und als sie meinte, daß die Araber 1967 davongelaufen wären, antwortete ich: „Diesmal haben *wir* den Krieg gewonnen; unsere Soldaten haben die Bar-Lew-Linie eingenommen, sie sind nicht geflohen. Diesmal waren es die Israelis, die sich zurückziehen mußten."

Unser hitziger Wortwechsel hatte mehrere Lehrkräfte angelockt, und jetzt nahm die Grammatiklehrerin meine Bemerkung über das Leben unter der Militärregierung auf. „Was wissen Sie schon von Besatzung?" rief sie. „Sie leben doch im Paradies! Soll ich Ihnen mal erzählen, wie es uns ergangen ist unter der deutschen Besatzung in Polen? Ich will Ihnen erzählen, wie wir als Kinder gelebt haben! Von der Endlösung werde ich Ihnen erzählen!" Erbittert schaute sie mich an. „Ihr verdient die menschliche Behandlung nicht, die euch zuteil wird!"

Bis dahin hatte Frau Dr. Zussman noch kein Wort gesagt. Jetzt aber stand diese kultivierte, sanfte Frau auf, entschuldigte sich und verließ den Raum. Als sie ging, zeigte eine der Dozentinnen mit dem Finger auf mich und rief: „Sie hat mit Frau Zussman zusammengesessen, deren Neffe gerade eben von den Arabern umgebracht worden ist!" Ich hatte keine Ahnung gehabt, daß Frau Zussmans Neffe, ein junger Mann von 23 Jahren, bei den Kämpfen auf dem Sinai gefallen war. Ich war verwundert: Da hatte diese Frau neben mir gesessen, hatte ihren Kummer bezähmt und darüber hinweggesehen, daß ich eine Feindin war – ruhig hatte sie meinen Studienplan mit mir besprochen, als wäre nichts geschehen.

Frau Zussmans würdiger Abgang sorgte dafür, daß das Geschrei vorübergehend etwas abebbte; und der Sekretärin gelang es nun, mich von der Gruppe wegzuziehen, in der die Stimmung nahe der Hysterie war. Ich war entsetzlich aufgeregt,und die Sekretärin versuchte, mich zu beruhigen. Bald darauf aber tauschten wir die Rollen. Als ich meine Selbstbeherrschung wiedergewonnen hatte, begann sie mir von ihren eigenen Ängsten und Ahnungen zu berichten: Ihre Söhne waren alle drei in der Armee, sie taten Dienst auf den Golan-Höhen. Gerade wurden die ersten Berichte darüber verbreitet, wie grausam die Iraker gegen israelische Gefangene waren – kürzlich erst hatten die Israelis einige von Kugeln durchsiebte und verstümmelte Leichen gefunden. Als die Sekretärin davon sprach, brach sie zusammen und begann zu weinen. Ich legte den Arm um sie und versuchte, sie zu trösten. „Es tut mir so leid", sagte ich, so sanft ich konnte. „Es tut mir leid für Ihre Söhne und für alle anderen jungen Israelis, die kämpfen und leiden müssen. Wir haben diesen Krieg nicht gewollt. Schuld an allem sind eure Führer – Mosche Dayan, Golda Meir. Sie haben uns gedemütigt, sie haben unseren Stolz und unseren Mut getötet, sie haben versucht, unseren Geist zu brechen. Wir haben euch immer und immer wieder gesagt: Es gibt uns! Übersehet uns nicht! Aber eure Führung hat nicht aufgehört, uns zu unterschätzen . . ."

Erneut flammte der Streit auf. Eine Frau rief: „Die Amerikaner sind schuld – sie haben uns an der Nase herumgeführt!"

Eine andere verfluchte Golda Meir. „Soll sie herauskommen vor die Knesseth und sich die Demonstration ansehen! Eltern verlangen ihre Söhne zurück!"

Das Geschrei wurde lauter. In diesem Augenblick wurde ich ins Büro des Dekans, Dr. Carmel, gerufen. Ich ging zu ihm, das Gesicht noch naß von Tränen – die einzige Art, in der ich all die Wut und Bedrängnis, das Bedauern und die Trauer auszudrücken vermochte, die von der stürmischen Szene, die ich gerade miterlebt hatte, in mir erweckt worden waren. Ich war vollkommen unfähig zu sprechen; alles, was ich tun konnte, war, den Worten Dr. Carmels zu lauschen, der zu mir sprach, sehr ruhig und mitfühlend.

„Sie haben eine Menge Mut bewiesen, indem Sie in dieser Situation hierher gekommen sind", sagte er milde. „Konnten Sie sich nicht denken, daß die Emotionen hohe Wellen schlagen würden? Fast jeder hat doch einen Angehörigen im Krieg verloren – was glauben Sie denn, welche Gefühle man Ihnen entgegenbringt? Ich kann Ihnen nicht vorschreiben, ob Sie weiterhin zur Universität kommen sollten oder nicht. Das müssen Sie selbst entscheiden. Aber ich muß Ihnen sagen, daß ich die Verantwortung für Ihre Sicherheit nicht übernehmen kann, wenn Sie kommen . . ."

Es gab wenig, was ich darauf hätte sagen können. Mit unsicherer Stimme antwortete ich: „Ich bin gekommen auf der Suche nach Wahrheit . . . Das war eine außergewöhnliche Erfahrung – einzigartig! Ich hatte keine Ahnung, daß der Krieg solche schrecklichen Tragödien hervorbringt . . ."

Dr. Carmel fügte hinzu: „Ich bedauere diesen Vorfall sehr. Die Dozentinnen hatten nicht das Recht, so mit Ihnen zu reden – Sie zu demütigen . . ."

Ich weinte immer noch, unfähig, mich zu beherrschen. Schweigend stand ich auf und verließ das Büro. Ich verließ die Universität und fuhr geradenwegs nach Hause. Während des ganzen Heimweges wurde ich vom Wirbel meiner Gefühle durchschüttelt – einer Mischung aus Wut und überwältigender Trauer. Zu Hause angekommen, brach ich erneut in Tränen aus. Ich war wütend auf mich selber, weil ich zur Universität gegangen war und mich für solche Demütigungen verwundbar gemacht hatte; zugleich erschütterte mich das Mitleid mit der Verzweiflung jener israelischen Mütter. In der Geborgenheit meines Heims schaute ich meine Kinder an und versuchte, mich in die Lage jener Frauen zu versetzen, mir vorzustellen, was ich empfinden würde, wenn meine Kinder in dieser Art von Gefahr wären. Der Gedanke ließ meine Tränen wieder strömen, bitterlich und unkontrollierbar.

In diesem Augenblick trat ein Freund in die Tür: Dr. Walid Kamhawi, eine prominente Persönlichkeit in den politischen Kreisen der West Bank. Unfähig, meiner Erregung Herr zu werden, erklärte ich ihm, was geschehen war, und bemühte mich, meine Empfindungen zu entwirren.

Dr. Kamhawi billigte meine Aufregung nicht. „Weinen Sie nicht! Sie sollten sich im Gegenteil freuen! Die Araber haben einen Sieg errungen und die Legende von der Unbesiegbarkeit zerstört, die das Fundament der Existenz Israels ist. Vergessen Sie die menschliche Seite, vergessen Sie Ihr Mitleid mit dem Leid der jüdischen Mutter! Die Tatsache, daß die Araber auch nur eine einzige Schlacht gewonnen haben, wird sich im gesamten Nahen Osten psychologisch auswirken. Das muß seine Konsequenzen haben – bei den Israelis, bei uns!"

Es sollte eine Zeit kommen, da er selber ein überzeugendes Beispiel für diese Worte lieferte. Von den Israelis wegen „feindlicher Betätigung" deportiert, erreichte Dr. Kamhawi Beirut, wo er in den Vorstand der PLO aufgenommen wurde. Trotz der anmaßenden Behandlung, die ihm die Israelis angedeihen ließen, spielte er eine bedeutende Rolle bei der Modifizierung der Politik der PLO zugunsten einer Koexistenz mit Israel. Er persönlich traf mit radikalen Araberführern wie dem syrischen Präsidenten Assad und dem Präsidenten Bakker aus dem Irak zusammen und drängte sie, die Schaffung eines Palästinenserstaates neben Israel zu unterstützen. Ein solcher Vorschlag wäre ohne den Krieg von 1973, der den Stolz und die Würde der Araber wiederherstellte und uns das Selbstbewußtsein gab, das Voraussetzung einer realistischeren Haltung war, ganz undenkbar gewesen. Die arabischen Erfolge im 1973er Krieg hatten enorme psychologische Rückwirkungen. Und es waren nicht nur militärische Siege: Ein Jahr später erhob sich die Vollversammlung der Vereinten Nationen von den Plätzen, um stehend zu applaudieren – diese Ovationen brachten sie Jassir Arafat dar, und nicht ihm als Person; das internationale Gremium ehrte in ihm den Sprecher des palästinensischen Volkes. Zur gleichen Zeit erkannten auch die arabischen Staaten die Palästinensische Befreiungsbewegung PLO als legitime Vertretung des palästinensischen Volkes an. Jahrelang hatte die Welt uns ignoriert und unsere Existenz als Volk geleugnet; schon das Wort „Palästina" hatte man in die Geschichtsbücher verbannt, gerade als wären wir nicht lebendige Menschen, sondern körperlose Gespenster aus einer fernen Vergangenheit. Nun aber hatte sich all dies geändert; die Völker der Erde waren gezwungen, anzuerkennen, daß wir da sind, daß wir leben und daß wir unsere legitimen Ansprüche haben, ebenso geheiligte Rechte wie jedes andere Volk.

An dem Tag, an dem Arafat vor der Vollversammlung der Vereinten Nationen auftrat, gab es Streiks und Demonstrationen überall in den besetzten Gebieten. Die Israelis reagierten nervös und hektisch; die Besatzungstruppen inszenierten in den Straßen ein brutales Schauspiel der Macht. Meine Tochter Dianna kam schlimm verprügelt nach Hause; ein Soldat hatte ihr Haare ausgerissen. Andere Demonstranten, hauptsächlich junge Leute, wurden ähnlich mißhandelt – aber die Israelis konnten unsere Jugendlichen nicht daran hindern, in den Straßen zu paradieren, palästinensische Fahnen zu schwenken, Parolen zu rufen und Fedajin-Lieder zu singen.

Es war etwas ganz Neues an diesen Kundgebungen. Es hatte fast von Anfang der israelischen Besatzung an Märsche, Sit-ins, Protestaktionen gegeben; zahllose Zusammenstöße mit israelischen Soldaten und Polizisten waren vorgekommen. In den ersten Jahren der Besatzung waren diese Demonstrationen Ausdruck unseres Protestes gegen israelische Verwaltungsakte: Verhaftungen, Folterungen, Landenteignungen und israelische Besiedlung. Aber nach dem Krieg von 1973 – und mehr noch nach der weltweiten Anerkennung der PLO – wurde in den Protesten ein Element des Selbstbewußtseins sichtbar, ein wiedererstandener Glaube an uns selbst als Palästinenser und Araber. Wie Dr. Kamhawi es an jenem Tag vorausgesagt hatte, war der vom 1973er Krieg ausgelöste Aufschwung von gewaltiger psychologischer Bedeutung für die Israelis und nicht weniger für uns.

Ein Jahr vor dem Krieg – 1972, nach fünf Jahren israelischer Besatzung – hatte die Militärregierung verkündet, daß auf der gesamten West Bank Kommunalwahlen stattfinden sollten.   Die israelischen Propaganda-Organe trompeteten den Beschluß über die ganze Welt und strichen heraus, wie „gesetzestreu" und „demokratisch" Israels Regiment doch wäre, die Einwohner der besetzten Gebiete bekämen ja sogar die Möglichkeit, ihre Angelegenheiten selbst zu regeln, so wie sie es für richtig hielten . . .
Das Ziel der israelischen Behörden war offenkundig. Sie wollten der Welt beweisen, daß die Lage auf der West Bank „normal" und ihr Besatzungsregime „liberal" sei. Sie riskierten wenig dabei. Die Wahlen würden nach dem jordanischen Wahlrecht abgehalten, unter welchem überhaupt nur ein Zehntel der erwachsenen Bevölkerung stimmberechtigt war. Frauen waren vom Wahlrecht ausgeschlossen, ebenso alle Männer, die kein Eigentum besaßen. Bei derart einschneidenden Beschränkungen des Stimmrechts, inmitten strenger Repression und bei einer Bevölkerung, die weithin demoralisiert und ohne Hoffnung war, hatte Israel, auf dem Höhepunkt der Macht, vom Ergebnis der Wahlen wenig zu befürchten. Die Israelis prophezeiten – ganz richtig, wie sich herausstellte –, daß die Wahlen dieselben traditionalistischen, konservativen Kräfte wieder zur Macht bringen würden, die früher mit dem jordanischen Regime zusammengearbeitet hatten und die sich jetzt weitgehend an den Wünschen der israelischen Besatzungsbehörden orientierten.
Unter den gegebenen Umständen konnten wir wenig tun. Es war undenkbar, daß wir uns an den Schwindelwahlen beteiligten, die nur dem einen Zweck dienten, der israelischen Herrschaft das Siegel der Legitimität zu verleihen. Es gab darüber Diskussionen – insgeheim

natürlich, denn solche Dinge durften nirgendwo öffentlich erörtert werden –, in denen ganz klar wurde, daß die meisten Leute dagegen waren, sich an diesen Wahlen in irgendeiner Form zu beteiligen. „Wahlboykott!" war die Parole. Als die Kandidatenlisten aufgestellt waren, wurde offensichtlich, daß außer den traditionalistischen Konservativen niemand diese Wahlen ernst nahm.

Die israelischen Behörden taten ihr Bestes, um jeden Widerstand gegen die Wahlen zu zerschlagen. Zunächst versuchten sie es mit Propaganda und Überredungskunst. Als sie erkannten, daß ihre Bemühungen nutzlos waren, wandten sie verschiedene Formen des Drucks an. Hikmat al-Masri, einer der prominentesten Bürger von Nablus, wurde festgenommen und vierundzwanzig Stunden lang in Haft gehalten; im Verhör beschuldigte man ihn, den Boykott anzustiften. Alarmierende Gerüchte wurden verbreitet; so hörte man flüstern, daß die Ausweise der Wähler, die in die Stimmlokale kämen, von den Behörden gestempelt würden und daß jeder mit Repressalien zu rechnen hätte, der wahlberechtigt war, dessen ungestempelter Ausweis aber bewies, daß er der Wahl ferngeblieben war. Auch die jordanischen Behörden waren sehr an einem guten Ergebnis interessiert, denn sie erhofften sich von den Wahlen eine Stärkung ihrer Schützlinge auf der West Bank. Die Jordanier ließen wissen, daß sie schon Wege finden würden, um diejenigen zu bestrafen, die sich weigerten, wählen zu gehen. Und da Jordanien für uns das einzige Tor zur arabischen Welt darstellte, war diese Drohung keine Kleinigkeit.

Die Wahlen fanden beträchtliche Aufmerksamkeit in der Weltöffentlichkeit. Die israelische Propaganda stellte sie als einen Triumph der „liberalen" Besatzungspolitik dar, und die ausländischen Journalisten strömten auf der West Bank zusammen, um zu sehen, wie Israel „den Arabern die Demokratie brachte". Zu dieser Zeit stand Israel auf dem Gipfel seines Ansehens in der Welt, während alles, was wir sagten, auf große Skepsis stieß – wie beispielsweise bei Victor Cygielman, der unsere Schilderungen der Akrabeh-Affäre in Zweifel zog, bis er die vernichteten Felder mit eigenen Augen sah. Die ausländischen Journalisten waren weit eher geneigt, den israelischen Sprechern Glauben zu schenken, die ihnen versicherten, daß die Wahlen nur ein weiteres Mal bewiesen, wie „erfolgreich" Israel die besetzten Gebiete verwaltete.

Ich selbst bekam immer mehr Kontakte zu ausländischen Journalisten. Viele kamen, um mich zu sprechen, mich zu interviewen und Hintergrundinformationen zu erhalten. Viele Stunden verbrachte ich mit Reden, Erklären, Herumfahren. Ich geizte nicht mit meiner Zeit, selbst wenn einer kam, der unverhohlen seine Ablehnung und Skepsis zeigte. Ich gab mir alle Mühe, auf den Betrug hinzuweisen, den die sogenannten „freien Wahlen" unter dem reaktionären jordanischen Wahlrecht, unter dem Terror und der Unterdrückung der israelischen Besatzung darstellten. Zuversichtlich sagte ich voraus, daß selbst bei den zehn Prozent der Bevölkerung, die stimmberechtigt waren, die Wahlbeteiligung sehr gering sein würde. Die Journalisten hörten mich an, machten sich Notizen, knipsten ihre Bilder – und gingen wieder. Viele von ihnen gaben sich gar keine Mühe, ihre Ungläubigkeit zu verbergen.

Es war ein entmutigendes Unterfangen. Nicht nur, weil man mir nicht glaubte. Es gab auch viele prominente palästinensische Intellektuelle, die meine Politik der „offenen Tür" für westliche Journalisten mißbilligten. „Was soll das?" wandten sie ein. „Sämtliche westlichen Medien sind auf der Seite Israels. Sie glauben uns ohnehin nichts. Wenn wir mit ihnen reden, liefern wir ihnen bloß den Vorwand für die Behauptung, sie seien objektiv und hörten beide Seiten an. Wir sollten besser zeigen, wie voreingenommen sie sind. Wir boykottieren die Wahlen – laßt uns auch die ausländische Presse boykottieren!" Als ich es ablehnte, mich dieser Ansicht anzuschließen, tadelte man mich von allen Seiten. Trotzdem – ich wollte das Feld nicht dem israelischen Propaganda-Apparat allein überlassen. Ich wußte, daß dieser Bereich von großer Bedeutung war – nicht weniger wichtig als der militärische oder der politische Kampf.

Dann kam der Wahltag. Von den zehn Prozent der erwachsenen Bevölkerung, die wählen durften, gaben nur etwa die Hälfte ihre Stimmen ab. Viele von denen, die zur Stimmabgabe gingen, taten es ungern; es waren Lehrer und öffentliche Bedienstete, die ihre Stellung zu verlieren fürchteten, wenn der Ausweis ohne Stempel blieb; es waren Geschäftsleute und andere, die Verbindungen zu Jordanien unterhielten und Angst hatten, daß das Haschemitenregime Vergeltungsmaßnahmen gegen Leute ergreifen könnte, die den weitgehend projordanischen Kandidaten ihre Unterstützung versagten.

Immerhin – trotz des triumphierenden Getrommels der israelischen Propagandisten, trotz der Tatsache, daß ein Teil der ausländischen Presse sich hatte täuschen lassen und die Wahlen als Beweis für die „Normalisierung" in den besetzten Gebieten betrachtete, haben die meisten Palästinenser, die frei für sich entscheiden konnten, dieses scheindemokratische Manöver boykottiert.

Im Jahre 1976 kündigten die israelischen Behörden erneut an, daß gemäß jordanischem Recht, das Kommunalwahlen alle vier Jahre vorschreibt, die Gemeinderäte auf der West Bank am 12. April wieder zur Wahl anstünden. Die offizielle Bekanntmachung löste sofort hitzige Debatten aus. Was war zu tun? Aus nationalistischen Kreisen kam unverzüglich die Forderung nach einem neuerlichen Boykott, genau wie bei der Wahl zuvor. Diese Meinung fand zwar zunächst beträchtliche Unterstützung, sie entsprach auch unseren Gefühlen, aber viele spürten doch, daß das, was 1972 richtig war, im Jahre 1976 ein schwerer Fehler sein könnte. 1972, als wir politisch ohne festen Halt und psychologisch demoralisiert waren, waren wir außerstande gewesen, es mit dem enormen Druck der israelischen Behörden aufzunehmen. Aber seither hatte sich so vieles verändert! In der Zwischenzeit hatten wir den Oktoberkrieg von 1973 erlebt, die PLO war in den arabischen Staaten und weltweit als legitime Vertreterin des palästinensischen Volkes anerkannt, Arafat hatte vor der UN-Vollversammlung gesprochen. Ein neuer Geist beseelte uns: Wir waren keine Parias mehr, verstoßen und vergessen; wir hatten unseren Stolz und unser Selbstvertrauen wiedergefunden. Warum also sollten wir diese neue Kraftprobe scheuen?

Die Auseinandersetzungen wurden durch einige ungewöhnliche Aktionen der Israelis noch weiter angeheizt. Da sie mit der Abhaltung der Wahlen das Ziel verfolgten, der Welt zu zeigen, wie sie „den Palästinensern die Zivilisation und die Demokratie brachten", waren die Israelis sehr empfindlich gegen Kritik am undemokratischen Charakter des herrschenden jordanischen Wahlrechts, das nur männlichen Besitzbürgern das Stimmrecht zubilligte, aber Männer der Unter- und Mittelschicht sowie sämtliche Frauen generell von der Wahl ausschloß. Also gab die Militärregierung einen Erlaß heraus, mit dem das Wahlgesetz insofern geändert wurde, daß alle Haushalte, auch die ohne Vermögen, das Wahlrecht erhielten, wenn sie kommunale Steuern irgendeiner Art zahlten; darüber hinaus erhielt, da jedem Haushalt bis zu vier Stimmen zustanden, das männliche Familienoberhaupt das Recht, einige dieser Stimmen auch auf seine weiblichen Angehörigen zu übertragen. Es gab zwar an der Form des Gesetzes und seinen erniedrigenden Aspekten – insbesondere für die Frauen – noch viel auszusetzen, in der Praxis jedoch wirkte es wie eine stürmische soziale Umwälzung: Zum ersten Mal durfte die übergroße Mehrheit der erwachsenen Bevölkerung – Frauen so gut wie Männer – wählen! Uns bewegten sehr gemischte Gefühle. Die Genfer Konvention verbietet es einer Besatzungsmacht, die Rechtsstruktur des von ihr verwalteten Gebietes zu verändern. Obgleich diese besondere Veränderung nützlich war, berührte sie doch auch eine Grundsatzfrage: Wenn wir uns damit einverstanden erklärten, daß die Israelis dieses eine Gesetz änderten, könnte das nicht ein Präzedenzfall werden? Lieferten wir ihnen damit nicht den Vorwand zur Veränderung unseres gesamten Rechtssystems? Es gab viele unter uns, die vor der „israelischen Falle" warnten und mit verdoppeltem Eifer nach dem Wahlboykott riefen – eben wegen der israelisch initiierten Reformen.

Ich sah wohl, daß diese Bedenken eine gewisse Berechtigung hatten. Dennoch fiel es mir nicht schwer, mich für die Wahlen zu entscheiden. Viele Jahr lang hatten die arabischen Frauen davon geträumt, auf gleicher Stufe mit den Männern am politischen Leben teilnehmen zu dürfen. Jetzt erhielten wir dieses kostbare Recht – zugegebenermaßen von einer Besatzungsmacht, aber immerhin –; war es denn vernünftig, diese Gelegenheit zu verschenken? Ganz bestimmt nicht!

Wochen- und monatelang wurde heiß debattiert, pausenlos bis zum Wahltag. In einigen Kreisen beharrte man auf der Ablehnung der Wahl und boykottierte sie. Die überwiegende Mehrheit der Bevölkerung jedoch ging hin und gab die Stimmen ab. In fast jedem Ort auf der West Bank gab es eine radikal-nationale Liste junger, fortschrittlicher Kandidaten, die offen erklärten, daß sie die PLO unterstützten und sich mit ihr identifizierten. Trotz amtlicher israelischer Einschüchterungsversuche – zwei führende Kandidaten wurden wenige Tage vor der Wahl deportiert – kam der Sieg der nationalen Listen einem Erdrutsch gleich. Mit einer oder zwei Ausnahmen verloren die traditionalistischen Konservativen überall die Macht, und die Gemeinderäte wurden von den PLO-freundlichen Gruppierungen übernommen.

An diesem Tage marschierte ich gemeinsam mit Zehntausenden von Frauen überall auf der West Bank stolz und glücklich zum Wahllokal, um zum ersten Mal in meinem Leben meine Stimme abzugeben.

Für mich war es ein zweifacher Festtag – ich genoß ihn als Frau und als Palästinenserin.

Der Sieg bei den Gemeindewahlen brachte einen weiteren Erfolg mit sich: Er war ein Schlag gegen die „Boykott-Mentalität", die in der arabischen Welt Wurzeln geschlagen hatte. Es gibt eine ganze Reihe von Gelegenheiten, bei denen ein Boykott gerechtfertigt ist – die Wahl von 1972 war dafür ein gutes Beispiel. Aber einige Leute bei uns sehen darin eine Weltanschauung, nicht nur einfach eine Taktik. Ich kann es ihnen nicht übelnehmen. Wir Araber haben gute Gründe, gegen Fremde mißtrauisch zu sein. Sie haben unendliches Leid und zahllose Demütigungen über uns gebracht. So manches Mal sind wir zu schwach gewesen zu widerstehen, und konnten uns nur in die stolze Weigerung flüchten, mit diesen fremden Mächten und ihren Repräsentanten irgendetwas zu tun zu haben – offiziell oder inoffiziell. Aber was in Zeiten der Schwäche angezeigt sein mag, das ist jetzt, da wir physisch und psychisch stark sind, nicht notwendigerweise auch das Richtige. Die arabischen Völker sind jetzt eine Macht, mit der zu rechnen ist; die Welt hat die Legitimität der palästinensischen Sache zur Kenntnis nehmen und unsere Repräsentanten anerkennen müssen– welchen Sinn hat es noch, in die innere Emigration zu gehen und der direkten Konfrontation auszuweichen? Die Wahlen von 1976 stellten eine Herausforderung an uns dar – und wir haben sie siegreich bestanden. So sollten wir auch jede Gelegenheit wahrnehmen, mit Ausländern zu sprechen, der Weltöffentlichkeit unsere Botschaft zu übermitteln, unseren Glauben an uns selbst und an unser Recht zu demonstrieren!

Wir haben nichts zu fürchten, wenn wir aufstehen und offen unsere Wahrheit verkünden – ob vor westlichen Journalisten oder vor Israelis welcher politischen Überzeugung auch immer.

Allerdings, die „Boykott-Mentalität" hält sich in manchen Kreisen immer noch. Es gibt Leute, die ganz und gar unfähig sind, mit den veränderten Bedingungen auch ihre eigenen Verhaltensweisen zu ändern. Sie weigern sich, sich mit Israelis einzulassen – auch mit echten Gegnern des derzeitigen Regimes, die überzeugende Beweise geliefert haben, daß sie für die palästinensische Sache sind.

Einmal konnte ich sehen, wie tiefverwurzelt diese Haltung sogar bei meinen eigenen Kindern ist. Als ich schon unter Hausarrest stand, kam mich ein alter Freund besuchen – Peretz Kidron – und sein Sohn Jochai kam mit. Jochai trug Zivilkleidung, aber ich wußte, daß er zur Zeit in der israelischen Armee seinen Wehrdienst leistete. Jochai ist wie sein Vater entschiedener Gegner der Politik seiner Regierung. Er ist gegen die israelische Besatzung und sympathisiert mit der Sache der Palästinenser. Dennoch kam Jochai als Bürger Israels nicht darum herum, seine dreijährige Militärdienstpflicht zu erfüllen. Als Soldat durfte er seine politische Meinung nicht frei äußern. Aber er hatte einen Tag seines kostbaren Urlaubs geopfert, um mir in meiner Abgeschlossenheit seine Sympathie zu bekunden – und ich erkannte die Geste an. Ich begrüßte meine Gäste und eilte in die Küche, um Kaffee zu kochen. Während ich dort hantierte, kam meine zwölfjährige Tochter Suha herein, sichtlich verstört.

„Mama", sagte sie, „der junge Mann da" – sie meinte Jochai – „der ist doch ein israelischer Soldat, nicht wahr?"

„Ja, Suha", erwiderte ich.

„Ich glaube, dann sollten wir ihn aber nicht zu uns hereinlassen", sagte sie fest. Suha hatte in den letzten Monaten gesehen, wie israelische Soldaten Schülerdemonstrationen auseinandertrieben; sie hatte gesehen, wie israelische Soldaten ihre Freundinnen prügelten und traten, wie sie schossen und Tränengasbomben warfen. Es war nicht überraschend, daß sie den jungen Israelis, die all das getan hatten, sehr feindselige Gefühle entgegenbrachte. „Ich finde, wir sollten ihn nicht freundlich bei uns willkommen heißen!" schrie sie.

Ich konnte sehr gut verstehen, was sie empfand. Aber ich versuchte, ihr meine Haltung zu erklären: Wir dürften die israelischen Tauben und Friedensfreunde nicht links liegen lassen, ganz besonders nicht einen jungen Mann wie Jochai, der mit solchen brutalen Taten niemals etwas zu tun haben würde, nicht einmal als Soldat auf Befehl. Um so mehr Grund, ihn freundlich aufzunehmen! Ich erinnerte sie daran, daß sich nicht alle israelischen Soldaten so verhielten, sondern daß einige – je nach ihrer Herkunft, ihrer Erziehung, den Ansichten ihrer Eltern – ganz anders handelten.

Suha war nicht überzeugt. „Du hast uns erzählt, daß du dich geweigert hast, den Militärgouverneur zu empfangen – obwohl er vielleicht ein Liberaler ist. Wenn sie in Uniform sind, dürfen sie doch keinen Befehl verweigern, oder? Sie *müssen* morden! Wer hat denn Laina Nabulsi ermordet, wer hat den zehnjährigen Jungen in Ramallah ermordet? Jochai ist nicht anders als die übrigen alle . . ."

Die anderen Kinder kamen zu uns in die Küche und griffen in die Auseinandersetzung ein. Gabe sagte: „ . . . dann muß Mami ja die Tür fest zuschließen und darf überhaupt keinen Israeli mehr hereinlassen – denn sie alle, auch Linke und Tauben, müssen schließlich ihren Wehrdienst leisten!" Er sah mich an. „Mami", sagte er, „du bist einmalig! Keine andere Mutter ist wie du. Ich verstehe dich nicht. Bist du wirklich überzeugt von dem, was du da tust? In anderen besetzten Ländern war es doch nicht so. Im besetzten Frankreich wurden Leute, die sich mit Deutschen abgaben, als Verräter betrachtet."

„Wir sind in einer anderen Situation", erklärte ich. „Wir müssen den Israelis, die bereit sind, zu verstehen und zu helfen, unsere Sache verständlich machen. Sie können wesentlich dazu beitragen, die öffentliche Meinung in Israel zu verändern. Denke an die französischen Linken und Liberalen! Denke daran, wie sie sich öffentlich für die Algerier eingesetzt haben!" Und mit Blick auf Jochai bekräftigte ich meinen Grundsatz: „Hinter der Uniform des Soldaten müssen wir den Menschen sehen!"

Die Kinder lehnten meine Ansichten als naiv ab. Als ich so ihren erregten Worten lauschte, fühlte auch ich mich hin und her gerissen. Ich dachte daran, wie die Israelis Dianna mißhandelt hatten; ich rief mir ins Gedächtnis, wie Soldaten den demonstrierenden Studenten ihre Gürtel um den Hals schlangen und die Halberstickten zu den wartenden Lastwagen schleiften; ich sah die Schlagstöcke, die Tränengasbomben, die Schießereien, die Bestattungen der jugendlichen Opfer vor mir.

Der Groll siedete in mir, als ich mit dem Kaffeetablett in den Salon zurückkehrte. Ich befand mich in innerem Aufruhr, ich war der Hysterie nahe; meine Gefühle lagen in heftigem Kampfe mit meinen Überzeugungen. Nur wenig hätte gefehlt, und ich hätte all meine Wut und Not über Jochai ausgegossen. Dann aber begann er, bequem sitzend, am Kaffee nippend, von seinen Erlebnissen als Soldat zu erzählen. Er schilderte, wie seine Einheit auf Patrouille in die Straßen von Bethlehem geschickt wurde; der Offizier, der die Soldaten einwies, befahl ihnen, jedes Anzeichen von Widersetzlichkeit sofort niederzuschlagen, und er gab ihnen freie Hand für die Anwendung von Gewalt. „Ich hatte eine Abteilung unter mir", sagte Jochai bedächtig. „Die Soldaten kannten mich, sie kannten meine Meinung. Jeder beobachtete mich, um zu sehen, was ich wohl machen würde."

Als ich ihm so zuhörte, empfand ich Sympathie für Jochai. Ich spürte, daß er verwirrt war, daß er sich im Konflikt zwischen Pflicht und Menschlichkeit befand. Genau wie meine Kinder, genau wie ich selber. Wir alle waren zerrissen und gespalten.

Ich dachte nach über Jochai und meine eigenen Kinder. Junge Palästinenser und junge Israelis, beide bemüht, in diesem Labyrinth sich widersprechender Zwänge und Ideale ihren Weg zu finden. Man konnte so wenig tun, um ihnen dabei zu helfen. Sie müssen selber für sich entscheiden, was richtig ist und was falsch.

11. Die USA – eine „demokratische, pluralistische Republik"

Als unser Flugzeug westwärts den Atlantik überquerte, belauschte ich die Unterhaltung der beiden Herren in den Sitzen vor uns. Der eine – ein amerikanischer Ingenieur – hielt eine Zeitung ausgebreitet; die flammende Schlagzeile war deutlich zu lesen: *Palästinenser morden Kinder in Kirjat Schmonah*. Er wandte sich an seinen Sitznachbarn: „Sehen Sie sich das an", sagte er, „diese verdammten Terroristen! Diese Barbaren!" Sein Nachbar, ein Geschäftsmann um die fünfzig, schüttelte den Kopf. „Was zum Teufel wollen diese verdammten Palästinenser eigentlich? Warum machen die bloß solch irrsinnige Sachen?"
Ich, in ihrem Rücken sitzend, würgte hinunter, was sich mir auf die Zunge drängte. Warum konnten diese Leute nur nicht verstehen? Wie lange sollten die Palästinenser denn noch in Flüchtlingslagern leben – von UNWRA-Hilfe im Wert von zehn Cents pro Tag – und dabei geduldig nach Wahrheit und Gerechtigkeit streben? Waren fünfundzwanzig Jahre noch nicht lange genug? Wußten sie nicht, daß der Angriff auf *Kirjat Schmonah* gestern den Jahrestag des israelischen Überfalls auf Beirut markierte, bei dem drei PLO-Führer in ihren Häusern vor den Augen ihrer Frauen und Kinder ermordet worden waren? Die Fedajin, die Kirjat Schmonah angriffen, hatten nicht die Absicht, jemanden zu töten – sie hofften, ihre Geiseln gegen palästinensische Freiheitskämpfer auszutauschen, die in israelischen Gefängnissen schmachteten. Aber die israelischen Behörden verweigerten den Handel, „um keinen Präzedenzfall zu schaffen", wie sie es ausdrückten. Und dann waren es die israelischen Truppen, die das Gebäude, in dem die Geiseln festgehalten wurden, stürmten, und dabei wurden viele von ihnen getötet oder verwundet.
Wie sollte ich das alles den beiden Herren vor mir erklären?
Erst einen Tag zuvor waren meine eigenen Kinder in den Streik getreten – gemeinsam mit den anderen Schülern der El Aischija-Schule in Nablus; sie protestierten gegen die Haftbedingungen in den israelischen Gefängnissen, wo die palästinensischen Gefangenen in einen einwöchigen Hungerstreik getreten waren. Kaum hatte der Schülerstreik begonnen, als israelische Truppen die Schule umstellten und der Militärgouverneur versuchte, die Schüler durch Drohung und Einschüchterung zum Abbruch ihres Protests zu bringen. Aber die Jugendlichen trotzten diesem Schauspiel der Stärke; sie hißten über dem Schulgebäude die Palästinenserfahne, riefen in Sprechchören nationale Parolen und sangen Lobeshymnen auf die PLO, in denen der Angriff auf

Kirjat Schmonah gerechtfertigt wurde. Für sie – und auch für mich – kämpften die Fedajin für die Wiederherstellung unserer Menschenwürde und unserer Selbstachtung. Das ist der Grund, warum wir sie lieben und bewundern.

Wollte ich versuchen, das alles den beiden Herren vor mir zu erklären – würden sie es denn begreifen?

Ich bezweifelte das ...

Und dabei wußte ich in dem Augenblick noch gar nicht, daß die Unterhaltung, die ich dort im Flugzeug mitangehört hatte, nur ein Vorgeschmack dessen war, was ich auf meiner Reise durch die Vereinigten Staaten von Amerika noch erleben sollte.

Der bekannte französische Maler und Schriftsteller Marek Halter und seine Frau Clara waren die ersten, die den Vorschlag machten, ich sollte doch eine Vortragsreise durch die Vereinigten Staaten unternehmen. Marek, ein Jude, der der Massenvernichtung der Nazis entkommen war, hat echte Zuneigung für die arabischen Völker im allgemeinen und für die Palästinenser im besonderen gezeigt. Clara – Redakteurin des linken Pariser Magazins „Elément" – hatte ausgedehnte Beziehungen zur palästinensischen und ägyptischen Linken. Als sie merkten, mit welcher Leidenschaft und Hingabe ich bemüht war, die Medien für unsere Sache zu gewinnen, wandten sich die Halters an diverse Gruppen in Amerika – jüdische und nichtjüdische – und schlugen ihnen vor, mich zu einer Vortragsreise einzuladen.

Was mich betraf – mir gefiel der Vorschlag sofort. Seit langem war klar, daß einer der Schlüssel zu einer Lösung des Palästinenser-Problems in den Vereinigten Staaten lag. Einen großen Teil meiner Arbeit widmete ich amerikanischen Journalisten, die sich als ignorant und fehlinformiert in Fragen der Nahostpolitik erwiesen. Wenn diese Journalisten, die doch sonst so gut informiert sind, so wenig wußten oder so gründlich mit offizieller israelischer Propaganda vollgestopft waren, dann konnte ich mir vorstellen, daß die amerikanische Öffentlichkeit insgesamt über den palästinensischen Standpunkt vollkommen im dunkeln blieb.

Ich habe der US-Regierung und der offiziellen amerikanischen Politik immer sehr kritisch gegenübergestanden. Obwohl meine Kolumne im „Jerusalem Star" strenger jordanischer Zensur unterlag, veröffentlichte ich einmal einen Artikel, der sich höchst kritisch mit dem Vietnamkrieg der Amerikaner beschäftigte und der eine wütende Auseinandersetzung mit einem amerikanischen Konsularbeamten auslöste. Es versteht sich von selbst, daß ich die amerikanische Politik im Nahen Osten noch viel kritischer beurteilte. Die USA haben Israel immer bedingungslos politisch und finanziell unterstützt und haben unermeßliche Mengen von Waffen geliefert für den Einsatz gegen mein Volk: Palästinensische

Flüchtlinge in den Lagern des Libanon wurden von Bomben aus amerikanischer Fabrikation zerfetzt, die von israelischen Piloten gesteuerte Phantoms und Skyhawks aus amerikanischer Fabrikation auf sie abwarfen. Dennoch – ich hegte keinen Groll gegen das Volk der Vereinigten Staaten; im Gegenteil, was mir Mutter aus ihrer Kindheit in Syracuse erzählte, hatte in mir eine Neigung zu dem Lande ihrer Geburt hinterlassen und auch zu den Menschen Amerikas, von denen sie stets mit glühenden Worten geschwärmt hatte. Um so mehr Grund für mich, zu wünschen, daß sie die Wahrheit über unser Volk und seine Tragödie erführen.

Und so war ich, als jenem ersten, von den Halters gesetzten Keim die formelle Einladung zu einer Vortragsreise folgte, ohne weiteres Nachdenken bereit zu akzeptieren. Übermittelt wurde mir die Einladung über das Jerusalemer Büro des „American Friends' Service Committee", ausgesprochen hatte sie jedoch ein Zusammenschluß von verschiedenen amerikanischen Gruppen und Organisationen – religiösen Organisationen, Friedensgruppen und liberalen Vereinen; die Initiative ging vom CONAME aus („Committee on New Alternatives for the Middle East"), einer Gruppe bekannter amerikanischer Friedensaktivisten – unter ihnen viele Juden –, deren Ziel es war, eine friedliche Lösung des Nahostkonflikts zu suchen.

Rasch verbreitete sich die Nachricht von der Einladung in Nablus; die Reaktion in einigen Kreisen war höchst negativ. Nicht genug damit, daß ich ganz offen Kontakte zu amerikanischen Journalisten, Diplomaten und Politikern unterhielt – jetzt wollte ich mich auch noch mitten in die Höhle des amerikanischen Imperialismus wagen! Der ganze alte Argwohn lebte wieder auf. Eine Freundin sagte mir geradeheraus: „Wir sind nicht bereit, dich zu verteidigen, wenn man dich angreift. Was sind das denn für Leute, die dich da einladen? Die Quäker? Die sind für Israel. CONAME? Das sind doch Zionisten! Schau dir doch die Namen der Komiteemitglieder an!"

Es fiel mir nicht schwer, diese Argumente zu entkräften. CONAME hatte zwar viele jüdische Mitglieder, diese waren aber erklärte Anti-Zionisten, etwa Don Peretz und Noam Chomsky. Chomsky – ein berühmter Gelehrter – und seine Haltung im israelisch-palästinensischen Konflikt waren wohlbekannt: Er befürwortete einen binationalen, sozialistischen Staat in Palästina.

Die übrigen einladenden Gruppen und Persönlichkeiten waren ebenfalls über jeden Verdacht erhaben. Da waren die Quäker, die für unsere Flüchtlinge hervorragende humanitäre Arbeit geleistet hatten. Man konnte sie nicht einfach als „Israel-Sympathisanten" abtun – auch wenn ihr kürzlich erschienenes Buch über den Nahen Osten, in dem das

Palästinenserproblem vollkommen übersehen wird, ihrer verdienstvollen Tätigkeit keine Ehre macht. Da war Richard Butler vom Weltrat der Christlichen Kirchen, den wir während seiner Amtszeit in Jerusalem kennen und schätzen gelernt hatten. Außerdem hatten auch noch andere Gremien an der Einladung mitgewirkt: „War Resisters' League", „Catholic Peace Fellowship", „Fellowship of Reconciliation", „Women's International League for Peace and Freedom". Trotz der diversen Gerüchte und Unterstellungen, die in Nablus die Runde machten, gab es absolut keinen Grund für den Verdacht, daß irgendeine dieser Gruppen als Agenten der israelischen oder der amerikanischen Regierung fungierte . . .

Ich geriet in zahllose stürmische Auseinandersetzungen mit Leuten, die etwas gegen meine Reise hatten. Sie griffen mich an; ich schlug zurück. Ich weiß nicht, ob es mir gelungen ist, meine Kritiker zu überzeugen; es ist mir allerdings gelungen, sie zum Schweigen zu bringen.

Aber meiner geplanten Reise in die Vereinigten Staaten stellten sich auch Hindernisse ganz anderer Art in den Weg. Natürlich war die Einladung an mich persönlich adressiert worden. Aber wenn meine amerikanischen Gastgeber es auch für durchaus selbstverständlich und normal hielten, daß eine Frau allein reiste, hatte die Gesellschaft von Nablus darüber doch ganz andere Ansichten, wie ich es ja schon überdeutlich erfahren hatte, als ich an ein Jahr in Paris zu denken wagte oder als ich einen völlig harmlosen Ausflug nach Beirut machte. Wäre ich ohne „Begleitung" auf eine längere Reise gegangen – es hätte meinen Ruf vollends ruiniert. Und eine arabische Frau, die ihren guten Ruf verloren hat, ist erledigt!

Ich stand vor einem schweren Dilemma. Die persönliche Freiheit ist eines meiner revolutionären Ideale. Abgesehen von dem politischen Zweck, den ich mit der Reise verband, hatte es mir der Gedanke angetan, daß ich frei, allein und ungebunden herumreisen könnte, fern der beschränkten Enge der Nabluser Gesellschaft. Andererseits – wenn ich ein Betragen zeigte, das meine Gesellschaft „empörend" fand, würde mich das teuer zu stehen kommen. Lebhaft hatte ich in Erinnerung, was meine eigene Mutter zu leiden hatte. Und das war für mich nicht nur ein privates Problem: Um meinem Volke zu dienen, mußte ich mir die Achtung meiner sozialen Umwelt erhalten. Vor die Wahl gestellt, an welcher Front ich kämpfen sollte, mußte ich dem Kampf für die nationale Freiheit Priorität einräumen vor dem Kampf für meine Emanzipation als Frau. Widerwillig gab ich meine Träume von einem kurzen Urlaub in Freiheit auf. Nur gut, sagte ich – soll Da'ud doch mitkommen.

Mit diesem Zugeständnis meinerseits war der Weg nun frei für mich. Ich telegraphierte meinen amerikanischen Gastgebern, daß ich ihre Einladung annähme.

Diese Wochen in Amerika werden mir unvergeßlich bleiben. Ich war inzwischen schon daran gewöhnt, unter Streß zu leben – aber das hektische Treiben und das drängende Tempo dieser Reise heben sie von jedem anderen Abschnitt meines Lebens ab. Um sie zu schildern, wäre fast ein eigenes Buch nötig – und selbst dann wüßte ich nicht, ob es überhaupt möglich wäre, das ganz Besondere der Reise mitzuteilen, das Entzücken an der Entdeckung einer neuen Welt, die Ahnungen und Ängste, die jede neue Begegnung begleiteten, die Feindseligkeit und Dramatik mancher Auseinandersetzung, der überraschend herzliche Empfang und das tiefe Verständnis, die mir bei anderen Gelegenheiten entgegengebracht wurden.

Wenn ich zurückdenke, wirbelt in meinem Kopf ein seltsames Kaleidoskop bunt leuchtender Erinnerungen: trivialer, herzerwärmender, erschreckender . . .

Vom Kennedy-Airport fuhren wir stadteinwärts. Unser jüdischer Taxifahrer sagte immer wieder: „Erwarten Sie bloß nicht zuviel von Kissinger. Der legt euch 'rein. Denken Sie an Vietnam!" Dann, als er entdeckte, daß wir Palästinenser waren, eine Tirade gegen die Fedajin – „Gangster" nannte er sie. Aber er hatte nichts gegen uns persönlich . . .

Lee und Tamar Kohns erwarteten uns im Hotel; als sich herausstellte, daß für uns kein Zimmer reserviert war, weckten sie ihr Söhnchen Daniel und bestanden darauf, uns ihr Zimmer zu überlassen, damit wir uns nach der langen Reise ausruhen konnten. Tamar und Lee, beide Juden, engagiert in der Bewegung gegen den Vietnamkrieg tätig, hatten es übernommen, uns in Empfang zu nehmen und uns zu begleiten, um uns in den niederschmetterndsten, schrecklichsten Augenblicken unserer Reise Trost und Zuspruch zu spenden . . .

Meine erste Begegnung mit dem glitzernden, luxuriösen New York: ein schäbiges kleines Hotel aus dem 19. Jahrhundert. Mein Gott, dachte ich – da können sich unsere Hotels in Nablus noch eher sehen lassen . . .

Mein erstes amerikanisches Frühstück: ein reichhaltiges, schweres Essen mit köstlichem Gebäck. Es war meine erste Begegnung mit jener wunderlichen amerikanischen Eigenheit – Frühstück im Restaurant.

Meine erste Bekanntschaft mit den Straßen von New York. Es war ein wunderschöner Frühlingstag, und ich ließ die Blicke schweifen, nahm die Bilder und Laute dieser fremden und wunderbaren Stadt in mich auf. Eine körperliche und geistige Beschwingtheit überkam mich, in einer Art Glücksrausch genoß ich all das Neue. Vor allen Dingen war da das seltene und ungewohnte Gefühl der Freiheit. Ich schwebte dahin auf den Wogen meiner Erregung – und mußte doch zurückdenken an meine Heimat, an Stacheldraht und Ausgangssperre, an Militärstreifen mit Gewehren, an die Ausweiskontrollen, die ein so fester Bestandteil unseres Alltags sind. Und jetzt war ich hier – lief durch die Straßen New Yorks, und niemand hielt mich auf, keine Wachen, keine bewaffneten Soldaten, keine Verbote . . . Ich atmete tief ein; für mich schwebte in der vergifteten Luft New Yorks das unverwechselbare, köstliche Aroma der Freiheit . . .

Mir blieb wenig Zeit für mich selbst; ich hatte eine Aufgabe. Um den endgültigen Terminplan für meine Vortragstour entgegenzunehmen, traf ich mich mit Allan Solomonow, dem Koordinator der Reise. Allan, Geschäftsführer der CONAME, ist ein jüdischer Pazifist, der wegen seiner Aktivitäten gegen den Vietnamkrieg im Gefängnis gesessen hat. Allan gehörte zu den ersten Mitgliedern der amerikanischen Friedensbewegung, die ihre Aufmerksamkeit auf den Nahen Osten richteten, und er war die treibende Kraft im CONAME (später führte er Nahost-Programme für die pazifistische „Fellowship of Reconciliation (FOR)" durch und leitete dann das „Middle East Peace Project (MEPP)". Mit den kargen finanziellen und organisatorischen Mitteln, die ihm zur Verfügung standen, plante Allan eine Tour von Küste zu Küste, wobei ich vor sehr unterschiedlichen Auditorien sprechen sollte, die sich an Nahost-Fragen interessiert gezeigt hatten: kirchliche Gruppen, jüdische Organisationen, liberale Friedensvereinigungen und – wie sich von selbst versteht – in den Vereinigten Staaten lebende Araber.

Meine Beziehung zu Allan gestaltete sich nicht ganz einfach. Er meinte es zweifellos ehrlich, wenn er mich aufforderte, den Standpunkt der Palästinenser zu vertreten, und er gab sich große Mühe, mir das zu ermöglichen. Doch obwohl er den Nahen Osten kannte, obwohl er dort gewesen und persönlich mit Palästinensern zusammengetroffen war, hatte er sich ein hohes Maß an politischer Naivität bewahrt, und daraus entstanden ein paar peinliche, beinahe katastrophale Dummheiten. Das Hauptproblem lag darin, daß Allan bisher Vortragstourneen für israelische Oppositionelle organisiert hatte, die kein Geheimnis aus ihren Bedenken gegen die Politik ihrer Regierung machten – und nun erwartete er von mir ebenfalls, daß ich vor dem amerikanischen Publikum aufstehen und meine Differenzen mit der PLO darlegen sollte. Er konnte nicht begreifen, daß diese beiden Fälle nicht miteinander zu vergleichen waren. Israel war ein bestehender, souveräner, anerkannter Staat; es war infolgedessen für Israelis durchaus legitim, zu Hause oder im Ausland Kritik an ihren führenden

Staatsmännern zu äußern. Die PLO jedoch war eine kämpfende, bekämpfte Bewegung, die noch um die Anerkennung oder auch nur die Aufmerksamkeit der Weltöffentlichkeit rang; die PLO – wie das palästinensische Volk als Ganzes – kämpfte um ihre nackte Existenz. Wie konnte er erwarten, daß ich mich vor ein ausländisches Publikum hinstellen und mich von der PLO abgrenzen würde?

Zu jener Zeit vertrat die PLO offiziell noch die Forderung nach einem einzigen Staat in ganz Palästina, einem „weltlichen, demokratischen Staat für Moslems, Christen und Juden". Mir dämmerte die Erkenntnis, daß dieses Ziel kurzfristig nicht zu erreichen war. Haupthindernis war der Widerstand des israelischen Volkes, das die Palästinenser als minderwertig, feindlich oder verräterisch zu betrachten gelernt hatte. Wenn die Israelis heute nicht wünschten, mit uns in einem Staat zusammenzuleben, dann würde es diesen Staat auch morgen nicht geben. Aber wir konnten andererseits nun nicht für Jahrzehnte die Hände in den Schoß legen, während Hunderttausende von vertriebenen, heimatlosen Palästinensern ihr Leben in Flüchtlingslagern zubrachten: Wir mußten eine Zwischenlösung finden. Ich war allmählich zu der Überzeugung gelangt, daß wir einen eigenen Staat für uns errichten mußten – neben Israel –, so wie er in dem Teilungsplan von 1947 ins Auge gefaßt worden war. Später einmal könnte es dann möglich werden, sich mit den Israelis zusammenzutun und einen vereinigten Staat zu bilden; das aber würde lange Zeit brauchen.

Diese Einschätzung gewann in der Folgezeit immer mehr an Boden und wird jetzt von vielen Palästinensern geteilt, die, wie Jassir Arafat, meinen, daß der „weltliche, demokratische Staat" ein ferner Traum ist und nicht ein Ziel, das in der absehbaren Zukunft zu erreichen wäre.

Aber welche Meinungsverschiedenheiten ich damals auch immer mit der PLO gehabt haben mochte – ich hatte keineswegs die Absicht, meine Vortragsreise zur Artikulierung meiner Bedenken zu nutzen; diese diskutierten wir besser unter uns. Wenn ich zu meinem amerikanischen Publikum sprach, betonte ich meine volle Unterstützung für die PLO und ihre Führung – und damit bereitete ich Allan Solomonow eine herbe Enttäuschung, denn er träumte davon, als Gegengewicht und Entsprechung zu seinen nonkonformistischen Israelis einen „palästinensischen Nonkonformismus" präsentieren zu können. Diese unbegründete Hoffnung war Quelle zahlloser Mißverständnisse zwischen uns. Damals war ich sehr empört über Allan; jetzt, rückblickend, bin ich überzeugt, daß es bei ihm ein entschuldbarer Irrtum war und daß er es – mit mir und mit der palästinensischen Sache – aufrichtig gut meinte.

Wie dem auch immer sein mochte – meine Differenzen mit Allan waren nur eine der Aufregungen während einer ereignisreichen, ja, man kann sagen hektischen Reise.

Am dramatischsten und qualvollsten, manchmal aber auch am dankbarsten waren die Abende mit jüdischem Publikum – religiösen, gesellschaftlichen oder politischen Gruppen. Vor diesen Begegnungen hatte ich immer ziemliches Lampenfieber. Ich erwartete einen Saal voller Leute, die sich vollkommen mit Israel identifizierten, die von der offiziellen israelischen Propaganda gleichgeschaltet und mir als Palästinenserin feindlich gesinnt waren. In der Tat waren viele meiner Zuhörer mit eindeutigen Vorurteilen gegen mich gekommen. Ich bemühte mich, sie mit einfachen Worten anzusprechen, ihnen die palästinensische Sicht der Sache darzulegen und an ihren Sinn für Gerechtigkeit zu appellieren, damit sie zu einem ausgewogeneren Bild von der Lage im Nahen Osten kämen. Einige dieser Juden waren so fanatische Nationalisten, daß meine Worte auf taube Ohren stießen; andere hörten mir aufmerksam zu und schienen zu begreifen – vielfach zum ersten Male –, daß die palästinensische Sache gerecht ist.

Ich folgte dem Rat von Raschid Hussein, dem emigrierten palästinensischen Dichter, der in New York lebte (und kürzlich bei einem Brand ein tragisches Ende fand), und bemühte mich, schlicht und geradeheraus zu reden, politisches Theoretisieren zu vermeiden und die Aspekte der Menschlichkeit und der Gerechtigkeit hervorzuheben. Ich pflegte mich als Christin vorzustellen und auf die Judenverfolgung der Christen hinzuweisen. Zu jener Zeit, so erinnerte ich meine Zuhörer, bot die arabische Welt den Juden Zuflucht. Statt nun aber Dankbarkeit zu zeigen, eigneten sich die Juden das Land an und machten es zu ihrer eigenen Heimat – auf Kosten der Palästinenser, die an jeglicher Übeltat gegen die Juden unschuldig seien. Jeder denkende Mensch, ob Jude oder Christ, müsse erkennen, daß es ein Unrecht sei, wenn man den Überlebenden der Nazi-Konzentrationslager eine Heimat gebe, indem man die Palästinenser heimatlos mache. „Wir sind wie ihr", sagte ich meinen jüdischen Zuhörern. „Wir Palästinenser sind die Juden der arabischen Welt . . ."

Wenn ich gesprochen hatte, pflegte das Publikum Fragen zu stellen. Die Fragen ließen die unterschiedlichsten Einstellungen erkennen. Mancher zeigte sich wohlwollend, andere waren wirklich wißbegierig; viele Leute, offenkundig ausgiebig mit israelischer Propaganda geimpft, schossen rhetorische Fragen auf mich ab mit dem Ziel, mich hereinzulegen. Mir fiel es nicht schwer, mit solchen Fragen fertigzuwerden; oft aber war ich Gegenstand hysterischer Ausbrüche von Menschen, die keinen Versuch machten, ihren Haß zu verbergen. Für sie waren alle

Palästinenser „Mörder", „Terroristen", „Nazis". Natürlich – wenn mir solche Bemerkungen an den Kopf geworfen wurden, nahm ich sie nicht sanftmütig hin, sondern gab die entsprechende Antwort. Das Ergebnis war oftmals ein heftiger Wortwechsel jenseits jeder vernünftigen Diskussion in der Sache. Diese Zwischenfälle verstärkten meine Befürchtungen hinsichtlich der Feindseligkeit meines Publikums, und ich trat energischer und aggressiver auf.

Nicht immer erhielt ich die Gelegenheit, vor ein Auditorium zu treten; nicht alle geplanten Veranstaltungen kamen zustande. Zum Beispiel sollte ich an der Brandeis-Universität sprechen und mit Sana Hassan diskutieren. Sana Hassan, eine Ägypterin, die seit langem in den Vereinigten Staaten lebte, hatte damals gerade ziemliches Aufsehen erregt durch ein Buch, das sie zusammen mit dem israelischen Schriftsteller Amos Elon veröffentlicht hatte. Die israelfreundliche Presse pries sie als „eine vernünftige Araberin", doch in arabischen Kreisen wurden ihre Ansichten nicht so positiv aufgenommen. Wir hatten nicht den Eindruck, daß sie unsere Sache im rechten Licht darstellte; weder legte sie besonderes Gewicht auf die Rechte der Palästinenser, noch verurteilte sie entschieden genug die Übergriffe der Israelis. Willentlich oder unwillentlich wurde sie zum Werkzeug der israelischen Propaganda, diente israelischen Interessen und leistete der arabischen Sache einen wahrhaft schlechten Dienst. Ich freute mich darauf, sie in öffentlicher Diskussion herauszufordern, was mir Gelegenheit gegeben hätte, sie bloßzustellen. In letzter Minute jedoch ließ man mich wissen, daß keine gleichberechtigte Gegenüberstellung stattfinden würde: Anstelle einer Diskussion, bei der wir beide auf dem Podium erschienen, sollte ich im Publikum sitzen, während sie redete, und dürfte dann Fragen stellen ... Erstaunt verlangte ich den Grund für diese plötzliche Änderung zu wissen; Rabbi Axelrod, der Leiter der Versammlung, teilte mir mit, man habe beschlossen, meine Rede abzusetzen, als man erfahren habe, daß ich „das Massaker von Kirjat Schmonah befürworte" ...

Wir hatten eine lange telefonische Auseinandersetzung. Ich warf ihm seine Einseitigkeit vor und stellte ganz klar, daß ich jede Gewalt bedauerte. Aber ich stellte auch fest, daß das derzeitige Los der Palästinenser die Anwendung von Gewalt unvermeidlich mache. Im Laufe unseres Gesprächs lenkte Axelrod etwas ein und gab zu, daß meine Einstellung einige Berechtigung habe; trotzdem weigerte er sich weiterhin, mich in der öffentlichen Versammlung reden zu lassen – statt dessen lud er mich zu einem Frühstück ein, bei welchem Sana Hassan eine Gruppe jüdischer Professoren traf. Erst war ich unschlüssig, doch dann ging ich zu diesem Frühstück, wo ich Sana Hassan und einige der

Professoren in ein erbittertes Streitgespräch verwickelte. Ich glaube, ich habe mich gut geschlagen – ich bedauere nur, daß man mir die Chance genommen hat, ihr öffentlich entgegenzutreten.

In Los Angeles machte ich vollkommen andere Erfahrungen; dort war ich zu einem Vortrag in der Synagoge des Rabbi Beerman eingeladen. Er nahm mich freundlich in Empfang, als ich in der Synagoge eintraf. Auf den ersten Blick war ich von seiner Erscheinung überrascht. Der Titel „Rabbi" beschwor bei mir Erinnerungen an die orthodoxen Rabbis im Jerusalemer Mea Sche'arim-Viertel nahe meiner Klosterschule herauf. Das waren fanatisch fromme Männer, die in äußerster Armut und Bedürfnislosigkeit lebten, vollkommen versunken in das Studium der alten hebräischen Schriften, und die schon äußerlich mit ihren altertümlichen Gewändern und ihren langen, wildwachsenden Bärten dokumentierten, daß sie nicht von dieser Welt waren.
Rabbi Beerman hat mit diesen Gestalten nicht die geringste Ähnlichkeit. Er ist ein hochgewachsener, gutaussehender Mann, elegant gekleidet in modisch geschnittene Anzüge; er ist hochgebildet, ein Gelehrter, und Dozent an der Universität von Los Angeles. Er und ein Kollege begrüßten mich sehr höflich, und ihr Verhalten half mir ein wenig über die innere Spannung hinweg, die ich spürte. Tatsache war, daß die Reise, die Mißverständnisse mit deren Veranstaltern, die unaufhörlichen Kämpfe und Konfrontationen mit feindseligen Fragestellern, daß alles das begann, mir unter die Haut zu gehen; ich fühlte mich angestrengt und nervös. Die Folge war, daß ich mich unverhohlen aggressiv benahm, als ich auf Rabbi Beerman traf. „Rabbi", sagte ich entschieden, „die Veranstalter dieser Reise haben ziemlich ungenau über mich informiert. Lassen Sie mich eines ganz klar sagen: Möglicherweise bin ich nicht das, was Sie erwarten. Ich bin kein Freund des Staates Israel; ich bin bereit, die Idee einer spirituellen Heimat für die Juden zu akzeptieren – nicht aber den militaristischen und expansionistischen Staat, der zur Zeit besteht. Das ist meine Meinung; es ist die Meinung der Mehrheit der Araber. Wenn Sie diese Meinung nicht hören mögen, dann werde ich wieder gehen, und wir sagen den Vortrag ab. Ich bin schon auf soviel Feindseligkeit und Ablehnung gestoßen, daß ich davon nicht noch mehr über mich ergehen lassen möchte."
Meine Gastgeber hörten sich aufmerksam an, was ich zu sagen hatte. Sie blieben höflich und gelassen, ich spürte nur, daß mein unnötig wuchtiger Ton sie etwas irritierte. Aber ich war froh, daß ich es offen ausgesprochen und die Dinge klargestellt hatte; auch sie schienen gern aufrichtig und geradeheraus zu reden. So war Rabbi Beermans Antwort ebenfalls sehr klar und unumwunden

„Sie können reden, wie Sie wollen. Wir sind in einem freien Lande."
Nach dieser Zusicherung, daß es keine Versuche geben werde, mir
einen Maulkorb umzuhängen oder das, was ich zu sagen hatte, zu
zensieren, versuchte ich, meine Gastgeber und ihre Ansichten auf die
Probe zu stellen; was ich wollte, war schließlich nicht eine einseitige
Darstellung meiner Meinung, sondern ich wollte einen echten Dia-
log.
„Rabbi Beerman", wandte ich mich an ihn, „sagen Sie mir – was
bedeutet Ihnen der Begriff Zionismus?"
Er blickte mich nachdenklich an. „Heute oder in der Vergangenheit?"
fragte er.
„Heute."
„Die Heimkehr der Juden, die dort leben möchten, nach Israel",
erklärte er. „Früher sah ich darin die Rückkehr *aller* Juden nach
Palästina oder Israel."
„Ja", stimmte ich ihm zu, „das ist ein Unterschied."
Es war Zeit, in die Synagoge zu gehen. Während meine Gastgeber mich
geleiteten, schaute ich mich neugierig um: Es war ein prachtvoller Bau,
modern, elegant, zweckmäßig; rasch füllten sich die Plätze, als die
Gemeinde sich zum Sabbat-Gebet versammelte. Es waren alles
gutgekleidete, wohlhabend wirkende Menschen, für die der Besuch der
Synagoge offensichtlich von großer Bedeutung war. Als Rabbi Beerman
uns zu unseren Plätzen führte, fing ich zahllose neugierige Blicke auf.
Und wieder empfand ich diese innere Spannung, als ich an die
bevorstehende Konfrontation dachte. Aber die sollte noch nicht sofort
kommen; meine Rede stand nach dem Gottesdienst an.
Ich praktiziere meine Religion nicht. Unsere griechisch-orthodoxe
Kirche in Nablus liegt zwar gleich nebenan, aber ich bin selten zum
Gottesdienst gegangen, abgesehen von den feierlichen Messen zu
Ostern und zu Weihnachten; wenn ich einmal ging, dann mehr aus
Respekt vor der familiären und gesellschaftlichen Konvention als wegen
der Attraktivität der Gottesdienste, die zur Hälfte auf Griechisch
abgehalten werden und die mich langweilen. Synagogen besuchte ich
natürlich noch seltener – mit Ausnahme von zwei oder drei Hochzeits-
zeremonien, die ich miterlebt hatte. Dieses Sabbat-Gebet war also für
mich sozusagen eine neue Erfahrung, und ich folgte ihm aufmerksam.
Zunächst war ich sehr zurückhaltend. Diese prächtige Synagoge, so
großzügig und luxuriös, – konnte das denn ein Gotteshaus sein? Ich sah
mir die Frauen in ihrer kostspieligen Eleganz an: Waren sie wie die
fromme Miriam aus den Legenden von Agnon, die „gesegnetste unter
den Frauen", sie, die schuftete und schrubbte, damit ihr Mann, Raphael

der Schriftgelehrte, sein geheiligtes Werk in einem reinen Hause tun konnte? Und diese hübschen, gepflegten Männer – waren sie verwandt mit Raphael, der mit Sorgfalt seinen Federkiel auswählte für die erhabene Aufgabe, im Dienste Gottes eine Thorarolle zu beschriften? Was hatten diese Leute gemein mit der abgeschiedenen Gesellschaft der orthodoxen Juden in Jerusalem, die in strenger Einhaltung uralter jüdischer Traditionen abgesondert in ihren Ghettos lebten?

Aber der Gottesdienst zerstreute meine Zweifel schnell. Wohlklingende Stimmen stiegen auf, volltönend erklang die Orgel, und es war ein Augenblick von atemberaubendem Zauber, als die Sabbat-Kerzen angezündet wurden – es riß mich hin in eine Welt der Spiritualität.

„Wenn sinnloser Haß auf Erden regiert, wenn Menschen ihr Gesicht voreinander verhüllen, dann muß der Himmel sein Gesicht verhüllen; aber wenn Liebe die Erde regiert und die Menschen einander ihr Gesicht zeigen, dann wird der Glanz Gottes sichtbar werden. In jedem von uns ist Dunkelheit und Licht; indem wir diese Sabbat-Lichter anzünden, wenden wir uns ab von der Dunkelheit und suchen nach dem Lichte, widerstehen wir dem Haß und umarmen die Liebe ..."

Ich lauschte diesen erhabenen und bewegenden Worten und spürte, wie auch ich in diese Atmosphäre der Reinheit und Liebe eintauchte. Ich wollte die Kriege und Tragödien, die aus Feindschaft und Haß entstanden, verwünschen; laßt uns das alles durch Liebe und Frieden ersetzen! Wir widersetzen uns dem Haß und umarmen die Liebe! Aber wo, um Gottes willen, ist denn die Liebe?

Im Krieg, in der Unterdrückung, im Blutvergießen?

Ich ließ den Blick über die Gesichter ringsherum schweifen. Diese reichen Juden von Los Angeles dachten nicht ans Auswandern nach Israel. Sie oder ihre Eltern waren vor den Verfolgungen in Europa geflohen und in den Vereinigten Staaten heimisch geworden. Sie hatten sich der amerikanischen Lebensweise angepaßt, sie betrachteten sich als Amerikaner; sie waren zu einer gesellschaftlichen Elite geworden, sie zeichneten sich überall in den freien Berufen, in Kunst und Musik, in der Erziehung, der Wirtschaft, der Politik aus. Ihr Erfolg, ihr neuer Status, die Achtung, die sie genossen, machten die Leiden ihrer Vergangenheit wett. Aber die Sicherheit, die sie in ihrer neuen Heimat Amerika gewonnen hatten, unterdrückte nicht ihre geheimen Sehnsüchte; sie fühlten sich dem Staate Israel geistig und emotional tief verbunden. Für sie war Israel nicht Heimat im eigentlichen Sinne des Wortes, aber es repräsentierte eine Hoffnung, einen Traum, die Verwirklichung ihres eigenen schlummernden Nationalismus. Konnte ich diese schöne, idyllische Vision von Israel zerstören? Durfte ich es überhaupt versuchen?

Der Gottesdienst ging zu Ende. Es war Zeit für mich, aufzustehen und zur Gemeinde zu sprechen. Wie immer hatte ich besondere Sorgfalt darauf verwendet, mich dem Anlaß entsprechend anzuziehen. Ich wußte, daß viele dieser Menschen zum ersten Male in ihrem Leben eine Palästinenserin zu Gesicht bekamen. Nur allzu gut kannte ich die Klischeevorstellung, die in ihren Köpfen festsaß; eine primitive, rückständige Beduinenfrau. Ich schloß, daß auch meine äußere Erscheinung bei der Vermittlung meiner Botschaft eine Rolle spielte. Ich trug ein langes palästinensisches Gewand, mit Kreuzstich reich bestickt; dies war seit Kreuzritterzeiten unsere Nationaltracht. Mein Kleid hatte sogar seine politische Bedeutung: Die israelische „Maskit" Gesellschaft für Kunstgewerbe, von Ruth Dayan geleitet, kaufte Hunderte solcher Kleider auf und exportierte sie als „israelische Handarbeit". Wenn ich die ins Elend geratenen palästinensischen Bauersfrauen vor mir sah, die tage- und wochenlang dasaßen und diese herrlichen Stickereien in mühseliger Arbeit, Stich für Stich, herstellten, packte mich die Wut bei dem Gedanken, daß ihre Arbeit noch nicht einmal als palästinensische Volkskunst anerkannt wurde. Dieser Gedankengang fügte den widersprüchlichen Gefühlen, die mich in diesem Augenblick bewegten, einen weiteren Tropfen Bitterkeit hinzu. Ich blickte über die Reihen der Versammelten hin und war mir wohl bewußt, daß sie Feinde meines Volkes waren. Jahrelang hatten sie dem Staat Israel ihr Geld und ihre uneingeschränkte moralische und politische Unterstützung gegeben und damit zu den israelischen Unterdrückungs- und Unrechtsakten gegen die Palästinenser unmittelbar beigetragen. Wenn mein Volk verfolgt, vertrieben, ohne Heimat war – diese Menschen, die da vor mir saßen, hatten direkt und aktiv unser Los mitverursacht. Von wenigen liberalen Intellektuellen abgesehen äußerten amerikanische Juden kaum je ein Wort der Kritik an Israels Politik; im Gegenteil, indem sie Geld und politischen Rückhalt boten, hatten sie den israelischen Führern freie Hand gegeben, zu handeln, wie sie es für richtig hielten.

Dennoch – neben den Gefühlen der Feindschaft und Empörung empfand ich gegenüber diesen Leuten auch eine überraschende Wärme. Gewiß, sie waren Fremde; gewiß, ich hatte gute Gründe, Groll und Mißtrauen gegen sie zu hegen. Aber gerade eben hatte ich an ihrem Gebet teilgenommen, ich hatte sie singen gehört: „O Gott, schenke uns Frieden!" Ich hatte die erhebende Atmosphäre ihrer Sabbat-Feier miterlebt. Und so, mit höchst widerstreitenden Gefühlen, machte ich mich bereit, ihnen gegenüberzutreten.

Rabbi Beerman sagte ein paar Worte zur Einführung. Er wies seine Gemeinde darauf hin, daß mit mir zum ersten Mal ein Vertreter des palästinensischen Volkes zu ihnen sprechen werde; er sagte, daß ich aus Nablus käme, dem Sch'chem der jüdischen Geschichte, „einem Ort, der uns allen etwas bedeutet". Er sprach von der langen Leidensgeschichte des palästinensischen Volkes, von seinen Bindungen an das Land der Bibel. „Wir sollten zuhören und zu verstehen versuchen", schloß er.

Der Gottesdienst hatte mir Gelegenheit gegeben, ruhig zu werden und mich von meiner inneren Spannung zu befreien; Rabbi Beermans warme Einleitungsworte halfen mir ebenfalls, und ich begann, in freundlichem Tone zu sprechen. Ich versuchte nicht, mit meiner Meinung hinter dem Berg zu halten, aber vielleicht drückte ich mich gelassener und weniger aggressiv aus als bei anderen Gelegenheiten. Ich begann damit, wie sehr mir der Gottesdienst gefallen hätte, den ich eben miterlebt hatte, und daß die Atmosphäre der Verinnerlichung mich ganz gefangengenommen hätte. Ich sprach von meiner Bewunderung für den Judaismus und für die großen Propheten Israels und ihre universale Botschaft von Frieden und Gerechtigkeit. Würde der Staat Israel nur im Geiste ihrer Lehren geführt, es gäbe keinen Krieg und keine Feindschaft. Ich erzählte ihnen von meiner Jugend, von meinen engen Kontakten zu Juden, von der traditionellen Gastfreundschaft meiner Familie für Juden. Ich sprach von der Tragödie, die uns allen gemeinsam ist – Moslems, Juden und Christen. Ob es der Araber sei, der gezwungen werde, sein Haus zu verlassen und im Exil zu leben, oder der Jude, der einen Großteil seines Lebens im Waffendienst zubringen müsse, wir alle seien Opfer dieses Konflikts. Ich berichtete von den jungen israelischen Linken – Kommunisten, Haschomer Hatzair, Siah, Ha'olam Hazeh und anderen Gruppen –, die aus Gewissensgründen gegen das Unrecht demonstrierten, das die Regierung den Arabern in Israel und in den besetzten Gebieten zufüge: gegen Maßnahmen der Militärregierung, gegen Enteignung von Land, gegen alle Formen der Diskriminierung. Für uns Palästinenser, sagte ich, sind solche Israelis – auch wenn sie eine kleine Minderheit sind – die Garantie für eine künftige friedliche Koexistenz.

Ich erzählte ihnen, wie die israelische Regierung in den besetzten Gebieten handelte: von der Aneignung des Bodens, von der Unterdrükkung durch das Militär, von den Verhaftungen und der Zerstörung von Häusern. Ich beschrieb die Arroganz der Israelis gegenüber dem palästinensischen Volk. Ich zeigte auf, daß diese israelische Nichtachtung unserer Rechte und Gefühle die direkte Ursache des Oktoberkrieges war, der so viel Schmerz und Leid für Araber wie für Juden mit sich brachte. Ich wies darauf hin, daß die amerikanischen Medien sehr einseitig in ihrer Berichterstattung seien: Angriffe der Fedajin würden stets so geschildert, daß die Araber als grausame Barbaren erschienen, während israelische Luftangriffe auf palästinensische Flüchtlingslager kaum Erwähnung fänden.

Hier handele es sich nicht um den Kampf zwischen zwei legitimen Interessen, sagte ich ihnen. Es handele sich auch nicht um den Kampf zwischen zwei Religionen. Die Palästinenser, heimatlos in alle Winde zerstreut, warteten darauf, daß das Gewissen der Welt erwache. Sie haben Recht, aber keine Macht, und so wurden sie rechtlos; die die Macht haben, nahmen uns auch das Recht. Unser Land, dereinst die Wiege der Zivilisation und des Rechts, hat von der Menschheit Besseres verdient.

Ich schloß – und zu meiner äußersten Überraschung brach das Auditorium in lauten Beifall aus! Eine heiße Welle der Freude und Dankbarkeit durchströmte mich: Meine Botschaft war angekommen. Jetzt kam die Stunde der Fragen; ich wußte wohl, daß sie nicht alle freundlich sein würden, aber ich war zuversichtlich, daß ich sie richtig zu behandeln wüßte.

„Was halten Sie von der Art, wie die irakische Regierung ihre Juden behandelt?" fragte jemand. „Und von den Überfällen der palästinensischen Terroristen?" fügte jemand hinzu. Manche waren offenbar gutwillig, aber nicht sehr gut informiert und stellten sehr naive Fragen oder machten plumpe Zwischenrufe. „Sie sind eine Antisemitin!" rief jemand. „Unmöglich", sagte ich leichthin, „ich bin ja selber Semitin."

Eine Frau stand auf, die sich keinerlei Mühe gab, die Feindseligkeit in ihrer Stimme zu verbergen. „Da kommen Sie daher", sagte sie giftig, „glattzüngig und mit feinen Manieren, und behaupten, Sie wären menschlich – aber wir wissen, wer Sie sind! Ihre Leute sind Terroristen, Kidnapper, Mörder! Ich hasse Sie!"

„Haben Sie uns denn früher geliebt?" fragte ich munter zurück. Ohne Zweifel war es sinnlos, gegen einen solch irrationalen Ausbruch argumentieren zu wollen.

Rabbi Beerman leitete die Versammlung mit fester und strenger Hand und ließ es nicht zu, daß man mich in unfairer Weise angriff. Aber es kam eine Menge echter Fragen, und ich beantwortete sie nach bestem Wissen und Gewissen, weil ich spürte, daß sie aus dem ehrlichen Wunsch heraus gestellt wurden, meine Meinung zu hören.

Einige Fragesteller rechtfertigten ihre Unterstützung für Israel damit, daß sie sich für das Wohlergehen der Israelis verantwortlich fühlten. „Schicken Sie ihnen deshalb Waffen – damit sie töten und getötet werden können?" Ich sagte ihnen unverblümt, daß ihre Beiträge für Israel nur der Versuch seien, mit dem Schuldgefühl fertig zu werden, weil sie nicht nach Israel auswanderten. „Das ist der Grund, warum Sie bereit sind, den Staat Israel zu schützen bis hin zum letzten Israeli!"

Neben den Fanatikern, die feindselig und rüde zu mir waren, gab es da aber auch Leute, die ehrlich verwirrt waren, hin- und hergerissen zwischen ihrer Bindung an Israel und an die Solidarität der Juden und dem peinlichen Bewußtsein des Unrechts, das den Palästinensern zugefügt wurde. Überdies sagte ich ihnen immer wieder, daß auch Israel für dieses Unrecht zu zahlen hätte: Solange die Palästinenser in Elend und Erniedrigung leben müßten, könnten auch die Israelis niemals Frieden und Sicherheit kennen.

„Also gut", sagte ein Mann, „was schlagen Sie denn vor? Wie kann man das Problem ohne weiteres Blutvergießen oder Unrecht für die eine oder andere Seite nun lösen?"

Plötzlich trat Stille ein. Ich konnte sehen, wie die Leute sich vorbeugten, damit ihnen nichts von dem entginge, was ich zu sagen hatte. Ich spürte, daß dies ein ganz wichtiger Augenblick war, und ich wollte eine aufrichtige und wirkungsvolle Antwort geben. Zunächst aber hatte ich ernste innere Zweifel zu überwinden. Ich war inzwischen davon überzeugt, daß der Konflikt nur durch die Schaffung eines Palästinenserstaates neben Israel gelöst werden könnte – und nicht durch den „weltlichen, demokratischen Staat für Moslems, Christen und Juden", wie ihn die PLO befürwortete. Aber trotz meiner ehrlichen Überzeugung zögerte ich, einen Gedanken vorzutragen, der so stark vom Programm der PLO abwich. Wäre das nicht ein Akt der Illoyalität zu einem Zeitpunkt, da die PLO um Existenz und Anerkennung kämpfte?

Dennoch – nach kurzem Zögern entschloß ich mich, offen meine Meinung zu sagen. „Ich selber", sagte ich, „würde einen einheitlichen Staat in ganz Palästina bevorzugen. Ich hätte gern einen Staat, in dem wir alle zusammenleben könnten – Moslems, Christen und Juden, mit gleichen Rechten und gleichen Pflichten, in dem wir uns zusammentun und gemeinsam das Land aufbauen – zum Nutzen aller seiner Bürger."

„Allerdings", so fuhr ich fort, „befürchte ich, daß dies zur Zeit nicht möglich ist. Deshalb lassen Sie uns, wenn wir noch nicht zusammenleben können, das Land gerecht aufteilen, so daß das jüdische wie das palästinensische Volk Raum genug hat, um einen eigenen Staat aufzubauen, der lebensfähig ist und sich selbst erhalten kann. Um das zu erreichen, wird es notwendig sein, Palästina so zu teilen, wie die Vereinten Nationen es 1947 vorhatten. Israel wird das Gebiet räumen müssen, das es im Krieg von 1967 besetzt hat, ebenso die zusätzlichen Territorien, die es im Palästinakrieg von 1948 übernommen hat. Das wird Platz schaffen für den Palästinenserstaat, und wir werden Seite an Seite miteinander leben können . . ."

Im Publikum schienen viele erregt aufzufahren, als ich vom weltlichen, demokratischen Staat sprach. Man hatte sie gelehrt, daß dieser Begriff nichts als ein Tarnwort für die geplante Liquidierung des Staates Israel sei; sie waren nicht bereit, den Gedanken einer demokratischen, pluralistischen Republik Palästina zu akzeptieren – obgleich sie selbst stolz und glücklich waren, in den demokratischen, pluralistischen Vereinigten Staaten von Amerika zu leben. Wie dem auch sein mochte – als ich von der alternativen Möglichkeit sprach, daß ein palästinensischer Araberstaat neben Israel koexistieren könnte, stimmten sie mir zu, daß dies eine vernünftige und gerechte Lösung wäre. Es gefiel ihnen nicht, daß Israel in die Grenzen von 1947 zurückkehren müßte – nun ja, schließlich erwartete ich von ihnen gar nicht, daß sie voll und ganz mit mir einer Meinung sein würden . . .

Diese Versammlung in Los Angeles war eines der Glanzlichter meiner Reise. Ich spürte, daß ich auf die Probe gestellt worden war – und sie bestanden hatte. Vor allen Dingen hatte ich die Genugtuung zu wissen, daß ich bei einem jüdischen Publikum Sympathie für unsere Sache gewonnen hatte.

Während ich mich in Kalifornien aufhielt, hatte ich das Glück, von Mosche Menuhin, dem Vater des berühmten Geigers Yehudi Menuhin, in sein Haus in San José eingeladen zu werden. Das war eine wahrhaft seltene Ehre: Die Menuhins sind eine weitverzweigte jüdische Familie aus der russischen Aristokratie, die kaum je Gäste empfängt. Zu Beginn dieses Jahrhunderts lebten sie in Jerusalem, später aber gingen sie in die Vereinigten Staaten von Amerika, wo sich Mosche Menuhin einen Ruf als aktiver und beredter Anti-Zionist erwarb.

Ich war tief beeindruckt von dem herrlichen Haus der Menuhins und von der Familie, die der Menschheit so viel gegeben hat. Meine Gastgeber hörten mit großem Interesse, was ich über die Lage in den besetzten Gebieten berichtete. Im Gespräch kamen wir auf die Errichtung eines Palästinenserstaates neben Israel zu sprechen. Mosche Menuhin wandte sich entschieden gegen diesen Gedanken – nicht, weil er gegen die Selbstbestimmung der palästinensischen Araber gewesen wäre, sondern weil er nicht wollte, daß ein jüdischer Staat erhalten bliebe. Er wollte, daß die Juden eine geistige Heimat hätten – nicht einen Staat. „Sehen Sie", sagte er, „die Araber waren gut zu den Juden; sie haben uns bei sich aufgenommen – und wir haben ihnen den Dolch in den Rücken gestoßen! Wenn die beiden Völker wieder in Frieden und Harmonie zusammenlebten, dann könnte Palästina noch einmal zur Wiege für Zivilisation und Kultur werden."

Etwas andere Ansichten hörte ich bei einer weiteren bewegenden Begegnung mit einem namhaften Juden – mit If Stone, dem hochangesehenen Journalisten, der dadurch Berühmtheit erlangte, daß er sich furchtlos gegen Unterdrückung und Unrecht aussprach. Als ich ihm von den Leiden der Palästinenser unter israelischer Besatzung berichtete, füllten sich seine Augen mit Tränen. „Ich bin Zionist", erklärte er. „Ich wollte einen jüdischen Staat. Aber ich wollte einen jüdischen Staat anderer Art!" Er sprach von seiner Besorgnis über die Zukunft der Juden im Nahen Osten, wenn Israel bei seiner derzeitigen aggressiven Politik bleibe.

Mosche Menuhin und If Stone lagen in ihren Ansichten weit auseinander, aber beide zeigten große Sympathie für mich. Die Begegnung mit diesen beiden bemerkenswerten Juden war mir eine große Ermutigung.

Die Begegnungen mit in Amerika lebenden Arabern waren nicht weniger bewegend. Die Vorauswerbung, die von den Veranstaltern meiner Reise – in fehlgeleiteter guter Absicht – für mich getrieben worden war, war mir nicht gerade hilfreich. Indem sie mich als eine Kritikerin der PLO ankündigten, stellten sie mich in ein ganz falsches Licht, und vielerorts wurden meine Versammlungen von der örtlichen Arabergemeinde boykottiert, weil sie in mir eine Abtrünnige der arabischen Sache vermutete. Aber wenn es mir gelang, diese Mißverständnisse auszuräumen, waren meine Begegnungen mit der arabischen und palästinensischen Ghorba (Diaspora) aufregend und lohnend.

Viele der in den Staaten lebenden Araber sind lebendige Erfolgsbilanzen. Sie, die ohne einen Pfennig hier ankamen, brachten es mit harter Arbeit und mit der Entfaltung ihrer natürlichen Gaben fertig, sich gesicherte Positionen zu schaffen. Es waren wohlhabende Geschäftsleute, Experten, Gelehrte und Dozenten; sie lebten komfortabel in schönen Häusern und genossen all die materiellen Vorzüge der amerikanischen Gesellschaft; viele von ihnen waren naturalisierte amerikanische Staatsbürger, sie hatten sich dem amerikanischen Lebensstil angepaßt; ihre in Amerika geborenen Kinder sprachen Englisch von klein auf und mischten sich ungehindert unter ihre amerikanischen Mitschüler.

Aber bei aller Ehre und Achtung, die sie sich in ihrer neuen Heimat erwarben, vergessen sie doch nicht ihre arabische Herkunft. Sie blieben ihrer Heimat, ihrer Sprache, ihrer Kultur verbunden, sie verfolgen mit regem Interesse, was sich in der arabischen Welt ereignet; sie teilen den Schmerz über ihre Niederlagen und freuen sich über ihre Erfolge. Nach 1967, als die arabischen Truppen geschlagen waren, fühlten auch sie sich persönlich gedemütigt; zur Zeit meines Besuches, nach dem Krieg von 1973, als die arabischen Völker ihr Selbstvertrauen und ihre Selbstachtung wiedergefunden hatten, gingen auch die amerikanischen Araber hocherhobenen Hauptes einher und blickten der Welt unerschrocken ins Auge.

In Palästina geborene Amerikaner leben eine Art von Doppelleben; sie erzielen große persönliche und materielle Erfolge – ein beträchtlicher Teil ihres Geldes jedoch ist von vornherein dafür bestimmt, den Verwandten in den Flüchtlingslagern zu helfen. Äußerlich sind sie vollkommen in die Gesellschaft und die Kultur Amerikas integriert – innerlich jedoch bleiben sie in ihrem Heimatland verwurzelt und gefühlsmäßig mit ihm verbunden. Mir wurde diese Dualität mehrmals höchst einprägsam deutlich.

Da war Dr. Achmed Hindi, ein Flüchtling aus Jaffa, jetzt ein erfolgreicher Ingenieur mit einem florierenden Betrieb in New York. Er nutzte seinen neuen Reichtum, um seine Verwandten in den Flüchtlingslagern zu unterstützen, und er nahm intensiv Anteil an der palästinensischen Sache. Aber als sein Vater – ehemals wohlhabender Besitzer von Orangenplantagen in Jaffa – von „Heimkehr" redete, war Dr. Hindi alles andere als begeistert. Sein Betrieb laufe viel zu gut, er könne ihn doch nicht einfach aufgeben, sagte er; nirgendwo sonst hätte er sich erträumen können, was er in Amerika erreicht hatte. Außerdem waren seine Kinder in Amerika geboren und aufgewachsen; hier hatten sie ihre Freunde, ihre Erfahrungen, ihre Wurzeln – sie konnten nicht wünschen, in eine Heimat „zurückzukehren", die sie noch nie gesehen hatten.

Auf der anderen Seite war da der Fall des Dr. Mussa Nasser, eines tüchtigen Arztes, der in Los Angeles praktizierte. Seine Arbeit brachte ihm jährlich rund dreihunderttausend Dollar ein – und doch war es sein Traum, in seinem Geburtsort Bir Seit ein Krankenhaus einzurichten, obwohl er genau wußte, daß er dort nicht mehr als ein Zehntel seines jetzigen Einkommens verdienen konnte.

Die dramatischste Begegnung mit amerikanischen Arabern hatte ich auf der Washingtoner Konferenz der „National Association of Arab Americans (NAAA)". Es war sehr eindrucksvoll: Hunderte von Teilnehmern, elegante, erfolgreiche Leute, äußerlich von jeder anderen Gruppe von Amerikanern nicht zu unterscheiden; sie versammelten sich im Washingtoner Hilton-Hotel. Diese üppig-luxuriöse Umgebung war ein seltsamer Rahmen für Diskussionen über das Los des palästinensischen Volkes. Äußerlich stand der Komfort und Prunk ringsherum in schreiendem Gegensatz zu den elenden Lebensbedingungen, die die Masse der Palästinenser zu erdulden hatte – doch zeigte sich bald, daß die amerikanischen Araber über all ihren materiellen Erfolgen und ihrem privaten Wohlleben nicht die Bindungen an ihr Volk und ihre Kultur vergaßen. Ich hatte auf meine Reise durch die Vereinigten

Staaten Ismail Schamouts Film über Palästina mitgenommen. Der Film enthielt dokumentarisches Material, stellte das Werk des Malers Schamout vor und handelte von der Tragödie des palästinensischen Volkes.

Der Film machte einen außerordentlichen Eindruck. Innerhalb weniger Augenblicke wurden Hunderte eleganter „Amerikaner", im Luxus des Hilton-Hotels in Washington sitzend, von einem Strom überwältigender Gefühle hinweggeschwemmt, der die Erinnerungen an die frühere Heimat aufwirbelte und sie mit dem Schicksal ihrer weniger glücklichen Brüder Auge in Auge konfrontierte. Ihre Reaktion ist schwer zu beschreiben. Gutgekleidete Männer und Frauen vergruben plötzlich die Köpfe in den Armen, jenseits jeder Selbstbeherrschung. Manche wurden bleich und rannten hinaus, am Rande des physischen Zusammenbruchs. Es war ein höchst bewegendes Erlebnis, eine überzeugende Demonstration der geistigen Einheit des palästinensischen Volkes, wohin es den einzelnen auf seinen Wanderungen auch verschlagen mochte.

Nicht alle diese Versammlungen waren von solcher Einheit gekennzeichnet. Die schmerzlichen Unstimmigkeiten, die die arabische Welt und das palästinensische Volk trennen, fanden auch in den Kreisen der emigrierten Palästinenser ihren Ausdruck. Bei einer Versammlung in San Francisco wurde ich Zeuge eines sehr erbitterten Streits zwischen Anhängern rivalisierender Palästinensergruppen. Die Fatah, größte der in der PLO zusammengeschlossenen Organisationen, fand in den arabischen Kreisen der Vereinigten Staaten vergleichsweise schwache Unterstützung; im Gegensatz dazu waren die Gruppen und Persönlichkeiten, die George Habaschs „Volksfront für die Befreiung Palästinas" (PFLP) unterstützten, sehr viel beredsamer und prominenter. Bei der Versammlung in San Francisco griffen Anhänger der PFLP die Führung der Fatah und Jassir Arafat persönlich sehr heftig an und beschuldigten sie, die palästinensische Sache an Israel und die Vereinigten Staaten zu „verkaufen". Es bedrückte mich sehr, daß ich solche Ausdrücke im Zusammenhang mit Palästinenserführern hören mußte. Gewiß, sie hatten Meinungsverschiedenheiten, das war nur natürlich – aber es war schmerzlich, hören zu müssen, daß man Anklagen wie „Verrat" gegen politische Gegner richtete, die doch immerhin Waffenbrüder waren. In den besetzten Gebieten tun wir alles, was in unserer Macht steht, um die Einheit zu wahren, welche Differenzen wir auch immer haben mögen; mir kam es wie Ironie vor, daß politische Unstimmigkeiten hier, in den Vereinigten Staaten, so hemmungslos ausgetragen wurden.

Ähnlich empfand ich, als ich die Ansichten dieser Anhänger der PFLP hörte, die jeden Gedanken an eine politische Lösung mit den Israelis kompromißlos ablehnten. Statt dessen warfen sie mit flammenden Parolen wie „Kampf bis zum totalen Sieg" um sich, und sie redeten hitzig von der Erkämpfung der vollen Rechte des palästinensischen Volkes, und koste es einen Krieg, der „hundert Jahre dauert". Ich hörte mir das alles an und mußte dabei an jene amerikanischen Juden denken, die sicher und gemütlich in ihren Häusern sitzen und feurig die extrem nationalistischen israelischen Positionen vertreten – wobei sie völlig darüber hinwegsehen, daß die Politik, die sie befürworten, zuerst und zuvörderst dem israelischen Volke einen schrecklichen Preis abverlangen wird. Es war eine unheimliche Parallele, diese arabischen Intellektuellen zu hören, die zehntausend Meilen vom Nahen Osten entfernt geborgen und komfortabel lebten und sorglos vom jahrzehntelangen Krieg redeten. Ob sie wohl auch in dieser Weise langfristig dächten, wenn sie unter israelischer Besatzung oder in einem Flüchtlingslager lebten?

Nicht, daß es mir etwa leicht gefallen wäre, meine eigenen Gedanken und Gefühle zu ordnen. Emotional fühle ich mich dem ganzen Palästina tief verbunden. Kurz bevor ich nach Amerika aufbrach, war ich noch einmal nach Akko, dem Ort meiner Kindheit, gefahren – und ich kochte vor Wut bei dem Gedanken, daß mir nicht mehr als ein flüchtiger Besuch erlaubt war. Nach israelischem Recht müßte ich eine Genehmigung der Militärregierung beantragen, wenn ich eine Nacht in meiner Geburtsstadt zubringen wollte. Welch schreiende Ungerechtigkeit, welch schmerzliche Demütigung! Wie konnte ich nur der Teilung meines Heimatlandes zustimmen?

Aber das gehörte dem Reich der Gefühle an; das war Heimat als Seelenzustand, als Mythos. In meinem Verstand wußte ich, daß ich meine Heimat als Realität zu sehen hatte, als machbare politische Einheit, in welcher ich und meine Mit-Palästinenser Herren des eigenen Schicksals sein würden. Wie schmerzhaft es auch sein mochte, wie empörend der Gedanke, unseren Anspruch auf ganz Palästina zu den Akten zu legen, uns auch vorkam – die wahren Interessen meines Volkes verlangten von mir, daß ich eine realistische Lösung akzeptierte, die geeignet war, die drückenden unmittelbaren Probleme zu lösen.

Ich bemühte mich, diese Ansichten den Palästinensern, die ich in den Vereinigten Staaten traf, zu erläutern. Ich war überrascht und erfreut, als ich feststellte, daß man sie zwar nicht immer akzeptierte, daß man sie aber mit Ernst und Respekt zur Kenntnis nahm. Wenn ich also an solchen Diskussionen teilnahm und darauf hinwies, daß unter den derzeitigen Umständen ein weltlicher, demokratischer Staat in ganz Palästina als unmittelbares politisches Ziel nicht zu verwirklichen sei und daß wir statt dessen nach der Errichtung eines palästinensischen

Araberstaates neben Israel gemäß dem UN-Teilungsplan von 1947 streben sollten, dann stellte ich fest, daß der Gedanke nicht abgelehnt wurde und daß ich auch nicht angegriffen wurde, weil ich ihn formulierte.

Ein hervorstechendes Merkmal dieser Versammlungen mit arabischen Amerikanern waren die strengen Sicherheitsmaßnahmen: Jeder Besucher wurde sorgfälig überprüft, alle Taschen wurden durchsucht. Zu dieser Zeit trat die extremistische „Jewish Defence League" sehr aggressiv auf und verübte terroristische Überfälle auf „feindliche" Versammlungen. Es gab zahlreiche Fälle, in denen prominente Arabervertreter körperlich angegriffen worden waren, und sogar Diplomaten arabischer Länder wurden von diesen jüdischen Fanatikern belästigt und bedroht. Diese Kampagne schuf eine Atmosphäre derartiger Angst und Unsicherheit, daß ich mich, wie ich vor der NAAA-Konferenz in Washington sagte, hier in den Vereinigten Staaten manchmal gefährdeter fühlte als zu Hause in Nablus unter der israelischen Militärbesatzung. Allerdings – was ich hier und bei anderen Versammlungen erlebte, war gar nichts im Vergleich zu dem, was mich erwartete, als ich nach Philadelphia kam.

Auf dem Wege zum Bahnhof in Washington schaltete der Taxifahrer das Radio ein, um die Nachrichten zu hören. Die erste Meldung ließ uns den Atem anhalten: Palästinensische Fedajin hatten eine Schule in Ma'alot im Norden Israels besetzt, hielten die Schüler als Geiseln fest und verlangten die Freilassung gefangener Palästinenser. Es war eine elektrisierende Nachricht, und böse Ahnungen überkamen mich. Wir warteten gespannt auf weitere Berichte. Als unser Zug in Philadelphia eintraf, hatte das Drama seinen blutigen Abschluß gefunden: Israelische Kommandos hatten die Schule gestürmt, und zusammen mit den Fedajin waren Dutzende von Kindern getötet oder verletzt worden. Die Nachricht ging wie ein Donnerschlag auf uns nieder; die Schule war gestürmt worden, während zwischen Fedajin und Israelis noch Verhandlungen im Gange waren. Ich hatte gehofft, der Zwischenfall könnte ohne Blutvergießen beigelegt werden. Und nun kam die Flut der Schreckensmeldungen; die Fernsehsender brachten Direktübertragungen per Satellit, in denen man israelische Soldaten sah, die verstümmelte Kinderleiber heraustrugen; die Schreie der Verwundeten waren deutlich zu hören. Es waren entsetzliche Bilder; ich werde sie mein Leben lang nicht vergessen können. Als sich die Kamera ganz nah auf das blutüberströmte Gesicht eines sechzehnjährigen Mädchens richtete, mußte ich unwillkürlich denken, wie sehr es doch meiner eigenen Tochter ähnelte. Es war scheußlich; und noch schlimmer wurde es durch die Voreingenommenheit der Reporter, die den Palästinensern allein alle Schuld gaben und mit keinem Wort die Verantwortung der israelischen Behörden erwähnten Wäre ich nicht selber Palästinenserin gewesen – die Kommentare der Reporter zusammen mit diesen Kameraszenen, die uns das Blut in den Adern erstarren ließen, hätten in mir Haß auf alles Palästinensische erzeugt.

Ich war erschüttert und erregt; das Blutbad von Ma'alot hat mich tief betroffen. Ich sah die Spannung auf den Gesichtern um mich; Tamar Kohns, die mich vom Bahnhof abholte, versuchte, mich zu beruhigen, aber ich war ganz außer mir. Den Abend verbrachten wir mit arabischen Freunden; unsere politische Diskussion verwandelte sich in einen lautstarken und grimmigen Streit. Und wieder fühlte ich mich angespannt und aggressiv.

Am anderen Morgen brach der Sturm los. Da'ud und ich saßen beim Frühstück, als Tamar kam und leise mit Da'ud zu sprechen begann. Ich verlangte zu wissen, was es gäbe, und zögernd erzählte sie mir: Seit den frühen Morgenstunden habe es schon acht Telefonanrufe beim jüdischen Gemeindezentrum gegeben mit der Drohung, man werde das Gebäude in die Luft sprengen, wenn mir erlaubt würde, dort zu sprechen. Die Anrufe kamen von der „Jewish Defence League" von Philadelphia; man drohte auch, mich umzubringen „als Vergeltung für Ma'alot". Die Drohung durfte nicht auf die leichte Schulter genommen werden. Die Liste der Gewalttaten der JDL bewies, daß sie in ihrem Fanatismus vor nichts zurückschreckte. Plötzlich wurde mir klar: Wenn die Veranstaltung stattfände, sähe ich dem Tod ins Auge!

Der Leiter des jüdischen Gemeindehauses beschloß, kein Risiko einzugehen; er verkündete, daß die vorgesehene Versammlung nicht stattfinden könne. Ich nahm den Bescheid mit gemischten Gefühlen auf: Unwillkürlich empfand ich Erleichterung – gleichzeitig aber ärgerte es mich, daß die Verantwortlichen der jüdischen Gemeinde vor den JDL-Terroristen klein beigegeben hatten. Ich war bereit, mein Leben aufs Spiel zu setzen – wieso waren sie nicht bereit, der Drohung zu trotzen?

Dann kam ein neuer Anruf: Die Versammlung solle wie vorgesehen stattfinden, nur solle sie nun im Hause des „American Friends Service Committee" von Philadelphia abgehalten werden. Diese Versammlung – die vor allem von namhaften Mitgliedern der jüdischen Gemeinde von Philadelphia besucht wurde – war eine beklagenswerte Angelegenheit. In der Krisenatmosphäre nach dem Ereignis von Ma'alot und dem Terror, den die Bombendrohung der JDL auslöste, waren jedermanns Nerven zum Zerreißen gespannt. Ich bemühte mich, so normal wie möglich zu sprechen, aber ich war erregt und nervös; mein Publikum hatte nicht die Geduld, mich in Ruhe anzuhören, und ich wurde oft durch Zwischenrufe unterbrochen. Als es Zeit war für Fragen und Kommentare aus dem Publikum, wurde es immer schlimmer, bis schließlich alle brüllten und keiner mehr dem anderen zuhörte. Die Ereignisse des Vortages wühlten jeden von uns auf. Leute im Saal schrieen auf mich ein und nannten die Palästinenser „Mörder", „Terroristen", „Wahnsinnige". Ich nahm solche Angriffe nicht einfach hin und erwiderte scharf; ich rief meinen Zuhörern ins Gedächtnis, was mein Volk in den Händen der Israelis erlitten hatte. Der ganze Saal schien in blinder, irrationaler Wut zu beben. Eine Frau brach in Tränen aus und lief hinaus; Da'ud folgte ihr und versuchte, sie zu trösten. Aber es war nicht mehr möglich, die Versammlung unter Kontrolle zu halten.

Gerade waren wir am Rande des totalen Chaos, als es eine dramatische Unterbrechung gab. Vater Lewis betrat den Saal, sein Gesicht war bleich und ernst. Er hob beide Arme und brachte es fertig, einen Augenblick für Ruhe zu sorgen, damit er etwas bekanntgeben konnte.

„Soeben haben wir einen Anruf der Polizei erhalten", sagte er düster. „Dort ist die Warnung eingegangen, daß Raymonda, sollte sie bei der heute abend angesetzten öffentlichen Versammlung erscheinen, erschossen wird."

Die Worte von Vater Lewis hatten eine verblüffende Wirkung – es war wie ein plötzlicher kalter Guß. Einen Augenblick herrschte erschrokkene Stille; und dann war die Atmosphäre plötzlich vollkommen verändert. Die Leute, die noch wenige Minuten zuvor Beleidigungen geschrien hatten, schienen auf einmal zu merken, was auf dem Spiel stand. Unser Streit, so hitzig er auch geführt wurde, war ein abstrakter, theoretischer Streit, er berührte niemanden persönlich. Jetzt begriffen sie, daß es hier für mich buchstäblich um Leben und Tod ging. Plötzlich sah ich mich umringt von besorgten, mitfühlenden Gesichtern; Hände streckten sich aus, um mich zu berühren, mich zu ermutigen.

Ich selbst stand wie gelähmt vor Schreck. Ich erinnere mich nicht, Angst um mich selber gehabt zu haben; aber vor meinem geistigen Auge beschwor ich die Gesichter meiner Kinder herauf und fragte mich, ob ich sie jemals wiedersehen würde . . .

Was war zu tun? In Anbetracht der polizeilichen Warnung meinten die Quäker, daß sie die Verantwortung für meine Sicherheit nicht übernehmen könnten, wenn die Veranstaltung stattfände. Sie schauten mich an und warteten, was ich wohl vorschlüge. Ganz offensichtlich hofften sie, daß ich es ablehnen würde, zu der Versammlung zu gehen. Ich hatte Angst, und das konnte man wahrscheinlich merken. Gleichzeitig war ich nicht gewillt, mich von der Drohung einschüchtern zu lassen. Vielleicht riskierte ich mein Leben; aber ich wußte wohl, daß es eine Menge Palästinenser gab, die bereit waren, ihr Leben für unsere Sache einzusetzen. Wenn es mir bestimmt war, diesen Preis zu bezahlen – nun denn, dann sei es!

Da'ud muß gemerkt haben, was in mir vorging. Er kannte mich gut genug, um zu begreifen, daß nichts von dem, was er mir sagen könnte, mich in meinen Entscheidungen beeinflussen würde. Vielleicht aus Verzweiflung, vielleicht auch in dem indirekten Versuch, mich umzustimmen, gab er sich brutal. „Ich weiß ja, wie stur du bist", sagte er. „Tu, was du nicht lassen kannst. Mach dir nur keine Sorgen – ich werde schon zusehen, daß du ein anständiges Begräbnis bekommst . . ."

Ich konnte kaum klar denken. Ich brauchte den Rat eines Menschen, dem ich vertrauen durfte. Ich griff nach einem Telephon und wählte die Nummer von Sa'adat Hassan, dem führenden PLO-Sprecher in den Vereinigten Staaten. Ich erzählte ihm von der geplanten Versammlung, von der Todesdrohung der JDL gegen mich und von der Unschlüssigkeit der Leute in Philadelphia, die Verantwortung für meine Sicherheit zu übernehmen. Hassan hörte sich aufmerksam an, was ich zu berichten hatte; mein Problem war nicht das einzige, mit dem er sich an diesem Tage zu befassen hatte. Er erzählte mir, daß Dr. Mahdi, ein prominenter Palästinenser, bei einem Zusammenstoß mit Demonstranten der JDL niedergestochen worden sei. Nach Ma'alot war alles möglich – obwohl er selber, so berichtete er, gestern abend auf einer Versammlung gesprochen hatte, die ohne Zwischenfall verlaufen sei. „Aber seien Sie bitte vorsichtig", bat er mich. Trotzdem riet er mir, die Versammlung nicht abzusagen. „Wenn Sie das tun, wird man sagen, Sie hätten Angst", prophezeite er. „Wenn die Organisatoren Ihre Sicherheit nicht garantieren können, sollen *sie* die Versammlung absagen." Ich beherzigte seinen Rat und teilte den Organisatoren der Veranstaltung mit, daß ich bereit sei mitzumachen, wenn sie es auch wären. Damit hatte ich ihnen den Schwarzen Peter zugespielt; genau wie Hassan gesagt hatte, erhielt ich Bescheid, die Versammlung sei abgesetzt.

Daß die Veranstaltung nun nicht stattfand, hieß noch nicht, daß ich außer Gefahr war. Man erlaubte mir nicht, in unser Hotel zurückzukehren, es hätte mir dort jemand auflauern können. Während ich wartend im Hause von Freunden zurückblieb, fuhren Da'ud und Tamar hin, um unsere Sachen zu holen. Dann scharte sich eine Gruppe von Freunden dicht um uns, wie ein lebender Schutzschild, und brachte uns zum Bahnhof – und sie wichen uns nicht von der Seite, bis der Zug auslief.

Meine Reise in die Staaten war ein unvergeßliches Erlebnis. Politisch und intellektuell stellte sie mich vor schwierige Aufgaben; ich hatte meine Meinung zu vertreten vor Auditorien, die zwischen fanatischen Zionisten und palästinensischen Unentwegten alles umfaßten; dabei bin ich beschimpft und geschmäht worden – ich traf aber auch genau so oft auf herzerwärmende Reaktionen von Juden und von Arabern ebenso wie von „einfachen Amerikanern" ohne irgendwelche „semitischen Bindungen". Ich habe Augenblicke und Stunden der persönlichen Konfrontation und der Dramatik erlebt.

Eines ist klar: Eine Vergnügungsreise war es nicht. Anders als normale Touristen, die nach Belieben von den Freuden und Attraktionen kosten können, die Amerika reichlich zu bieten hat, hatte ich eine Mission zu erfüllen, und jeder freie Augenblick war der Aufgabe gewidmet, die ich übernommen hatte – reden, erklären, argumentieren, propagieren: die Sache der Palästinenser vertreten. Während unseres Aufenthaltes in Kalifornien versuchten arabische Freunde, uns dazu zu überreden, mit ihnen einen Ausflug nach Las Vegas zu machen. „Wer nicht in Las Vegas war, hat nicht gelebt!" versicherten sie mir. Wenn sie recht haben, dann habe ich in der Tat nie gelebt, denn ich hatte Wichtigeres zu tun: Auf meinem Programm stand die Zusammenkunft mit einer Gruppe arabischer Studenten, die mich zuvor boykottiert hatten, weil die Vorauspropaganda der CONAME, die mich als Gegner der PLO dargestellt hatte, sie irreführte. Ich ließ auch einen geplanten Besuch in Disneyland fallen und traf mich statt dessen lieber mit Mustapha Si'am, dem Herausgeber der „Voice of Palestine". So kam es, daß ich die Vereinigten Staaten von Amerika von Küste zu Küste bereiste und doch weder Las Vegas noch Disneyland sah ...

Doch diese und andere Versäumnisse waren durchaus zu ertragen. Wenn ich meine Amerikareise mit dem Gefühl der persönlichen Frustration abschloß, dann aus einem völlig anderen Grund. Inmitten der Hast und Hetze meiner Blitztour hatte ich doch die Möglichkeit, mir den amerikanischen Lebensstil anzusehen, der so großen Wert auf die persönliche Freiheit legt und auf das Recht jedes Menschen, sein Leben nach eigenem Gusto zu leben. Natürlich hat auch die amerikanische Gesellschaft ihre Fesseln und Beschränkungen, doch unterscheidet sie sich grundlegend von der arabischen Gesellschaft, die unter dem lastenden Gewicht der längst überholten Tradition starr und bewegungsunfähig geworden ist. Besonders beneidete ich die amerikanischen Frauen, die ich kennenlernte – es steht ihnen frei, am Leben der Gesellschaft teilzunehmen, zu kommen und zu gehen, zu leben, wie es ihnen gefällt; sie müssen sich nicht in erstickende Konventionen fügen, wie sie den arabischen Frauen auferlegt sind, die sie auf den Status eines Haussklaven und Sexobjektes niederzwingen.

Wie ich schon sagte, ich wollte die Amerikareise gern allein unternehmen. Nur sehr widerwillig hatte ich die Warnungen meiner Freunde in Nablus beherzigt, die um meine „Reputation" fürchteten und darauf bestanden, daß Da'ud mich begleitete. Damals hatte ich es geschluckt, vor der Tradition kapitulieren zu müssen, aber ich war betrübt, weil ich damit die Möglichkeit vergab, das Abenteuer des Reisens voll auszukosten. Mein glimmender Groll, in dieser Weise „behütet" zu werden, loderte zu hellen Flammen auf, als ich die Amerikanerinnen sah, die sich nicht den Beschränkungen einer konservativen, männlich beherrschten Gesellschaft zu unterwerfen hatten. Hier stand ich, eine erwachsene Frau, eine Mutter, eine politische Figur, die über Aufmerksamkeit und Respekt großer Auditorien gebot – und ich wurde behandelt wie ein unzurechnungsfähiges kleines Kind, das man nicht allein herumlaufen lassen darf!

Da'ud nahm seine Rolle als „Beschützer" sehr ernst. Wohin ich im Laufe der Reise auch immer ging, er kam mit. Er beobachtete jeden meiner Schritte, lauschte jedem meiner Worte, überwachte jede Versammlung, jedes Gespräch. Wann immer er mein Benehmen „unschicklich" fand, zögerte er nicht, mich zurechtzuweisen.

Während der NAAA-Koferenz in Washington fand im Hotel Hilton ein Empfang statt. Es war ein angenehmes Ereignis, einer der wenigen Abende, an denen ich Freunde treffen, mich entspannen und mich amüsieren konnte. Es gab Musik und Tanz, und die Atmosphäre war sehr anregend. Ich saß mit einer Gruppe von Freunden zusammen, palästinensischen Schriftstellern und Intellektuellen wie Fawaz Turki. Der Arrak floß, wir schwatzten und sangen und rezitierten Gedichte bis in die frühen Morgen. Um drei Uhr morgens endete der Empfang, aber unsere Runde hatte noch keine Lust heimzugehen; einmütig beschlossen wir, in ein anderes Hotel zu gehen und dort weiterzufeiern.

Den ganzen Abend über hatte Da'ud dabeigesessen, ohne recht Anteil zu nehmen am Geschehen. Er selbst hatte wenig Gemeinsames mit den Leuten in meiner Gesellschaft; sie gehörten einer anderen Generation an als er, hatten eine andere Mentalität, einen anderen intellektuellen Hintergrund. Er war völlig aus dem Gleichgewicht. Jetzt, als wir beschlossen, noch nicht nach Hause zu gehen, wurde er wütend. Er nahm mich beiseite und schimpfte mit mir wegen meines Benehmens. Solche ungezwungenen freundschaftlichen Beziehungen zwischen Männern und Frauen gefielen ihm nicht; er wandte sich gegen meine „Intimität" mit diesen fremden Männern. „Sieh doch", rief er, „du bist hier die einzige Frau!" – es klang wie ein Echo der Vorwürfe, die ich vor siebzehn Jahren bei jener Party in Amman von meinem Bruder George zu hören bekam. Da'ud sagte, mein Betragen sei nicht damenhaft, und mein ständiges Verlangen nach Freiheit schade seinem Ruf. Schließlich bestand er darauf, daß wir unverzüglich in unser Hotel gingen.

Ich argumentierte mit gleicher Entschiedenheit gegen ihn. Ich wies alle seine Vorwürfe zurück und weigerte mich schlicht, mit ihm ins Hotel zu gehen. Ich war zutiefst empört, daß er mich so behandelte. Es war eine wütende, heftige Auseinandersetzung; schließlich gab ich, sehr widerwillig, nach.

Dieser Zwischenfall verdarb mir die Freude an einem wunderschönen Abend und ließ mich enttäuscht und verärgert zurück. Er war der letzte Tropfen, der das Faß zum Überlaufen brachte. Hier saß ich, umgeben von Hunderten aufgeklärter, intelligenter Leute, die sich zwanglos des normalen geselligen Verkehrs erfreuen durften – ich aber wurde wie eine Klosterschülerin behandelt, die man überwachen und zurechtweisen muß. Tausende von Kilometern weit weg von zu Hause wurden mir die Ketten und Handschellen der Araberinnen rasselnd vor die Nase gehalten. Wieder einmal männlicher Tyrannei ausgeliefert, fühlte ich mich in einer Sackgasse, in einer Falle gefangen. Zugegeben, es gab Schlimmeres als mein Los, etwa das der Frauen in den Flüchtlingslagern oder das der gefangenen Widerstandskämpferinnen. Aber dieser Gedanke war kein Trost.

Ich war nicht verbittert und auch nicht niedergeschlagen. Ich war in kriegerischer Stimmung, entschlossen, der langen Zeit der Leibeigenschaft ein Ende zu machen. Ich war rebellisch und wütend – und aus dieser Wut heraus erkannte ich endlich die allem zugrundeliegende Unzufriedenheit, die seit langer Zeit an mir nagte. Eigentlich war ich niemals mit dem Status der verheirateten Frau wirklich zufrieden gewesen. Von Anfang an, schon als junge Braut in Irbid und Nablus, hatte ich mich gegen die Zügel aufgebäumt, die die arabische Gesellschaft ihren Frauen anlegt. Immer und immer wieder bin ich bei allem, was ich tat, mit der Konvention aneinandergeraten und habe Dinge getan, die als „unschicklich" und „empörend" kritisiert wurden. Jetzt gestand ich mir die verborgene Wahrheit offen ein: die Tatsache nämlich, daß das Eheleben, wie es in unserer patriarchalischen Gesellschaft gelebt wird, eine für mich untragbare Last war. Die Bewacherrolle Da'uds auf dieser Reise machte mir endlich klar, daß ich eine Gefangene war; die Gesellschaft hatte mich in ein Gefängnis gesteckt, das „Ehe" hieß, und mein Mann war darin Kerkermeister, Wärter und Schließer.

Mein Groll richtete sich nicht nur gegen Da'ud. In meinen Augen repräsentierte er alle Männer unserer orientalischen Gesellschaft; deshalb war er es nicht allein, den ich bekämpfen mußte. Ich empörte mich gegen die Gesetze und Traditionen, die den arabischen Frauen auferlegt waren. Welchen Sinn hatte es, für die Freiheit meines Volkes zu kämpfen, wenn unser Kampf nicht auch den Frauen Freiheit brachte – ja, jedem einzelnen Menschen?

Die Wahrheit ist, daß ich auch früher schon sehr oft über mein Los nachgedacht hatte. Aber was konnte ich tun? Konnte ich es wagen zu rebellieren, der gesellschaftlichen Konvention zu spotten und Da'ud zu verlassen? Es war nicht viel Phantasie nötig, um sich vorzustellen, welche Folgen das hätte: Nur allzu lebendig stand mir das Beispiel meiner eigenen Mutter vor Augen.

Früher hatte ich mich, wenn ich an diesem Punkte meiner Überlegungen angekommen war, wenn ich mir die wahrscheinlichen Folgen eines Ausbruchsversuchs in die Freiheit ausmalte, jedesmal zutiefst hilflos und hoffnungslos gefühlt.

Einmal, als ich mich von den Fesseln, die ich als Ehefrau zu tragen hatte, ganz besonders eingeschnürt fühlte, ging ich zu Schwester Luise, einer Nonne, die meine Lehrerin gewesen war, um ihr mein Herz auszuschütten. Offen und ehrlich erzählte ich ihr, wie ich litt und wie ich zweifelte, wie meine Unterdrückung mich aufbrachte und wieviel Angst ich hatte vor dem Preis, den meine Freiheit mich kosten würde.

Sie ließ mich ausreden, hörte sich alles, was ich zu sagen hatte, geduldig an. Dann, als ich geendet hatte und erwartungsvoll dasaß, um ihren Rat zu hören, sprach sie zu mir voller Mitgefühl, aber auch mit der gelassenen, unerbittlichen Logik ihres Berufs. Sie kannte jede Einzelheit aus meiner Kindheit, als meine Eltern sich trennten, und es war nicht nötig, daß sie mir diese düstere Periode meines Lebens ins Gedächtnis rief. Aber sie sprach indirekt davon, als sie mich eindringlich aufforderte, nichts Unüberlegtes zu tun. Ohne Mutter ausdrücklich zu nennen, sagte sie entschieden: „Wie sehr du auch leidest – es ist besser, wenn du allein leidest, als wenn du Leid über andere bringst." Was sie sagen wollte, war klar: Jene „anderen" waren meine Kinder.

Nein, ich konnte diesen schrecklichen Preis nicht bezahlen; ich durfte meine Kinder nicht dieser Unbill aussetzen. Traurig und widerwillig mußte ich zugeben, daß sie recht hatte; es gab keinen Ausweg. Ich muß mich in die Fesseln der Ehe fügen – wenn ich mich auch nicht an alle ihre Beschränkungen halte – und muß nach dem höchst erreichbaren Grad von Freiheit streben: Ich muß, soweit das menschenmöglich ist, „in der Verzweiflung der Hölle einen Himmel bauen".

So war es bisher immer gewesen. Aber jetzt brachte meine Amerikareise mich ans Ende meiner Kraft. Jetzt kam alles zum Ausbruch: Erbitterung und Enttäuschung, Demütigung und Eingesperrtsein. Ich gab mir keine Mühe mehr, meine Gefühle zu beherrschen. Ich wußte nur eins: Ich würde nicht wieder in das Joch zurückkehren, das ich so lange getragen hatte.

Ich teilte Da'ud meinen Entschluß mit. „Ich gehe nach Beirut!" sagte ich. „Du kannst mitkommen oder nach Nablus zurückkehren." Es war ein Ultimatum, und das wußte auch Da'ud. Angesichts meiner Entschlossenheit gab er nach: In Ordnung, die Familie würde nach Beirut ziehen.

Mein Entschluß entsprang verschiedenen Motiven, aber alle waren mit meiner Sehnsucht nach Freiheit verbunden. Das lag nicht nur an meiner persönlichen Situation als Frau. Wie vielen anderen Palästinensern in den besetzten Gebieten kam mir oft der verlockende Gedanke, irgendwo anders zu leben, an einem Ort, wo ich von diesem ewigen Druck befreit wäre, der unseren Alltag bestimmt. Es war die Wahl zwischen dableiben und für die nationale Unabhängigkeit kämpfen – oder alles hinwerfen und davongehen, um das Leben zu genießen. Sollte ich für die nationale Emanzipation oder für meine persönliche Emanzipation kämpfen? Das war mein Dilemma.

Mein Widerwillen zurückzukehren, hatte auch seine praktische Seite: Während meiner Reise durch die Staaten hatte ich sehr freimütig meine Meinung gesagt; außerdem hatte ich kein Geheimnis daraus gemacht, daß ich zu führenden palästinensischen Emigranten einschließlich Funktionären der PLO Kontakte hatte. Ich hegte nicht den leisesten Zweifel, daß ich in den Vereinigten Staaten unter genauester Beobachtung gestanden hatte und daß die israelischen Behörden einen detaillierten Bericht erhielten. Die Militärregierung ging erbarmungslos gegen „Verbrechen" wie meine vor, auch wenn sie weit außerhalb der israelischen Jurisdiktion „begangen" worden waren. Wenn ich jetzt nach Nablus zurückkehrte, würde ich mich wohl der Rache der Israelis aussetzen; sie könnten mich ins Gefängnis werfen oder über Nacht deportieren, wie sie es mit so vielen Palästinensern gemacht haben. Vielleicht wäre es deshalb klüger, in Beirut zu bleiben – zunächst einmal zumindest . . .

Beirut zog mich an wegen seiner Atmosphäre der Freiheit – politisch, persönlich und geistig. Ich kannte die Stadt von früheren Besuchen her gut. Dort würde ich nicht unter dem ständigen Druck einer fremden Besatzungsmacht stehen; ich würde in dem arabischen Lande leben, das das höchste Niveau an politischer Demokratie und Freiheit der Meinungsäußerung erreicht hatte, dessen Klima der Toleranz mir ein weit höheres Maß an persönlicher Freiheit und Unabhängigkeit bot, als ich es in Nablus in der absehbaren Zukunft erhoffen konnte.

Da'ud war schon lange unzufrieden mit seinem Leben der erzwungenen Untätigkeit in Nablus, wo er sein Gehalt bezog, seine Bank jedoch seit 1967 nicht wieder eröffnet worden war. Also beugte er sich meinem Drängen; wir flogen von den USA aus nach Beirut; dort blieb ich, während Da'ud sich nach Nablus aufmachte, um die Kinder zu holen.

12. Die Kinder Palästinas

Damals, im Frühsommer 1974, ein Jahr vor dem Bürgerkrieg, der so viel Leid und Zerstörung bringen sollte, war der Libanon ein faszinierendes Land. Rudyard Kipling hat einmal gesagt, daß Orient und Okzident niemals zusammenkommen. Wenn es jedoch einen Ort gab, an dem beide sich trafen, dann war es der Libanon. Beirut war ganz gewiß eine nahöstliche Stadt – aber an Schick und Eleganz konnte sie durchaus konkurrieren mit allem, was westliche Hauptstädte boten. An ihren Boulevards und Alleen reihten sich luxuriöse Boutiquen, reizende Cafés und gute Restaurants, flotte Diskotheken und Nachtlokale. Reiche und gutsituierte Libanesen führten ein gleichermaßen abwechslungsreiches und angenehmes Leben, denn sie hatten die Mittel, sich die Erfüllung der raffiniertesten Wünsche leisten zu können.

Es war nicht nur materieller Luxus, den ich in Beirut genoß. Seit langer Zeit schon diente der Libanon mit seiner demokratischen und liberalen Gesellschaft als Refugium für politische Emigranten aus anderen arabischen Staaten; hier wurde ihnen relative Freiheit der Rede und der politischen und geistigen Betätigung gewährt. Sie trugen dazu bei, daß sich die arabische und die westliche Kultur noch wirkungsvoller gegenseitig befruchteten – mit dem Ergebnis, daß sich im Libanon ein neues, schöpferisches arabisches Denken zu ungeahnter Blüte entfalte- te. Begierig stürzte ich mich auf diese Schätze der Kultur, von denen viele mir unter der israelischen Besatzung verboten waren. Hier stand es mir frei, Lyrik und Prosa emigrierter palästinensischer Schriftsteller zu erkunden; ich las arabische Zeitschriften und politische Magazine, die wir auf der West Bank nie sehen durften. Ich verschlang die Schriften von Clovis Maqsud, von Fa'iz el Sa'iq und von anderen libanesischen Publizisten und Journalisten. Mit angehaltenem Atem las ich Sadeq Jalal el Adems eindringliche „Selbstkritik" mit ihrer scharfen, klarsich- tigen Analyse der arabischen Gebrechen. Viele dieser Publizisten, von den eigenen Erfahrungen ebenso beeinflußt wie von den geistigen Strömungen der Zeit, verwoben progressive sozialistische Ideen in ihre Werke und halfen damit, ihre Leser zu erziehen und sie hinzulenken in den Hauptstrom des modernen Denkens. Ich war gefesselt von der Tiefe ihrer Gedanken und fasziniert von der freien, offenen Art, in der sie ihre Kritik an der arabischen Welt äußerten, der sie ihre Ignoranz und Unselbständigkeit, ihre Passivität und Verantwortungslosigkeit vorwar- fen. Sie geißelten die unterwürfige Führerverehrung, die kennzeich- nend ist für die arabische Welt, die Vergötzung von Königen, Scheichs und anderen Herrschern. Nicht einmal Abdel Nasser blieb von ihrer Kritik verschont – und zwar wegen des Personenkults, den man in blinder Anbetung um seinen Namen rankte.

Sie brauchten nicht sehr weit zu suchen, um die Ziele ihrer Kritik zu finden. Bei all seinen Vorzügen hatte auch der Libanon selber seinen guten Teil an überholten politischen Strukturen, an sozialer und wirtschaftlicher Ungleichheit, an Korruption und an Gleichgültigkeit gegenüber dem Los der weniger Privilegierten. Während man im eleganten Beirut ein Leben des Überflusses und des Komforts führte, befanden sich die palästinensischen Flüchtlingslager überall im Libanon in einem Elendszustand; und immer wieder wurden sie von israelischen Flugzeugen angegriffen, die Tod und Vernichtung auf die wehrlose Bevölkerung herabregnen ließen. Die Regierung und die Armee des Libanon taten nichts, um diese Angriffe zu verhindern oder auch nur die libanesischen Dörfer im Süden vor Überfällen, Artilleriebeschuß oder „Strafaktionen" der israelischen Truppen zu schützen. Um die Opfer dieser Gewaltakte kümmerte man sich recht wenig; bestenfalls wurde man in einem exklusiven Beiruter Café von hocheleganten Damen „im Dienste" des libanesischen Roten Kreuzes angesprochen und um eine kleine Spende für die notleidenden Bombenopfer gebeten . . .

Nicht alle Libanesen blieben so unbeteiligt. Die Linken und die Liberalen waren tief beunruhigt über das, was in ihrem Lande geschah; auch die Studenten der Amerikanischen Universität in Beirut waren in ständigem Aufruhr. Aber andere Libanesen taten mit einem Achselzucken ab, was sich im Süden begab; sie zählten sich zum Westen, sie waren sicher, auf die Hilfe der Sechsten Flotte der Amerikaner zählen zu können, falls sie selber in irgendeiner Form bedroht wären. Was das Palästinenserproblem betraf, so legten die Libanesen wohl Lippenbekenntnisse für unsere Sache ab, taten aber kaum mehr. Für mich symbolisierten die Libanesen mit ihrer Apathie die Gleichgültigkeit, mit der die gesamte arabische Welt unser Schicksal mitansieht. Dieses Schulterzucken ist es, das in uns Palästinensern ein tiefes Mißtrauen gegen die arabische Welt wachsen ließ, so daß wir gezwungen sind, unser eigenes Nationalgefühl zu entwickeln und uns nur noch auf uns selber zu verlassen.

Drei Wochen verbrachte ich allein in Beirut, dann kam auch Da'ud und brachte die Kinder mit. Ich war überglücklich, sie in die Arme schließen zu können; es war nun fast drei Monate her, seit ich nach Amerika abgeflogen war. Wie wunderbar, sie wieder bei mir zu haben! Jetzt konnten wir uns in Beirut niederlassen und ein neues, für uns alle angenehmeres Leben anfangen, weit weg von den Bedrängnissen und

Beschränkungen im besetzten Nablus. Während der Wartezeit hatte ich schon begonnen, nach einer Wohnung Ausschau zu halten, und jetzt verdoppelte ich meine Bemühungen.

Aber es dauerte nicht lange, bis ich merkte, daß ich mit meiner Begeisterung für Beirut allein stand. Meine Kinder waren alle ohne Ausnahme dagegen, für immer im Libanon zu bleiben. Sie fanden es schön hier, sie waren von vielem beeindruckt und mit anderem zufrieden. Aber sie empfanden sich als Touristen, nicht als dauerhaft Ansässige. Wenn man sie fragte, so waren sie nur in Nablus, Palästina, zu Hause – und sie konnten es kaum erwarten, wieder heimzukehren.

Als Da'ud eintraf, zeigte er mir ein Gedicht, das Leila, die Zwölfjährige, zwischen Nablus und Kalkilya auf der Fahrt zum Flughafen Lod geschrieben hatte.

Heimat

Sie wollen, daß ich dich verlasse.
Sie wollen, daß ich auswandere.
Sie wollen, daß ich in eine neue Heimat gehe –
Ich will nicht.

Oh, meine Heimat, ich will nicht gehen,
deine heiligen Oliven, deinen Boden verlassen.
Meine Heimat, ich will nicht auswandern,
um in einer anderen Heimat zu leben.
Warum wollen sie fortgehen, Heimat?
Wozu?

Ich will dich nicht verlassen und nicht auswandern.
Ich will einen Baum pflanzen in meiner Heimat wie meine Ahnen.
Sie waren standfest und unbeweglich und stark.
Bis der Olivenbaum wuchs,
blieben sie standhaft.

Meine Heimat, ich bleibe bei dir – das will ich.
Ich will in deinen Grenzen sterben.
Ich will, meine Heimat, von deinen geheiligten Oliven leben.
Ich will nicht auswandern, dich nicht aufgeben, meine geliebte Heimat.

Tief berührt las ich Leilas Gedicht, besonders, weil ich wußte, daß sie darin nicht nur ihre eigenen Gefühle, sondern auch die der anderen Kinder zum Ausdruck brachte.

Die Debatte riß nicht ab: Beirut, Palästina, Heimat, Freiheit. Ich mühte mich, sie zu überzeugen, aber die Kinder blieben unerschütterlich.

Mir blieben meine Zweifel. Und die israelische Besatzungsmacht? Wäre es nicht geradezu Selbstaufopferung, wenn ich mich nach meiner freimütigen Amerika-Tournee wieder in ihren Machtbereich begäbe? Aber Da'ud richtete mich auf. Auf seine Bitte hin hatte sich der Bürgermeister von Nablus, Haj Ma'azuz al-Masri, an den Berater des Militärgouverneurs der West Bank, Amnon Cohen, gewandt. Cohen ist keiner von den verbissenen Schin-Bet-Offizieren mit ihrer engstirnigen Intoleranz gegenüber allen „gefährlichen Gedanken"; er, ein Intellektueller, Dozent an der Hebräischen Universität, toleranter in seinen Ansichten, versicherte al-Masri, daß ich ohne Furcht vor Bestrafung zurückkehren könne. (Auch Eliezer Be'eri von der Mapam wies den Gedanken, daß ich wegen meiner Äußerungen bestraft werden könnte, mit einer verächtlichen Geste von sich. „Seit dem Krieg von 1973", meinte er, „sagen junge Israelis viel ‚schlimmere' Dinge, als Raymonda sie je gesagt hat . . .")

Eine Zeitlang blieb ich unschlüssig – und doch stand der Entschluß von vornherein fest. Vor der einhelligen Opposition meiner Kinder war ich gezwungen nachzugeben. Nach zwei Monaten in Beirut schnürten wir unser Bündel und machten uns auf den Heimweg.

Meine kurzlebige Rebellion war zu Ende. Ich kehrte nach Palästina zurück. Die Kinder waren überglücklich und erleichtert, wieder da zu sein.

Wir verkauften unser Haus in Nablus und zogen nach Ramallah.

Mit frischem Eifer und mit dem Mehr an Sicherheit und Selbstvertrauen, das ich mir auf der Amerikareise erworben hatte, stürzte ich mich aufs neue in die politische Arbeit.

Es war 1974 – ein Jahr nach dem Oktoberkrieg, sieben Jahre nach der israelischen Besetzung. Der Widerstand gegen das israelische Regime wurde aktiver und aggressiver. Mehr und mehr trat unsere Jugend an die Spitze des palästinensischen Protestes – insbesondere jene hervorragende Generation von Schülerinnen und Schülern unserer Oberschulen, die unter der Besatzung aufgewachsen waren und sich kaum der Zeiten entsinnen konnten, in denen wir nicht unter israelischer Militärherrschaft lebten. Vielleicht war das der Grund, warum sie die Besatzung nur noch unerträglicher fanden, und so fiel ihnen bei allen Formen der Opposition und des Widerstandes eine immer wichtigere Rolle zu.

Fast täglich stießen irgendwo auf der West Bank palästinensische Schüler mit der israelischen Besatzungsmacht zusammen. Es gab Streiks und Sit-ins, Demonstrationen und Umzüge, die meistens in wilde Schlägereien mündeten, wenn israelische Soldaten und Polizisten eingriffen. Die Schüler wurden geprügelt und mit Tränengas vertrieben, sie wurden verhaftet und brutal vernommen, sie wurden vor Gericht gestellt und zu langen Haftstrafen verurteilt – aber diese jungen „Verbrecher" fuhren fort, der Besatzungsmacht zu trotzen.

Inzwischen waren meine eigenen Kinder bereits Halbwüchsige; jede ihrer verschiedenen Schulen war bereits Schauplatz wiederholter Unruhen gewesen. Meine Kinder nahmen an all diesen Ereignissen tätigen Anteil. Bei den Demonstrationen, die im Zusammenhang mit Arafats Rede vor der UNO-Vollversammlung stattfanden, wurde Dianna mit Knüppeln geschlagen. An Gabes Schule verliefen die Demonstrationen nach einem festen Schema: Die Jungen marschierten aus ihren Klassenzimmern hinaus ins Freie und hinüber zur benachbarten Mädchenschule, die sie mit einem Hagel von Steinen bewarfen, um die Lehrerinnen zu „überreden", die Mädchen zu ihnen herauszulassen.

Ich befand mich in einem Zwiespalt. Ich war stolz auf unsere Jugendlichen – auf den Mut, mit dem sie bewaffneten Soldaten entgegentraten, auf die Beharrlichkeit und Energie, mit denen sie ihren Demonstrationszug neu formierten, wenn man sie auseinandergetrieben hatte. Das Wasser lief ihnen aus den tränengasblinden Augen, oft hatten sie Beulen und bluteten – aber sie liefen nicht weg; sie hoben ihre Fahnen wieder auf, bildeten die Marschreihen neu und gingen, ihre Lieder und Sprechchöre anstimmend, weiter – dem nächsten Angriff entgegen.

Ich war stolz – und voller Angst. Jungen und Mädchen, nicht älter als meine Kinder, wurden zusammengeschlagen und eingesperrt; manche wurden so brutal mißhandelt, daß sie ins Krankenhaus mußten. Nur zu oft benutzten israelische Truppen ihre Schußwaffen gegen die unbewaffneten Demonstranten, und ihre „Warnschüsse in die Luft" hatten in zahlreichen Fällen Tote und Verletzte zur Folge. Ich, die alle Gefahren und Risiken kannte, ich als Mutter, die auf ihre Kinder wartete – wie konnte ich anders, als mich ängstigen?

Natürlich habe ich niemals versucht, meine Kinder davon abzubringen, ihre Pflicht zu tun: So wie ich selbst tat, was mein Gewissen mir befahl, handelten auch sie, wie sie es für richtig und gerechtfertigt hielten. Konnte ich es ihnen verdenken?

Einmal kam ein Bote, der mich aufforderte, zu Diannas Schule zu kommen. Ich eilte dorthin und fand eine Szene vor, wie ich sie schon sehr oft erlebt hatte. Die Mädchen waren aus den Klassenzimmern ausgezogen mit dem Ziel, auf die Straße zu gehen und zu demonstrieren. Der Direktor und die übrige Lehrerschaft waren entsetzt bei dem Gedanken, daß die israelischen Behörden sie verantwortlich machen würden; sie bemühten sich, allen „Störungen" vorzubeugen, indem sie das Schultor verschlossen, so daß die Mädchen nicht hinauskonnten. Als ich eintraf, war gerade ein Patt eingetreten: Die Mädchen konnten nicht vom Schulhof auf die Straße – aber sie weigerten sich, in die Klassenräume zurückzukehren. Sie standen am verschlossenen Hoftor, riefen ihre Parolen und verlangten, daß man sie hinausließe.

Der Direktor, ein italienischer Priester, hatte mich rufen lassen in der Hoffnung, daß ich meinen Einfluß bei Dianna und den anderen Mädchen geltend machen und sie überreden würde, die „Ordnung wiederherzustellen". Wäre es nicht um eine so ernste Sache gegangen, dann hätte die Szene geradezu komisch gewirkt – ein italienischer Priester wirft flehende Blicke auf mich, die Retterin in der Not, während seine Zöglinge, eingeschlossen im Hof, ihren Gefühlen Luft machen, indem sie im Chor gegen den „italienischen Imperialismus" protestieren . . .

Diesem speziellen Vertreter des „italienischen Imperialismus" stand eine unangenehme Überraschung bevor. Statt ihm zu Hilfe zu eilen, wie er gehofft hatte, beging ich „Verrat" an ihm, indem ich sagte – mit lauter Stimme, so daß die Mädchen mich hören konnten –, er solle das Tor öffnen und die Mädchen ihre Demonstration durchführen lassen. „Das ist ihr gutes Recht!" sagte ich laut – und wurde von seinen Schülerinnen mit fröhlichem Jubel dafür belohnt . . .

Es geschahen auch ernster zu nehmende Zwischenfälle. Ein Mann namens Kawaja, verhaftet unter dem Verdacht der Widerstandstätigkeit, beging im Gefängnis Selbstmord. Seine Beisetzung sollte zu einer Massendemonstration des Protests werden. Da ich noch nie etwas davon gehalten habe, meine Kinder vor den Realitäten des Lebens abzuschirmen, beschloß ich, meine beiden jüngsten Töchter, Sussa und Leila, mitzunehmen.

Mag sein, daß ich damit einen schlimmen Fehler begangen habe. Das Begräbnis war ein aufwühlendes Ereignis. Unsere Dorfbewohner sind einfache, gefühlsbetonte Menschen, nicht gewöhnt, ihre Empfindungen für sich zu behalten. Sie sind überschäumend, wenn sie feiern; gleichermaßen ruft Unglück ihre völlig ungehemmten Äußerungen der Trauer hervor – Äußerungen einer Art und Intensität, die westlichen Völkern ganz unbekannt sind und die noch weit über das hinausgehen, was arabische Städter an Trauerbekundungen zeigen.

In diesem Falle zeigten die Trauernden ihren Gram noch ganz besonders nachdrücklich; der Mann war ein politisches Opfer, ein Märtyrer, der seinen Tod unter den Händen der ausländischen Besatzungsmacht gefunden hatte. Infolgedessen wurde der Leichenzug zu einem emotionalen Vulkanausbruch, wie ich ihn kaum je erlebt habe. Männer schrien und heulten, Frauen weinten und kreischten, rissen an ihren Haaren und an ihren Kleidern. Als man die Leiche heraustrug, verwandelte sich die Szene in den Schauplatz einer Massenhysterie, die Frauen brachen in das traditionelle „allallallah"-Trauergeschrei aus, während sich von allen Seiten wütende Stimmen erhoben. Während sich der Leichenzug auf die Grabstätte zubewegte, steigerten sich die Leidenschaften zu immer höheren und unerträglicheren Gipfelpunkten. Menschen warfen sich über den Sarg und weinten hemmungslos; Männer und Frauen wurden vor Erregung ohnmächtig; sobald man ihnen wieder auf die Beine geholfen hatte, brachen sie erneut in ihre halbirren Schreie aus.

Es war ein packendes, überwältigendes Erlebnis, beinahe zuviel für die Nerven eines Erwachsenen, um so mehr für die Empfindsamkeit eines Kindes. Meine Töchter, nicht viel älter als zehn, hatten etwas derartiges noch nie gesehen. Völlig unvorbereitet vor dieses erschütternde Schauspiel gestellt, waren sie schockiert und entsetzt, sie klammerten sich angstvoll an mich, während sie mit blassen, staunenden Gesichtern um sich blickten.

Für sie war es eine wahre Prüfung, viel zu viel, um damit fertig zu werden. In dieser Nacht taten sie kein Auge zu; schlaflos lagen sie im Bett, aufgeregt und weinend, und sie riefen nach mir, ich solle kommen und bei ihnen sitzen. Als ich da saß an ihren Betten und versuchte, sie zu beruhigen und zu ermutigen, fragte ich mich, ob ich wohl richtig gehandelt hatte, sie zu diesem Begräbnis mitzunehmen. Vielleicht nicht; aber dann dachte ich daran, daß es keinen Sinn hatte, die Wahrheit vor ihnen zu verbergen. Sie wuchsen auf in einem Land unter fremder Besatzung und Unterdrückung, und früher oder später mußten sie lernen, was das bedeutete.

Als Mutter von Teenagern, die in einer Zeit des zunehmenden Widerstandes gegen die Besatzung aufwuchsen, hatte ich ein weiteres Problem, das mir Sorgen machte. In regelmäßigen Abständen sperrten die israelischen Behörden Gruppen von Palästinensern ein, denen sie die Bildung von Untergrundzellen der palästinensischen Widerstandsorganisationen vorwarfen. Einige wurden beschuldigt, bewaffnete Überfälle verübt zu haben; von anderen sagte man, ihre Zelle sei im Anfangsstadium ihrer Entstehung entdeckt worden; meistens behaupteten die Behörden, sie hätten versteckte Waffen- und Munitionslager gefunden. Viele der Verhafteten waren Jugendliche, und unter ihnen an erster Stelle Oberschüler. Manche waren nicht älter als meine Kinder. Gewiß, zumindest einige unserer jungen Leute waren, am politischen Kampf gegen die Besatzung verzweifelnd, zu dem Schluß gekommen, daß der bewaffnete Widerstand die einzig mögliche Lösung sei. Aber der Geheimdienst der Israelis arbeitete höchst effizient mit zahllosen Agenten und den ausgeklügeltsten und brutalsten Methoden zur Ausforschung der Gebiete, die sie verwalteten. Die Gruppen wurden meistens gesprengt, bevor sie sich richtig formieren konnten; die jugendlichen Verschwörer, denen jegliche Erfahrung fehlte, waren für Schin-Bet kein Gegner. In einigen Fällen wurde ein Mitglied der Gruppe gefaßt und dann so brutal verhört, daß es zusammenbrach und die Namen der anderen preisgab. Mit Namenslisten bewaffnet schwärmten israelische Polizisten dann aus und fingen Dutzende junger Palästinenser ein.

Ohne jede Einschränkung lag meine Sympathie bei diesen jungen Leuten, die bereit waren, Leben und Freiheit aufs Spiel zu setzen, Leiden und Foltern auf sich zu nehmen – für die Befreiung ihres Volkes. Und doch, wenn ich sah, welch schrecklichen Preis sie zahlten, wenn ich ihre eigene Not sah und den Kummer ihrer Eltern und Familien, dann konnte ich mich den schlimmen Zweifeln nicht entziehen. Die israelischen Geheimdienste schlugen zu, immer und immer wieder, sie überraschten und überrannten die Untergrundgruppen – und manchmal schien es, als wären diese Versuche des bewaffneten Widerstands ganz vergeblich. Der Preis, den die jungen Leute zahlten, schien viel zu hoch im Vergleich zu dem kaum wahrnehmbaren Schaden, den sie den Israelis zufügten.

Und was wäre, wenn eines meiner eigenen Kinder beschlösse, sich solch einer Gruppe anzuschließen? Es wäre unter den gegebenen Umständen durchaus verständlich; es würde mir nie einfallen, ihnen Vorwürfe zu machen, wenn sie es täten – im Gegenteil, ich würde mir keine Mühe geben, meinen Stolz zu verbergen. Und doch – wenn ich an die damit verbundenen schrecklichen Gefahren dachte, konnte ich mich bei dieser Aussicht eines Schauders nicht erwehren. Das Risiko, entdeckt und verhaftet zu werden, die körperlichen und seelischen Qualen, denen diese jungen Menschen ausgesetzt sind, die furchtbare Rache der Besatzungsmacht – die Vorstellung, daß dies alles einem meiner Kinder bevorstehen könnte, war – und bleibt – mein immer wiederkehrender Alptraum.

Das ist das Los einer Mutter in einem besetzten Land . . .

Ungeachtet all dieser Ängste war mir jedoch die Anteilnahme meiner Kinder an den brennenden Problemen unseres Volkes eine große Ermutigung. Sie waren zweifach einbezogen, denn ihre politischen

Interessen und Aktivitäten beschränkten sich nicht auf den Kreis ihrer Altersgenossen. Mehr und mehr wurde ihr Elternhaus zum Forum für politische Debatten und geistiges Leben. Amerikaner und Europäer, Araber und Israelis, Männer und Frauen vieler Denkrichtungen, offizielle Untersuchungskommissionen und Staatsmänner auf „Privatreise" – alle kamen in mein Haus, um meine Meinung zu hören, um ihre Erkenntnisse darzulegen, um ihre Theorien oder Vorschläge zur Diskussion zu stellen. Oft wollte es der Zufall, daß Leute mit ganz gegensätzlichen Ansichten mich gleichzeitig besuchten; die daraus entstehenden politischen Debatten steigerten sich häufig zu lauten, wütenden Auseinandersetzungen.

Ein Streit dieser Art ergab sich im Dezember 1971, als Herbert Marcuse und seine Frau, die den arabisch-israelischen Konflikt an Ort und Stelle untersuchen wollten, im Verlauf ihrer Nahost-Reise bei mir waren. Sie wurden von einer ganzen Schar israelischer Intellektueller begleitet – Professoren und Dozenten von der Hebräischen Universität und vom Van-Leer-Institut wie auch Eliezer Be'eri und Muhammed Watted von der Mapam. Als Gesprächspartner für sie hatte ich prominente Persönlichkeiten des geistigen und politischen Lebens in Nablus eingeladen, an ihrer Spitze Bürgermeister Hamdi Kna'an.
Marcuse hatte es abgelehnt, sich zu dem Konflikt zu äußern, bevor er palästinensische Standpunkte gehört hatte. Seine Frau eröffnete das Gespräch damit, daß sie eine Reihe von Fragen nach dem Wesen der israelischen Besatzung stellte. Sie fragte nach Zerstörungen, Deportationen, Landenteignungen und Folterungen in der Haft. In jedem einzelnen Falle fragte sie nach Fakten und Zahlen, wobei sie freundlich darauf hinwies, daß es wichtig sei, genau zu sein und Übertreibungen zu vermeiden.
„Ja, das wissen wir", entgegnete einer der Palästinenser. „Es gibt vieles, was wir seit der israelischen Besatzung gelernt haben. Wir müssen alte Denkgewohnheiten aufgeben, weil unsere Feinde Nutzen aus unseren Übertreibungen gezogen haben."
Ein anderer Palästinenser – ein Arzt – griff die expansionistische Politik Israels an. „Sie wollen alles festhalten, kein Stück Land aufgeben. Sie wollen, daß wir uns damit abfinden. Was wird aus Jerusalem, was wird aus dem Golan?"
Be'eri gab zu bedenken: „Die israelischen Siedlungen am Fuß des Golan sind bis 1967 ständig angegriffen und beschossen worden. Um sie zu schützen, müssen wir den Golan behalten!"
Die ganze Zeit über hatte Marcuse schweigend dagesessen und dem Wortwechsel sehr aufmerksam gelauscht. Jetzt kommentierte er:

„Aber die Gefahr bestünde doch nicht, wenn der Golan zurückgegeben und entmilitarisiert würde. Ihr Israelis vergebt eine Friedenschance. Es wäre ein großer Fehler, wenn ihr jetzt nicht die Initiative ergreifen und die ägyptischen Friedensvorschläge annehmen würdet. Ihr müßt euer Volk auf Verständigung und Vertrauen einstimmen, um die Beendigung dieses Konfliktes vorzubereiten."

Jetzt war ein Dozent der Hebräischen Universität an der Reihe – Menachem Milson (er wurde später ein prominenter Beamter der Militärregierung). Milson behauptete, Araber blieben solange logisch, bis sie auf den arabisch-israelischen Konflikt kämen; dann „hören sie auf, klar zu denken". Er beklagte sich, daß arabische Linke in Israel nichts anderes sähen als ein Werkzeug des Imperialismus.

Wieder gab Marcuse einen Kommentar: „Es gibt Araberstaaten, die ebenfalls imperialistischen Interessen dienen", erklärte er. Ein Palästinenser gab zurück: „Wir sind nicht die Werkzeuge anderer. Araberstaaten, die anti-imperialistisch sind, werden immer zuerst von Israel bedroht. Israel *ist* ein Werkzeug – mehr als jeder arabische Staat!"

Das Wortgefecht ging hin und her. Am Ende versprach Marcuse, uns ein Exemplar der Stellungnahme zu schicken, die er nach Abschluß seines Besuches abgeben würde. Ein paar Tage darauf, bevor er Israel verließ, übergab er der Öffentlichkeit eine sorgfältig formulierte Zusammenfassung seiner Ansichten über den Konflikt; er vertraute sie ausschließlich den Journalisten an, die zusagten, sie ohne jede Änderung oder Auslassung im Wortlaut zu veröffentlichen. Marcuse sagte in seiner Stellungnahme, daß er stets große Sympathien für verfolgte Juden empfunden habe, daß er aber nichts Sympathisches an Juden finden könne, die andere verfolgten. In der israelischen Presse wurde Marcuses Erklärung angegriffen, weil sie nicht nur beträchtliches Verständnis für Israel und seine Probleme, sondern auch Fairneß gegenüber der arabischen Sache bewies.

Während Marcuse und die anderen distinguierten Gäste miteinander diskutierten, saßen meine Kinder dabei und nahmen jedes Wort in sich auf. Natürlich beteiligten sie sich nicht selbst an der Diskussion, aber ihr Interesse war unübersehbar.

Meine Kinder, die an dem politischen Gärungsprozeß überall auf der West Bank aktiven Anteil hatten, nahmen also zusätzlich zu Hause an solchen inoffiziellen „politischen Seminaren" teil; die Folge war, daß sie sehr rasch einen hohen politischen Wissensstand erreichten und in ungewöhnlich jungen Jahren bereits ein unabhängiges Urteil hatten.

Einmal ging die ganze Familie gemeinsam von Jordanien aus über die Brücke. Da'ud und die Kinder hatten bereits alle Kontrollen hinter sich, nur ich, wie üblich, war in einen Streit mit dem diensthabenden Offizier verwickelt. Einer der Beamten, der Da'ud und die Kinder wartend dort sitzen sah, schlenderte zu ihnen hinüber und sagte auf Arabisch: „Keine Sorge, eure Mutter wird gleich kommen."

Hala – sie war damals etwa zehn – spitzte die Ohren. „Sie sprechen ja Arabisch! Sind Sie ein Araber?"

„Ich bin aus dem Irak", erwiderte der Offizier.

Hala war schockiert. „Schämen Sie sich denn nicht, wie können Sie als Iraker in der israelischen Armee dienen?"

Der Offizier lächelte. „Aber ich bin doch Jude!" rief er.

„Jude oder Zionist?" fragte Hala.

Wieder lachte der Mann. „Was ist denn der Unterschied?" fragte er neckend.

„Ich weiß ihn", versicherte Hala selbstbewußt, „aber ich habe keine Lust, es Ihnen zu sagen."

In diesem Moment trat Da'ud heran, um zu sehen, um was es da ging.

Der Offizier erklärte, daß er von Hala gern gehört hätte, was der Unterschied zwischen einem Zionisten und einem Juden sei. Da'ud wandte sich an Hala und sagte aufmunternd: „Na los, sag's ihm!"

Hala blickte den Offizier an: „Ein Jude ist ein frommer Mensch. Aber ein Zionist trägt eine Uniform und ein Gewehr; er jagt Araber mit Fußtritten aus ihren Häusern und tötet sie!"

Der Offizier stand da und staunte offenen Mundes. Dann machte er auf dem Absatz kehrt und ging in das Büro, wo ich in der Zwischenzeit meinen Streit mit dem diensthabenden Offizier der Brücke ausgetragen hatte. Der Iraker riß die Tür auf und schrie: „Lassen Sie die Mutter laufen – kommen Sie heraus und reden Sie einmal mit der Tochter!"

13. „Pressesprecher für die West Bank"

Viele bedeutende Zeitungen, Radio- und Fernsehsender haben Korrespondenten in Israel; zu ihrem Tätigkeitsbereich gehören auch die besetzten Gebiete. Leider kommen viele dieser ausländischen Berichterstatter mit vorgefaßten Meinungen und Vorurteilen gegen das palästinensische Volk hierher; nicht nur, daß sie unsere politischen Ziele ablehnen – sie hegen auch Klischeevorstellungen von „arabischer Unzuverlässigkeit", sie glauben, daß wir unserer Phantasie freien Lauf lassen und daß deshalb alles, was wir sagen, ohne Belang ist. Als wäre das noch nicht schlimm genug, machen sich viele dieser in Tel Aviv oder Jerusalem stationierten Journalisten gar nicht erst die Mühe, einmal in die besetzten Gebiete zu kommen und sich selber umzusehen; sie ziehen es vor, gemütlich in den Pressebüros der israelischen Regierung zu sitzen, wo sie von israelischen Public-Relation-Experten mit Halbwahrheiten und Entstellungen gefüttert werden. Fahren sie doch einmal in die besetzten Gebiete, so geschieht das mit „Führungen", geleitet von israelischen Verbindungsoffizieren, die ihnen zeigen, was sie ihnen zeigen möchten, und die sie mit sanfter Entschiedenheit von solchen Plätzen fernhalten, an denen sie auf „häßliche" Wahrheiten über die Politik der Besatzungsbehörden stoßen könnten. Zu alledem kommt noch hinzu, daß die israelische Regierung ein wachsames Auge auf alles wirft, was ausländische Journalisten von sich geben – unter dem Vorwand der „militärischen" Zensur –, und daß unbequeme Journalisten, die die falschen Fragen stellen oder darauf bestehen, selber nachzusehen, diversen Formen der subtilen Belästigung ausgesetzt sind.

Das alles hatte zur Folge, daß die Medien in aller Welt lange Zeit hindurch mit israelisch inspirierten Berichten überschwemmt wurden, während über unseren Standpunkt wenig oder gar nichts zu hören war. Diese Einseitigkeit des Bildes war besonders kraß in den ersten Jahren der israelischen Besatzung, unmittelbar nach 1967. So voreingenommen waren viele der westlichen Nachrichtenmedien, daß viele Palästinenser ausländische Journalisten total ablehnten und nichts mehr mit ihnen zu tun haben wollten. „Was wir auch sagen – sie geben es falsch wieder!"

Ich gab nicht auf. Im Gegenteil, ich machte es mir zur Aufgabe, in Wettbewerb mit den israelischen Informationsdiensten zu treten, die täglich Nachrichtenbulletins und Presseerklärungen in Hülle und Fülle austeilten. Vielleicht ohne mir ganz darüber klar zu sein, was ich mir da auflud, machte ich mich daran, Nachrichten für solche westlichen

Journalisten zu sammeln, die ein echtes Interesse an unserem Standpunkt zu haben schienen. Es war harte Arbeit, als „inoffizieller Pressesprecher für die West Bank" zu fungieren. Jeden Morgen pflegte ich in den Rathäusern der verschiedenen Städte auf der West Bank anzurufen und mich zu erkundigen, was dort vor sich ginge. Nur selten mangelte es an Ereignissen – Landenteignungen, Häusersprengungen, Proteste, Demonstrationen, Sit-ins, Verhaftungen, Vernehmungen, Hausarreste. Viele dieser Vorfälle wurden nirgends gemeldet; die arabische Presse, unter strenger israelischer Zensur stehend, wagte es nicht, „unautorisierte" Nachrichten zu drucken; israelische Blätter, sämtlich in gewisser Weise staatlich kontrolliert, arbeiteten natürlich zusammen bei der Unterdrückung „ungünstiger" Meldungen.

Und die ausländischen Medien – sie erfuhren es einfach nicht. Ich machte es mir zur Aufgabe, *daß* sie es erfuhren.

Manchmal kamen sie zu mir. Reporter, Fernsehteams, reisende Journalisten auf Erkundungsfahrt durch den Nahen Osten – ihnen allen wurde es zur Gewohnheit, mich nach den neuesten Informationen über die Entwicklung zu fragen. Aber wenn sich etwas von besonderer Bedeutung ereignete, wartete ich nicht, bis ich gefragt wurde: Dann setzte ich mich an mein Telefon und nahm Verbindung zu den Büros der wichtigsten Zeitungsleute in Jerusalem auf. Und wenn ich die Nachricht erst einmal bei dem einen oder anderen von ihnen losgeworden war, konnte ich mich im allgemeinen darauf verlassen, daß die Meldung von den Nachrichtenagenturen oder von anderen Zeitungen übernommen wurde.

Es war Rudern gegen den Strom. Zunächst mangelte es mir an Erfahrung; ich wußte nicht, wie man das Wichtigste auswählt, ich wußte nicht, wie man es aufmacht; ich brauchte einige Zeit, bis ich herausfand, welchen Journalisten man trauen konnte. Andererseits brauchten einige von ihnen eine Weile, bis sie lernten, daß sie meinen Berichten trauen konnten, und sie nicht mehr als Produkte meiner glühenden „orientalischen Phantasie" vom Tisch zu wischen. Mit der Zeit wuchs ihr Vertrauen in meine Zuverlässigkeit, und ich hatte die Genugtuung zu sehen, daß die Weltpresse über Geschehnisse berichtete, die niemand je zur Kenntnis genommen hätte, wenn ich den Pressevertretern nicht die Informationen hätte zukommen lassen.

Israelische Journalisten stellten ein besonderes Problem dar. Mancher Palästinenser sieht in jedem israelischen Journalisten einen Gegner – genau so, wie jeder Israeli unabhängig von seinen Auffassungen und seiner politischen Zugehörigkeit als Feind des palästinensischen Volkes betrachtet wird. In Anbetracht der jüngsten Geschichte und unserer Leiden unter der repressiven israelischen Besatzung ist diese Haltung nicht verwunderlich. Dennoch ist sie nicht zu rechtfertigen, weder moralisch noch politisch. Während sich die israelischen Medien im allgemeinen an die Regierungslinie halten und uns gegenüber erbitterte Feindseligkeit zeigen, gibt es eine Minderheit von anständigen israelischen Journalen und Journalisten, die aufrichtig um unsere Sache besorgt sind und die sich als wahre Freunde des palästinensischen Volkes erwiesen haben. Außer Uri Avneris „Ha'Olam Hazeh" und den hebräischen und arabischen Blättern der israelischen Kommunistischen Partei, die beharrlich für das palästinensische Volk eingetreten sind, gibt es einzelne Journalisten, die den Mut gehabt haben, der amtlichen Mißbilligung zu trotzen und über Greueltaten und Unrechtsakte der Besatzungsbehörden zu berichten. Und weil sie so hartnäckig waren, sind ihre Berichte, die die israelische Militäradministration massiv kritisieren, in israelischen Tageszeitungen wie „Ha'aretz" und sogar in dem israelischen Establishment sehr nahestehenden Blättern wie „Al Hamishmar" und „Davar" erschienen.

Ich habe stets großen Wert darauf gelegt, enge Kontakte zu israelischen Oppositionsblättern zu pflegen und auch zu Journalisten, die, ohne sich eindeutig zu unserer Sache zu bekennen, doch anständig genug sind, Tatsachen zu veröffentlichen, ohne den Versuch zu machen, sie zu unterdrücken oder zu verdrehen. Schließlich müssen wir, wenn wir mit unserer Botschaft zu dem israelischen „Mann auf der Straße" durchdringen wollen, versuchen, sie mittels der Medien zu überbringen, aus denen er seine Informationen bezieht. Aber diese Einsicht war den Leuten auf der West Bank nicht immer selbstverständlich, vor allem in Zeiten des Drucks und der Spannungen nicht. Wenn israelische Sicherheitskräfte täglich mit Demonstranten zusammenstoßen und mit brutalen Mitteln jede Bekundung des Protestes oder des Mißfallens niederschlagen, so mag man es ihren Opfern vergeben, wenn sie Abscheu gegen alles Israelische hegen, auch gegen die Vertreter israelischer Medien. Dies ist den israelischen Journalisten selbst wohlbekannt – kürzlich weigerten sich israelische Fernsehleute, einen Auftrag in den besetzten Gebieten zu übernehmen, solange ihr Auftraggeber nicht zugesagt hatte, für jeden von ihnen eine Versicherung über eine Viertelmillion israelische Pfund abzuschließen.

Hin und wieder haben meine Bemühungen, befreundeten israelischen Journalisten zu helfen, mich – und sie – in Situationen gebracht, die heikel, wenn nicht geradezu gefährlich waren. Einmal wurde ein junger Mann bei einer Demonstration in Nablus getötet. Marcel Zohar von der „Ha'Olam Hazeh" reiste an in der Absicht, über die Beisetzung zu berichten; er bat mich, ihn zum Haus der trauernden Familie zu begleiten. Ich schaute ihn erstaunt an: Konnte er, ein israelischer

Journalist, die Familie eines Jungen besuchen wollen, der eben von israelischen Soldaten umgebracht worden war? Und mehr noch: Konnte er erwarten, daß ich mit ihm ginge?

Wußte er denn nicht, in welches Wespennest er da treten würde? Ich muß gestehen, ich zitterte bei dem Gedanken, wie gefährlich das für uns beide war. Ich sagte Marcel, er könne hingehen, wenn er wolle, und den Photographen mitnehmen – ich würde nicht mitgehen.

„Wenn Sie nicht mitkommen", sagte Marcel, „gehe ich allein auch nicht hin. Ich kann nicht Arabisch und brauche einen Dolmetscher." Immer noch zögerte ich, aber Marcel blieb beharrlich dabei. „Es ist Ihre Pflicht. Wenn Sie nicht mitgehen, helfen Sie dem israelischen Establishment, die Wahrheit zu verschleiern!" Nun hatte ich keine Wahl mehr. Ich willigte ein.

Dieser Wortwechsel fand im Rathaus statt. Der Bürgermeister gab uns einen Boten mit, und wir machten uns auf den Weg zu dem betreffenden Haus. Unterwegs begegneten wir einer aufgebrachten Menschenmenge, die Marcel und den Photographen als Israelis erkannte. Männer schrien: „Alle Israelis sind Mörder, Verbrecher!" Sie drangen von allen Seiten auf uns ein. Die Atmosphäre war hochgeladen. Der Tod des jungen Mannes, die allgemeine Wut und Empörung der Bevölkerung gegen die Israelis – das alles wurde noch gesteigert durch die Vorbereitungen für die Beisetzung, durch die schwarzen Fahnen und die anderen Zeichen der Trauer. Ich erklärte, daß diese Männer von Uri Avneri kämen, daß sie unsere Freunde wären. Der Name Avneri tat seine Wirkung; es gelang den intelligenteren Leuten in der Menge, die Heißsporne zu beschwichtigen, und wir konnten unseren Weg fortsetzen.

Wir betraten das Haus. Es war eine sehr bescheidene, ärmliche Familie. Die unglückliche Frau saß bitterlich weinend auf dem Teppich. Ich ging zu ihr hin, küßte sie und sprach ihr mein Beileid aus. Ich stellte mich als palästinensische Journalistin vor und richtete einige Fragen an sie. Sie erzählte, daß ihr Sohn bloß für eine halbe Stunde aus dem Hause gegangen sei, um ein Brot zu kaufen – und während er draußen war, hätten israelische Soldaten, die eine Demonstration auseinandertrieben, ihn erschossen.

Schweigend hörte ich ihrem traurigen Bericht zu und machte mir im Geiste Notizen für Marcel.

Als ich spürte, daß wir lange genug geblieben waren, nickte ich Marcel zu, er möge mitkommen. Als wir gingen, stürzte sich plötzlich ein junger Mann auf Marcel; später erfuhren wir, daß es der Bruder des toten Jungen war. Der junge Mann schrie: „Ich bringe dich um! Ich bringe alle Israelis um!"

Nun brach die Hölle los. Ein paar Leute versuchten, den jungen Mann zurückzuhalten, aber er brachte seine Hände um Marcels Kehle und versuchte, ihn zu erwürgen. Niemandem gelang es, seinen Griff zu lösen; ringsum brüllte und kreischte alles.

Als ich sah, was da geschah, packte mich Entsetzen. Ich stürzte mich auf den jungen Mann, Tränen in den Augen, und schrie auf ihn ein: „Im Namen der palästinensischen Revolution! Im Namen des Märtyrers Samir! Bitte, laß sie in Ruhe, sie sind unsere Freunde!" Was die Anstrengungen der anderen nicht vermocht hatten, bewirkten meine Tränen und mein erregtes Geschrei. Der junge Mann löste seinen Griff, und Marcel konnte gehen. Es dauerte lange, bis ich aufhörte zu zittern.

Trotz solcher peinlichen Zwischenfälle hat meine Arbeit mit ausländischen Journalisten in palästinensischen politischen Kreisen wachsende Anerkennung gefunden. Die israelischen Behörden allerdings irritierte es sehr, daß ich so erfolgreich für unseren Standpunkt warb. Sie strichen zwar immer wieder heraus, wie „liberal" ihre Besatzung sei, und behaupteten, bei uns herrsche Meinungsfreiheit – in der Praxis jedoch sieht es etwas anders aus mit der Liberalität. Da sie von der Unterstützung des Auslands – vor allem Amerikas – abhängen, sind sie im Hinblick auf ihr Image in der Welt äußerst empfindlich, und sie werden sehr nervös, wenn ein ausländischer Journalist etwas Unfreundliches über sie schreibt. Und je mehr sie ihr Mißvergnügen zeigten, um so wirkungsvoller konnte ich die Wahrheit über die israelische Besatzung enthüllen. Es war nichts Illegales an dem, was ich tat: Ich verheimlichte meine Kontakte zu ausländischen Journalisten, die gewöhnlich über das Telefon liefen, durchaus nicht – und das Telefon ist leicht abzuhören. Die israelischen Behörden konnten ohne Schwierigkeiten feststellen, wer die „unerwünschten" Pressemeldungen lieferte, und es war auch nicht schwer herauszufinden, wer ausländische Journalisten an Schauplätze führte, die von israelischen Verbindungsoffizieren sorgsam umgangen wurden.

Die Militärregierung verlor keine Zeit und zeigte mir, daß sie meine Tätigkeit als feindlich betrachtete. Nach jenem ersten großen Sit-in im Rathaus von Nablus, zu dem ich Uri Avneri und seine Journalisten als Zeugen unseres Protestes herbeigeholt hatte, wurde ich zum Militärgouverneur von Nablus zitiert, der mich vor weiteren Kontakten zu oppositionellen israelischen Journalisten warnte. Später, im Krieg von 1973, als man überall auf der West Bank hörte, daß israelische Soldaten ihre Frontstellungen am Jordan verließen und allgemein kundtaten, daß es ihnen gegen den Strich ging, in diesem Krieg ihr Leben zu riskieren, da gab ich diese Berichte an ausländische Presseleute weiter, und die veröffentlichten sie. Die Israelis reagierten prompt: Ich wurde erneut vorgeladen, und der Militärgouverneur erteilte mir eine ernste Verwarnung wegen der Verbreitung von „Falschmeldungen'", während in der israelischen Presse bösartige Angriffe auf mich erschienen – was unter anderem zu der hysterischen Szene führte, die mir die Dozentinnen der Hebräischen Universität machten.

Wann immer ich israelische Militärbeamte traf, gaben sie mir zu verstehen, daß meine Tätigkeit ihnen ein wachsendes Ärgernis war. Um ihr „liberales" Image zu wahren, bestritten sie jeden Versuch, die Wahrheit zu unterdrücken. Im Gegenteil, ihr Hauptvorwurf gegen mich war, daß ich inkorrekt berichte. Ihre Behauptungen wurden immer absurder. Ich habe ja schon erzählt, wie der Militärgouverneur mich einmal zurechtwies, weil ich über Streiks in der Stadt berichtet hatte. „Aber es wird doch gestreikt", erwiderte ich erstaunt. „Das schon, aber Sie haben es gemeldet, noch bevor die Geschäfte geschlossen wurden", war seine wütende Reaktion. Lächelnd wies ich ihn darauf hin, daß jeder Journalist bemüht ist, Nachrichten „ofenfrisch" zu bekommen. Er aber blieb von meinen journalistischen Erfolgen ganz unbeeindruckt – offenbar warf er mir vor, daß mein Bericht in der „New York Times" zehntausend Meilen entfernt in Wirklichkeit schuld daran war, daß in Ramallah der Streik ausbrach . . .

Aber bei all diesen Ungereimtheiten wußte ich, daß es den israelischen Behörden gar nicht um Logik, Pressefreiheit oder journalistische Wahrheitsliebe ging. Was sie wollten, hatte mit solch hehren Zielen wenig zu tun: Sie wollten einfach jede Verbindung zwischen den Palästinensern und den ausländischen Medien auf ein Minimum beschränken – in der Hoffnung, damit verhindern zu können, daß man uns in der Welt hörte. Bei diesem Bestreben war ich ihnen wiederholt in die Quere gekommen. Infolgedessen wurden die amtlichen Verwarnungen immer schärfer und direkter; wenn ich meine „falsche Berichterstattung" nicht einstellte, teilte man mir mit, dann hätte ich mit „ernstesten Konsequenzen" zu rechnen. Sie brauchten gar nicht näher auszuführen, was für „Konsequenzen" das sein könnten. Die Bestimmungen der Militärregierung, die in den besetzten Gebieten Gesetzeskraft hatten, ließen den Israelis freie Hand zur Verhängung schwerer Strafen für recht unklar definierte „Verbrechen".

Palästinenser, die man „feindlicher Handlungen", welcher Art auch immer, beschuldigte, fanden sich plötzlich in „amtlichem Gewahrsam" wieder – und das bedeutete manchmal, daß man Monate oder Jahre im Gefängnis verbrachte, ohne daß je eine Verhandlung stattfand. Und es gab noch eine Form der Vergeltung, für die die israelischen Behörden eine Vorliebe hatten – auch sie ohne jegliches juristisches Verfahren: die

Deportation. Der „Verbrecher" wurde mitten in der Nacht festgenommen, bis in die frühen Morgenstunden festgehalten und dann, ohne daß irgendein Rechtseinspruch oder auch nur eine Verständigung mit den Angehörigen möglich gewesen wäre, über die jordanische oder libanesische Grenze geschafft. Einmal draußen, bekam ein Deportierter höchst selten die Genehmigung der Behörden, in seine Heimat zurückzukehren.

Ich machte mir keine Illusionen über die „ernsten Konsequenzen", die mir drohten. Ob Verhaftung oder Deportation – ich wußte, daß nicht ich allein darunter zu leiden hätte: Meine Kinder waren noch jung, ich konnte mir gut vorstellen, wie schrecklich es für sie wäre, wenn sie in dieser Weise brutal von mir getrennt würden. Die israelischen Beamten fanden es nicht unter ihrer Würde, mir das vor Augen zu halten: „Denken Sie daran", sagten sie „taktvoll'. „Sie sind schließlich Mutter . . ." Darin lag eine deutliche und unverhohlene Drohung.

Trotzdem – ich ließ mich nicht irre machen. Ich hatte eine ganz bestimmte Aufgabe übernommen, und mich machte keiner mundtot; ebensowenig würde ich mir freiwillig irgendwelche Beschränkungen auferlegen.

Es war nicht die israelische Besatzungsmacht allein, die stirnrunzelnd meine Tätigkeit beobachtete. Mein Benehmen und meine Lebensweise waren jetzt ganz und gar nicht mehr das, was von einer arabischen Frau erwartet wurde. Mein Haus – eine Art politischen Clubs, in dem sich ausländische Gäste zwanglos mit israelischen Oppositionellen und führenden palästinensischen Persönlichkeiten trafen – war stets wie ein Bienenstock; und ich gab mir nun auch keine Mühe mehr, die bescheidene arabische Hausfrau zu spielen, die gehorsam in der Ecke sitzt, ihren Gästen Kaffee serviert und mit den Damen schwatzt . . . Statt dessen stürzte ich mich in höchst „unschicklicher" Manier in die politische Diskussion und tauschte mit den hochgestellten Gästen – Männer zumeist – frei die Meinungen aus.

Nicht nur damit hatte ich mich von der Tradition gelöst. Es reichte mir nicht, daß ich mich zu Hause „undamenhaft" benahm; ich schreckte auch nicht davor zurück, mit fremden Männern – noch dazu Ausländern! – auf der West Bank herumzufahren – und das ohne Anstandsdame!

Da'ud, mein Mann, hat ohne Zweifel mit der Zeit manche moderne Auffassung übernommen, er hat sich von den konservativen Ansichten, die er zu Beginn unserer Ehe hatte, sehr weit entfernt. Dennoch ist er ohne Frage ein Mann der Tradition. Er hat nie ein Hehl daraus gemacht, daß nach seiner Überzeugung eine Frau in erster Linie für ihren Mann und ihre Kinder da ist; sie hat sich um das Heim zu kümmern und nicht um so „männliche" Geschäfte wie die Politik. Abgesehen von dieser Grundhaltung fand er zweifellos auch, daß meine Tätigkeit ungünstige Rückwirkungen auf seine gesellschaftliche Stellung hätte. Je mehr ich ins Rampenlicht rückte, um so mehr sah er sich von seiner eigenen Frau in den Schatten gestellt – eine höchst ungewöhnliche Situation in der patriarchalischen arabischen Gesellschaft. Er war empfindlich gegen Bemerkungen seiner traditionalistischen Freunde; da sie ihn für mich „verantwortlich" machten, fragten sie ihn, wieso er mein Benehmen denn dulde, und sie gaben ihm zu verstehen, daß er seine männliche Autorität aufbieten und mich an die Kandare nehmen müßte.

Da'ud verbarg durchaus nicht, daß er unzufrieden war. Er ist ein ruhiger Mensch, dem Trubel und Aufregung zuwider sind; das ständige Kommen und Gehen in unserem Hause war ganz und gar nicht nach seinem Geschmack. Er beschwerte sich bitterlich darüber, daß ich mich dauernd mit Politik beschäftigte und keine Zeit mehr für die Kinder hätte. „Du solltest ihnen bei den Französisch-Aufgaben helfen, anstatt mit Journalisten zu palavern!" Durchaus zu Recht wies er darauf hin, daß mein politisches Engagement ihn sehr viel Geld kostete: Meine täglichen Anrufe überall auf der West Bank und bei ausländischen Journalisten in Jerusalem und Tel Aviv hatten unsere Telefonrechnung in astronomische Höhen getrieben, Tausende von israelischen Pfunden jeden Monat. Vor allem warnte er mich immer wieder, daß die israelischen Behörden sich eines Tages an der ganzen Familie rächen könnten. Aber all diese Beschwerden und Warnungen – so wohlbegründet sie in der Tat waren – dienten doch nur als Maske für die eigentliche Unzufriedenheit Da'uds. Was er wünschte, war schlicht und unkompliziert: Er wollte, daß ich die Politik fahren ließe und mich in hergebrachter Weise wie eine arabische Hausfrau und Mutter benähme.

Ich sah mich einem seltsamen Bündnis gegenüber. Israelische Militärbeamte machten gemeinsame Sache mit meinem eigenen Ehemann, indem sie gleichlautende Forderungen an mich richteten. Die Druckmittel waren sehr unterschiedlich, die vorgebrachten Argumente ähnelten einander kaum, aber die Zielrichtung war die gleiche: Sowohl Da'ud als auch die Israelis wollten, daß ich mich nicht politisch betätigte und mich zur traditionellen Rolle der ans Haus gebundenen Araberin bekehren ließe.

Ich aber war halsstarrig. Inzwischen war ich voll im politischen und journalistischen Geschäft, und ich hatte nicht die geringste Absicht, das aufzugeben. Ich ignorierte die Drohungen der Israelis und das Schmeicheln Da'uds und kämpfte mich voran. Ich ließ mir nicht den Mund verbieten. Wenn irgendjemand mich in meiner Freiheit beschränken wollte, konnte er nicht erwarten, daß ich dazu Ja sagte! Wenn jemand mich in einen Käfig sperren wollte, dann mußte er es mit Gewalt tun.

Die Israelis begriffen es schließlich. Am 12. August 1976 teilte mir Oberst Jaakov Katz, Militärgouverneur von Ramallah, mit, daß ich ab sofort und unbefristet unter Hausarrest gestellt sei.

14. Gefangenschaft ist ein Geisteszustand

Hausarrest. Es ist mir streng verboten, zu irgendeiner Zeit des Tages oder der Nacht das Haus zu verlassen.

Alle paar Stunden kommt eine Streife vorbei, und der Offizier erkundigt sich nach der „Dame". Die meiste Zeit über hat der Polizist, der Wache steht, nichts zu tun. Wir tragen einen Stuhl hinaus und stellen ihn in den Eingang; hin und wieder bringt eins der Kinder ihm eine Tasse Kaffee. Es dauert mich, wie er leidet. Besonders hart muß es wohl nachts sein; die Nächte in Ramallah sind kalt, und von der Küste her weht ein kühler Wind.

Nach ein paar Tagen gehen wir noch etwas weiter in unserer Sorge für den Polizisten: Abends, wenn kein Besuch mehr droht, bitten wir ihn herein, damit er fernsehen kann.

Eines Tages kommt ein Offizier vorbei und entdeckt den Polizisten drinnen im Haus. Er ist außer sich. Von da an haben die diensttuenden Polizisten strikten Befehl, außerhalb des Hauses zu bleiben.

Von einem Tag auf den anderen bin ich zur Untätigkeit gezwungen. Ich, die immer so dynamisch und aktiv war, die es nie zu Hause aushielt, die unablässig irgendetwas zu tun hatte – ich bin nun in vier Wände eingeschlossen. Genau wie eine konventionelle Hausfrau. Ich denke an meine Freundinnen und Bekannten, Frauen, die der traditionellen Rolle der arabischen Mutter und Hausfrau entsprechen, die über ihr enges kleines Reich gebieten und sich kaum ins Freie wagen außer für die unmittelbarsten Bedürfnisse. Frauen, die an die Langeweile und Bedeutungslosigkeit ihrer Häuslichkeit gebunden sind, die nach und nach in Trägheit versinken und deren Horizont sich fortschreitend verengt. Es ist ein schlimmes Los, ein Dahindämmern ohne Sinn und Wert.

Bezweckt man etwa mit meiner Einschließung, daß ich mich an diese Lebensweise gewöhne? Niemals!

Nicht genug damit, daß sie mich in mein Haus einsperren – die Militärbehörden haben auch mein Telefon gekappt. Rechtsgrundlage hierfür sind die Sicherheitsbestimmungen, die im Jahre 1945 von der britischen Mandatsmacht im Zuge ihrer Bemühungen zur Unterdrükkung der Juden erlassen worden sind. Und nun wenden die Juden eben dieses Recht gegen uns an! Die bittere Ironie der Geschichte . . . Mit der Abschaltung meines Telefons haben die Behörden ihre wahren Motive für meine Festsetzung aufgezeigt. Während ihre Sprecher erzählen, ich organisierte Streiks oder Demonstrationen oder passiven Widerstand – jedesmal haben sie eine andere „Erklärung" –, wollen sie in Wirklichkeit nur eines: meine Beziehungen zur Auslandspresse abschneiden. Ohne Telefon, eingeschlossen in mein Haus, kann ich keinen Kontakt mit meinen Informanten überall auf der West Bank halten. Weder bin ich in der Lage, Nachrichten zu sammeln, noch kann ich solche an ausländische Journalisten in Jerusalem oder Tel Aviv weitergeben; ich kann auch nicht mehr für den Sender San Francisco arbeiten, der Kommentare von mir zu bringen pflegte.

Es ist ganz einfach: Sie wollen mich zum Schweigen bringen.

Ich sitze zu Hause und ärgere mich, daß ich so hilflos bin. Es gibt so viel zu tun; so vieles, was man der Auslandspresse berichten müßte, so viele Akte der Unterdrückung und des Unrechts, die niemand zur Kenntnis nimmt. Mir sind die Hände gebunden – und da ist niemand, der meine Stelle einnehmen könnte.

Da gibt es eine ausländische Nachrichtenagentur, für die ich freiberuflich zu arbeiten pflegte; ich lieferte regelmäßige Berichte über Ereignisse auf der West Bank. Jetzt haben sie an meiner Stelle einen israelischen Araber, dessen Berichte von Verdrehungen und Entstellungen der Tatsachen nur so strotzen. Viele dieser Berichte zielen offensichtlich darauf ab, Unruhe und Zwietracht innerhalb des palästinensischen Volkes zu schüren. Die Tatsache, daß solche Berichte von einer „objektiven" ausländischen Agentur verbreitet werden, verleiht ihnen größere Glaubwürdigkeit; verschiedentlich ist es schon gelungen, mit solchen Meisterstücken der Desinformation ernsten Streit in unser Volk zu tragen. Dieser Mann erfindet Geschichten über Zusammenstöße zwischen Christen und Moslems; er saugt sich einen „Zwist" zwischen rivalisierenden Familien aus den Fingern, um Streit aufzurühren; wenn die israelischen Behörden anordnen, daß Schüler, die an Protestdemonstrationen teilgenommen haben, die Schulen in Ramallah zu verlassen haben, legt er diese Relegationen dem populären nationalistischen Bürgermeister von Ramallah, Karim Khalef, zur Last und versucht, ihn als „Kollaborateur" der Besatzungsmacht anzuschwärzen. Wenn sich je ein Mann als palästinensischer Patriot erwiesen hat, dann ist es Karim: Er vertritt gleichzeitig mit seiner kompromißlosen, nachdrücklichen Ablehnung der israelischen Besatzung eine realistische, gemäßigte Politik der künftigen Koexistenz mit dem Staate Israel.

Dieser „Journalist" richtet unentwegt Unheil an; es liegt auf der Hand, daß er für die israelischen Behörden arbeitet. Aber da ich unter Arrest stehe, scheint es niemanden zu geben, der seine Lügen widerlegen kann. Israelische Freunde drängen mich, gegen diese subtile Form der psychologischen Kriegsführung etwas zu unternehmen; aber was kann ich denn tun, eingesperrt, wie ich bin?

Schon in den ersten Tagen meines Hausarrests zeigt sich, daß die

Behörden sich in einem schwer verrechnet haben. Sie hofften, mich von der Außenwelt abzuschneiden, aber sie haben meine treuen Freunde in ihrer Rechnung vergessen. Die Neuigkeit von meinem Hausarrest macht die Runde, und die Leute strömen in mein Haus. Ich bekomme Besuch aus Ramallah und Nablus, aus vielen Gegenden der West Bank. Nicht alle meine Bekannten lassen sich sehen: Mancher läßt sich davon abschrecken, daß sein Besuch mit Sicherheit der Besatzungsmacht gemeldet wird. Manche Leute – insbesondere einige Notabeln von Nablus – sind ausdrücklich ermahnt worden, mich nicht zu besuchen. Aber diese Maßnahmen sind nur zum Teil wirksam. Trotz der Warnungen, trotz des Polizisten, der die Namen und Adressen notiert, kommen meine Freunde zu mir, um mir Mut zu machen, um ihre Solidarität zu bekunden.

Die Solidaritätsbekundungen beschränken sich nicht auf Bewohner der besetzten Gebiete; auch Dutzende von Israelis suchen mich auf, Juden wie Araber, alte Freunde und politische Kampfgenossen. Uri Avneri kommt, von seinem Freund, dem bekannten Rechtsanwalt Amnon Zichroni begleitet – er war in seiner Jugend Kriegsdienstverweigerer und ist seither in Bürgerrechtsverfahren eine prominente Figur. Amnon übernimmt die Verteidigung meiner Interessen gegenüber den israelischen Behörden – allerdings sind die Bestimmungen der Militärregierung so willkürlicher Natur, daß es höchst zweifelhaft ist, ob auf dem Rechtsweg irgendetwas zu gewinnen ist. Avneris Besuch gibt mir Zuversicht. Aus Erfahrung weiß ich: Wenn er etwas in die Hand nimmt, dann erledigt er es gründlich.

Auch andere bedeutende Israelis besuchen mich. Dr. Israel Schahak von der israelischen Liga für Menschenrechte kommt, um mich zur Standhaftigkeit zu ermutigen. Mehrere Mitglieder der Knesseth, des israelischen Parlaments, reisen an: Abraham Levenbraun von der Kommunistischen Partei (Rakah) kommt mit seiner Frau; Marcia Friedmann von den Unabhängigen Sozialisten folgt ihnen. Eliezer Ronen von der Mapam, Mitglied der Regierungskoalition in der Knesseth, kommt zu einem Gespräch und wendet sich dann an Verteidigungsminister Schimon Peres, um meine Freilassung zu fordern.

Noch ein Zeichen der Solidarität: Telegramme von zahlreichen israelischen Rechtsanwälten, Juden wie Arabern, die sich erbieten, meine Verteidigung zu übernehmen.

Noch eine Fehlkalkulation der israelischen Behörden: Sie haben gedacht, wenn sie mich zu Hause einsperren und mir das Telefon wegnehmen, wäre es aus mit meinen Kontakten zur Auslandspresse. Sie haben sich geirrt. Meine Freunde unter den westlichen Journalisten vergessen mich nicht. Wann immer sie auf die West Bank kommen, schauen sie bei mir herein. Wie früher fragen sie mich, was es Neues gibt und was bei uns so passiert, und ich bin bemüht, ihnen mitzuteilen, was ich weiß. Oft haben sie Gelegenheit, bei mir andere Palästinenser kennenzulernen, Fragen zu stellen und die Meinung prominenter Bürger der West Bank zu hören. Ja, mein Haus ist mehr denn je ein „politischer Salon", ein Treffpunkt für zwanglose Zusammenkünfte und Diskussionen, wo ausländische Journalisten und reisende Politiker mit Palästinensern reden können.

Darüber hinaus machen die ausländischen Presseleute meinen Hausarrest bekannt. In internationalen Blättern erscheinen freundliche Artikel: William Farell bringt zwei Meldungen in der „New York Times", Mike Cubric einen Artikel in der „Newsweek". Amnon Kapeliuk und Victor Cygielman vom „Nouvel Observateur" und Greenway von der „Washington Post" berichten ebenfalls über meine Arretierung.

Ein italienisches Fernsehteam, dem man den Zutritt zu meinem Hause verweigert, schleicht sich ums Haus herum nach hinten. Ich werde aus ein paar Dutzend Metern Entfernung „interviewt" – indem ich am offenen Fenster stehe und meine Antworten hinunterschreie . . .

Die israelischen Behörden erhalten täglich die Liste meiner Besucher. Es muß eine herbe Enttäuschung für sie sein, wenn sie die Namen derer sehen, die da zu mir kommen. Und gewiß können sie sich denken, was im Hause vor sich geht. Ob sie „Wanzen" bei mir installiert haben, um unsere Gespräche mitzuhören? Vielleicht. Ich hoffe, daß ihnen Freude macht, was sie hören.

Ausländische Zeitungen drucken die Nachricht, daß ich eingesperrt bin. Charles Weiss, Ann Lash und Jim Fine vom „American Friends Service Committee" erstatten, nachdem sie bei mir waren, ihrer Mutterorganisation Bericht. Israelische Freunde nehmen Verbindung mit meinen Verwandten im Ausland auf. Die Nachricht erreicht auch die Gruppen, bei denen ich während meiner Amerikareise gesprochen habe. Kirchenführer, prominente Mitglieder der Friedensbewegung, liberale Juden, mehrere bekannte Rabbis – alle wenden sich an die örtlichen diplomatischen Vertretungen Israels und geben ihren Protest gegen meinen Einschluß zu Protokoll. Die israelischen Konsuln und Diplomaten, durch die Anfragen in Verlegenheit gebracht, nehmen Zuflucht zu direkten Lügen – etwa, ich hätte „Gewaltakte angestiftet, die Vermögensschäden verursacht und Menschenleben gekostet" hätten – oder zu kunstreich formulierten Ausflüchten.

Auch die Araber in den Vereinigten Staaten kommen mir zu Hilfe. Die AAUC verlangt meine Freilassung. Abdeen Jabana, der berühmte Anwalt, bietet an, meine Verteidigung zu übernehmen.

Mein Hausarrest ist eine seltene Gelegenheit, arabisch-jüdische Zusammenarbeit in der Presse zu üben. Uri Avneris „Ha'olam Hazeh" bringt einen langen Artikel über meinen Hausarrest, der den Besatzungsbehörden heftige Vorwürfe macht wegen der Art, wie sie mich behandeln. Der Artikel ist mit Fotos von mir illustriert, darunter eines, das durch den Zaun hindurch aufgenommen wurde, um mich „hinter Gittern" zu zeigen. Der Artikel wird ins Arabische übersetzt und in den Zeitungen in Kuwait und anderen arabischen Ländern nachgedruckt. Andere israelische Journalisten veröffentlichen gleichgesinnte Artikel – Gabriel Stern von „Al Hamischmar", Kazma von der arabischen „Al Anba" und auch Yehuda Litani. Naomi Gal interviewt mich für „Ha'aretz".

Trotz dieser Welle von Ermutigung und Solidarität spüre ich den Druck. Ins Haus eingeschlossen zu sein, ist nervenzermürbend; auf der anderen Seite hat der ständige Besucherstrom, so willkommen er auch sei, seine Schattenseiten. Jeden Morgen muß ich mich in aller Hast anziehen, mich zurechtmachen und das Haus für Gäste herrichten. Es gibt übereifrige amerikanische Reporter, die durchaus imstande sind, um acht Uhr morgens aufzutauchen, und ich muß bereit sein, sie zu empfangen. Zu beinahe jeder Tageszeit kann es klingeln; da keiner mich anrufen kann, müssen die Gäste einfach unangemeldet kommen. Es gibt Tage, an denen ich von frühmorgens bis in die Nacht hinein keinen Augenblick Ruhe habe. Gäste, Gespräche, Kaffee, Erfrischungen, Journalisten . . . Es ist wundervoll, zu wissen, daß ich nicht vergessen bin – aber wie lange werde ich diese Anstrengungen noch aushalten? Eines Tages kommt der stellvertretende Militärgouverneur zu einem Inspektionsbesuch. Ich merke, daß er mich sehr genau mustert: Ganz klar, er will sehen, ob ich schon Anzeichen von Streß zeige. Noch mehr als sonst bemühe ich mich, fröhlich und sorglos auszusehen und zu klingen. Ich will ihn nicht sehen lassen, daß ich mich quäle, im Gegenteil. Soll er seinen Vorgesetzten melden, daß Raymonda Tawil aufblüht!

Ein einziges Mal, solange es abgeschaltet ist, klingelt das Telefon. Für einen freudigen Augenblick glaube ich, man hätte es wieder angeschlossen – aber der Jubel ist kurz. Hauptmann Duddy vom Büro des Militärgouverneurs ist am anderen Ende. Sein Ton klingt freundlich, aber seine Fragen sind prüfend und spitz. Er fragt, ob wir irgendetwas brauchen. „Nein, danke", sage ich höflich.

„Wird es Ihnen nicht langweilig?" fragt er, so etwas wie Überlegenheit in der Stimme. „Haben Sie eigentlich ein Fernsehgerät?"

Ich gebe mir Mühe, in meinem Ton noch mehr Überlegenheit mitklingen zu lassen. „Oh ja!" rufe ich triumphierend, „ich habe ein Fernsehgerät!"

Gegen vieles gilt es anzukämpfen, wenn ich nicht den Mut verlieren will. Die Wochen vergehen und ich darf nicht hinaus. Der Polizist sitzt draußen und notiert geduldig die Personalien meiner Besucher. Israelische Offiziere kommen im Streifenwagen vorbei und schauen, ob „alles in Ordnung ist". Unzählige Stunden bringe ich auf meiner geräumigen Veranda zu, unterhalte die Gäste und tue mein Möglichstes, um fröhlich und unverzagt zu erscheinen. Es ist nicht einfach, einen Haushalt zu führen, wenn man nicht einmal einkaufen gehen darf. Das junge Mädchen, das mir bei der Hausarbeit zu helfen pflegte, durfte nicht bleiben: Besorgt über den abträglichen Einfluß meines „nachlässigen" Hauses und über ihre freundlichen Unterhaltungen mit dem Polizisten hat ihre Familie sie abgeholt. Es ist schwer, mit allem fertig zu werden.

Doch abgesehen von diesen Alltagssorgen gibt es auch längerfristige Befürchtungen. Werden die israelischen Behörden es bei dem Hausarrest bewenden lassen? Immer wieder einmal sind Gerüchte und Andeutungen zu hören, daß sie die Absicht haben, strengere Beschränkungen und härtere Bestrafungen zu verhängen. Was bedeutet das? Werden sie das Haus für Besuche sperren? Oder wollen sie, falls ich nicht auf andere Weise zum Schweigen zu bringen bin, mich ins Gefängnis schicken? Vor allem aber ist da die allgegenwärtige Angst vor der Deportation.

Jetzt bin ich ans Haus gebunden, Da'ud ist für all das verantwortlich, was draußen zu erledigen ist, einkaufen oder auf die Erziehung der Kinder achten oder mit ihren Lehrern reden. Da'ud ist natürlich äußerst empört über meine Bestrafung. Unaufhörlich hält er mir vor, daß ich es schließlich gewesen sei, die, der öffentlichen Meinung auf der West Bank spottend, Israelis in ihr Haus geladen und offen den Dialog mit ihnen geführt habe – „und nun siehst du ja, wie die Israelis es dir lohnen!" Auch er macht sich große Sorgen über die Zukunft und denkt voller Unruhe daran, was mir noch bevorstehen mag. Aber ich habe das Gefühl, daß ihm nicht ganz und gar mißfällt, was geschehen ist. Vielleicht hofft er, daß es mir eine Lehre sein wird, daß ich nun meine „unweibliche" politische Tätigkeit einschränken werde. Vielleicht auch ist er, nachdem es ihm mißlungen ist, mich zur Häuslichkeit zu überreden, ganz dankbar dafür, daß ich in die „Domestizierung" gezwungen werde, ob ich will oder nicht.

Wir machen unsere Witze darüber – vor allem über das Telefon. Seit die Leitung unterbrochen wurde, spart Da'ud eine Menge Telefonkosten jeden Monat. Eines Tages scherzen die Gäste:
„Ob nicht Da'ud heimlich mit dem Militärgouverneur vereinbart hat,

daß euch das Telefon gekappt wird, damit du endlich Hausfrau wirst?"

„Sie machen mich nicht zur Hausfrau", schnappe ich, „denn Hausfrau sein ist ein Geisteszustand."

Ich sage das zwar so leichthin, aber ganz kann ich meinen Ärger nicht verbergen. Ich kann mich des Eindrucks nicht erwehren, daß alle Männer in heimlichem Einverständnis gegen mich sind, Araber und Juden gleichermaßen. Der Militärgouverneur – ein Mann – hat mir verboten, aus dem Haus zu gehen. Der Polizist – ein weiterer Mann – steht draußen Wache, um sicherzustellen, daß ich gehorche. Die arabische Gesellschaft – von Männern beherrscht – lebt nach Gesetzen, die mich als Frau fesseln und demütigen. Männer – alle Männer, Freunde wie Gegner – personifizieren und repräsentieren gemeinsam all diese Formen der Unterdrückung.

Bei einem ihrer Besuche erzähle ich Uri Avneris Frau Rachel: „Ich habe zwei Bewacher: einen draußen vor der Tür, den anderen hier drinnen . . ." Sie richtet den Blick auf Da'ud und dann zurück auf mich, und sie nickt verstehend.

Selbst jetzt, da ich unter Hausarrest stehe, gibt es Kreise, die mich und meine Handlungen mißbilligen. „Wieso stehen Sie bloß unter Hausarrest?" fragt mich einer giftig. „Warum sind Sie nicht im Gefängnis? Sie müssen bei den Israelis einen ziemlichen Stein im Brett haben, daß sie Sie so bevorzugt behandeln . . ." Ich koche vor Wut bei der Unterstellung, daß ich bei den Israelis so etwas wie eine privilegierte Stellung einnehme.

Eines Tages geleite ich einige Gäste hinaus; als sie das Haus verlassen, gehe ich mit ihnen bis ans Gartentor. Genau in diesem Augenblick fährt Major Maurice von der Militärregierung Ramallah zufällig vorbei. Als er mich draußen sieht, bekommt er einen Wutanfall. Er wendet sich an den Polizisten und schreit: „Sie darf nicht aus dem Haus! Ich wünsche nicht, daß sie die Sonne sieht!"

Ich darf nicht einmal in den Garten und an den Blumen riechen. Sie stehen in voller Blüte, und der Garten ist wunderschön. Aber es scheint, daß ich, wenn ich in den Garten gehe, die Sicherheit des Staates Israel gefährde . . .

Ein tiefes Gefühl der Bitterkeit erfüllt mich. Mit welchem Recht will dieser Mann mir verbieten, die Sonne zu sehen? Gehört denn auch die Sonne den Israelis? Aber ich bewahre mir den klaren Kopf, ich lasse mich nicht von meiner Wut überwältigen: Meine Erbitterung richtet sich gegen die israelische Armee, gegen die israelische Besatzung, gegen Männer wie Major Maurice. Aber ich hege keine Feindschaft gegen Israelis allgemein.

Die israelischen Behörden versuchen mich zu brechen; sie versuchen es mit Zuckerbrot und Peitsche. Die Peitsche ist mein Hausarrest, das abgeschnittene Telefon, das Verbot, mein Gesicht im Freien zu zeigen, die immer wiederkehrenden Gerüchte über bevorstehende schwere Strafen. Es gibt aber auch Zuckerbrot. Unter meinen Gästen sind viele Israelis – Liberale und Linke zumeist. Sie sind alle bemüht zu helfen, sie bieten Rat und Unterstützung an. Aber die Ratschläge differieren, je nach der Persönlichkeit des Ratgebers und seinen Auffassungen. Selbst Mitglieder derselben Partei äußern vollkommen entgegengesetzte Ansichten. Da ist zum Beispiel Eliezer Be'eri von der Mapam – ein „Arabien-Experte" seiner Partei. Wir sind alte Bekannte – und Gegner: Wir haben uns bei vielen Gelegenheiten getroffen, meistens bei Debatten und Streitgesprächen, bei denen wir stets scharf aneinandergerieten. Seit ich Hausarrest habe, ist Eliezer einige Male zu Besuch gekommen. Einmal kommt er mit einer Idee, wie meine Freilassung zu bewerkstelligen sei: Er rät mir, den israelischen Behörden einen offiziellen Brief zu schreiben, in dem ich erkläre, daß ich mich keiner Handlung schuldig gemacht habe, die dem Staate Israel abträglich ist, und daß ich mich auch in Zukunft nicht anders verhalten werde. Ein solcher Brief, so versichert er mir, wird die Behörden veranlassen, mich freizulassen.

„Was?" schreie ich empört. „Entschuldigen? Um Gnade bitten? Mich erniedrigen? Niemals!"

Gleich liegen wir wieder in wütendem Streit, als er mir Extremismus vorwirft. Bevor er geht, warnt er mich nochmals, wenn ich den Brief nicht schriebe, würde ich für lange Zeit eingesperrt bleiben.

Das ist das Zuckerbrot.

Die israelischen Behörden brauchen diesen Brief, um mich in Mißkredit zu bringen, um mich zu demütigen und mich mit dem Beweis meiner Kapitulation als politischen Gegner von irgendeinem Gewicht auszulöschen.

Kurz darauf wieder ein Besuch von der Mapam: Mordechai Bentow und Latif Dori. Ich erzähle ihnen von Be'eris Vorschlag. Latif zögert keinen Augenblick. „Schreiben Sie auf keinen Fall einen solchen Brief!" fleht er mich an. „Was auch geschieht – schreiben Sie ihnen keinen Brief. Das ist eine Falle!"

Bentow reagiert anders: Er gerät in Wut, als er mich sagen hört, ich würde lieber sterben als einen Brief schreiben und um Gnade bitten. Aber ich erwidere: „Ich bin Palästinenserin! Ich habe das Recht, Widerstand gegen die Besatzung zu leisten!"

Be'eri, Bentow und Dori – alle drei sind Mitglieder der Mapam. Avneri und Zichroni erfahren von dem vorgeschlagenen Bittbrief.

Beide lehnen es scharf ab, mir zur Abfassung dieses Briefes zu raten.

Dr. Israel Schahak, israelischer Vorkämpfer für die Menschenrechte, der sich mit seinen Handlungen und Äußerungen bei seinen eigenen Landsleuten höchst unbeliebt gemacht hat, kommt mich besuchen. Auch er rät mir davon ab, irgendeinen Brief an die israelischen Behörden zu schreiben. „Sie wollen alle Palästinenser zum Schweigen bringen. In Beirut werden die Palästinenser physisch vernichtet. In Ihrem Falle wenden sie die psychische Vernichtung an. Bewahren Sie sich Ihre Selbstachtung – bitten Sie nicht um Milde!"

Ich kann nicht nach draußen, aber das Draußen kann zu mir herein. In mein Gefängnis – in mein Haus – dringen die Nachrichten der Außenwelt ein: Im Libanon wütet der Bürgerkrieg weiter. Hunderte von Palästinensern – Männer, Frauen, Kinder – kommen bei Angriffen der Falangisten ums Leben. Sprachlos und machtlos sehe ich die Fernsehberichte, höre die Rundfunknachrichten. Wieder wird palästinensisches Blut vergossen, und die Welt schaut zu, unbewegt und teilnahmslos.

Westliche Presseleute, gerade aus dem Libanon gekommen, erklären mit kühlen, leidenschaftslosen Worten, daß der Kampf der Libanesen die PLO als selbständige politische und militärische Kraft vernichtet hat. Ihre Worte sind für mich eine Qual; doch obwohl sie „objektive" Fakten aufzählen, gestatte ich mir keine Depressionen. Ich habe Vertrauen in die palästinensische Sache.

Vielleicht hätte ich Wut und Haß gegen diese Männer empfinden müssen, die so rasch bei der Hand sind, uns als Volk abzuschreiben. Aber mein Glaube und meine Hoffnung überwinden die Wut: Wir werden überleben und siegen!

Ich glaube an die Fedajin der PLO. Es kann keinen Zweifel daran geben: Ihnen ist es zu verdanken, daß die Welt Interesse an meinem Volke zeigt. Als die Palästinenser mit den kargen UNWRA-Rationen kaum Leib und Seele zusammenhielten, kümmerte sich die Welt nicht um uns. Als wir der Staub der Erde waren, von allen verachtet und gedemütigt – von den arabischen Staaten genauso wie von den anderen Ländern –, bedauerte uns niemand. Die Welt begann uns erst wahrzunehmen, als junge Palästinenser Flugzeuge entführten und mächtige Interessen bedrohten. Jetzt schreckte sie auf und nahm uns zur Kenntnis.

Ich liebe die „Terroristen", denn die „Terroristen" haben die Welt dazu gebracht, uns als Volk anzuerkennen.

Diese jungen Palästinenser, die man „subversive Elemente" und „Terroristen" nennt – sie rebellieren einfach gegen die Erniedrigung.

Sie wollen als Menschen behandelt, als Volk anerkannt werden. Sie haben ihr Studium hingeworfen, die Universität verlassen, um sich dem Widerstand anzuschließen. „Wozu brauche ich den Doktortitel?" fragte einer von ihnen seine israelischen Richter. „Was nutzt mir der Titel, wenn ich keine Heimat habe? Wenn mir nicht erlaubt wird, mit meinem Volke zu leben, während ein russischer Jude in ein Land kommen darf, das er noch nie zuvor gesehen hat?"

Eines verblüffte meine Gäste immer wieder – vor allem solche, die die israelischen Propagandafloskeln von der „liberalen Besatzung" immer noch schlucken. „Nun sagen Sie einmal", stellt mir einer die unvermeidliche Frage, „warum haben Sie Hausarrest erhalten?"

„Ich weiß es nicht", entgegne ich geduldig.

„Was soll das heißen – Sie 'wissen es nicht'? Man muß Ihnen doch einen Grund angeben."

„Die müssen keinen Grund angeben. Ich stehe durch willkürliche Anordnung der Militärbehörden unter Hausarrest. Es hat keine Verhandlung stattgefunden, mir ist nie gesagt worden, welches ,Verbrechen' ich begangen habe, und mir ist nicht bekannt, wie lange ich im Arrest bleiben soll."

Ende Oktober, nach zweimonatigem Hausarrest, werde ich zum Militärgouverneur vorgeladen. Dort stehe ich wieder vor demselben bulligen Schin-Bet-Offizier, der mich einmal wegen Verbreitung von „Falschmeldungen" verwarnt hatte. Vielleicht, um mir einen Schreck einzujagen, führt er das Gespräch mit mir im Keller, was Assoziationen von Folterkammern weckt.

Diesmal macht er sich nicht die Mühe, Höflichkeit zu heucheln. „Es sieht so aus, als reichte der Hausarrest Ihnen noch nicht!" bellt er. „Sie reißen den Mund immer noch viel zu weit auf!"

„Mein Gott, darf ich denn nicht einmal mehr sprechen?" rufe ich in äußerstem Erstaunen. „Ich benutze kein Dynamit, vor meiner Tür steht vierundzwanzig Stunden am Tag die Polizei, meine Telefonleitung ist unterbrochen. Was für Schaden kann ich denn noch anrichten?"

Meine Worte stacheln ihn nur noch weiter auf. Seine Faust donnert auf die Tischplatte nieder. „Wir wissen schon, wie Ihnen das Maul zu stopfen ist! Ich warne Sie – wenn Sie nicht aufpassen, haben Sie weitaus härtere Strafen zu gewärtigen!"

Ich bin entsetzt. Was für Grausamkeiten haben sie denn noch vor? Aber vor seiner Bulligkeit werde ich mich nicht ducken. „Sie sollten besser auf Leute wie mich hören!" schreie ich. „Wenn Sie es nicht tun, dann werden Sie einen neuen Oktoberkrieg erleben! Vielleicht fällt dabei Ihr Sohn. Und dann, wenn es zu spät ist, werden Sie an mich und meine Warnungen denken!"

Ich halte nichts davon, den israelischen Militärs ein lächelndes Gesicht zu zeigen – wir sollten ihnen sagen, was wir denken. Jetzt brüllen wir uns gegenseitig an – völlig sinnlos.

Er sagt mir nicht, was mir vorgeworfen wird; er läßt mich auch völlig im Unklaren, welche Strafen sie noch für mich bereithalten. Er geht und läßt mich wutbebend zurück.

Als ich nach Hause komme, fühle ich stechende Schmerzen in der Brust.

Ein paar Tage später schlagen sie zu. Am Abend spricht ein Polizeioffizier vor und bringt neue Anweisungen. Von nun an sind Besuche nicht mehr gestattet. Der Polizist vor der Tür hat jedermann den Zutritt zu versagen, die Mitglieder des Haushalts ausgenommen. Diese neue Restriktion ist ein Schlag für uns alle. Dianna ist im Begriff, sich in einem arabischen Land an der Universität einzuschreiben. Da'ud soll sie begleiten. Die anderen Kinder sind in der Schule. Ich werde ganz allein im Haus zurückbleiben, mit meinem Wachmann vor der Tür ohne jede Möglichkeit der Kommunikation mit der Außenwelt.

Die Kinder beginnen zu weinen. „Du kannst doch nicht ganz allein bleiben! Und wenn du nun etwas brauchst? Wir verlassen dich nicht!"

Eine meiner Töchter platzt heraus: „Die Verfluchten! Ich gehe zu den Fedajin – ich zeige es ihnen!"

Ein Soldat kommt herein und befiehlt den Nachbarn zu gehen. Draußen steht ein gepanzerter Mannschaftswagen. Was nun? Ich bin in Panik. Da'ud geht zu den Nachbarn hinüber und ruft Amnon Zichroni an. Später erfahren wir, daß Amnon Avneri und Bentow verständigt hat, die ihrerseits mitten in der Nacht Peres aus dem Bett klingelten. Diese ganze Nacht hindurch bleiben wir wach. Keiner kann ein Auge zumachen.

Früh am nächsten Morgen wird der Befehl zurückgenommen. Die Proteste haben gewirkt.

Mein Hausarrest ist von der Militärregierung angeordnet worden. Unter Besatzungsrecht gibt es das Rechtsmittel der Berufung oder des Einspruchs gegen eine solche Anordnung nicht. Das Wort des Gouverneurs ist unanfechtbar.

Aber Amnon Zichroni, mein unermüdlicher Anwalt, versucht den einzigen Rechtsweg zu gehen, der ihm offensteht: Er bittet, meinen Fall dem Revisionsausschuß vorzulegen. Der Ausschuß kann nicht entscheiden; er kann Fälle wie meinen anhören und dann eine Empfehlung aussprechen. Solche Empfehlungen sind nicht verbindlich – das letzte Wort hat immer die Militärregierung.

Es ist zwar nicht sehr vielversprechend, aber Amnon drängt darauf, daß ich vor den Ausschuß gehe – es ist immerhin eine Form des Drucks und könnte nichts schaden. Ich gebe meine Einwilligung, und er reicht meinen Antrag ein.

Die Anhörung wird auf Anfang November festgesetzt.

Zum Termin betreten Amnon und ich das Gebäude der Militärregierung. Wir werden in den Verhandlungsraum geführt. Die Verhandlung beginnt.

Dem Vertreter der Militärregierung zufolge bin ich folgender „Verbrechen" schuldig:

„In den Jahren 1969 bis 1974 organisierte Raymonda Tawil Proteste der Frauenorganisation von Nablus – einer Vereinigung, die subversive Arbeit leistet und die seit Juni 1967 extremistische Protestaktionen inszeniert: Anstiftung zu Unruhen und Sit-in-Streiks.

Im April 1969 organisierte Raymonda Tawil zusammen mit anderen Frauen einen Sit-in-Streik.

Im Juni 1969 übermittelte sie Informationen über Vorgänge vor Gericht an die Volksfront für die Befreiung Palästinas.

Im August 1969 organisierte sie eine Frauenversammlung und stiftete die Teilnehmerinnen zu einer Protestdemonstration gegen die Folter in den Haftanstalten an.

Im Dezember 1969 veröffentlichte sie eine Polemik gegen Mißhandlungen und Folterungen von Häftlingen.

Im März 1970 stiftete sie Schülerinnen zu einer Protestdemonstration gegen die Tötung eines jungen Mannes an.

Im April 1970 organisierte sie ein Frauen-Sit-in am Rathaus von Nablus.

Im Oktober 1971 organisierte sie ein Sit-in und einen Hungerstreik als Protest gegen die Folterung von Häftlingen im Aschkelon-Gefängnis.

Im Januar 1973 nahm sie aktiv an einer Frauendemonstration in Nablus als Protest gegen die Behandlung von Häftlingen teil.

Im März/April 1973 demonstrierte sie gemeinsam mit Mitgliedern der Siah in Akrabeh. Einige der Siah-Mitglieder wurden festgenommen und verurteilt.

Im April 1973 forderte sie Einwohner von Nablus auf, sich während der Trauertage nach dem Angriff der israelischen Armee auf Beirut aller Feiern zu enthalten.

Im Mai 1973 sammelte sie Spenden für die Familien von Terroristen, die im Kampf mit der libanesischen Armee getötet wurden.

Im selben Monat wurde sie für mehrere Stunden festgenommen, nachdem sie versucht hatte, Widerstand gegen die Sprengung eines Hauses in Nablus zu leisten.

Im Juni 1973, am Jahrestag des Sechstagekrieges, organisierte sie eine

Frauendemonstration und forderte die Lehrkräfte einer Schule auf, den Schülern die Bedeutung des Tages zu erläutern.

Im Oktober 1973 nahm sie an einem Sit-in-Streik von Frauen in Nablus teil und forderte ausländische Konsuln auf, anwesend zu sein.

Im Dezember 1973 demonstrierte sie gemeinsam mit israelischen Linken am Rathaus von Nablus gegen Deportationen.

Im Dezember 1974 wurde sie wegen Agitation von der Militärregierung festgenommen.

Nach der Übersiedlung nach Ramallah setzte sie ihre subversive Tätigkeit fort. Im November 1975 stiftete sie zu Demonstrationen in Nablus an, die den in Ramallah abgehaltenen Demonstrationen entsprachen.

Im letzten Jahr gab sie sich bei ihren Kontakten mit ausländischen Journalisten als Sprecherin der PLO für die Gebiete Judäa und Samaria aus.

Anfang Mai 1976 stand sie in Verbindung mit Personen, die einen Protestmarsch gegen den Marsch der „Gusch Emunim" (israelische religiöse Nationalisten) planten.

Anfang Juni 1976 nahm sie an der Beisetzung von Muhammed Kawaja, Mitglied einer terroristischen Organisation, der in der Haft Selbstmord beging, teil; sie kam in Begleitung ausländischer Journalisten.

Im Juni 1976 forderte sie Mitglieder des Gemeinderates von Ramallah auf, einen Proteststreik gegen die Verhaftungen am Bir-Zeit-College zu organisieren.

Am 21. Juni 1976 wurde sie von der Militärregierung in Ramallah vorgeladen und ersucht, sich ihrer subversiven Tätigkeit zu enthalten. Den Sicherheitsdiensten wurde bekannt, daß sie trotzdem Anfang August 1976 Geschäftsleute in Ramallah anstiftete, ihre Läden aus Protest gegen die Erhebung von Mehrwertsteuer zu schließen.

Am 27. Oktober 1976 wurde sie erneut von der Dienststelle der Militärregierung vorgeladen und wurde verwarnt; sie erschien zum Termin mit einem PLO-Abzeichen am Kragen . . ."

Da sitze ich und höre mir die Anklage an, und ich fühle mich irgendwie unberührt, leicht verwundert. Eine beachtliche Liste! Und das alles soll *ich* gewesen sein? Das kleine Mädchen, das man von der Mutter gerissen hatte? Der Teenager, dem das Herz brach vor Sehnsucht nach seinen Brüdern jenseits des Mandelbaumtors? Die junge Frau, die man so grausam von ihren Eltern und Angehörigen trennte?

Oder reden sie von der „imperialistischen Missionarin"? Von der Frau, die geschmäht wurde, weil sie sich in männliche Reservate drängte, die man wegen ihrer „undamenhaften" Kontakte zu Ausländern verurteilte?

Stellt diese Frau jetzt eine derartige Bedrohung für den mächtigen Staat Israel dar?

Meinen sie denn wirklich *mich*?

Es ist kalt im Militärgericht von Ramallah. Als ich das Gebäude betrat, sah ich draußen die Reihe der hockenden Frauen; sie trugen lange, schwarze palästinensische Kleider, ihre Gesichter waren runzlig, ihre Hände von harter Arbeit gekrümmt. Geduldig saßen sie da, wie man es sie gelehrt hatte, bereit, jeder Respektsperson die Füße zu küssen. Es ist erstaunlich. Viele dieser Frauen sind Mütter von Fedajin – verwegenen, furchtlosen jungen Männern und Frauen, die unseren Stolz und unsere Selbstachtung wiederhergestellt haben. Sie aber, die Mütter, bleiben, was sie waren: demütig, unterwürfig, resigniert.

Ich habe keine Ähnlichkeit mit diesen Frauen. Ich trage eine schicke blonde Perücke, ich kleide mich europäisch. Ich rede mit Ausländern, ich kann sogar mit den Israelis in deren eigener Sprache reden. Für die israelischen Soldaten, die sich in den Gerichtssaal drängen, muß ich ein ganz neuer, unbekannter Typ von Palästinenserin sein. Neugierig starren sie mich an; unerschrocken erwidere ich ihre Blicke und genieße ihre Verlegenheit, wenn ihre Augen den meinen begegnen.

Fremde Gesichter. Wohin ich auch schaue – nichts als fremde Gesichter. Der Richter, der Ankläger, die Soldaten. Mir kommen die Worte meines Vaters in den Sinn: „Fremde in meiner Heimat . . . mein Haus erkennt mich nicht mehr." Ich bin traurig, verzagt. Vater hatte Akko gemeint, Akko nach der israelischen Eroberung – aber es galt genauso für Ramallah, das nun auch unter fremder Besatzung stand.

Und hier, in der palästinensischen Stadt Ramallah, stehe ich nun vor einem fremden Gerichtshof und versuche, meine Freiheit wiederzugewinnen.

Es ist mir nicht erlaubt zu sprechen; Amnon vertritt meine Sache. Da er ein Israeli ist, kann er sie mit einer Vehemenz und Energie vertreten, die ein arabischer Anwalt nur schwer erreichen könnte. Er zerreißt die „Anklage" in der Luft, er wirft den Behörden vor, daß sie mir keinerlei Hinweis darauf gegeben haben, was ich in der Auslandspresse schreiben darf und was nicht. Er geißelt die Militärregierung wegen der „Willkürakte", mit denen sie mich meiner „elementaren Menschenrechte" beraubt habe.

Die Anhörung dauert vier Stunden. Amnon tut Wunder, obwohl es kein ordentliches gerichtliches Verfahren ist. Er stellt jede einzelne Beschuldigung in Frage, die der „Ankläger" vorbringt. An einer Stelle fragt der Vorsitzende des Revisionsausschusses verblüfft: „Wenn sie sich all dieser Vergehen schuldig gemacht hat – warum hat man sie nicht vor Gericht gestellt?"

Verlegen murmelt der Ankläger etwas von „Sicherheit" und von „geheimen Informationsquellen."

Später zieht Amnon einen Ausschnitt aus der „New York Times" hervor: In dem Artikel wird sehr positiv über mich und höchst kritisch über die israelischen Behörden berichtet. „Raymondas Arrest schadet den Interessen des Staates Israel", interpretiert er.

Der Ankläger verliert die Selbstbeherrschung. „Es schert uns nicht, was die ‚New York Times' schreibt!" schreit er.

Der Ankläger irrt sich. Zweifellos gibt es in Israel einflußreiche Leute, denen es durchaus nicht gleichgültig ist, was die „New York Times" schreibt. Israelische Freunde, die sich für meine Freilassung einsetzen, erzählen mir, sie hätten Zusagen „von höchster Stelle", daß ich bald frei sein würde. Es sieht danach aus, als wollte Schimon Peres, der israelische Verteidigungsminister, demnächst in die Vereinigten Staaten reisen, und bestimmt hat er es nicht gern, wenn er dort eine ungünstige Presse hat, weil ich eingesperrt bin.

Doch während die politische Führung offensichtlich beunruhigt ist über die Flut von Protesten aus Israel selbst und, mehr noch, über den Druck auf israelische Auslandsvertreter, scheinen die Militärbehörden entschlossen, mich geknebelt hinter Schloß und Riegel zu halten.

Ein Eilbote der Militärregierung kommt in Amnon Zichronis Büro, er bringt die Empfehlungen des Revisionsausschusses. Der Antrag auf Aufhebung meines Hausarrestes wird zurückgewiesen. Hinten herum erfahren wir, daß der Revisionsausschuß sogar empfohlen hat, mich noch strenger abzuschirmen.

Am 10. Dezember 1976 um acht Uhr morgens werde ich zum Militärgouverneur von Ramallah bestellt. Sehr verwundert und gespannt betrete ich sein Büro. Was wollen sie denn nun schon wieder von mir?

Der Gouverneur empfängt mich höflich; lächelnd bittet er mich, Platz zu nehmen. „Sie wissen, daß der Revisionsausschuß Ihren Antrag abgelehnt hat. Der Militärgouverneur der West Bank hat die Beschlüsse des Ausschusses bestätigt . . ."

Und deshalb werde ich herbestellt?

„Immerhin, es ist ruhig und friedlich in Ramallah . . ." (Ich starre ihn voller Staunen an, denn gerade an den beiden letzten Tagen haben Protestaktionen und Demonstrationen im Stadtzentrum zu Unruhen geführt) „und so habe ich mich entschlossen, in eigener Kompetenz zu handeln. Ich habe beschlossen, Sie aus dem Hausarrest zu entlassen."

Er hat beschlossen? Was für ein Seemannsgarn will er mir da verkaufen? Er hat Befehl von oben – wahrscheinlich von ganz oben.

„Sie sind frei." Wieder lächelt er mir zu.

Erst jetzt kann ich anfangen zu denken. Die Mitteilung in mich aufnehmen. Anfangen zu fühlen.

Die Erleichterung, das Gefühl, daß der Alptraum nun vorüber ist.

Ich bin zu erschüttert, um etwas zu sagen.

Er gibt sich immer noch freundlich. „Was werden Sie jetzt tun?" fragt er. „Gehen Sie wieder an die Universität?"

Ich murmele etwas Undefinierbares. Dann gehe ich nach Hause.

Ich bin vom Hausarrest befreit.

Bin ich nun frei? Natürlich nicht. Wie könnte ich denn frei sein?

Ich bin eine Palästinenserin, die unter der Besatzung lebt.

Ich bin eine Frau in einer reaktionären patriarchalischen Gesellschaft.

Ich bin eine Frau in einer Gesellschaft, die Männer zu Halbgöttern und Frauen zu willenlosen Puppen macht.

Mein Hausarrest ist aufgehoben. Meine Sklaverei bleibt bestehen. Mein Kampf um Befreiung hat gerade erst begonnen.

Nachwort zur Taschenbuchausgabe

Dieses Buch wurde Anfang 1978 abgeschlossen, aber was es schildert, ist für uns noch heute Wirklichkeit, trotz alledem, was sich inzwischen ereignet hat. Ja, in den wilden Jahren seitdem ist in dieser Region viel geschehen: Die Beschlüsse von Camp David und der israelisch-ägyptische Friedensvertrag; die darauf folgende Ermordung des ägyptischen Staatspräsidenten Anwar el Sadat; die israelischen Wahlen von 1981, bei denen Menachem Begins Likud-Block für eine weitere Amtsperiode bestätigt wurde; das Jahr 1982 brachte den israelischen Einmarsch im Libanon mit seinen entsetzlichen Begleitumständen: der wahllosen Bombardierung von Zentren der Zivilbevölkerung, insbesondere von palästinensischen Flüchtlingslagern, der Belagerung Beiruts und den abscheulichen Massakern von Sabra und Schatila. Und als wäre meinem Volke von der Hand anderer nicht schon genug Leid zugefügt worden, sind seine Reihen in den letzten Monaten durch tragische Spaltungen zerrissen.

Wir Palästinenser sind nicht die einzigen, die Zerrissenheit erleben. Auch innerhalb Israels ist die Uneinigkeit gewachsen. Die Anfangsstadien des Libanonkrieges brachten Begin und seinem Verteidigungsminister Ariel Scharon gewaltige Popularität ein, doch als das israelische Volk von den Schrecken des Krieges erfuhr und von dem blutigen Preis, den er beiden Seiten abforderte, stießen die beiden Männer auf wachsende Opposition. Die Protestbewegung zwang Scharon schließlich zum Rücktritt vom Amt des Verteidigungsministers; bald darauf folgte ihm der Oberkommandierende, Generalmajor Rafael Eytan; am Ende trat Begin selbst ab. Und auch sein Nachfolger, Schamir, wurde inzwischen durch den Führer der Arbeiterpartei, Peres, ersetzt.

Vieles hat sich geändert in den letzten Jahren — das Los meines Volkes aber ist so traurig geblieben, wie es war. Ja, in mancher Hinsicht haben sich die Dinge zum Schlechteren gewendet. Allzu viele Palästinenser — junge Kämpfer ebenso wie unbewaffnete Zivilisten — sind im Libanonkrieg getötet oder verstümmelt worden; andere erlitten ein ähnliches Schicksal durch israelische Sicherheitskräfte in den besetzten Gebieten, wo wir außerdem zunehmende Gewalttätigkeit von seiten der israelischen Siedler zu erdulden hatten. Die Siedler werden immer dreister, je mehr Siedlungen gebaut werden auf palästinensischem Land, für dessen Aneignung oder Beschlagnahme die israelischen Behörden ein ganzes Bündel zynisch „legaler" Tricks anwenden.

Wir hingegen mußten diesen Taten schweigend zusehen, weil uns selbst das Recht zu protestieren verweigert wird. Wer seine Stimme erhebt, wird verhaftet, gejagt, mit Restriktionen belegt wie denen, die mir mein Haus zum Gefängnis machten. Unsere Zeitungen tragen einen Maulkorb, unsere Künstler und Schauspieler werden bedrängt. Auch unsere Dichter unterliegen der wachsamen Beobachtung allmächtiger Zensoren auf Ausschau nach „dissidentischen" Versen. Die israelischen Behörden verfolgen unsere Führer, von denen die einen deportiert, andere kurzerhand aus den Ämtern geworfen wurden, die sie in (israelisch überwachten!) Wahlen errungen hatten. Zwei prominente Bürgermeister — Bassam Schak'a in Nablus und Karim Chalaf in Ramallah — fielen verbrecherischen Bombenattentaten zum Opfer, wobei es den israelischen Sicherheitsdiensten merkwürdigerweise nicht gelungen ist, die Täter zu finden, was in schreiendem Widerspruch zu ihrer berühmten Heldenhaftigkeit beim Aufspüren palästinensischer Widerstandsnester steht.

Das Palästinaproblem schwärte wie eine entzündete Wunde, und es kamen Quacksalber und boten ihre Schwindelarzneien an. Die Camp David-Beschlüsse versprachen uns feierlich die „Autonomie". Viele Freunde des palästinensischen Volkes waren davon sehr angetan, glaubten sie doch wirklich, die „Autonomie" eröffne die Aussicht auf wahre Freiheit. Bald aber wurde klar, daß die israelische Führung einen Riesenbetrug verübt hatte; die „Autonomie", die sie anbot, war nichts als hohler Schein. Sie sollte die israelische Besetzung aufrecht erhalten, sie sollte die bestehenden israelischen Siedlungen festschreiben und die Schaffung neuer zulassen, sie sollte Israel erlauben, Sicherheit und Ordnung im Innern zu kontrollieren und das Kommen und Gehen unserer Menschen über die Jordanbrücken zu überwachen. Unsere „Autonomie" sollte uns wenig mehr zugestehen als das Recht, Kommunalsteuern zu erheben und unsere Kläranlagen selbst zu beaufsichtigen.

Wie in diesem Buch dargelegt wird, haben wir nichts gegen die sichere Existenz des Staates Israel — innerhalb seiner eigenen anerkannten Grenzen. Aber wir wollen einen Staat für uns mit eigener Flagge und eigener Nationalhymne. Wir wollen unsere nationale Identität. Wir wollen die Interessen unserer emigrierten Brüder in der palästinensischen Diaspora wahren. Wir wollen die Araberrechte in Jerusalem schützen. Die „Autonomie" würde uns nichts davon geben. Im Gegenteil, der Plan war der Versuch, die palästinensische Sache für immer zu begraben, das Gewissen der Welt damit zu beruhigen, daß man den Eindruck erweckte, als sei die Palästinafrage „gelöst" — während wir unter Israels Joch blieben.

Die „Autonomie" kam und ging wie ein Meteor, der über den

Himmel blitzte, bevor er ausbrannte und uns in der bedrückenden Dunkelheit zurückließ. Immerhin — etwas Licht schimmert auf in der Finsternis. Trotz des Spalterkurses, den eine Minderheit der Palästinenser eingeschlagen hat — im Zusammenspiel mit bestimmten arabischen Regimen, die sich unsere Schwächen zunutze machen —, ist das palästinensische Volk einiger und entschlossener denn je. Die Palästinensische Befreiungsorganisation PLO hat gefährliche Stürme überstanden und ist daraus blutend, aber ungebeugt hervorgegangen. Mit wachsender Einsicht und Erfahrung steuert die PLO-Führung einen politischen Kurs, der neue Wege abgesteckt hat. Ohne den bewaffneten Widerstand zu vernachlässigen, hat die PLO diplomatische Initiativen zur Lösung unseres Konflikts mit Israel begrüßt. Die Palästinenserbewegung hat das Stigma der blutrünstigen Terroristen abgeschüttelt und hat sich internationale Anerkennung und Achtung erworben. Mehr denn je weckt die Sache der Palästinenser überall auf der Welt Verständnis und Symphatie. Und nicht zuletzt wird uns die beständige Unterstützung jener mutigen Minderheit von Israelis zuteil, die unsere gerechte Sache anerkennen und denen bewußt ist, daß ihr Volk nicht in Frieden oder Sicherheit leben kann, solange es meinem Volk Freiheit und Unabhängigkeit verweigert. Die Unrechtsakte, die von der israelischen Regierung gegen die Palästinenser begangen worden sind, haben den aktiven Protest Tausender von Israelis hervorgerufen, der sich in vielfältigen Formen ausdrückte — von Massendemonstrationen bis hin zu einer erklecklichen Zahl von Reservisten, die den Dienst im Libanon verweigerten.

In diesen Gewissensakten von Israelis liegt die Hoffnung, daß unsere beiden Völker eines Tages in Harmonie und gegenseitiger Achtung Seite an Seite leben werden. Solch friedliches Zusammenleben wird nur zustande kommen, wenn es beiden Völkern — Israelis und Palästinensern — erlaubt wird, ihre vollen Rechte als Nation in Frieden und Sicherheit auszuüben.

Im Laufe dieser Jahre habe ich Augenblicke der Verzweiflung durchlebt, aber sie sind vorübergegangen. Mag unsere Lage gegenwärtig auch noch so düster und hoffnungslos sein — ich habe meine Hoffnungen auf eine bessere Zukunft nicht aufgegeben. Es wird ganz sicher der Tag kommen, an welchem die Palästinenser — Männer und Frauen gleichermaßen — Emanzipation und Menschenwürde in einem freien und souveränen Palästinenserstaate erreichen werden.

Ramallah
Januar 1985   Raymonda Hawa Tawil

Anhang

Peretz Kidron
Bericht über Verhaftung und Vernehmung
Raymonda Tawils

Am 23. März 1978 um ein Uhr nachts drangen acht israelische Polizisten — einige uniformiert, andere in Zivil, unter ihnen eine Frau — gewaltsam in das Haus Raymonda Tawils ein. Drei der Beamten nahmen Frau Tawil fest und transportierten sie in einem Polizeiwagen ab, dem weitere fünf Militär- und Polizeifahrzeuge das Geleit gaben. Die verbleibenden Beamten unternahmen eine gründliche Hausdurchsuchung; sie beschlagnahmten Bücher, Tonbandkassetten, eine Palästinenserfahne, Fotos (sie blätterten sogar die Alben mit den Hochzeitsfotos durch) und die gesammelten Zeitungsausschnitte aus der Weltpresse mit Artikeln über Frau Tawil. Während Frau Tawil im Jerusalemer Polizeipräsidium festgehalten wurde, bemühten sich die Behörden, ihre Verhaftung zu rechtfertigen; sie lancierten Berichte in die israelische Presse, in denen Frau Tawil alles mögliche vorgeworfen wurde: „Unruhestiftung", das „Fotografieren israelischer Truppen beim Vorgehen gegen Demonstranten", „Kontakte zu PLO-Führern in Beirut" und „Kontakte zu Terror-Zellen auf der West Bank". Der Grund, der auf ihrem Haftbefehl angegeben war, lautete „terroristische Betätigung"; dieser Vorwurf wurde dann fallengelassen und durch „Erregung öffentlichen Ärgernisses" ersetzt.

Während der ersten beiden Wochen ihrer Haft wurde Frau Tawil täglich verhört, manchmal von acht Uhr morgens bis elf Uhr nachts. Die Fragen, zu denen sie vernommen wurde, hatten nichts mit den offiziellen „Anklagen" zu tun; die Vernehmungsbeamten beschäftigten sich ausschließlich mit ihren Kontakten zu den Medien, zu Persönlichkeiten des öffentlichen Lebens und zu Organisationen in den Vereinigten Staaten und in Europa. Sie wurde auch nach ihren Verbindungen zu kommunistischen Ländern befragt. Wiederholt ging es um ihre angeblichen Beziehungen zu dem PLO-Führer Abu Jihad in Beirut. Man warf ihr vor, durch ihre Mitarbeit bei einem Rundfunksender in San Francisco Kontakte zum PLO-Rundfunk zu unterhalten.

Während dieser Phase ihrer Gefangenschaft wurde Frau Tawil in Einzelhaft gehalten. Ihr waren weder Besuche ihres Rechtsanwaltes oder ihrer Angehörigen erlaubt, noch durfte sie Bücher oder Kleidung empfangen. Sie wurde einem kombinierten physischen und psychischen Druck unterworfen — manchmal wurde sie in eine Dunkelzelle gesperrt, wurden ihr beim Verhör die Augen verbunden, wurde sie bedroht. Tatsächliche physische Gewalt wurde bei den Verhören nicht angewendet.

Doch am 4. April wurde Frau Tawil in ihrer Zelle von Aufsehern und Polizisten zusammengeschlagen. Daraufhin machten ihr das Rote Kreuz und — auf ihr Verlangen hin — der Militärgouverneur von Ramallah einen Besuch (ihren Anwalt durfte sie erst eine Woche später sehen). Von da an kamen keine weiteren Brutalitäten vor, und die Verhöre wurden eingestellt.

Am 5. April kam ein Vernehmungsbeamter der Polizei ins Gefängnis und klagte Frau Tawil formell an, am 16. März bei einer Demonstration im Ahalija-College einen israelischen Offizier tätlich beleidigt zu haben.

Am 10. April, nach achtzehn Tagen Haft — der höchstzulässigen Zeit, für die ein Mensch ohne richterlichen Beschluß legal festgesetzt werden darf —, wurde Frau Tawil für eine Frist von dreißig Tagen in „administratives Gewahrsam" genommen — durch eine vom Militärgouverneur der West Bank, General Hagael, unterzeichnete Anordnung.

Während dieser Haftzeit wurde Frau Tawil keinen Verhören mehr unterzogen, bis die israelische Wochenzeitschrift „Ha'Olam Hazeh" einen Bericht über die Mißhandlungen vom 4. April veröffentlichte. Nach Erscheinen des Berichtes wurde Frau Tawil mehrfach vernommen, wobei die Vernehmungsbeamten ihr die schlimmsten Konsequenzen androhten.

Solange sich Frau Tawil in Haft befand, nahm man weltweit Anteil an ihrem Fall. Dr. Nahum Goldmann, Jean-Paul Sartre, I.F. Stone und Noam Chomsky veröffentlichten Proteste oder intervenierten für sie bei den israelischen Behörden; führende Presseorgane des Westens griffen ihren Fall in scharf kritischer Form auf; auch eine Reihe israelischer Journalisten veröffentlichte Artikel, in denen Frau Tawils Festsetzung verurteilt wurde. Prominente israelische Liberale und politische Persönlichkeiten setzten sich entschieden für ihre Freilassung ein.

Am 7. Mai 1978, mit dem Auslaufen des Dreißig-Tage-Haftbefehls und nach mehr als sechswöchiger Haft, wurde Raymonda Tawil entlassen.

Ein Gespräch mit Raymonda Tawil über Möglichkeiten eines palästinensisch-israelischen Dialogs*

Raymonda, Sie haben in der Vergangenheit viel über die Schwierigkeiten palästinensischer Frauen geschrieben, die im öffentlichen Leben eine aktive Rolle spielen wollen. Gibt es viele palästinensische Aktivistinnen wie Sie?

Ja, aber sie haben einen anderen politischen Weg gewählt — in Universitäten, Frauenverbänden, Gewerkschaften und Vereinen. Der größte Unterschied ist vielleicht der, daß sie innerhalb des konventionellen Rahmens geblieben sind, während ich ihn überschritten habe, um meine Ansichten auszudrücken. Das war nicht einfach.

Womit beschäftigen Sie sich gegenwärtig?

Ich beschäftige mich ausschließlich mit den Medien. Ich habe den Palästinensischen Pressedienst ins Leben gerufen, der vor allem mit ausländischen Medien in Verbindung steht und der das hiesige arabische Magazin, *Al Awdah*, herausgibt. Die israelischen Behörden beendeten unsere tägliche Berichterstattung und beschränkten sie auf eine wöchentliche Ausgabe, was einfach nicht genug ist. Außerdem geht uns das Zensurwesen an die Substanz. Wie können wir Menschen über die laufenden Ereignisse informieren oder dem Mann auf der Straße die gemäßigte Linie vermitteln? Wir sind nicht einmal zur Verbreitung in der West Bank ermächtigt. Es hat eine ungeheure Bedeutung, wenn dieses Interview mit *new outlook* oder das wichtige Interview mit Karim Chalaf[1] die Palästinenser auf der West Bank nicht erreicht.

Unser Magazin war das erste, das Interviews mit Israelis führte, aber die Regierung erschwert uns die weitere Arbeit sehr. Die israelische Regierung gibt Vertretern extremerer Positionen den Vorzug,

---

* Das Interview wurde erstmals in dem englischsprachigen israelischen Magazin „new outlook, middle east monthly" (März/April 1984, S. 9 ff.) veröffentlicht. Die deutsche Übersetzung publizieren wir mit freundlicher Genehmigung von Redaktion und Herausgeberkreis der Monatszeitschrift „Kommune, Forum für Politik und Kultur", wo das Interview in Heft 8/1984 erstmals in deutscher Sprache veröffentlicht wurde. Die (leicht gekürzte) Übersetzung ist von Jutta Löwe.

1 Bürgermeister von Ramallah (West Bank), von den Besatzungsbehörden abgesetzt. Das Interview erschien in: „new outlook", Februar 1984.

erlaubt ihnen die Herausgabe einer Tageszeitung, während wir, die Gemäßigten, unser Magazin nicht einmal auf der West Bank verbreiten dürfen. Wie sollen wir unsere Stimme zu Gehör bringen?

Wir möchten Ihnen eine persönliche politische Frage stellen. In Ruth Hazans Stück „Grenzzwischenfall" (das ein fiktives Treffen zwischen Raymonda Tawil und Golda Meir zeigt) erklärt die Darstellerin von Raymonda Tawil, daß sie nicht als Frau, sondern als palästinensische Nationalistin handle. Sind Sie eine palästinensische nationale Führerin?

In unserem Teil der Welt ist es für eine Frau schwieriger, als nationale Führerin anerkannt zu werden, als dies in Israel der Fall ist. Wir müssen von uns aus sehr viel mehr darum kämpfen, aber schließlich akzeptieren einen die Leute. Was es anfangs noch schwieriger machte, war der Umstand, daß sie meine politischen Ansichten nicht akzeptierten — meinen Umgang mit dem Feind — mit Israelis, „Fremden", „Imperialisten" oder was auch immer. Mittlerweile ist das vollständig anders geworden. Letzte Woche veröffentlichte *Al Awdah* ein Interview mit mir über Ruth Hazans Stück. Es war (mit Bildern) vier Seiten lang und wurde von den Lesern sehr gut aufgenommen. Eine ähnliche Rezeption stelle ich übrigens gerade auch in der übrigen arabischen Welt fest.

In der arabischen Welt bin ich als „La femme de dialogue" bekannt, die Frau des Dialogs. In der Vergangenheit war ein solcher Dialog mit dem Feind ganz unannehmbar. 1979 brachte eines der angesehensten Magazine in der arabischen Welt, das in Paris veröffentlicht wird, eine Titelgeschichte über mich, die „Frau des Dialogs" „La femme de Dialogue". Können Sie sich vorstellen, was das bedeutet? Der ganze Kampf war nicht vergeblich. Ein anderes Indiz für den Wandel ist die Tatsache, daß mein Buch „Mein Gefängnis hat viele Mauern" für einen Preis vorgeschlagen war, benannt nach dem verstorbenen Mahmoud Ehamshiri, der vom Mossad umgebracht wurde. Das Buch wurde mit einem Israeli geschrieben, Peretz Kidron; es stellt meine Treffen und Gespräche mit Israelis in den Mittelpunkt — dennoch verlieh ihm eine Jury, die ausschließlich aus arabischen Mitgliedern bestand, den Preis! Mein Kampf begann Früchte zu tragen.

Lange Zeit nach der Besetzung waren Sie nicht gegen Terror. Später änderten Sie Ihre Meinung und setzen sich jetzt für politische Mittel ein.

Nach der Niederlage, nach der Besetzung fühlt man sich so schwach, man hat das Gefühl, auf Gewalt angewiesen zu sein. Aus diesem

Gefühl entstand unser Widerstand. Aber wenn man unter der Besatzung lebt, nimmt man eine offenere und maßvollere Sicht an. Koexistenz wird zur Wirklichkeit. Wenn man zusammenlebt, sieht man eine Person als eine Person. Selbst wenn man weiß, daß eine Person ein Feind ist, betrachtet man sie doch als ein menschliches Wesen.

Es gab eine Zeit, in der Palästinenser nicht einmal mit uns vom israelischen Friedenslager sprechen wollten. Wann fand der Wandel statt?

Es war ein allmählicher Wandel, kein plötzlicher. Er entwickelte sich von Tag zu Tag. Ich glaube, mit den Israelis unter der Besetzung zu leben, kam den Leuten wie ein Teufelskreis vor. Für mich persönlich gab es eine einschneidende Veränderung, als die PLO sich scharf gegen jede Art von Extremismus wandte. Die PLO und vor allem Arafat haben sich für eine Zwei-Staaten-Lösung stark gemacht — und letzten Endes eine De-facto-Anerkennung Israels. Diese Linie gab die PLO vor, durch die Presse und den Rundfunk, und das beeinflußt unsere Leute. Darum können wir unsere Vorstellungen jetzt äußern. Erst kürzlich, nach der Operation gegen den Bus in Jerusalem, gab es einen deutlichen Meinungsumschwung. Leute wie Karim Chalaf verurteilten sie, auch die PLO sprach eine Verurteilung aus. Nach dem Anschlag auf den Bus war die erste Reaktion des Mannes auf der Straße negativ. Diese Reaktion entspringt keiner Schwäche oder Angst oder gar dem Gefühl, die PLO sei am Ende. Weit gefehlt! Natürlich verteidigen viele Leute immer noch die Gewaltanwendung. Die Extremisten bieten uns die Option eines Kampfes bis zum bitteren Ende. Andere meinen, wir sollten der politischen Lösung einige Zeit einräumen, aber wenn nichts dabei herauskommt, zu militärischen Operationen zurückkehren.

Ich kann Ihnen jedoch versichern, daß wir, die wir unter der Besatzung leben, die Hardliner nicht unterstützen. Wir stehen hinter Arafat und der gemäßigten Gruppe innerhalb der PLO. Auch Palästinenser in der Diaspora, in Amerika, den Golfstaaten, überall, unsere Funktionäre in ganz Europa erkennen Arafat als den einzigen legitimierten Vertreter der PLO an. Und Arafat läuft nicht mit der Erklärung durch die Gegend, daß er ganz Palästina will!

Raymonda, Sie haben sich auf den neuerlichen Busanschlag in Jerusalem als „Operation" bezogen. Nun verurteilen Sie ständig Terror gegen Zivilisten. Wie erklären Sie diesen offenkundigen Widerspruch?

Ich verwende den Begriff Operation, sofern es sich um eine militärische Operation handelt.

Gegen Zivilisten?

1978 hatte die PLO die Absicht, Geiseln zu nehmen, um die Freilassung palästinensischer Gefangener aus israelischen Gefängnissen zu erreichen. Die Israelis machen immer den gleichen Fehler. Sie wollen keine Präzedenzfälle erlauben. Sie stürmten den Bus, um die Geiseln zu retten, und töteten die Kommandos. In Ma'alot geschah das gleiche. Damals entschied Dayan über den Angriff. Aber wir haben Tausende von Palästinensern in israelischen Gefängnissen. Was schlagen Sie uns denn vor, um sie herauszubekommen? Das ist kein Terror, sondern Widerstand! Solange man unter der Besatzung lebt, muß man Widerstand leisten. Es gibt verschiedene Arten, Widerstand zu leisten. Wie kann ich einen Menschen, der seine Familie verloren hat, dessen Haus zerstört wurde, dessen Verwandte im Gefängnis sind, überzeugen, nicht an selbstmörderischen Aktionen teilzunehmen? Wenn Menschen unterdrückt werden, reagieren sie auf diese Unterdrückung. Wenn Sie den Film „Die Schlacht um Algier" gesehen haben, dann wissen Sie, was Widerstand ist. Aber wir wollen Frieden. Ich bin überzeugt davon. Wir wollen Frieden, aber nicht, weil wir schwach sind! Arafat ist nicht schwach! Er kann die Welt explodieren lassen. Wir haben Palästinenser, die bereit sind, an selbstmörderischen Aktionen teilzunehmen, aber Arafat wählt den Weg des Friedens. Ihr seid es, die uns erniedrigen. Ihr nehmt dem palästinensischen Volk alles — unsere Häuser, unsere Fahne, unsere Pässe, unsere Identität —, aber Ihr könnt uns nicht unsere Würde nehmen. Ihr könnt nicht einfach kommen und sagen, Ihr seid schwach, und deshalb müßt Ihr zu unseren Bedingungen mit uns Frieden schließen. Arafat wird nicht aus einer Position der Schwäche heraus in Verhandlungen eintreten.

Das gleiche gilt für Israel. Israel kann und sollte keinerlei Schwäche zeigen. Wir sehen Terrorakte von zwei unterschiedlichen und unvereinbaren Standpunkten. Augenblicklich sind wir beide für Frieden. Wie lange, denken Sie, kann die PLO die politische Option aufrechterhalten?

Wenn die Israelis auf die von der PLO und Arafat angebotene politische Option nicht antworten, so fürchten wir sehr, daß es zu spät sein wird. Die Leute werden sagen, daß Arafat gescheitert ist, und sich hinter die Extremisten stellen. Davor fürchte ich mich sehr.

In diesem Jahr werden in Israel Wahlen stattfinden. Wenn ein Regierungsbündnis an die Macht kommt, das zu gegenseitiger Anerkennung und bedingungslosen Verhandlungen bereit ist, wären Sie dann bereit zu verhandeln?

Anerkennung wessen? Wer wäre zum Verhandeln bereit? Die PLO?

Die PLO.

Die PLO ist bereit zu verhandeln. Israel ist es nicht.

Wir sprechen über einen Regierungswechsel. Wir wissen, daß die Schamir-Regierung nicht verhandeln würde.

Würde die Arbeiterpartei verhandeln?

Vielleicht. Es geht um Verhandlungen, in denen alles offen zur Diskussion gestellt würde – ein palästinensischer Staat, Jerusalem, alles. Die einzige Vorbedingung wäre die gegenseitige Anerkennung, weil Parteien nicht verhandeln können, wenn sie sich nicht gegenseitig anerkennen. Wären die Palästinenser unter diesen Bedingungen zum Verhandeln bereit?

Ich denke, Arafat wäre willens, unverzüglich Verhandlungen aufzunehmen, wenn die israelische Regierung ihn und die PLO anerkennt. Uns anzuerkennen, ist schon ein erster Schritt. Wie Sie wissen, hat es eine Vielzahl von Signalen von Arafat an Mubarak und Hussein gegeben. Israel kann vollständige internationale Garantie erhalten. Wie China und Amerika. Anerkennung war nicht von Anfang an vorhanden. Sogar in Vietnam dauerte es Jahre.

Es ist klar, daß die israelische Regierung nicht genug tut, um das Terrain für Verhandlungen vorzubereiten. Aber wie steht es mit den Palästinensern? Welche Schritte können die Palästinenser zur Beschleunigung des Verhandlungsprozesses unternehmen? Wie ist es mit der Anerkennung Israels?

Das ist die letzte Karte.

Sollte es nicht die erste sein?

Wenn Arafat mit seiner politischen Option scheitern sollte, würde jedermann in den besetzten Gebieten die radikalen Elemente in ihrem militärischen Kampf zur Befreiung ganz Palästinas unterstützen. Sie hätten das Gefühl, daß die israelische Regierung nichts gegeben habe und daß Arafat mit seiner politischen Linie gescheitert sei. Nun, offen gesagt, will ich an eine derartige Situation nicht einmal denken. Ich möchte nicht eine Lage heraufbeschwören, in der Ihr Israelis die ersten sein werdet — nebst den Europäern und Amerikanern —, die Arafat die Schuld für das Scheitern seiner gemäßigten Linie innerhalb der PLO geben werden. Es macht mir große Angst, daran zu denken.

Aber hier scheint es einen Widerspruch zu geben. Sie, Karim Chalaf und andere sagen, daß sie zur gegenseitigen Anerkennung bereit sind, und dies stehe nicht im Widerspruch zur offiziellen PLO-Position, zu Arafats Position. Wenn dies der Fall ist, warum sagt Arafat es nicht?

Ich bin nicht der Palästinensische Nationalrat, deshalb kann ich über eine gegenseitige Anerkennung nicht entscheiden. Auch Arafat kann die gegenseitige Anerkennung nicht verteidigen. Es würde ihn samt den arabischen Massen kaputtmachen. Wünschen Sie eine Situation, in der andere Anspruch auf die Rolle der großen Nationalisten und patriotischen Helden erheben, während Arafat als Verräter angesehen wird? Wir können Arafat einer solchen Gefahr nicht aussetzen. Jetzt besitzt Arafat Legitimität, aber er ist den Angriffen derer ausgesetzt, die ihn diskreditieren wollen. Arafat würde als derjenige gelten, der verhandelt — mit den Amerikanern, den Imperialisten, den Israelis, den Jordaniern, Camp David. Das ist zu gefährlich. Alles in allem ist der Schritt zum Frieden riskant. Ich habe Angst, daß es keinen israelischen Politiker geben wird, der stark genug sein wird, um die notwendigen Entscheidungen zu treffen. Ich weiß nicht, ob es einen zweiten Ben Gurion geben wird.

Keine Seite hat einen Ben Gurion. Um Ihnen die Wahrheit zu sagen, das israelische Friedenslager hat oft ähnliche Empfindungen ausgedrückt: Wenn es nur einen palästinensischen Führer gäbe, stark genug, die notwendigen Entscheidungen zu treffen.

O nein, wir haben Arafat. Sie werden nie jemanden finden wie Arafat, jemanden der so weit ginge. Er kehrte nach Tripoli zurück, um gegen die Extremisten zu kämpfen. Er saß nicht bequem in Tunis, führte keine palästinensische Exilregierung an. Nein, er kehrte nach Tripoli zurück, weil die Unabhängigkeit der palästinensischen Entscheidungsfindung auf dem Spiel stand. Wenn Sie die Mentalität der arabischen Welt kennten . . . es ist sehr schwierig.

Wie schätzen Sie die gegenwärtige politische Situation ein? Welche Art von Unterstützung würden Sie gern vom israelischen Friedenslager sehen?

Wir haben keine Alternative, als miteinander zu leben. Es beunruhigt mich nicht, wenn es extremistische Fraktionen gibt, die viel Lärm verursachen. Ich mache mir Sorgen um die normalen Menschen, über ihre Reaktion. Wir haben Arafats Besuch in Kairo von Anfang an unterstützt. Manche Gruppen kritisierten ihn, aber sie waren in der Minderheit. Unser Volk nähert sich schrittweise der politischen Option. Sie sollten uns dabei helfen. Wir haben Leute wie Rashid

A-Shawa[2] — es muß ihm erlaubt werden zu sprechen, zu reisen, seinen Einfluß nach außen geltend zu machen. Ich glaube, daß die Arbeiterpartei etwas tun könnte. Das ist nicht vollständig unwahrscheinlich. Es gibt viele Israelis, die sagen, Likud und Arbeiterpartei, das sei dasselbe. Ich verstehe diesen Pessimismus nicht. Die Menschen in den besetzten Gebieten sind optimistisch, aber ich finde, daß die Israelis nicht optimistisch sind. Sie müssen ihnen Optimismus einflößen, wir können nicht darauf verzichten. Wenn erst einmal Optimismus da ist, werden wir für unsere Ziele kämpfen.

Ich könnte sagen, daß die Arbeiterpartei nichts ist, daß Arbeiterpartei und Likud dasselbe sind. Aber wohin käme ich damit? Die Arbeiterpartei könnte einen Weg finden. Arafat trifft sich mit Hussein. Sie könnten eine Regelung finden. Mubarak, Hussein und Reagan könnten eine gemeinsame Formel finden. Wir hoffen auf eine internationale Konferenz unter Beteiligung aller Parteien einschließlich der Sowjetunion. Arafat ist nicht starr; in der Vergangenheit gab er Hussein einen Blankoscheck, um von den Israelis zu bekommen, was immer er konnte. Unglücklicherweise konnte er nichts bekommen. Er klopfte an jede Tür, und wir werden damit fortfahren, bis sie aufmachen.

Raymonda, wenn Sie sagen, daß die Leute in den besetzten Gebieten optimistisch sind, über was für einen Optimismus sprechen Sie dann?

Ich spüre eine Veränderung beim israelischen Volk, was seine Art zu denken betrifft. Sie betrachten uns nicht mehr als „Terroristen". Man akzeptiert uns, man akzeptiert Euch vom israelischen Friedenslager. Es ist nicht wie früher, es gibt eine große Veränderung. Aber gleichzeitig gibt es in Israel nicht soviel Optimismus. Vielleicht wegen der Regierung. Was ich von der israelischen Regierung erwarte und verlange, ist ein einziges Zeichen der Hoffnung. Es gibt keinen einzigen Hoffnungsschimmer, vielleicht davon abgesehen, daß Arens seine Anerkennung für den Karp-Report[3] aussprach — das war eine angenehme Überraschung. Wir haben Optimismus, wir hoffen, daß wir eines Tages diese Region vom Krieg befreien, von der Knechtung eines Volkes durch ein anderes. Wir hoffen, daß es eines

---

2 Von den Israelis abgesetzter Bürgermeister von Gaza.
3 Jehudit Karp, Stellvertreterin des Generalstaatsanwalts, war Vorsitzende einer Untersuchungskommission, die sich mit Klagen über Rechtsbrüche und Gewaltanwendung von Siedlern in den besetzten Gebieten zu befassen hatte. Der Bericht wurde mit zweijähriger Verspätung erst nach Frau Karps Demissionierung veröffentlicht. Aus ihm geht eindeutig hervor, daß Übergriffe von Siedlern auf Leib, Leben und Gut von Palästinensern von den israelischen Behörden nur selten geahndet werden.

Tages Selbstbestimmung für alle Völker geben wird. Nicht eine einzige israelische Regierung ist damit an die Öffentlichkeit getreten, weder der Likud noch die Arbeiterpartei. Die Unterdrücker sind auch unterdrückt. Die israelische Regierung, das israelische Volk sind nicht frei, weil sie anderen die Freiheit vorenthalten.

Wir sind optimistisch, weil Palästinenser die alte Boykottmentalität der Vergangenheit überwinden. Arafat empfing Leute wie Uri Avneri und Amnon Kapeliuk[4], als die Schlacht um Beirut am heftigsten war. Sartawi wurde für sein Treffen mit Israelis angegriffen. Gesagt wurde, du verhandelst mit Leuten, die Soldaten waren, die Araber getötet haben. Aber Sartawi antwortete: „Wir schließen Frieden mit Feinden, nicht mit Freunden."

Genau.

Und Sartawi sprach nicht für sich selber; er sprach im Namen von Arafat. Auch Arafat traf sich mit Israelis, in Genf auf der UN-Konferenz über die palästinensischen Rechte im letzten Sommer. Er sprach mit Zichroni, Avneri und Peled. Er hieß sie vor der ganzen Konferenz willkommen und sagte, sie seien seine Gäste. Es gab Dissidenten, die Arafat verurteilten, aber sie waren in der Minderheit — die meisten von uns versuchen, die gefühlsmäßige Sperre der Vergangenheit zu überwinden. Wir wissen, daß wir das tun müssen, um Frieden zu erlangen. Die PLO hat damit angefangen, und darum sind wir optimistisch.

Wir vom israelischen Friedenslager haben ähnliche Erfahrungen. Vom ersten Tag an sprachen wir uns gegen den Krieg im Libanon aus. Wir wurden beschuldigt, Verräter zu sein, der Nation in den Rücken zu fallen, sogar Antisemiten zu sein. Letztes Jahr wurde eine Granate in die Demonstration von „Frieden jetzt" geworfen und einer der Demonstranten getötet, mehrere wurden verletzt. Sie sehen also, wir kämpfen einen gemeinsamen Kampf. Aber wo es Terror gibt, kann es keinen gemeinsamen Kampf geben. Gewaltloser Widerstand ist etwas anderes – es ist ein politischer Kampf. Ihr Vergleich mit den Franzosen in Algerien ist nicht anwendbar. Die Heimat der Franzosen ist Frankreich, in Algerien hatten sie nichts zu suchen.

Wie ist es mit den besetzten Gebieten?

---

4 Amnon Kapeliuk ist israelischer Journalist, der sich vor allem kritisch mit der israelischen Politik gegenüber den Palästinensern auseinandersetzt. Im Dezember 1982 veröffentlichte er in Frankreich die beeindruckende „Untersuchung eines Massakers. Sabra und Chatila".

Ja, wir müssen aus den besetzten Gebieten raus, aber nicht raus aus Israel.

Das ist klar.

Wenn das der Fall ist, muß der Kampf ein anderer sein. Ihr könnt keine Bombe auf einen Tel Aviver Marktplatz legen.

Okay. Nun möchte ich Ihnen eine Frage stellen. Vor ein paar Jahren veranlaßte Arafat einen Stop derartiger Operationen. Während eines ganzen Jahres vor dem Libanon-Krieg gab es keine Angriffe. Die PLO hielt den Waffenstillstand ein. Die israelischen Führer sahen, daß die PLO sich für diplomatische Lösungen einzusetzen begann, und sie sahen dies als sehr gefährliche Entwicklung an.

Sie haben recht.

Die PLO verfolgt nun eben diese Politik. Sie sucht politische Lösungen, keine Angriffe auf Zivilisten. Die PLO ist eine Widerstandsbewegung. Sie versprach der Welt, daß sie keine Operationen gegen Zivilisten durchführen werde, so daß die Israelis verstehen würden, daß wir gute Absichten haben. Aber die Israelis verstanden nicht. Sie marschierten in den Libanon ein, um die PLO zu vernichten. Aber man kann die PLO nicht loswerden, weil die PLO überall ist — sie verkörpert das Bewußtsein des palästinensischen Volkes.

Nun habe ich hier eine Frage. Wenn die Amerikaner Arafat bei den politischen Schritten nicht unterstützen, die er gerade macht — dem Gang nach Ägypten, Jordanien, dem Gedanken einer palästinensischen Konföderation mit Jordanien —, und wenn Arafat mit seiner Friedensinitiative scheitert, nach ein, zwei Jahren oder wann auch immer, wie seht Ihr als Israelis dann die Zukunft?

Wir müssen raus aus den besetzten Gebieten, was sowohl aus israelischer wie aus palästinensischer Sicht eine gewisse Zeit braucht. Es kann ein, zwei, fünf oder zehn Jahre dauern, aber wir müssen raus. Wir bei new outlook haben kein Problem damit, die PLO als Vertreterin des palästinensischen Volkes anzuerkennen. Das Problem liegt darin, wie die israelische Öffentlichkeit zu überzeugen ist.

Auch wir haben ein Problem. Wir haben den palästinensischen Mann auf der Straße, in den besetzten Gebieten und der Diaspora davon zu überzeugen, daß er eine Zwei-Staaten-Lösung annehmen soll. Das ist Arafats, die gemäßigte Fatah-Linie. Ich würde nicht so mit Ihnen sprechen, wenn ich nicht die Unterstützung der PLO hätte.

Auf der Konferenz von Fes[5] nahmen alle arabischen Staaten einschließlich Syrien den Plan an, der feststellte, daß alle Staaten der Region Anspruch auf eine souveräne Existenz haben, und der die Existenz aller Staaten der Region, einschließlich Israel, anerkennt. Der Fes-Plan erkannte Israel an und sprach sich für einen palästinensischen Staat in der West Bank, Gaza und Ost-Jerusalem aus. Warum verwarf Israel den Fes-Plan und den Reagan-Plan?[5]

Aber die Opposition akzeptierte den Reagan-Plan. Das sind beinahe 50 % der israelischen Öffentlichkeit.

Ja, aber die Opposition ist nicht die Regierung. Wenn die Opposition an die Macht kommt, hoffen wir, daß es eine Änderung geben wird. Aber die Opposition interessiert sich für die jordanische Option . . . Sogar König Hussein selber lehnt die jordanische Option ab. König Hussein ist ein sehr weiser Mann; er wird keine Lösung annehmen, die die PLO nicht einschließt.

Es ist an der Zeit, vorwärts zu gehen. Hundert Jahre lang haben wir einander bekämpft. Nun hat auf beiden Seiten eine Bewegung auf den Frieden hin begonnen. Das ist ein bedeutender historischer Einschnitt. Die Frage ist, wie wir vorankommen. Wir denken, daß es nur eine Formel gibt: gegenseitige Anerkennung. Danach setzen wir uns an den Verhandlungstisch. Die Friedensverhandlungen mit Ägypten waren vergleichsweise einfach, aber wenn wir einmal zu verhandeln anfangen, wird am Ende Frieden sein.

Gegenseitige Anerkennung ist sehr wichtig, aber es ist auch wichtig, Arafat nicht in eine Ecke zu drängen. Arafat darf nicht beschuldigt werden, den Amerikanern, Ägyptern, Jordaniern, Israelis zu weit entgegenzugehen. Das würde anderen arabischen Führern und Regierungen erlauben, im Gewande „der Helden der Palästinenser" aufzutreten.

Arafat hält sich gut und ist immer noch ein Symbol in unserer Welt. Der Fes-Plan schließt die Anerkennung aller Staaten in der Region ein, aber man kann die Anerkennung nicht zur Vorbedingung von Verhandlungen machen. Man kann nicht kommen und sagen, daß man ohne gegenseitige Anerkennung nicht verhandeln wird. Das schadet Arafats Position. Hussein und Mubarak verließen die USA sehr enttäuscht nach ihrem Treffen mit Reagan, dessen einzige Sorge war, wieder gewählt zu werden. Wenn die Amerikaner Hussein nichts anbieten, wird Arafat gezwungen sein, sich an Syrien zu wenden. Die Amerikaner lassen uns keine andere Wahl.

---

5 Siehe unten, S. 311 f.

Die Amerikaner scheiterten im Libanon, im Iran, überall im Mittleren Osten, sie verstehen die Politik der Region nicht. Schauen Sie, was geschah, als sie ihre Marines in den Libanon schickten. Wollen Sie, daß der Mittlere Osten von Religionskriegen geschüttelt wird? Die Amerikaner werden eine Katastrophe in der Region hervorrufen, weil sie sich weigern, Druck auf Israel auszuüben. Wenn die Amerikaner Druck auf Israel ausübten, könnten sie eine Lösung herbeiführen. Ich glaube nicht, daß die amerikanische Politik das Werk einer jüdischen Lobby ist: Die amerikanische Weigerung, auf Israel Druck auszuüben, ist die Politik des State Department, nicht der jüdischen Lobby. Die jüdische Gemeinde in den Staaten möchte Frieden für Israel. Aber wer macht die schmutzige Arbeit für die Amerikaner? Es ist jüdisches Blut, das hier vergossen wird. Als 250 Marines getötet wurden, fingen die Amerikaner zu schreien an und zogen die Marines ab.

Die objektiven Bedingungen für den Frieden bestehen. Für eine Frau wie Sie, die eine moderne Lebensweise in der arabischen Welt repräsentiert, ist die Gefahr des Khomeinismus viel größer als die des Zionismus, der eine moderne Bewegung ist. Die Frage ist – selbst bei einer neuen israelischen Regierung –, wer den nächsten großen Schritt machen wird. Wie werden wir an den Verhandlungstisch gelangen? Wenn wir Palästinenser wären, würden wir an die Autonomiegespräche gehen.

Autonomie? Hier in der West Bank?

Es gibt das Camp-David-Abkommen.

Es ist gescheitert. Camp David bietet den Palästinensern weder Unabhängigkeit noch Selbstbestimmung. Wir wollen einen eigenen Staat mit unserer eigenen Flagge; wir wollen unsere Führer, unsere Regierung wählen.

Camp David sieht fünf Verhandlungsparteien vor: Amerikaner, Israelis, Ägypter, Jordanier und Palästinenser. Ihr könnt Eure eigenen Vertreter wählen. Camp David soll nur für eine fünfjährige Interimsperiode gelten. Es bietet die Autonomie nicht als endgültige Lösung an. Das mag nicht gut sein, aber es ist ein Anfang.

Das ist schon eine Angelegenheit der Vergangenheit. Der Begriff Autonomie steht für die Leute hier nicht zur Debatte. Autonomie bedeutet, daß die PLO von den Verhandlungen ausgeschlossen sein wird. Das wichtigste Anliegen ist die palästinensische Frage, und die PLO ist die alleinige Vertreterin der Palästinenser überall auf der

Welt. Was für eine Autonomie könnten wir unter militärischer Besatzung haben? Welchen Unterschied macht es, wenn sie die Militäruniformen gegen zivile tauschen. Jetzt spricht man von einer Zivilverwaltung der besetzten Gebiete — nein, Judäas und Samarias —, „die Zivilverwaltung von Judäa und Samaria". Hier können Sie die Psychologie der Ablehnung eines palästinensischen Volkes sehen. Lassen Sie die Palästinenser über ihre eigene Zukunft entscheiden. Selbstbestimmung für das Volk, nicht irgendeine zweifelhafte „Autonomie"!

Wir stimmen damit nicht überein. Unter der Autonomie könnten Sie sich beispielsweise selber um Ihre Bildung kümmern. Die Autonomie könnte eine Rolle spielen, ähnlich der, die die Jewish Agency für den jüdischen Yishuv[6] zur Mandatszeit hatte. Es könnte ein Beginn für Euch sein, und Ihr könntet die israelische Regierung in die Ecke drängen. Das könnte der erste Baustein eines Staates sein.

Nein, das ist kein Punkt. Nicht, wenn die Hälfte der Palästinenser gegenwärtig außerhalb Palästinas ist. Die Entscheidung ist nicht für das Volk unter der Besatzung zu treffen. Die Freiheitskämpfer haben die Revolution in den vergangenen zwanzig Jahren fortgeführt.

Wissen Sie, Ezer Weizmann sagte zu Begin nach der Unterzeichnung der Camp-David-Vereinbarungen, daß Camp David die Balfour-Deklaration[7] der Palästinenser sei.

Wie ich schon sagte, sehen die Palästinenser die Dinge sehr anders. Wir in den besetzten Gebieten sind nicht das gesamte palästinensische Volk. Der palästinensische Nationalrat besteht aus Palästinensern von Argentinien, Lateinamerika, El Salvador, Europa, Amerika, von überall auf der Welt. Beim letzten Treffen der Palästinensischen Studentenunion in Algier — 40.000 Palästinensern aus allen Teilen der Welt — gab Arafat einen Überblick über die gegenwärtige Lage und sprach von der Beibehaltung der politischen Linie. Entsprechend dieser politischen Option handelte er, als er nach Jordanien und Ägypten ging. Er sprach nicht nur zu den vier oder fünf Universitäten in der West Bank, sondern zu palästinensischen Stu-

---

6 Der „Yishuv" entstand mit Hilfe der Jüdischen Agentur als eine Art (jüdischer) Staat im Staat (in Palästina während der britischen Mandatszeit). Der Pferdefuß, der den Vergleich zwischen Jewish Agency und Autonomie nach Camp David hinken macht, ist der, daß die Autonomie-Pläne ausdrücklich die Autonomie über das Territorium (Land und Gebiet) ausschließen, die der Yishuv faktisch über den Bodenbesitz erlangte.

7 Siehe unten, S. 301.

denten auf der ganzen Welt. 100.000 Araber und Palästinenser demonstrierten vor dem Weißen Haus, als Begin und Sadat den Friedensvertrag abschlossen. Arafat repräsentiert sie alle. Sie können nicht ausgeschlossen werden. Bei allem Respekt vor den Leuten hier in den besetzten Gebieten: wir sind doch eine Minderheit des palästinensischen Volkes. Unsere Führer hier unterliegen strengen Beschränkungen. Al Shawa darf nicht einmal nach Amman reisen, um König Hussein zu besuchen. Karim Chalaf lebte im Exil in Jericho und durfte nicht reisen. Sind Chalaf und Al Shawa die Vertreter der Palästinenser? Arafat hat Verbindungen mit der ganzen Welt. Er hat überall Vertreter und politische Kontakte. Hier leben wir in einem Ghetto.

Raymonda, eine letzte Frage. Auf den Tag vorausschauend, an dem es einen palästinensischen Staat geben wird, könnten Sie sich da vorstellen, selber Mitglied einer künftigen palästinensischen Regierung zu sein?

Das ist wirklich eine sehr schwierige Frage. Es gibt Leute, die eher ein Anrecht darauf haben, solche, die gekämpft haben, die im Gefängnis waren. Vielleicht werde ich weiter auf andere Weise nützlich sein. Es wäre mir eine große Ehre, Mitglied einer palästinensischen Regierung zu sein, aber es gibt Leute, die es mehr verdienen als ich.

Historischer Abriß
des israelisch-arabischen Konflikts

Von den ersten zionistischen Bestrebungen im 19. Jahrhundert
bis zur Proklamation des Staates Israel 1948

Im 19. Jahrhundert entsteht der Gedanke — hauptsächlich ausgehend von in Nord- und Mitteleuropa ansässigen Juden —, in Palästina einen jüdischen Staat zu schaffen.

Das erwachende jüdische Nationalbewußtsein ist zum einen Teil eine Reaktion auf die antisemitischen Strömungen in Osteuropa, zum anderen ist es eine Abwehr gegen das Aufgehen des Judentums in den modernen aufgeklärten Staaten Europas. So entsteht neben dem politischen Zionismus — der erste zionistische Kongreß wird 1897 von Theodor Herzl in Basel einberufen — auch eine Bewegung, deren vorrangiges Ziel es ist, Palästina zu kolonisieren: „Der Zionismus erstrebt für das jüdische Volk die Schaffung einer öffentlich-rechtlich gesicherten Heimstätte in Palästina." (Basler Programm). 1909 kommt es zur Gründung Tel Avivs als erster rein jüdischer Stadt auf palästinensischem Boden.

Damit stoßen in Palästina zwei Nationalbewegungen aufeinander, die zionistische und die arabische, die Palästina von der Fremdherrschaft der Türken befreien wollen. Scheint vor dem ersten Weltkrieg und auch noch in dessen Verlauf eine Koexistenz und friedliche Zusammenarbeit zwischen der arabischen und hebräischen Bewegung möglich, so wird diese Hoffnung nach Beendigung des ersten Weltkrieges zunichtegemacht.

1917/18 wird Palästina von den Briten erobert und aus dem zerfallenen osmanischen Reich herausgebrochen. Im November 1917 sichert Großbritannien den Juden die Errichtung einer „nationalen Heimstätte" zu (Balfour-Erklärung). Dieses Zugeständnis gegenüber der zionistischen Bewegung kommt allerdings nur unter der Voraussetzung zustande, „daß nichts geschehen soll, was die bürgerlichen und religiösen Rechte der in Palästina bestehenden nichtjüdischen Gemeinden . . . beeinträchtigen könnte."[1] 1922 überträgt der Völkerbund gemäß den alliierten Beschlüssen von San Remo (1920) Großbritannien das Mandat über Palästina (1923 Abtrennung Transjordaniens).

---

1 Jendges, Hans: Der Nahostkonflikt, Berlin 1968.

Durch diese Entwicklung verschärfen sich die Gegensätze zwischen der zionistischen Bewegung mit ihren kolonisatorischen Zielen auf der einen und der arabischen Unabhängigkeitsbewegung auf der anderen Seite. Als 1933, ausgelöst durch die Judenverfolgungen des Dritten Reiches, eine starke jüdische Einwanderungswelle einsetzt, nimmt der seit 1919 schwelende Konflikt bedrohliche Formen an. 1936 kommt es zu einem arabischen Aufstand, der von den britischen Mandatstruppen niedergeschlagen wird. Die Teilung Palästinas zwischen Juden und Arabern, wie sie im Peel-Report 1937 vorgeschlagen wird, weisen beide Seiten zurück. Die Juden bestehen darauf, daß die ihnen zugesicherte „nationale Heimstätte" zu einem unabhängigen Staat werden müsse, während die Araber für Palästina einen unabhängigen Status unter der arabischen Mehrheit fordern.

Die Auseinandersetzungen zwischen Juden und Arabern, die während des zweiten Weltkriegs durch eine Art Waffenstillstand zum Erliegen kamen, flammen wieder auf, als der Sieg der Alliierten über das Dritte Reich sicher ist. Die Terroraktionen geheimer jüdischer Militärkommandos beginnen sich zu häufen, während die arabische Seite sich verstärkt bemüht, Palästina zu einem unabhängigen Staat zu machen. 1947 kommt die Palästinafrage dann schließlich vor die UN. Die Vollversammlung billigt die Teilung Palästinas in einen arabischen und jüdischen Staat und die Internationalisierung Jerusalems (1. Karte). Die arabischen Staaten jedoch lehnen diese Lösung ab. 1948 legt Großbritannien die Mandatsverwaltung nieder. Ben Gurion, Weizmann und Golda Meir proklamieren am 15. Mai 1948 vor dem Jüdischen Nationalrat in Tel Aviv den Staat Israel.

Das Schicksal der Palästinenser nach 1948 und die Gründung der PLO (1964); israelische Eroberungskriege 1956 und 1967

Der Konflikt führt nun zum offenen Krieg zwischen Arabern und Juden. Erst 1949 kommt es zu einem Waffenstillstandsabkommen Israels mit Ägypten, dem Libanon, Jordanien und Syrien. Der Gazastreifen kommt unter ägyptische Verwaltung, Ostpalästina (mit Alt-Jerusalem) wird Jordanien eingegliedert, Israel annektiert zusätzliche Gebiete. Das Abkommen ermöglicht es den aus Israel geflüchteten und vertriebenen Arabern aber nicht, nach Beendigung der Kämpfe in ihre Heimat zurückzukehren; sie werden zum größten Teil von Jordanien, Libyen und Syrien aufgenommen (etwa 850.000 palästinensische Araber). Die Mehrzahl der Palästinenser lebt seitdem notdürftig in Flüchtlingslagern, obwohl die UN 1949 und 1963 das Recht der Araber auf Heimkehr erklären. Diese Forderungen werden jedoch von Israel, das völkerrechtlich bis heute keine international gültigen Grenzen hat, abgelehnt. Stattdessen wird eine „Politik der Stärke" verfolgt, durch die die arabischen Staaten zu einem Frieden und der staatlichen Anerkennung Israels gezwungen werden sollen. Die Kette der Gewaltakte reißt nicht ab: Sabotageakte der Araber in Israel, Überfälle palästinensischer Kampfgruppen auf grenznahe israelische Siedlungen, rücksichtslose Vergeltungsschläge Israels. Im Zuge dieser Entwicklung marschiert Israel 1956 in den Sinai ein und dringt gleichzeitig bis zum Suezkanal und in den Gazastreifen vor. Diese Eroberungspolitik wird von Großbritannien und Frankreich unterstützt. 1957 beenden die UN die Feindseligkeiten und entsenden Truppen in die von Israel inzwischen teilweise wieder aufgegebenen Gebiete.

1964 kommt es zur Gründung der PLO, der offiziellen Vertretung der Palästinenser. Freischärlerorganisationen entstehen, die die Sabotageakte und Angriffe auf israelisches Gebiet verstärken, um so die Weltöffentlichkeit auf das Los der Palästinaflüchtlinge aufmerksam zu machen. Die arabischen Staaten, insbesondere Syrien, Jordanien und Libanon, die der PLO als Operationsbasen dienen, geraten zusehends unter Druck der Palästinenser.

1967 eröffnet Israel gegen Ägypten, Jordanien und Syrien einen Präventivkrieg. Er führt zur Besetzung des Gazastreifens, der Sinai-halbinsel, der Golanhöhen (Syrien), Westjordaniens und der Altstadt von Jerusalem. Doch Israel erreicht trotz dieses Sieges nicht das gewünschte Ziel: die arabische Anerkennung als Staat in gesicherten Grenzen. Seine Vorschläge, direkte Friedensverhandlungen mit den arabischen Staaten aufzunehmen und dann erst Gespräche über territoriale Konzessionen zu führen, werden von der arabischen Seite abgelehnt. Sie erwartet als Voraussetzung für mögliche Verhandlungen den Rückzug Israels aus den 1967 besetzten Gebieten und die Regelung der Palästinenserfrage. Die UN-Resolution von 1967, in der Israel aufgefordert wird, die im Nahostkrieg eroberten Gebiete gegen eine Garantie seiner Grenzen und die Anerkennung seiner Souveränität zurückzugeben (Resolution 242), ermöglicht der arabischen Seite diese Strategie.

Die seit Ende 1967 verstärkte Partisanentätigkeit der Freischärler — sie sind fast alle im Palästinensischen Nationalrat unter Vorsitz von Jassir Arafat zusammengeschlossen — dehnt sich nun auch auf die nichtarabischen Staaten aus und führt zu weltweiten Terroranschlägen.

Der Jom-Kippur-Krieg 1973 und das Scheitern der Genfer
Nahost-Friedensgespräche; erste Kontroversen innerhalb
der PLO über den künftigen Kurs

Im Oktober 1973 kommt es zum sogenannten Jom-Kippur-Krieg, in dem Ägypten und Syrien die israelische Bar-Lev-Linie überwinden und auf die Sinaihalbinsel vorstoßen. Im Verlauf dieser kriegerischen Auseinandersetzung beschließt die OPEC am 17. Oktober in Kuweit, das Erdöl als politische Waffe einzusetzen, um durch Lieferstop und Preiserhöhung die USA und Westeuropa zur Aufgabe ihrer proisraelischen Politik zu zwingen. Am 25./26. Oktober des gleichen Jahres kommt es nach Interventionen der beiden Großmächte Amerika und Sowjetunion zur Waffenruhe. Nach der Verabschiedung eines Sechs-Punkte-Abkommens, das den Waffenstillstand zwischen Ägypten, Syrien und Israel regelt, erklären die Vertreter der PLO auf der Gipfelkonferenz der arabischen Liga, daß der Waffenstillstand die Kampfhandlungen gegen Israel nicht beenden würde und der Abzug Israels aus den besetzten Gebieten genauso unabdingbar sei wie die Wiederherstellung der nationalen Rechte des palästinensischen Volkes.

Auf der ersten Genfer Nahostfriedenskonferenz, die noch im gleichen Jahr mit Ägypten, Israel und Jordanien stattfindet, weigert sich Israel, mit den dort anwesenden Vertretern der PLO direkt zu verhandeln. In der PLO selbst kommt es zu heftigen Kontroversen darüber, ob man sich für eine Kleinstaat-Lösung entscheiden solle, die auch den Frieden mit Israel bedeuten würde, oder ob man dem Ziel den Vorrang geben solle, ganz Palästina zu befreien. Der Palästinensische Nationalrat bekennt sich im Juni 1974 in einem Zehn-Punkte-Programm zu dem letztgenannten Ziel und verstärkt die Partisaneneinsätze gegen Israel. 1974 einigen sich auf der arabischen Gipfelkonferenz in Rabat die teilnehmenden Staaten darauf, daß allein die PLO die Palästinenser vertritt und darüber bestimmt, wie die legitimen Rechte des palästinensischen Volkes zu verstehen sind.[2] 1974 und 1975 führen Vermittlungsgespräche der USA zwischen Ägypten und Israel zu Truppenentflechtungsabkommen und der beiderseitigen Bereitwilligkeitserklärung, den Konflikt mit friedlichen Mitteln zu lösen. Trotzdem bleibt Israels Haltung gegenüber den arabischen Staaten und der Palästinenserfrage kompromißlos. Es beharrt auf seiner Siedlungspolitik in Jordanien und auf der

---

2 Vgl. Abdallah Frangi: PLO und Palästina. Vergangenheit und Gegenwart, Frankfurt 1982, S. 196 ff.

Halbinsel Sinai und setzt die Annexion dieser Gebiete nach der Machtübernahme durch Begin (1977) verstärkt fort.

Die Bemühungen Ägyptens, 1977 die Nahostfriedenskonferenz erneut in Genf einzuberufen, scheitern am Widerstand Israels, die PLO als Verhandlungspartner zu akzeptieren. Im südlichen Libanon führt die Stagnation der Friedensverhandlungen zu heftigen Kämpfen zwischen den Palästinensern und den von Israel unterstützten christlichen libanesischen Milizen.

Der ägyptisch-israelische Friedensprozeß seit 1977 und der Abschluß eines Friedensvertrags 1979

Im November 1977 entschließt sich der ägyptische Staatspräsident Sadat, Israel einen persönlichen Besuch abzustatten. Die Israelis erblicken in dem Besuch ein Symptom für den Willen Sadats, Konzessionen zu machen oder gar einen Separatfrieden abzuschließen. Für Sadat jedoch handelt es sich darum, die Israelis zur Rückgabe aller besetzten Territorien zu bewegen, indem er ihnen die Furcht vor neuen arabischen Angriffen nehmen will. Er bietet alle erdenklichen Sicherheits- und Friedensgarantien an, will jedoch die besetzten Territorien aller arabischen Staaten aus dem Krieg von 1967 zurückerhalten und fordert für die Palästinenser das Recht, einen eigenen Staat zu bilden. Die Haltung der anderen arabischen Staaten unterstreicht, daß Sadat von diesen arabischen Minimalbedingungen gegenüber Israel nicht abgehen kann. Fünf radikale arabische Staaten, Libyen, Algerien, Syrien, die Demokratische Volksrepublik Jemen und der Irak, sowie die PLO versammeln sich in Tripoli (2.—5. Dezember 1977) und geloben, gegen die ‚Kapitulation‘ Sadats Widerstand zu leisten, und suspendieren die diplomatischen Beziehungen mit Ägypten. Kairo bricht nun seinerseits seine Beziehungen mit ihnen ab. Wichtiger noch für Kairo ist die Haltung der gemäßigteren arabischen Regime: Saudi-Arabien schweigt, zeigt sich aber eher kritisch; es ist finanziell und politisch die Hauptstütze Ägyptens; König Hussein von Jordanien weigert sich, bei den Friedensbemühungen mitzumachen, obgleich die amerikanische Diplomatie ihn dazu zu überreden sucht. Als deutlich wird, daß Israel sich weiterhin weigert, die besetzten Gebiete zurückzugeben, und sogar auf dem Sinai israelische Siedlungen beibehalten will, brechen die Friedensbemühungen weitgehend zusammen. Ein zuerst in Washington (14.—18. Dezember 1977) besprochener ‚Friedensplan‘ Begins sieht arabische ‚Autonomie‘ auf der West Bank vor, jedoch unter Beibehaltung der israelischen Besatzungstruppen. Über ihn kommt es bei dem Treffen zwischen Begin und Sadat in Ismailija (25. und 26. Dezember 1977) zu keiner Einigung, und im Januar 1978 werden die Gespräche von israelisch-ägyptischen militärischen und politischen Kommissionen in Kairo und in Jerusalem abgebrochen.[3] 1978 werden die Friedensbemühungen im arabisch-israelischen Konflikt mit Hilfe der USA fortgesetzt. Doch bereits im Januar wird während eines Treffens der Außenminister deutlich, daß Ägypten den Rückzug der Israelis aus allen besetzten arabischen Gebieten anstrebt, während Israel sich nur aus dem Sinai zurückziehen will. Ein Autonomieangebot für die Palästinenser der West Bank lehnt Ägypten als ungenügend ab.

Die Friedensbemühungen kommen fast völlig zum Stillstand, als Israel ein Attentat von Palästinensern am 15. März mit der Besetzung des Südlibanon beantwortet. Erst einen Monat später verlassen die israelischen Truppen den Südlibanon, nachdem eine UN-Friedenstruppe aufgestellt worden war, die dieses Gebiet gegen eine palästinensische Infiltration absichern sollte.

Nach schwierigen Verhandlungen im März, April und Juli kommt es im September 1978 während einer zwölftägigen Zusammenkunft Begins, Sadats und Carters in Camp David zu einem Verhandlungsdurchbruch. In zwei Rahmenverträgen werden zum einen ein ägyptisch-israelischer Friede formuliert (etappenweiser Abzug der Israelis aus dem Sinai, Normalisierung der Beziehungen zwischen beiden Staaten) und zum anderen — wenn auch weniger klar — Verhandlungsgrundlagen für eine Autonomie der Palästinenser Westjordaniens und Gazas.

Vom 2. bis 5. November versammeln sich die arabischen Staatsoberhäupter (ohne Präsident Sadat) in Bagdad und drohen, Ägypten politisch und wirtschaftlich zu boykottieren, wenn es die Verträge unterzeichne. Dabei ist für Kairo besonders kritisch, daß Saudi-Arabien an der Konferenz teilnimmt und deren Beschlüsse billigt. Ägypten versteift daraufhin seine Haltung gegenüber Israel; es fordert, daß die beiden Vertragswerke miteinander verbunden werden müßten, so daß eine bestimmte Zeitgrenze für die Erlangung der Autonomie durch die Palästinenser gesetzt werde. Eine Zeitgrenze will Israel jedoch nicht annehmen. Die Friedensverhandlungen gera-

---

3 Vgl. Meyers Enzyklopädisches Lexikon, Jahrbuch 1978, Berichtszeitraum 1977, Mannheim/Wien/Zürich 1978, S. 142 f.

ten dadurch erneut in eine Krise. Am 12. Oktober werden in Washington die Friedensverhandlungen fortgesetzt.[4]

Nach monatelangen Verhandlungen wird am 26. März 1979 in Washington mit der Unterzeichnung des ägyptisch-israelischen Friedensvertrages und zusätzlicher Dokumente durch Staatspräsident Sadat, Ministerpräsident Begin und den amerikanischen Präsidenten Carter der über dreißig Jahre andauernde Kriegszustand zwischen beiden Ländern beendet. In gleichlautenden Schreiben Carters an Sadat und Begin übernehmen die USA die Garantie für die Einhaltung des Vertrages. Zwei amerikanisch-israelische Grundsatzvereinbarungen betreffen Sicherheitsgarantien der USA gegenüber Israel und die Sicherstellung der israelischen Erdölversorgung. Eine Woche nach dem Vertragsabschluß besucht Begin Ägypten. Nach Zustimmung beider Parlamente am 25. April werden in Khuschaiba auf der Halbinsel Sinai die Ratifizierungsurkunden des Vertrages ausgetauscht. Um den Frieden zu sichern, werden umfangreiche Waffenlieferungen der USA an beide Seiten, vor allem an Israel, vereinbart. Die geringe Kompromißbereitschaft der israelischen Regierung, vor allem in der Frage der Besiedlung des Westjordanlandes, führt zu einer zunehmenden internationalen Isolierung Israels und belastet das Verhältnis Israels auch zu seinem Hauptverbündeten, den USA, und zu den EG-Staaten.[5]

Im besetzten Westjordanland entladen sich die anhaltenden Spannungen, die durch die Gründung weiterer jüdischer Siedlungen und Übergriffe der Besatzungsmacht und israelischer Extremisten geschürt werden, in zahlreichen Demonstrationen, Zusammenstößen und Anschlägen seitens der palästinensischen Bevölkerung, die auch die innerisraelische Diskussion über diese Probleme verschärfen. Der Oberste Gerichtshof schreitet gegen die Enteignung von arabischem Land ein. Am 25. April votiert er zugunsten von Beduinen in der Wüste Negev, und am 22. Oktober spricht er sich für die Auflösung der neuen Siedlung Alon Morch im besetzten Westjordanland aus, eine Entscheidung von prinzipieller Bedeutung, die für die Regierung eine politische Niederlage bedeutet. Schon zuvor hatten die EG-Außenminister am 18. Juni die israelische Siedlungspolitik als unrechtmäßig verurteilt.

---

4 Vgl. Meyers Enzyklopädisches Lexikon. Jahrbuch 1979. Berichtszeitraum 1978, Mannheim/Wien/Zürich 1979, S. 136
5 Vgl. Meyers Enzyklopädisches Lexikon. Jahrbuch 1980. Berichtszeitraum 1979, Mannheim/Wien/Zürich 1980, S. 142.

Die meisten Mitglieder der Arabischen Liga lehnen gemeinsam mit der PLO den ägyptisch-israelischen Friedensvertrag ab und beschließen auf der Konferenz arabischer Außen- und Wirtschaftsminister Ende März in Bagdad Sanktionen gegen Ägypten, die dann nach der Ratifizierung des Friedensvertrages in Kraft treten (Abbruch der Beziehungen, wirtschaftlicher Boykott, Verlegung des Hauptquartiers der Arabischen Liga von Kairo nach Tunis). Die Beziehungen zwischen der jordanischen Führung und der PLO verbessern sich und führen zu zwei Treffen König Husseins und des PLO-Vorsitzenden J. Arafat (14. März, 22. August).

1980 nehmen Ägypten und Israel diplomatische Beziehungen auf; am 18. Februar wird in Kairo die israelische, am 26. Februar in Tel-Aviv die ägyptische Botschaft eröffnet.[6] Ägypten, Israel und die USA führen die Verhandlungen über eine Teilautonomie für die Palästinenser fort, ohne jedoch zu Ergebnissen zu kommen. Aufgrund substantieller Gegensätze unterbricht der ägyptische Staatspräsident Sadat Ende Mai 1980 die Verhandlungen der Unterhändler, die ursprünglich am 26. Mai zum Abschluß kommen sollten.

Wachsende Konflikte in den besetzten Gebieten und zunehmende internationale Isolierung Israels wegen seiner Siedlungspolitik

Im März 1980 verabschiedet der UN-Sicherheitsrat einstimmig eine Resolution, in der alle Maßnahmen für rechtlich ungültig erklärt werden, die Israel zur Veränderung des physischen Charakters, der bevölkerungsmäßigen Zusammensetzung und der verwaltungsmäßigen Struktur oder des Status der seit 1967 besetzten palästinensischen und anderen arabischen Gebiete, einschließlich Jerusalems, unternommen habe. Die israelische Regierung wird aufgefordert, diese Maßnahmen rückgängig zu machen, die bestehenden Siedlungen aufzulösen und die Errichtung neuer Siedlungen einzustellen. Die einstimmige Verabschiedung dieser Resolution zeigt, daß sich Israel nicht einmal mehr bei seinem wichtigsten Verbündeten, den

---

6 Vgl. hier und im folgenden: Bernstein/Hamdan/Schneider (Hg.): Der Palästinenserkonflikt. Geschichte, Positionen, Perspektiven, Bad Wörrishofen 1982; Blätter für deutsche und internationale Politik, Heft 4/1979 bis Heft 1/1985, Köln 1979 ff. (Chroniken); Dan Diner: Keine Zukunft auf den Gräbern der Palästinenser. Eine historisch-politische Bilanz der Palästinafrage, Hamburg 1982; Europa-Archiv, Folge 7/1980 bis Folge 1/1985, Bonn 1980 ff. (Zeittafeln); Knaurs Weltspiegel '85, München 1984; Shamil Sharaf: Die Palästinenser. Geschichte der Entstehung eines nationalen Bewußtseins, Forschungsberichte des Österreichischen Instituts für Internationale Politik, Wien 1983.

USA, auf die Unterstützung seiner imperialistischen Politik in den besetzten Gebieten verlassen kann. In der israelischen Regierung ruft die Zustimmung der USA zu der Resolution Bestürzung hervor: Das Recht Israels auf den Bau von Siedlungen sei unveräußerlich und diene der Sicherheit des Landes.

Am 7. April 1980 dringen Mitglieder der Palästinensischen Befreiungsfront in einen israelischen Kibbuz an der libanesischen Grenze ein und besetzen das dortige Kinderhaus. Nach mehrstündigen vergeblichen Verhandlungen mit den Palästinensern stürmen israelische Armee-Einheiten das Gebäude. Alle fünf Mitglieder des Kommandos sowie zwei Israelis werden getötet. Zwei Tage nach diesem Vorfall marschieren israelische Truppen in den Libanon ein. Sie ziehen sich jedoch nach sechs Tagen wieder zurück, weil — so ein israelischer Militärsprecher — die „demonstrative Präsenz" beendet sei.

Im Juni 1980 kommt es im besetzten Westjordanland zu Übergriffen israelischer Extremisten, bei denen Bassam Schak'a und Karim Chalaf, arabische Bürgermeister von Nablus und Ramallah, bei einem Attentat schwer verletzt werden. Der Täter wird man nicht habhaft.

Am 30. Juli 1980 verabschiedet das israelische Parlament mit 69 gegen 15 Stimmen ein Gesetz, in dem Jerusalem (einschließlich des 1967 annektierten Ostteils der Stadt) zur „ewigen Hauptstadt Israels" erklärt wird. Bei Stimmenthaltung der USA verabschiedet der UN-Sicherheitsrat am 20. August eine Resolution, in der das neue Gesetz für null und nichtig erklärt wird.

Am 7. Juni 1981 bombardiert die israelische Luftwaffe das irakische Kernforschungszentrum in der Nähe von Bagdad und zerstört den (von Frankreich gelieferten) im Bau befindlichen Atomreaktor fast völlig zerstört; ein französischer Techniker kommt ums Leben. — Israel begründet die Bombardierung damit, der Reaktor sei zum Bau von Atombomben bestimmt gewesen. Am 19. Juni verurteilt jedoch der UN-Sicherheitsrat erneut einstimmig das Vorgehen Israels. Trotz dieser Vorfälle geht Menachem Begin aus den israelischen Parlamentswahlen am 30. Juni 1981 als Sieger hervor.

Am 6. Oktober 1981 wird der ägyptische Staatspräsident Sadat bei einer Militärparade in Kairo ermordet, sein Nachfolger wird Hosni Mubarak. In einer Rede nach seiner Vereidigung erklärt er, Ägypten werde sich an alle unterzeichneten Abkommen halten und den Friedensprozeß sowie die Autonomiegespräche fortsetzen.

Am 14. Dezember 1981 verabschiedet das israelische Parlament ein Gesetz (63 gegen 21 Stimmen), das den Geltungsbereich des israelischen Rechts auf die besetzten Golan-Höhen ausdehnt, die rechtmäßig zu Syrien gehören. Vom UN-Sicherheitsrat wird das Vorgehen Israels erneut einstimmig verurteilt.

Am 18. März 1982 setzen israelische Behörden die Stadtverwaltung und den arabischen Bürgermeister von el-Bireh, Ibrahim Tawil, mit der Begründung ab, die Stadtverwaltung habe die Zusammenarbeit verweigert. Im israelisch besetzten Westjordanland kommt es daraufhin zu Demonstrationen und Zusammenstößen mit israelischem Militär. Am 21. März wird eine Teilblockade über el-Bireh, Ramallah und Nablus verhängt. Die Unruhen greifen am 24. März auch auf den Gaza-Streifen über. Es kommt zu Streiks, Protestaktionen und Straßenkämpfen, bei denen drei Palästinenser ums Leben kommen. Bassam Schak'a und Karim Chalaf, Bürgermeister von Nablus und Ramallah, werden ihres Amtes enthoben und durch israelische Offiziere ersetzt.

Am 25. April 1982 räumen israelische Truppen — entsprechend dem ägyptisch-israelischen Friedensvertrag — die letzte Zone der Halbinsel Sinai. Die Verwaltung des Sinai geht an Ägypten über. Entlang der ägyptisch-israelischen Grenze übernimmt eine multinationale Friedenstruppe Kontrollfunktionen. Im Hinblick auf die Unruhen im Westjordanland und im Gaza-Streifen meint Präsident Mubarak, daß es nötig sei, nach dem Modell des ägyptisch-israelischen Vertrags auch Friedensverträge zwischen Israel und seinen anderen Nachbarn zu schließen.

Der Libanonkrieg 1982; Reagen- und Fes-Plan 1982;
bewaffnete Konflikte zwischen Palästinensern 1983

Am 6. Juni 1982 marschieren israelische Truppen in den Libanon ein, um die militärische und politische Infrastruktur der PLO zu vernichten. Sie besetzen den südlichen Teil des Landes, zerstören im Bekaa-Tal syrische Luftabwehrraketen vom Typ SAM 6, belagern und bombardieren das moslemische Beirut, dringen mit Panzerverbänden in Vororte Beiruts ein und verlangen die Entwaffnung der in Beirut eingeschlossenen Einheiten der PLO und deren vollständigen Abzug aus dem Libanon. Nach wochenlanger Bombardierung und Belagerung Beiruts billigt die israelische Regierung am 18. August 1982 einen vom amerikanischen Sonderbeauftragten Habib ausgehandelten Waffenstillstand, in dessen Gefolge mehrere tausend PLO-Kämpfer die Stadt räumen müssen und in andere arabische Staaten evakuiert werden. Am 30. August verläßt auch Arafat Beirut, am 31. August ziehen die letzten palästinensischen Kämpfer aus der Stadt ab.

In der westlichen Öffentlichkeit kommt es zu heftigen Protesten gegen die israelische Kriegführung. Auch in Israel wachsen die Proteste gegen die Regierungspolitik (z. B. Demonstrationen der Bewegung „Frieden jetzt").

Am 18. September 1982 wird von Israel nahestehenden christlichen Milizen in zwei palästinensischen Flüchtlingslagern (Sabra und Chatila in der Nähe von Beirut) ein Massaker verübt, dem mehrere hundert Zivilisten zum Opfer fallen. In der israelischen Öffentlichkeit wird gegen das Massaker scharf protestiert. Auf der größten Kundgebung seit Gründung Israels demonstrieren am 25. September in Tel Aviv mehr als 300.000 Menschen (fast 10 % der Bevölkerung) für den Rücktritt Begins und seines Verteidigungsminsters Scharon. Ein von der Regierung eingesetzter Ausschuß zur Untersuchung der Massaker legt am 8. Februar 1983 seinen Bericht vor. Darin wird Verteidigungsminister Scharon als „persönlich verantwortlich" für die Geschehnisse bezeichnet, da die Entsendung der christlichen Milizen in die Lager auf seinen Befehl sowie auf den des Generalstabschefs Eytan zurückgegangen sei. Begin wurde von dem Ausschuß seine „Gleichgültigkeit" gegenüber den Vorgängen vorgeworfen. Am 10. Februar 1983 beschließt die israelische Regierung, den Empfehlungen des Ausschusses zu folgen. Scharon verläßt das Verteidigungsministerium, bleibt aber Mitglied des Kabinetts.

Am 1. September 1982 erläutert Präsident Reagan die amerikanische Nahostpolitik. Er spricht sich gegen die Errichtung eines palästinensischen Staates in Westjordanien aus, tritt aber für eine palästinensische Autonomie in Assoziation mit Jordanien ein, wobei Jerusalem Gegenstand künftiger Verhandlungen sein müsse. Offenbar als Antwort auf diesen vom früheren österreichischen Bundeskanzler Bruno Kreisky so genannten „Reagan-Plan" beschließen die Staaten der arabischen Liga auf ihrer Konferenz am 9. September 1982 in Fes (Marokko) einstimmig eine „Charta von Fes". Sie fordern u. a. einen Rückzug Israels aus den 1967 besetzten arabischen Gebieten, Entfernung der nach 1967 errichteten israelischen Siedlungen, das Recht des palästinensischen Volkes auf Selbstbestimmung, die Schaffung eines unabhängigen palästinensischen Staates mit Jerusalem als Hauptstadt, Garantie des Friedens zwischen *allen* Staaten der Region.

Das israelische Kabinett lehnt die Vorschläge Reagans in einer Sondersitzung am 2. September 1982 ab. Bruno Kreisky erklärt den Plan dagegen für kompromißfähig und schlägt eine europäische

Kommission vor, die Reagan- und Fes-Plan zur Grundlage ihrer Arbeit machen solle.[7]
Am 22. September 1982 beginnen israelische Streitkräfte in West-Beirut mit der Übergabe ihrer Positionen an die libanesische Armee. Eine multinationale Friedensstreitmacht trifft am 24. September in Beirut ein. Zwischen Israel und Libanon werden am 28. Dezember 1982 Verhandlungen über den Truppenabzug aus dem Libanon, jeweils unter Beteiligung eines amerikanischen Sonderbeauftragten, aufgenommen. Diese Verhandlungen führen am 17. Mai 1983 zu einem Abkommen, das die Beendigung des Kriegszustands vorsieht. Ein Rückzug der israelischen Truppen aus dem Libanon wird von einem Rückzug der syrischen Truppen abhängig gemacht. Am 4. September 1983 räumen israelische Truppen das Gebiet um Beirut und ziehen sich auf eine Linie etwa 35 km südlich von Beirut zurück. Im Juni 1983 kommt es im ostlibanesischen Bekaa-Tal zu bewaffneten Auseinandersetzungen innerhalb von Einheiten der Al-Fatah, einer Mitgliedsorganisation der PLO. Es geht um den (verhandlungsbereiten) Kurs Arafats. Arafat selbst wird am 24. Juni 1983 aus Syrien ausgewiesen, da er dort unerwünscht sei. Am 4. November kämpfen Arafat und seine Anhänger in Flüchtlingslagern bei Tripoli gegen Rebellen der Al-Fatah, auf deren Seiten auch syrische Soldaten in die Kämpfe eingreifen. Als die Flüchtlingslager am 16. November in die Hände der Rebellen fallen, fordern sie Arafat auf, sich zu ergeben. Am 23. und 24. November kommt es zu einem Waffenstillstand. Arafat wird am 20. Dezember mit mehreren tausend Mitgliedern seiner Einheit aus dem Hafen von Tripoli über See evakuiert.
Am 10. Oktober 1983 wird Schamir als Nachfolger des zurückgetretenen Begin zum Ministerpräsidenten Israels gewählt. Die libanesische Regierung beschließt am 5. März 1984, das israelisch-libanesische Abkommen vom Mai 1983 aufzukündigen, weil Israel bis dahin seine Truppen nicht zurückgezogen habe. Am 20. März 1984 kommt es in Lausanne zum Abschluß einer „Versöhnungskonferenz" (der Konfliktparteien im libanesischen Bürgerkrieg). Man verständigt sich auf einen Waffenstillstand. Am 23. Juli 1984 finden in Israel vorgezogene Parlamentswahlen statt, aus denen die oppositionelle Arbeiterpartei als stärkste Partei hervorgeht. Der Führer der Arbeiterpartei, Schimon Peres, wird am 6. September 1984 neuer Ministerpräsident Israels. Aber auch er spricht sich in seiner Regie-

---

7 Bruno Kreisky: Aufgaben und Chancen Europas und der EG-Sozialisten im Libanon- und Nahost-Konflikt, in: Der Fischer Weltalmanach '85, Frankfurt 1984, S. 50 ff.

rungserklärung für eine dauerhafte Entwicklung und Festigung der Siedlungen in den besetzten Gebieten aus.

Vom 22. bis 29. Dezember 1984 findet in Amman in Abwesenheit einiger von Syrien unterstützter Gruppen die 17. Tagung des Palästinensischen Nationalrats statt. Arafat wird per Akklamation in seiner Funktion bestätigt.

Anfang 1985 – neue Hoffnungen auf Frieden

Anfang 1985 verhandeln PLO-Führer Arafat und der jordanische König Hussein in Amman über eine gemeinsame Friedensinitiative für den Nahen Osten. Eine ‚Fünf-Punkte-Vereinbarung‘ vom 11. Februar sieht im Kern folgendes vor: Abzug der Israelis aus den 1967 besetzten Gebieten nach dem Prinzip ‚Land gegen Frieden‘; internationale Nahost-Friedenskonferenz, auf der eine gemeinsame jordanisch-palästinensische Delegation vertreten ist; Recht des palästinensischen Volkes auf Selbstbestimmung, wobei die Bildung einer arabischen Konföderation zwischen Jordanien und Palästina erwähnt wird.

Im März 1985 gibt der ägyptische Staatspräsident Mubarak bekannt, daß er Israelis, Palästinenser und Jordanier in Kairo um den Konferenztisch versammeln will. Israels Ministerpräsident Peres erklärt sich zur Teilnahme an Nahost-Gesprächen in Kairo bereit, lehnt aber Kontakte mit der PLO erneut ab. Die Hoffnungen in der Welt auf einen Frieden in Nahost wachsen, doch keiner sieht angesichts der kompromißlosen Haltung Israels gegenüber der PLO einen realistischen Weg dazu.

Palästina
Karte der von Israel nach 1947 annektierten Gebiete

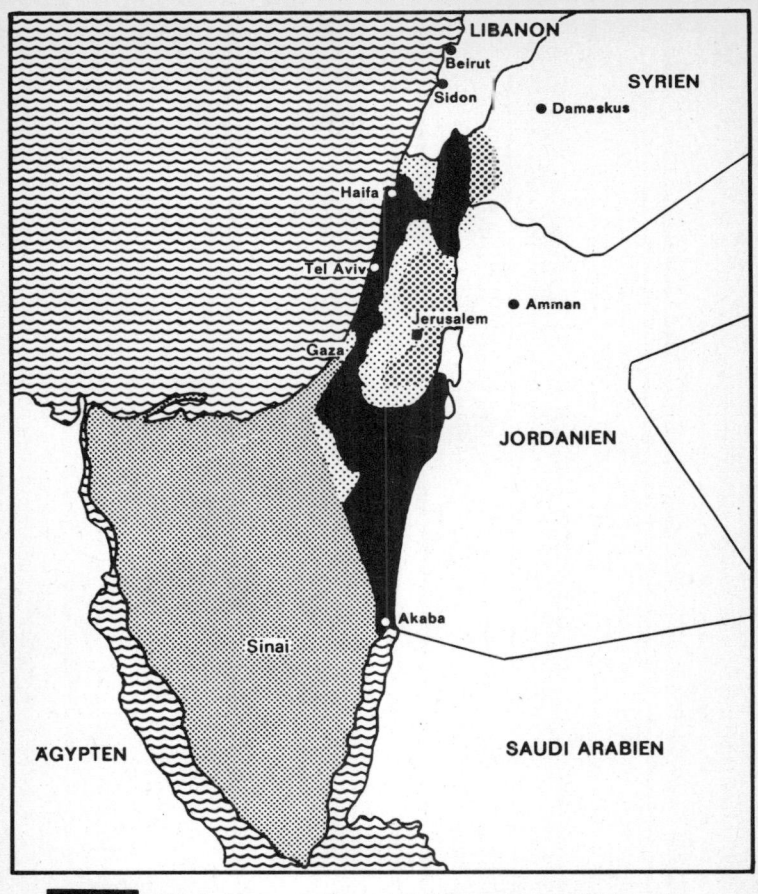

Jüdischer Staat, wie ihn der UN-Teilungsplan von 1947 vorsah

Von Israel 1949 zusätzlich annektierte Gebiete
(einschließlich Westteil von Jerusalem)

Von Israel 1956 besetzte Gebiete
(Sinai-Halbinsel und Gaza-Streifen)

Von Israel 1967 besetzte Gebiete
(Südlibanon, Golanhöhen in Syrien, Ostteil von Jerusalem
und das Westjordanien genannte Gebiet
der West Bank des Jordan-Flusses)

Palästina

Karte des Teilungsplanes nach dem UN-Beschluß
vom 29. November 1947

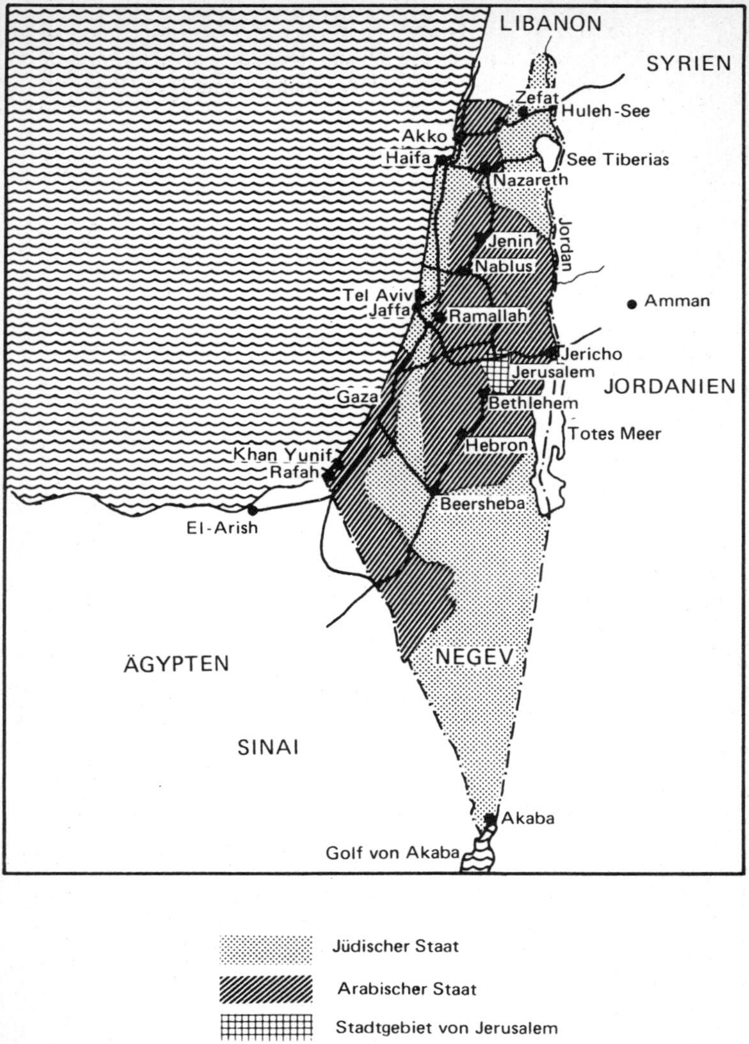

LIBANON

SYRIEN

Zefat

Huleh-See

Akko

Haifa

See Tiberias

Nazareth

Jordan

Jenin

Nablus

Amman

Tel Aviv

Jaffa

Ramallah

Jericho

Jerusalem

JORDANIEN

Gaza

Bethlehem

Totes Meer

Khan Yunif

Hebron

Rafah

Beersheba

El-Arish

ÄGYPTEN

NEGEV

SINAI

Akaba

Golf von Akaba

Jüdischer Staat

Arabischer Staat

Stadtgebiet von Jerusalem

CIP-Titelaufnahme der Deutschen Bibliothek

Tawil, Raymonda:
Mein Gefängnis hat viele Mauern: e. Palästinenserin berichtet / Raymonda
Tawil. Übers. aus d. engl. Ms. von Barbara Bortfeldt. Unveränd. Nachdr.
d. 1985 erschienenen Aufl., 32.–37. Tsd. – Berlin; Bonn: Dietz, 1989.

   (Dietz-Taschenbuch;13)
   Einheitssacht.: My home, my prison [dt.]

NE: GT

Uri Avnery
Mein Freund, der Feind

Uri Avnery

Mein Freund, der Feind

Mit einer aktualisierenden Einleitung des Autors
Deutsch von Barbara Bortfeldt

Es war eine Weltsensation, als der israelische Politiker und Journalist, Herausgeber des renommierten Nachrichtenmagazins „Haolam Hazeh", Uri Avnery, am 3. Juli 1982, mitten im von der israelischen Armee belagerten Beirut, mit dem Führer der PLO, Yassir Arafat, zu einem Gespräch zusammentraf. Dieses Treffen markierte den Höhepunkt der Friedensbemühungen, die mit streng geheimen Kontakten zu hochrangigen PLO-Vertretern in London 1974 begonnen hatten und zu zahlreichen Gesprächen in ebenso zahlreichen Ländern führten, an denen Könige, Präsidenten und Premiers von sechs Regierungen beteiligt waren.

„Mein Freund, der Feind" ist nicht nur die spannend und lebendig erzählte Geschichte dieser Verständigung, sondern ebenso der sehr persönliche Bericht über Menschen, die für ihre Bemühungen um Frieden zwischen Israel und den arabischen Staaten ihr Leben riskierten und — wie Sa'id Hammami und Issam Sartawi von der PLO — verloren. Mehr noch ist es die politische Autobiografie eines Mannes, der wie kein anderer diese Geschichte erzählen kann, dessen Leben eng verknüpft ist mit dem Entstehen des Staates Israel und den Bemühungen um einen dauerhaften Frieden zwischen den feindlichen Brüdern im Nahen Osten.

Uri Avnery, geb. 1923 in Beckum, 1933 Emigration mit den Eltern nach Palästina, 1938-1942 Mitglied des Irgun, der jüdischen Untergrundbewegung, 1948 Offizier in der israelischen Armee; Politiker und Publizist, 1965-1973 und 1979-1981 Mitglied der Knesset, des israelischen Parlaments, Gründungsmitglied und Vorsitzender der „Progressiven Friedenspartei", Mitbegründer des „Israeli Council for Israeli-Palestinian Peace", Herausgeber und Chefredakteur des israelischen Nachrichtenmagazins „Haolam Hazeh"; zahlreiche Buchveröffentlichungen, zuletzt „Israel ohne Zionisten" (1969).

Heute einer der profiliertesten Politiker der Linken in Israel, engagiert sich Uri Avnery als Politiker und Journalist für Frieden zwischen Juden und Palästinensern auf der Basis von Verständigung und gegenseitiger Anerkennung, Rückzug Israels auf die Grenzen vor 1967 und Koexistenz von Israel und Palästina als zweier unabhängiger, friedlicher Staaten.